Freifahrtschein für Vermögende?

Europäische Hochschulschriften

European University Studies

Publications Universitaires Européennes

Reihe II	**Rechtswissenschaft**
Series II	Law
Série II	Droit

Band/Volume **5752**

Charlotte Dobers

Freifahrtschein für Vermögende?

Die Ausgleichsfähigkeit und Ausgleichsbereitschaft des Treupflichtigen und ihre Auswirkungen auf die Untreuestrafbarkeit gemäß § 266 StGB

PL ACADEMIC RESEARCH

Bibliografische Information der Deutschen Nationalbibliothek
Die Deutsche Nationalbibliothek verzeichnet diese Publikation in der Deutschen Nationalbibliografie; detaillierte bibliografische Daten sind im Internet über http://dnb.d-nb.de abrufbar.

Zugl.: Hamburg, Bucerius Law School, Diss., 2014

H 360
ISSN 0531-7312
ISBN 978-3-631-66079-9 (Print)
E-ISBN 978-3-653-05500-9 (E-Book)
DOI 10.3726/978-3-653-05500-9

PL Academic Research ist ein Imprint der Peter Lang GmbH.
Peter Lang – Frankfurt am Main · Bern · Bruxelles · New York · Oxford · Warszawa · Wien

Diese Publikation wurde begutachtet.

www.peterlang.com

Meinen Eltern

Vorwort

Die vorliegende Arbeit wurde im Januar 2013 an der Bucerius Law School – Hochschule für Rechtswissenschaft – zur Prüfung eingereicht. Im September 2014 wurde die Arbeit vom Promotionsausschuss als Dissertation angenommen. Das Promotionsverfahren fand mit der mündlichen Prüfung am 21. Oktober 2014 seinen Abschluss. Rechtsprechung und Literatur befinden sich auf dem Stand Januar 2013.

Mein Dank gilt zunächst meinem Doktorvater, Herrn Professor Dr. Frank Saliger, für die Betreuung dieser Arbeit. Durch seine Vorlesungen hat er den Grundstein für mein Interesse am Wirtschaftsstrafrecht geweckt. Herrn Professor Dr. Thomas Rönnau danke ich für die zügige Erstellung des Zweitgutachtens.

Von ganzem Herzen danke ich meinen Eltern und meiner Großmutter für ihre unermüdliche, liebevolle und in jeglicher Hinsicht großzügige Unterstützung. Ihr Rückhalt und ihre Ermutigungen begleiten mich stets. Schließlich danke ich Moritz für viel Geduld und noch viel mehr Verständnis.

Hamburg, im März 2015 Charlotte Dobers

Inhaltsverzeichnis

Literaturverzeichnis

Achenbach, Hans/Ransiek, Markus: Handbuch Wirtschaftsstrafrecht, 3. Auflage, Heidelberg u.a. 2012 (zit.: *Bearbeiter*, HWSt).

Adick, Markus: Zur Neuregelung der Selbstanzeige (§ 371 AO) im Jahr 2011, HRRS 2011, 197–203.

Albrecht, Peter-Alexis/Beckmann, Heinrich u.a.: Strafrecht – ultima ratio, Empfehlungen der Niedersächsischen Kommission zur Reform des Strafrechts und des Strafverfahrensrechts, Baden-Baden 1992 (zit.: *Albrecht*, Strafrecht – ultima ratio).

Alwart, Heiner: Über die Hypertrophie eines Unikums (§ 265a StGB), JZ 1986, 563–569.

Amelung, Knut: Irrtum und Zweifel des Getäuschten beim Betrug, GA 113 (1977), 1–17.

Arzt, Gunther/Weber, Ulrich u.a.: Strafrecht Besonderer Teil, 2. Auflage, Bielefeld 2009 (zit.: *Bearbeiter*, Arzt/Weber-BT).

Baumann, Jürgen (Begr.)/Weber, Ulrich/Mitsch, Wolfgang (Hrsg.): Strafrecht Allgemeiner Teil, Lehrbuch, 10. Auflage, Bielefeld 1995 (zit.: *Bearbeiter*, Baumann/Weber/Mitsch AT).

Baumanns, Silke: Die fehlende Zahlungsbereitschaft des solventen Vertragspartners als Unterfall des Eingehungsbetruges? – Zugleich ein Beitrag zur grundsätzlichen Anerkennung der schadensgleichen Vermögensgefährdung, JR 2005, 227–232.

Beck, Sigfried/Depré, Peter: Praxis in der Insolvenz, Ein Handbuch für die Beteiligten und ihre Berater, 2. Auflage, München 2010 (zit.: *Bearbeiter*, Praxis in der Insolvenz).

Bein, Dan: The impact of the victim's behavior on the severity of the offender's sentence with a special reference to Israeli Law, in: Victimology: A news focus, Crimes victims and justice, Israel Drapkin/Emilio Viano, Bd. III, Toronto/London 1975, 49 (zit.: *Bein*, Victimologoy).

Beulke, Werner/Fahl, Christian: Untreue zum Nachteil der CDU durch Dr. Kohl, Anmerkungen zu LG Bonn NStZ 2001, 375 ff., NStZ 2001, 426–429.

Binding, Karl: Lehrbuch des gemeinen deutschen Strafrechts, Besonderer Teil, Band 1, 2. Auflage, Leipzig 1902 (zit.: *Binding*, BT 1).

Bockelmann, Paul: Der Unrechtsgehalt des Betruges, in: Probleme der Strafrechtserneuerung, Festschrift für Eduard Kohlrausch zum 70. Geburtstage dargebracht, Hrsg.: Paul Bockelmann, Nachdruck der Ausgabe Berlin 1944, Keip 1978, 229–252 (zit.: *Bockelmann,* FS-Kohlrausch).

Bockelmann, Paul: Kriminelle Gefährdung und strafrechtlicher Schutz des Kreditgewerbes, ZStW 79 (1967), 28–58.

Bockelmann, Paul: Strafrecht Besonderer Teil 1, Vermögensdelikte, 2. Auflage, München 1982 (zit.: *Bockelmann,* Strafrecht BT/1).

Bockelmann, Paul: Betrug trotz ausreichender Gläubigersicherung, NJW 1961, 145–147.

Bockelmann, Paul: Zum Begriff des Vermögensschadens beim Betrug, JZ 1952, 461–465.

Bockelmann, Paul: Anmerkungen zu BGH vom 15.11.1951, JZ 1952, 483–486.

Böttger, Marcus: Wirtschaftsstrafrecht in der Praxis, Münster 2011 (zit.: *Bearbeiter,* WiPra).

Brauns, Uwe: Zur Anwendung des § 46a StGB im Steuerstrafrecht – Zugleich Erwiderung auf *Blesinger,* wistra 1996, 90 und Besprechung des Beschlusses des BayObLG vom 28.2.1996–4 StRR 33/96 – wistra 1996, 152, wistra 1996 214–219.

Burger, Stefan: Untreue durch das Auslösen von Sanktionen zu Lasten von Unternehmen, Herbholzheim 2007 (zit.: *Burger*, Untreue durch das Auslösen von Sanktionen).

Burkhardt, Björn: Tatbestandsmäßiges Verhalten u. ex-ante-Betrachtung. – Zugleich ein Beitrag wider die „Verwirrung zwischen dem Subjektiven u. dem Objektiven“, in: Straftat, Strafzumessung und Strafprozess im gesamten Strafrechtssystem, Hrsg.: Jürgen Wolter u.a., Heidelberg 1996, 99–134 (zit.: *Burkhardt,* Straftat, Strafzumessung, Strafprozess).

Burr, Christian: Strafrechtliche „Fallstricke“ in der anwaltlichen Praxis – Eine Übersicht zu den in der Strafverfolgungspraxis häufigsten Fallkonstellationen, ZAP Fach 21, 229–236.

Cappel, Alexander: Grenzen auf dem Weg zu einem europäischen Untreuestrafrechts, Das Mannesmann-Verfahren und § 266 StGB als Beispiel eines expansiven Wirtschaftsstrafrechts, Frankfurt am Main u.a. 2009 (zit.: *Cappel,* Grenzen auf dem Weg zu einem europäischen Untreuestrafrecht).

Cramer, Peter: Grenzen des Vermögensschutzes im Strafrecht – OLG Hamburg, NJW 1966, 1525, JuS 1966, 472–477.

Cramer, Peter: Vermögensbegriff und Vermögensschaden im Strafrecht, Bad Homburg 1968 (zit.: *Cramer,* Vermögensbegriff).

Deutsch, Erwin: Einschränkung des Aufrechnungsverbots bei vorsätzlich begangener unerlaubter Handlung, NJW 1981, 735–736.

Dölling, Dieter: Zur Bedeutung des Strafrechts für das Legalverhalten von Jugendlichen und Heranwachsenden, Arbeitskreis VI, Kriminalprävention durch Generalprävention?, Leitung J. Goydke, in: Jugendgerichtsverfahren und Kriminalprävention. Bericht über die Verhandlungen des 19. Deutschen Jugendgerichtstages in Mannheim vom 3. bis 7. Oktober 1983, Hrsg.: Deutsche Vereinigung für Jugendgerichte und Jugendgerichtshilfen, München 1984, 259–272 (zit.: *Dölling,* Kriminalprävention).

Donatsch, Andreas: Schweizerisches Strafgesetzbuch und JStGB inkl. V-StGB-MStG und AT aStGB (bis Ende 2006 in Kraft gewesene Fassung) mit Kommentar zum StGB, 18. Auflage, Zürich 2010 (zit.: *Bearbeiter,* Kommentar-SchwStGB).

Doster, Werner: Strafrechtliche Ermittlungsverfahren gegen Bankmitarbeiter wegen des Verdachts der Untreue, WM 2001, 333–339.

Dudenreaktion (Hrsg.): Das große Wörterbuch der deutschen Sprache in 10 Bänden, Band 6 und 7, 3. Auflage, Mannheim u.a. 1999 (zit.: *Duden,* Wörterbuch der deutschen Sprache).

Dunkel, Wolfgang: Erfordernis und Ausgestaltung des Merkmals „Vermögensbetreuungspflicht“ im Rahmen des Mißbrauchstatbestands der Untreue § 266 I 1. Alternative StGB, Bochum 1976 (zit.: *Dunkel,* Vermögensbetreuungspflicht).

Dunkel, Wolfgang: Nochmals: Der Scheckkartenmißbrauch in strafrechtlicher Sicht, GA 113 (1977), 329–340.

Ebert, Udo: Strafrecht Allgemeiner Teil, 3. Auflage, Heideberg 2001 (zit.: *Ebert,* Strafrecht AT).

Eder-Rieder, Maria E.: Der Opferschutz: Schutz und Hilfe für Opfer einer Straftat in Österreich, Wien u.a. 1998 (zit.: *Eder-Rieder,* Der Opferschutz in Österreich).

Eisele, Jörg/Fad, Frank: Strafrechtliche Verantwortlichkeit beim Missbrauch kartengestützter Zahlungssysteme, Jura 2002, 305–312.

Endruweit, Günter/Kerner, Hans-Jürgen: Unrechtsbewußtsein und soziale Norm, in: Sozialwissenschaften im Studium des Rechts, Hrsg.: Winnfried Hassemer/Klaus Lüderssen; Band III, München 1978 (zit.: *Endruweit/Kerner,* Sozialwissenschaften im Studium des Rechts).

Engisch, Karl: Die Kausalität als Merkmal der strafrechtlichen Tatbestände, Tübingen 1931 (zit.: *Engisch,* Kausalität).

Engisch, Karl: Auf der Suche nach der Gerechtigkeit: Hauptthemen der Rechtsphilosophie, Nachdruck der Ausgabe München 1971, Keip 1995 (zit.: *Engisch,* Gerechtigkeit).

Englisch, Bernhard: Untreue abschaffen – nein danke!, NJW 2005, 2974–2975.

Erbs, Georg/Kohlhaas, Max: Strafrechtliche Nebengesetz mit Straf- und Bußgeldvorschriften des Wirtschafts- und Verwaltungsrecht, Band 1, 187. Ergänzungslieferung, München 2012 (zit.: *Bearbeiter*, Erbs/Kohlhaas).

Eser, Albin: Strafrecht IV, Vermögensdelikte, 4. Auflage, München 1984 (zit.: *Eser,* Strafrecht IV).

Fabriziy, Ernst Eugen: Strafgesetzbuch samt ausgewählten Nebengesetzen, Kurzkommentar, Mit einer Einführung und Anmerkungen unter Berücksichtigung der Rechtsprechung des Obersten Gerichtshofes und des Schrifttums, 10. Auflage, Wien 2010 (zit.: *Fabrizi,* Ö-StGB).

Fischer, Thomas: Der Gefährdungsschaden bei § 266 in der Rechtsprechung des BGH, StraFO 2008, 269–277.

Fischer, Thomas: Strafgesetzbuch und Nebengesetze, 60. Auflage, München 2013 (zit.: *Fischer*, StGB).

Foffani, Luigi: Die Untreue im rechtsvergleichenden Überblick, in: Strafrecht und Wirtschaft, Festschrift für Klaus Tiedemann zum 70. Geburtstag, Hrsg.: Ulrich Sieber u.a., Köln u.a. 2008, 767–787 (zit.: *Foffani,* FS-Tiedemann).

Foffani, Luigi: Konvergenzen und Divergenzen am Beispiel der Untreueproblematik, in: Bedeutung der Strafrechtsdogmatik in Geschichte und Gegenwart, Manfred Maiwald zu Ehren, Hrsg.: Fritz Loos/Jörg-Martin Jehle, Heidelberg u.a. 2007, 83–90 (zit.: *Foffani,* FS-Maiwald).

Foth, Heinrich: Betrug und illegales Rechtsgeschäft, GA 102 (1966), 33–46.

Frank, Reinhard: Das Strafgesetzbuch für das deutsche Reich, 18. Auflage, Tübingen 1931 (*Frank,* Strafgesetzbuch für das dt. Reich).

Franzen, Klaus/Gast, Brigitte/Joecks, Wolfgang: Steuerstrafrecht mit Zoll- und Verbrauchssteuerstrafrecht, 7. Auflage, München 2009 (zit.: *Bearbeiter*, F/G/S).

Franzheim, Horst: Zur Strafbarkeit des Komplicen- und Dirnenlohnbetrugs – Ein Beitrag zum Begriff des Vermögensschadens –, GA 96 (1960), 269–277.

Frees, Christian-Peter: Die steuerrechtliche Selbstanzeige, Zur kriminalpolitischen Zweckmäßigkeit des § 371 AO, Frankfurt am Main u.a. 1991 (zit.: *Frees*, Die steuerrechtliche Selbstanzeige).

Frehsee, Detlev: Schadenswiedergutmachung als Instrument strafrechtlicher Sozialkontrolle, Ein kriminalpolitischer Beitrag zur Suche nach alternativen Sanktionsformen, Berlin 1997 (zit.: *Frehsee*, Schadenswiedergutmachung).

Frisch, Wolfgang: Straftat und Straftatsystem, in: Straftat, Strafzumessung und Strafprozess im gesamten Strafrechtssystem, Hrsg.: Jürgen Wolter u.a., Heidelberg 1996, 135–210 (zit.: *Frisch*, Straftat, Strafzumessung, Strafprozess).

Frisch, Wolfgang: Faszinierendes, Berechtigtes und Problematisches der Lehre von der objektiven Zurechnung des Erfolgs, in: Festschrift für Claus Roxin zum 70. Geburtstag am 15. Mai 2001, Hrsg.: Bernd Schünemann u.a., Berlin u.a. 2001, 213–237 (zit.: *Frisch*, FS-Roxin).

Frisch, Wolfgang: Tatbestandsmäßiges Verhalten und Zurechnung des Erfolges, Heidelberg 1988 (zit.: *Frisch*, Tatbestandsmäßiges Verhalten).

Fuchs, Maximilian: Deliktsrecht, Eine nach Anspruchsgrundlagen geordnete Darstellung des Rechts der unerlaubten Handlungen und der Gefährdungshaftung, 7. Auflage, Berlin 2009 (zit.: *Fuchs*, Deliktsrecht).

Gallas, Wilhelm: Der Betrug als Vermögensdelikt, in: Festschrift für Eberhard Schmidt zum 70. Geburtstag, Hrsg.: Paul Bockelmann/Wilhelm Gallas, 2. Auflage, Göttingen 1971, 401–436 (zit.: *Gallas*, FS-Schmidt).

Gallas, Wilhelm: Gründe und Grenzen der Strafbarkeit, Gedanken zum Begriff des Verbrechens, Berlin 1968 (zit.: *Gallas*, Gründe und Grenzen).

Geerds, Friedrich: Einwilligung und Einverständnis des Verletzten im Strafrecht, GA 90 (1954), 262–269.

Geppert, Klaus: Anmerkungen aus Strafrechtlicher Sicht zu BGH JZ 1988, 1021–1022, JZ 1988, 1024–1029.

Gerkau, Frank H.: Untreue und objektive Zurechnung, Eine Untersuchung zur Restriktion der Untreuestrafbarkeit auf Ebene des objektiven Tatbestands, Hamburg 2008 (zit.: *Gerkau*, Untreue und objektive Zurechnung).

Gerland, Heinrich: Deutsches Reichsstrafrecht, 2. Auflage, Berlin/Leipzig 1922 (zit.: *Gerland*, Reichsstrafrecht).

Grabow, Stefan: Der Vermögenslose als untaugliches Tatsubjekt – zugleich eine Besprechung von BGH NStZ 2007, 95, NStZ 2010, 371–374.

Greco, Luís: Das Subjektive an der objektiven Zurechnung: Zum „Problem“ des Sonderwissens, ZStW 117 (2005), 519–554.

Greco, Luís: Gibt es Kriterien zur Postulierung eines kollektiven Rechtsguts? In: Strafrecht als Scientia Univesalis, Festschrift für Claus Roxin zum 80. Geburtstag am 15. Mai 2011, Band I, Hrsg.: Manfred Heinrich/ Christian Jäger u.a., Berlin 2011, 199–214 (zit.: *Greco*, FS-Roxin-I).

Güntge, Georg-Friedrich: Untreueverhalten durch Unterlassen, wistra 1996, 84–89.

Günther, Hans-Ludwig: Die Untreue im Wirtschaftsrecht, in: Festschrift für Ulrich Weber, Hrsg.: Bernd Heinrich u.a., Bielefeld 2004, 311–317 (zit.: *Günther*, FS-Weber).

Haas, Günter: Die Untreue (§ 266 StGB), Vorschläge de lege ferenda und geltendes Recht, Berlin 1997 (zit.: *Haas*, Untreue).

Hachenburg, Max: Gesetz betreffend die Gesellschaften mit beschränkter Haftung (GmbHG), Großkommentar, Dritter Band, 7. Auflage, Berlin/New York 1984 (zit.: Hachenburg/*Bearbeiter*, GmbHG).

Hardwig, Werner: Beiträge zur Lehre vom Betruge, GA (1956) 92, 6–21.

Hefendehl, Roland: Der fragmentarische Charakter des Strafrechts, JA 2011, 401–406.

Hefendehl, Roland: Vermögensgefährdung und Exspektanzen, Das vom Zivilrecht konstituierte und vom Bilanzrecht konkretisierte Herrschaftsprinzip als Grundlage des strafrechtlichen Vermögensbegriffs, München 1994 (zit.: *Hefendehl*, Vermögensgefährdung).

Heinitz, Ernst: Zur neueren Rechtsprechung über den Untreuetatbestand, in: Festschrift für Hellmuth Mayer zum 70. Geburtstag am 1. Mai 1965, Hrsg.: Friedrich Geerds/Wolfgang Naucke, Berlin 1966, 433–443 (zit.: *Heinitz*, FS-Mayer).

Heintschel-Heinegg, Bernd von: Strafgesetzbuch, Kommentar, München 2010 (zit.: *Bearbeiter*, Beck-StGB).

Herrmann, Paul Philipp: Die Begrenzung der Untreuestrafbarkeit in der Wirtschaft am Beispiel der Bankenuntreue, Hamburg 2011 (zit.: *Herrmann*, Begrenzung der Untreuestrafbarkeit).

Hilgendorf, Eric: Wozu brauchen wir die „objektive Zurechnung“? Skeptische Überlegungen am Beispiel der strafrechtlichen Produkthaftung, in: Festschrift für Ulrich Weber zum 70. Geburtstag, Hrsg.: Bernd Heinrich u.a., Bielefeld 2004, 33–48 (zit.: *Hilgendorf*, FS-Weber).

Hillenkamp, Thomas: Vorsatztat und Opferverhalten, Göttingen 1981 (zit.: *Hillenkamp,* Vorsatztat).

Hillenkamp, Thomas: Risikogeschäft und Untreue, NStZ 1981, 161–168.

Hippel, Reinhard von: Untersuchungen über den Rücktritt vom Versuch: zugleich ein Beitrag zur allgemeinen Versuchslehre, Berlin 1966 (zit.: *Hippel,* Rücktritt vom Versuch).

Hirsch, Hans Joachim: Die Entwicklung der Strafrechtsdogmatik nach Welzel, in: Festschrift der Rechtswissenschaftlichen Fakultät zur 600-Jahr-Feier der Universität zu Köln, Hrsg.: Rechtswissenschaftliche Fakultät, Köln u.a. 1988, 399–427 (zit.: *Hirsch,* FS-Köln).

Hirsch, Hans Joachim: Zur Lehre von der objektiven Zurechnung, in: Festschrift für Theodor Lenckner zum 70. Geburtstag, Hrsg.: Albin Eser u.a., München 1998, 119–142 (zit.: *Hirsch,* FS-Lenckner).

Hirschberg, Rudolf: Der Vermögensbegriff im Strafrecht: Versuch eines Systems der Vermögensdelikte, Nachdruck der Ausgabe Berlin 1934, Berlin 1995 (zit.: *Hirschberg,* Vermögensbegriff).

Holzmann, Thomas: Bauträgeruntreue und Strafrecht, Das Schneeballsystem des Immobilienmarktes, Köln u.a. 1981 (zit.: *Holzmann,* Bauträgeruntreue).

Honig, Richard: Kausalität und objektive Zurechnung, in: Festgabe für Reinhard von Frank zum 70. Geburtstag, Beiträge zur Strafrechtswissenschaft, Band I, Hrsg.: August Hegler, Tübingen 1930, 174–201 (zit.: *Honig,* FG-Frank).

Honig, Richard: Die Einwilligung des Verletzen, Teil I, Die Geschichte des Einwilligungsproblems und die Methodenfrage, Mannheim u.a. 1919 (zit.: *Honig,* Die Einwilligung des Verletzen).

Hübner, Christoph: Die Entwicklung des objektiven Zurechnung, Berlin 2004 (zit.: *Hübner*, Entwicklung des objektiven Zurechnung).

Jäger, Christian: Untreue durch Auslösung von Schadensersatzpflichten und Sanktionen – zugleich ein Beitrag zu den strafrechtlichen Folgerungen aus dem Urteil des 11. Zivilsenats des BGH vom 24.1.2006 im Fall Leo Kirch gegen Deutsche Bank/Breuer, in: Festschrift für Harro Otto zum 70. Geburtstag am 1. April 2007, Hrsg.: Gerhard Dannecker u.a., Köln u.a. 2007, 593–608 (zit.: *Jäger,* FS-Otto).

Jäger, Christian: Examensrepetitorium Strafrecht Besonderer Teil, 2. Auflage, Heidelberg 2007 (zit.: *Jäger,* Strafrecht BT).

Jähnke, Burkhard/Laufhütte, Heinrich Wilhelm/Odersky, Walter: Strafgesetzbuch Leipziger Kommentar, Großkommentar, Band 7, §§ 264–302, 11. Auflage, Berlin/New York 2005 (zit.: *Bearbeiter*, Leipziger Kommentar-StGB).

Jakobs, Günther: Tätervorstellung und objektive Zurechnung, in: Gedächtnisschrift für Armin Kaufmann, Hrsg.: Gerhard Dornseifer u.a., Köln u.a. 1989, 271–288 (zit.: *Jakobs*, GS-Kaufmann).

Jeschek, Hans-Heinrich/ Weigend, Thomas: Lehrbuch des Strafrechts Allgemeiner Teil, Berlin 1996 (zit.: *Jeschek/Weigend*, Lehrbuch des Strafrechts).

Joecks, Wolfgang/Miebach, Klaus: Münchener Kommentar zum Strafgesetzbuch, Band 1, §§ 1–37 StGB, 2. Auflage, München 2011, Band 2, §§ 38–79b, 2. Auflage, München 2011, Band 4, §§ 263–358 StGB, §§ 1–8, 105, 106 JGG, 1. Auflage, München 2003 (zit.: *Bearbeiter*, MüKO-StGB).

Kargl, Walter: Die Mißbrauchskonzeption der Untreue (§ 266 StGB), Vorschlag de lege ferenda, ZStW 113 (2001), 565–596.

Kaufmann, Armin: „Objektive Zurechnung" beim Vorsatzdelikt?, in: Festschrift für Hans-Heinrich Jeschek zum 70. Geburtstag, Teilband I, Hrsg.: Theo Vogler, Berlin 1985, 251–271 (zit.: *Kaufmann*, FS-Jeschek).

Kaufmann, Arthur: Das Schuldprinzip: eine strafrechtlich-rechtsphilosophische Untersuchung, 2. Auflage, Heidelberg 1976 (zit.: *Kaufmann*, Schuldprinzip).

Kaufmann, Arthur: Subsidiaritätsprinzip und Strafrecht, in: Grundfragen der gesamten Strafrechtswissenschaft, Festschrift für Heinrich Henkel zum 70. Geburtstag am 12. September 1973, Hrsg.: Claus Roxin, Berlin u.a. 1974, 89–107 (zit.: *Kaufmann*, FS-Henkel).

Kienapfel, Diethelm: Das erlaubte Risiko im Strafrecht, Frankfurt am Main 1966 (zit.: *Kienapfel*, Das erlaubte Risiko).

Kindhäuser, Urs: Strafrecht Besonderer Teil II, 6. Auflage, Baden-Baden 2011 (zit.: *Kindhäuser*, Strafrecht BT II).

Kindhäuser, Urs/Neumann, Ulfried/Paeffgen, Hans- Ullrich: Nomos Kommentar zum Strafgesetzbuch, Band 2, 3. Auflage, Baden-Baden 2010 (zit.: *Bearbeiter*, NK-StGB).

Klug, Ulrich: Sozialkongruenz und Sozialadäquanz im Strafrechtssystem, in Festschrift für Eberhard Schmidt zum 70. Geburtstag, Hrsg.: Paul Bockelmann / Wilhelm Gallas, 2. Auflage, Göttingen 1971, 249–265 (zit.: *Klug*, FS-Schmidt).

Kohlbrügge, Ulrich: Anmerkungen zu KG 12.02.1964, NJW 1965, 703–706.

Kohlmann, Günther: Die Selbstanzeige (§ 371 AO) – und was daraus geworden ist, in: Bochumer Beiträge zu aktuellen Strafrechtsthemen Vorträge anlässlich des Symposiums zum 70. Geburtstag von Gerd Geilen am 12./13.10.2011, Hrsg.: Klaus Bernsmann/Klaus Ulsenheimer, Köln u.a. 2003, 145–156 (zit.: *Kohlmann*, Geilen Symposium).

König, Peter/Seitz, Helmut: Die straf- und strafverfahrensrechtlichen Regelungen des Verbrechensbekämpfungsgesetzes, NStZ 1995, 1–6.

Kötz, Hein/Wagner, Gerhard: Deliktsrecht, 11. Auflage, München 2010 (zit.: *Kötz/Wagner*, Deliktsrecht).

Krekeler, Wilhelm/ Tiedemann, Klaus/ Ulsenheimer, Klaus/ Weinmann, Günther (Bearb.): Handwörterbuch des Wirtschafts- und Steuerstrafrechts: mit Ordnungswidrigkeiten- u. Verfahrensrecht, Heidelberg u.a. 1985–1990 (zit.: *Bearbeiter*, HwB Wirtschafts- und Steuerstrafrecht).

Krey, Volker/Esser, Robert: Deutsches Strafrecht Allgemeiner Teil, 4. Auflage, Stuttgart 2011 (zit.: *Krey/Esser*, Deutsches Strafrecht).

Krüper, Julian (Hrsg.): Grundlagen des Rechts, Baden-Baden 2011 (zit.: *Bearbeiter*, Grundlagen des Rechts).

Kubiciel, Michael: Gesellschaftsrechtliche Pflichtwidrigkeit und Untreuestrafbarkeit, NStZ 2005, 353–361.

Kühl, Kristian: Strafrecht Allgemeiner Teil, 6. Auflage, München 2008 (zit.: *Kühl*, Strafrecht AT).

Kühl, Kristian: Fragmentarisches und subsidiäres Strafrecht, in: Strafrecht und Wirtschaftsstrafrecht – Dogmatik, Rechtsvergleich, Rechtstatsachen –, Festschrift für Klaus Tiedemann zum 70. Geburtstag, Hrsg.: Ulrich Sieber u.a., Köln u.a. 2008, 29–46 (zit.: *Kühl*, FS-Tiedemann).

Kuhlen, Lothar: Zum Verhältnis vom Bestimmtheitsgebot und Analogieverbot, Festschrift für Harro Otto zum 70. Geburtstag, Hrsg.: Gerhard Dannecker u.a., Köln u.a. 2007, 89–105 (zit.: *Kuhlen*, FS-Otto).

Kuhlen, Lothar: Ausschluß der objektiven Zurechnung bei Mängeln der wirklichen und der mutmaßlichen Einwilligung, in: Grundfragen des staatlichen Strafens, Festschrift für Heinz Müller-Dietz zum 70. Geburtstag, Hrsg.: Guido Britz u.a., München 2001, 431–451 (zit.: *Kuhlen*, FS-Müller-Dietz).

Kuhlen, Lothar: Objektive Zurechnung bei Rechtfertigungsgründen, in: Festschrift für Claus Roxin zum 70. Geburtstag am 15. Mai 2001, Hrsg.: Bernd Schünemann u.a., Berlin u.a. 2001, 331–347 (zit.: *Kuhlen*, FS-Roxin).

Küper, Wilfried: Anmerkungen zu BGH vom 18.02.2009, JZ 2009, 800–804.

Labsch, Karl Heinz: Untreue (§ 266 StGB), Grenzen und Möglichkeiten einer neuen Deutung, Lübeck 1983 (zit.: *Labsch,* Untreue).

Labsch, Karl Heinz: Grundprobleme des Missbrauchstatbestands der Untreue (§ 266 Abs. 1, 1. Alt. StGB), wistra 1987, 411–419.

Lackner, Karl/Kühl, Kristian (Bearb.): Strafgesetzbuch Kommentar, 27. Auflage, München 2011 (zit.: *Kühl,* Lackner/Kühl-StGB).

Lampe, Ernst-Joachim: Die Kausalität und ihre strafrechtliche Funktion, in: Gedächtnisschrift für Armin Kaufmann, Hrsg.: Gerhard Dornseifer u.a., Köln u.a. 1989, 189–212 (zit.: *Lampe,* GS-Kaufmann).

Lampe, Ernst-Joachim: Gedanken zum materiellen Straftatbegriff, in: Festschrift für Rudolf Schmitt zum 70. Geburtstag, Hrsg.: Klaus Geppert u.a., Tübingen 1992, 77–94 (*Lampe,* FS-Schmitt).

Langer, Winrich: Die tatbestandsmäßige Strafwürdigkeit, in: Festschrift für Harro Otto zum 70. Geburtstag, Hrsg.: Gerhard Dannecker u.a., Köln u.a. 2007, 107–121 (zit.: *Langer,* FS-Otto).

Lassmann, Tom: Stiftungsuntreue, Berlin 2008 (zit.: *Lassmann,* Stiftungsuntreue).

Laufhütte, Heinrich Wilhelm/Rissing-van Saan, Ruth/Tiedemann, Klaus (Hrsg.): Strafgesetzbuch Leipziger Kommentar, Großkommentar, Band 2, §§ 32–55, 12. Auflage, Berlin 2006, Band 7, §§ 264–302, 11. Auflage, Berlin 2005, Band 8, §§ 242–262, 12. Auflage, Berlin 2010, Band 9, §§ 263–283d, 12. Auflage, 1. Teilband, Berlin 2012 (zit.: *Bearbeiter,* Leipziger Kommentar-StGB).

Leipold, Klaus/Tsambikakis, Michael/Zöller, Mark A.: AnwaltKommentar StGB, Bonn 2011 (zit.: *Bearbeiter,* AnwK-StGB).

Lenckner, Theodor: Zum Problem des Vermögensschadens beim Verlust nichtiger Forderungen, JZ 1967, 105–110.

Lesch, Heiko: Zweckwidrige Verwendung von Fraktionszuschüssen als Untreue?, ZRP 2002, 159–163.

Liszt, Franz von: Der Zweckgedanke im Strafrecht, 2. Auflage, Frankfurt am Main 1948 (zit.: *von Liszt,* Zweckgedanke).

Löffler, Christian: Grund und Grenzen der steuerstrafrechtlichen Selbstanzeige, Über die strafrechtliche Erklärung des § 371 AO, Baden-Baden 1992 (zit.: *Löffler,* Grund und Grenzen).

Ludwig, Ingo/Lange, Jérôme: Mutmaßliche Einwilligung und willensbezogene Delikte – Gibt es ein mutmaßliches Einverständnis?, JuS 2000, 446–450.

Luipold, Ann: Die Bedeutung von Anfechtungs-, Widerrufs-, Rücktritts- und Gewährleistungsrechten für das Schadensmerkmal des Betrugstatbestands, Pfaffenweiler 1998 (zit.: *Luipold,* Anfechtungsrechte).

Maiwald, Manfred: Zum fragmentarischen Charakter des Strafrechts, in: Festschrift für Reinhart Maurach zum 70. Geburtstag, Hrsg.: Friedrich-Christian Schroeder u.a., Karlsruhe 1972, 9–23 (zit.: *Maiwald,* FS- Maurach).

Maiwald, Manfred: Die Beteiligung des Verletzen am Strafverfahren, GA 106 (1970), 33–56.

Martin, Susanne: Bankuntreue, Berlin 2000 (zit.: *Martin,* Bankuntreue).

Matt, Holger: Missverständnisse zur Untreue – Eine Betrachtung auch zum Verhältnis von (Straf-) Recht und Moral, NJW 2005, 389–392.

Matt, Holger/Saliger, Frank: Straflosigkeit der versuchten Untreue, Über die Richtigkeit dieser Entscheidung des Gesetzgebers und dogmatische Konsequenzen, in: Irrwege der Strafgesetzgebung, Hrsg.: Institut für Kriminalwissenschaften und Rechtsphilosophie Frankfurt a.M., Bd./Vol. 69, Frankfurt am Main 1999, 217–240 (zit.: *Matt/Saliger,* Straflosigkeit der versuchten Untreue).

Matzky, Ralph: § 214a BGB – ein neuer Rechtfertigungsgrund im Strafrecht, NStZ 2002, 458–464.

Maunz, Theodor/Düring, Günter (Begr.) Herzog, Roman/Scholz, Rupert u.a.(Hrsg.): Grundgesetz, 65. Lieferung, München 2012 (zit.: *Bearbeiter,* Maunz/Düring-GG).

Maurach, Reinhart (Begr.)/Schroeder, Friedrich-Christian/Maiwald, Manfred: Strafrecht Besonderer Teil, Teilband 1 Straftaten gegen Persönlichkeits- und Vermögenswerte, 10. Auflage, Heidelberg 2009 (zit.: *Maurach/Schroeder/Maiwald,* Strafrecht BT/I).

Maurach, Reinhart/Zipf, Heinz: Strafrecht Allgemeiner Teil, Teilband 1, 8. Auflage, Heidelberg 1992 (zit.: *Maurach/Zipf,* StrafR AT/1).

Mayer, Hellmuth: Die Untreue im Zusammenhang der Vermögensverbrechen, München 1926 (zit.: *Mayer,* Untreue).

Medicus, Dieter/Petersen, Jens: Bürgerliches Recht, 22. Auflage, Köln 2009 (zit.: *Medicus/Petersen,* Bürgerliches Recht).

Merkel, Adolf: Kriminalistische Abhandlungen, Band II, Die Lehre vom strafbaren Betruge, Leipzig 1867 (zit.: *Merkel,* Abhandlungen II).

Mitsch, Wolfgang: Strafrecht Besonderer Teil 2, Vermögensdelikte (Kernbereich) Teilband 1, 2. Auflage, Berlin u.a. 2003 (zit.: *Mitsch,* Strafrecht BT/2 Tb.1).

Mitsch, Wolfgang: Die Geldstrafe, JA 1993, 304–310.

Mosiek, Marcus: Neues zur Unmittelbarkeit des Untreueschadens, Zugleich Anmerkungen zu BGH, Beschluss vom 17. Juli 2009–5 StR 394/08, HRRS 2009, 565–567.

Müller-Dietz, Heinz: Aspekte und Konzepte der Strafrechtsbegrenzung, in: Festschrift für Rudolf Schmitt zum 70. Geburtstag, Hrsg.: Klaus Geppert u.a., Tübingen 1992, 95–116 (zit.: *Müller-Dietz*, FS-Schmitt).

Müller-Gugenberger, Christian/Bieneck, Klaus: Handbuch des Wirtschaftsstraf- und Ordnungswidrigkeitenrechts, 5. Auflage, Köln 2011 (zit.: *Bearbeiter*, Hb-Wirtschaftsstrafrecht).

Nagler, Johannes: Bezugscheine als Objekte von Vermögensverbrechen, ZakDR 1941, 294–296.

Naucke, Wolfgang: Zur Lehre vom strafbaren Betruge, Berlin 1964 (zit.: *Naucke*, Zur Lehre vom strafbaren Betruge).

Nelles, Ursula: Untreue zum Nachteil von Gesellschaften, Zugleich ein Beitrag zur Struktur des Vermögensbegriffs als Beziehungsbegriff, Berlin 1991 (zit.: *Nelles*, Untreue).

Niggli, Marcel Alexander (Hrsg.): Basler Kommentar zum Strafgesetzbuch, 1. Auflage, Basel 2003 (zit.: *Bearbeiter*, BSK-StGB).

Ott, Claus/Schäfer, Hans-Bernd: Die Präventivwirkung zivil- und strafrechtlicher Sanktionen, Beiträge zum VI. Travemünder Symposium zur ökonomischen Analyse des Rechts vom 25.–28. März 1998, 1, Auflage, Tübingen 1999 *(zit.: Ott/Schäfer*, Die Präventivwirkung zivil- und strafrechtlicher Sanktionen.

Otto, Harro: Kausaldiagnose und Erfolgszurechnung im Strafrecht, in: Festschrift für Reinhart Maurach zum 70. Geburtstag, Hrsg.: Friedrich-Christian Schroeder u.a., Karlsruhe 1972, 91–105 (zit.: *Otto*, FS-Maurach).

Otto, Harro: Die Unterbrechung des Zurechnungszusammenhangs als Problem der Verantwortungszuschreibung, in: Jus humanum, Grundlagen des Rechts und des Strafrecht, Festschrift für Ernst-Joachim Lampe zum 70. Geburtstag, Hrsg.: Dieter Dölling, Berlin 2003, 491–513 (zit.: *Otto*, FS-Lampe).

Otto, Harro: Strafwürdigkeit und Strafbedürftigkeit als eigenständige Deliktskategorien?, in: Gedächtnisschrift für Horst Schröder, Hrsg.: Walter Stree u.a., München 1978, 53–71 (zit.: *Otto*, GS-Schröder).

Otto, Harro: Mißbrauch von Scheck- und Kreditkarten sowie Fälschung von Vordrucken für Euroschecks und Euroscheckkarten, wistra 1986, 150–154.

Otto, Harro: Die objektive Zurechnung eines Erfolges im Strafrecht, Jura 1992, 90–99.

Otto, Harro: Die Struktur des strafrechtlichen Vermögensschutzes, Berlin 1970 (zit.: *Otto,* Vermögensschutz).

Otto, Harro: Grundkurs Strafrecht, Die einzelnen Delikte, 7. Auflage, Berlin 2005 (zit.: *Otto,* Strafrecht).

Otto, Harro: Bankentätigkeit und Strafrecht, Köln u.a. 1983 (zit.: *Otto*, Bankentätigkeit).

Palandt, Otto (Begr.): Palandt Bürgerliches Gesetzbuch, 71. Auflage, München 2012 (zit.: *Bearbeiter*, Palandt-BGB).

Park, Tido: Kapitalmarktstrafrecht, 2. Auflage, Baden-Baden 2008 (zit.: *Bearbeiter,* Kapitalmarktstrafrecht).

Pawlik, Michael: Das unerlaubte Verhalten beim Betrug, Köln u.a. 1999 (zit.: *Pawlik,* Betrug).

Pfundtner, Hans/Neubert, Reinhard: Das neue Deutsche Reichsstrafrecht, Loseblattsammlung, Berlin 1939–1945 (zit.: *Bearbeiter,* Das neue Deutsche Reichsstrafrecht).

Pinner, Albert/Schmidt, Walter (Hrsg.) Staub, Otto (Begr.): Staub's Kommentar zum Handelsgesetzbuch, Band 2, §§ 178–342, 14. Auflage, Berlin u.a. 1933 (zit.: *Bearbeiter*, Staub-HGB).

Preiser, Wolfgang: Das Recht zu strafen, in: Festschrift für Edmund Mezger zum 70. Geburtstag am 15.10.1953, Hrsg.: Paul Bockelmann/Karl Engisch, München 1954, 71–82 (zit.: *Preiser,* FS-Mezger).

Preuß, Wilhelm: Untersuchungen zum erlaubten Risiko im Strafrecht, Berlin 1974 (zit.: *Preuß,* Untersuchungen zum erlaubten Risiko).

Prittwitz, Cornelius: Das deutsche Strafrecht: Fragmentarisch? Subsidiär? Ultima ratio? Gedanken zu Grund und Grenzen gängiger Strafrechtsbeschränkungspostulate, in: Vom unmöglichen Zustand des Strafrechts, Hrsg.: Institut für Kriminalwissenschaften und Rechtsphilosophie Frankfurt a.M., Bd./Vol. 50, Frankfurt am Main u.a. 1995, 387–405 (zit.: *Prittwitz,* Das deutsche Strafrecht).

Puppe, Ingeborg: Strafrecht Allgemeiner Teil im Spiegel der Rechtsprechung, 2. Auflage, Baden-Baden 2011 (zit.: *Puppe,* Spiegel der Rechtsprechung).

Puppe, Ingeborg: Die Beziehung zwischen Sorgfaltswidrigkeit und Erfolg bei den Fahrlässigkeitsdelikten ZStW 99 (1987), 595–616.

Puppe, Ingeborg: Die Erfolgszurechnung im Strafrecht, 1. Auflage, Baden-Baden 2000 (zit.: *Puppe*, Erfolgszurechnung).

Raiser, Thomas: Recht und Moral, soziologisch betrachtet, JZ 2004, 261–266.

Ransiek, Andreas: Untreue im GmbH-Konzern, in: Festschrift für Günter Kohlmann zum 70. Geburtstag, Hrsg.: Hans Joachim Hirsch u.a., Köln 2003, 207–223 (zit.: *Ransiek*, FS-Kohlmann).

Ransiek, Andreas: Risiko, Pflichtwidrigkeit und Vermögensnachteil bei der Untreue, ZStW 116 (2004), 634–679.

Rauscher, Thomas/Wax, Peters/Wenzel, Joachim: Münchener Kommentar zur Zivilprozessordnung mit Gerichtsverfassungsgesetz und Nebengesetzen, Band 1, §§ 1–510c, 3. Auflage, München 2008 (zit.: *Bearbeiter*, MüKo-ZPO).

Rengier, Rudolf: Gedanken zur Problematik der objektiven Zurechnung im Besonderen Teil des Strafrechts, in: Festschrift für Claus Roxin zum 70. Geburtstag am 15. Mai 2001, Hrsg.: Bernd Schünemann u.a., Berlin u.a. 2001, 811–826 (zit.: *Rengier*, FS-Roxin).

Rengier, Rudolf: Betrug im elektronischen Lastschriftverfahren bei unbekannter Zahlungsgarantie, in: Festschrift für Karl Heinz Gössel zum 70. Geburtstag am 16. Oktober 2002, Hrsg.: Dieter Dölling/Volker Erb, Heidelberg 2002, 469–479 (zit.: *Rengier*, FS-Gössel).

Rengier, Rudolf: Strafrecht Besonderer Teil I, 12. Auflage, München 2010 (zit.: *Rengier*, Strafrecht BT I).

Riemann, Thomas: Vermögensgefährdung und Vermögensschaden, Heidelberg 1989 (zit.: *Riemann*, Vermögensgefährdung).

Rönnau, Thomas: Einrichtung „schwarzer“ Kassen in der Privatwirtschaft – eine strafbare Untreue?, in: Strafrecht und Wirtschaftsstrafrecht – Dogmatik, Rechtsvergleich, Rechtstatsachen –, Festschrift für Klaus Tiedemann zum 70. Geburtstag, Hrsg.: Ulrich Sieber u.a., Köln/München 2008, 713–736 (zit.: *Rönnau*, FS-Tiedemann).

Rönnau, Thomas: (Rechts-) Vergleichende Überlegungen zum Tatbestand der Untreue, ZStW 122 (2010), 299–324.

Rönnau, Thomas: Voraussetzzungen und Grenzen der Einwilligung im Strafrecht, Jura 2002, 665–675.

Rönnau, Thomas: Untreue als Wirtschaftsdelikt, ZStW 119 (2007), 887–926.

Rönnau, Thomas/Faust, Florian/Fehling, Michael: Durchblick: Kausalität und objektive Zurechnung, JuS 2004, 113–118.

Roxin, Claus: Gedanken zur Problematik der Zurechnung im Strafrecht, in: Festschrift für Richard M. Honig zum 80. Geburtstag am 3. Januar 1970, Hrsg.: Juristische Fakultät der Georg-August-Universität Göttingen, Göttingen 1970, 134–150 (zit.: *Roxin*, FS-Honig).

Roxin, Claus: Über die mutmaßliche Einwilligung, in: Festschrift für Hans Welzel zum 70. Geburtstag am 25. März 1974, Hrsg.: Günter Stratenwerth/Armin Kaufmann u.a., Berlin/New York 1974, 447–475 (zit.: *Roxin*, FS-Welzel).

Roxin, Claus: Strafrecht Allgemeiner Teil, Band II, Besondere Erscheinungsformen der Straftat, 1. Auflage, München 2003 (zit.: *Roxin*, Strafrecht AT/II).

Roxin, Claus: Strafrecht Allgemeiner Teil, Band I, Grundlagen, Der Aufbau der Verbrechenslehre, 4. Auflage, München 2006 (zit.: *Roxin*, Strafrecht AT/I).

Roxin, Claus: Finalität und objektive Zurechnung, in: Gedächtnisschrift für Armin Kaufmann, Hrsg.: Gerhard Dornseiger u.a., Köln u.a. 1989, 237–251 (zit.: *Roxin*, GS-Kaufmann).

Roxin, Claus: Franz von Liszt und die kriminalpolitische Konzeption des Alternativentwurfs, ZStW 81 (1969), 613–659.

Roxin, Claus: Pflichtwidrigkeit und Erfolg bei fahrlässigen Delikten, ZStW 74 (1962), 411–444.

Roxin, Claus: Geld als Objekt von Eigentums- und Vermögensdelikten, in: Festschrift für Hellmuth Mayer zum 70. Geburtstag am 1. Mai 1965, Hrsg.: Friedrich Geerds/Wolfgang Naucke, Berlin 1966, 468–484 (zit.: *Roxin*, FS-Mayer).

Rübenstahl, Markus: Die Untreue des Rechtsanwalts durch Verwahrung von Mandantengeldern auf eigenen Konten, Zugl. Besprechung von BGH, Beschluss vom 30. Oktober 2003–3 StR 276/03, HRRS 2004, 54–65.

Rudolphi, Hans-Joachim/Horn, Eckhard/Günther, Hans-Ludwig/Samson, Erich: Systematischer Kommentar zum Strafgesetzbuch, Band I, Teilband 1, §§ 1–37, Band I, Teilband 2, §§ 38–79b, Band II, Teilband 4, §§ 201–266b, 8. Auflage, 130. Lfg., Köln 2011 (zit.: *Bearbeiter*, SK-StGB).

Rüping, Hinrich: Tatausgleich und Strafwürdigkeit, in: Grundfragen staatlichen Strafens, Festschrift für Heinz Müller-Dietz zum 70. Geburtstag, Hrsg.: Guido Britz u.a., München 2001, 717–735 (zit.: *Rüping*, FS-Müller-Dietz).

Saliger, Frank: Grenzen der Opportunität: § 153aStPO und der Fall Kohl, Zugleich Besprechung von LG Bonn, Beschluss vom 28.2.2001, GA 141 (2005), 155–176.

Saliger, Frank: Rechtsprobleme bei der Untreue, JA 2007, 326–334.

Saliger, Frank: Gibt es eine Untreuemode? Die neuere Untreuedebatte und Möglichkeiten einer restriktiven Auslegung, HRRS 2006, 10–23.

Saliger, Frank: Parteiengesetz und Strafrecht, Zur Strafbarkeit von Verstößen gegen das Parteiengesetz insbesondere wegen Untreue gemäß § 266 StGB, Tübingen 2005 (*Saliger*, Parteiengesetz).

Saliger, Frank: Zur Normativierung des Schadensbegriff in der neueren Rechtsprechung zu Betrug und Untreue, in: Festschrift für Erich Samson zum 70. Geburtstag, Hrsg.: Wolfgang Joecks/Heribert Ostendorf u.a., Heidelberg u.a. 2010, 445–454 (zit.: *Saliger*, FS-Samson).

Saliger, Frank/Sinner, Stefan: Abstraktes Recht und konkreter Wille, Anmerkungen zur Einstellung des Mannesmann-Verfahrens nach § 153a StPO, ZIS 2007, 476–482.

Saliger, Frank/Gaede, Karsten: Rückwirkende Ächtung der Auslandskorruption und Untreue als Korruptionsdelikt – Der Fall Siemens als Startschuss in ein entgrenztes internationalisiertes Wirtschaftsstrafrecht?, HRRS 2008, 57–76.

Satzger, Helmut/Schmitt, Bertram/Widmaier, Gunter: Strafgesetzbuch Kommentar, 1. Auflage, Köln 2009 (zit.: *Bearbeiter*, S/S/W-StGB).

Sax, Walter: Überlegungen zum Treubruchstatbestand des § 266 StGB, JZ 1977, 702–706.

Schäfer, Ernst: Das Gesetz zur Änderung strafrechtlicher Vorschriften vom 26. Mai 1933, DJZ 1933, 789–795.

Schild, Wolfgang: Zurechnung zum Verhaltensunrecht, in: Festschrift für Günther Jakobs zum 70. Geburtstag am 26. Juli 2007, Hrsg.: Michael Pawlik u.a., Köln u.a. 2007, 601–613 (zit.: *Schild*, FS-Jakobs).

Schlösser, Jan/Dörfler, Roman: Strafrechtliche Folgen eines Verstoßes gegen den Deutschen Corporate Governance Kodex, wistra 2007, 326–333.

Schmidhäuser, Eberhard: Freikaufverfahren mit Strafcharakter im Strafprozeß?, JZ 1973, 529–536.

Schmidhäuser, Eberhard: Strafrecht Allgemeiner Teil, Studienbuch, 2. Auflage, Tübingen 1984 (zit.: *Schmidhäuser*, Studienbuch).

Schmidt-Bleibtreu, Bruno (Begr.)/Hofmann, Hans/Hopfauf, Axel (Hrsg.): Grundgesetz Kommentar, 12. Auflage, Köln 2011 (zit.: *Bearbeiter*, GG-Kommentar).

Schmidt-Hieber, Werner: Ausgleich statt Geldstrafe, NJW 1992, 2001–2004.

Schmitz, Roland: Unrecht und Zeit Unrechtsquantifizierung durch zeitlich gestreckte Rechtsgutsverletzung, Baden-Baden 2001 (zit.: *Schmitz,* Unrecht und Zeit).

Schöch, Heinz: Täter-Opfer-Ausgleich und Schadenswiedergutmachung gem. § 46a StGB, in: 50 Jahre Bundesgerichtshof, Festgabe der Wissenschaft, Hrsg.: Claus Roxin/Gunter Widmaier, Band IV, München 2000, 309–338 (zit.: *Schöch*, FS-BGH).

Schönke, Adolf/Schröder, Horst: Strafgesetzbuch, 28. Auflage, München 2010 (zit.: *Bearbeiter,* S/S-StGB).

Schramm, Edward: Untreue und Konsens, Berlin 2005 (zit.: *Schramm,* Untreue und Konsens).

Schröder, Horst: Anmerkungen zu BayObLG vom 13.03.1973, JR 1973, 339.

Schroeder, Friedrich-Christian: Grundsätzliche Angriffe gegen die Lehre von der objektiven Zurechnung, in: Vergleichende Strafrechtswissenschaft, Frankfurter Festschrift für Andrzej J. Szwarc zum 70. Geburtstag, Hrsg.: Jan C. Joerden u.a., Berlin 2009, 272–278 (zit.: *Schroeder*, FS-Szwarc).

Schünemann, Bernd: Der Begriff des Vermögensschadens als archimedischer Punkt des Untreuetatbestands (Teil 1), StraFo 2010, 1–10.

Schünemann, Bernd: Haushaltsuntreue als dogmatisches und kriminalpolitisches Problem, StV 2003, 463–471.

Schünemann, Bernd: Über die objektive Zurechnung, GA 135 (1999), 207–229.

Schünemann, Bernd: Zur Quadratur des Kreises in der Dogmatik des Gefährdungsschadens, NStZ 2008, 430–434.

Schünemann, Bernd: Die gravierende Pflichtverletzung bei der Untreue: dogmatischer Zauberhut oder taube Nuss? NStZ 2005, 473–476.

Seelmann, Kurt: Grundfälle zu den Straftaten gegen das Vermögens als Ganzes, JuS 1982, 509–512, 914–918.

Seier, Jürgen: Die Untreue (§ 266 StGB) in der Rechtspraxis, in: Bochumer Beiträge zu aktuellen Strafrechtsthemen Vorträge anlässlich des Symposiums zum 70. Geburtstag von Gerd Geilen am 12./13.10.2011, Hrsg.: Klaus Bernsmann/Klaus Ulsenheimer, Köln u.a. 2003, 145–156 (zit.: *Seier,* Geilen Symposium).

Seiler, Wiltrud: Die Untreuestrafbarkeit des Wirtschaftsprüfers, Frankfurt am Main 2007 (zit.: *Seiler,* Die Untreuestrafbarkeit des Wirtschaftsprüfers).

Simon, Eric: Gesetzesauslegung im Strafrecht, Eine Analyse der höchstrichterlicher Rechtsprechung, Berlin 2005 (zit.: *Simon,* Gesetzesauslegung im Strafrecht).

Spickhoff, Andreas: Medizinrecht, München 2011 (zit.: *Bearbeiter,* Medizinrecht).

Staub, Hermann (Begr.)/Dinner, Albert u.a. (Bearb.): Staub's Kommentar zum Handelsgesetz, Zweiter Band, §§ 178–342, 14. Auflage, Berlin u.a. 1933 (zit.: *Dinner/Bondi/Gadow/Heinichen,* Staub's-HGB).

Staudinger, Julius von: Kommentar zum Bürgerlichen Gesetzbuch mit Einführungsgesetz und Nebengesetzen, Buch 2, Recht der Schuldverhältnisse, §§ 362–296 (Erfüllung, Hinterlegung, Aufrechnung), Berlin 2006 (zit.: *Bearbeiter*, Staudinger-BGB).

Sternberg-Lieben, Detlev: Die objektiven Schranken der Einwilligung im Strafrecht, Tübingen 1997 (zit.: *Sternberg-Lieben,* Objektive Schranken).

Strelczyk, Christoph: Die Strafbarkeit der Bildung schwarzer Kassen: eine Untersuchung zur schadensgleichen Vermögensgefährdung sowie zur objektiven Zurechnung finanzieller Sanktionen infolge schwarzer Kassen als Vermögensnachteil i.S.d. § 266 StGB, Herbolzheim 2008 (zit.: *Strelczyk,* Bildung schwarzer Kassen).

Streng, Franz: Strafrechtliche Sanktionen, Die Strafzumessung und ihre Grundlagen, 2. Auflage, Stuttgart 2002 (zit.: *Streng,* Strafrechtliche Sanktionen).

Suhr, Christian: Rechtsgut der Steuerhinterziehung und Steuerhinterziehung im Festsetzungsverfahren, Frankfurt am Main u.a. 1989 (zit.: *Suhr,* Steuerhinterziehung).

Sutherland, Edwin H.: White collar crime, New York 1961 (zit.: *Sutherland,* White collar crime).

Tenckhoff, Jörg: Eingehungs- und Erfüllungsbetrug, in: Festschrift für Karl Lackner zum 70. Geburtstag am 18. Februar 1987, Hrsg.: Wilfried Küper, Berlin/New York 1987, 677–694 (zit.: *Tenckhoff,* FS-Lackner).

Tiedemann, Klaus: Die mutmaßliche Einwilligung, insbesondere bei Unterschlagung amtlicher Gelder – OLG Köln, NJW 1968, 2348, JuS 1970, 108–113.

Tiedemann, Klaus: Anmerkungen zu BGH JR 1975, 384–385, JR 1975, 385–386.

Timpe, Gerhard: Anmerkungen zu BGHSt 36, 227, JR 1990, 428–431.

Trechsel, Stefan (Hrsg.): Schweizerisches Strafgesetzbuch Praxiskommentar, Zürich / St. Gallen 2008 (zit.: *Bearbeiter,* PK-Schweizerisches Strafgesetzbuch).

Ungern-Sternberg, Joachim von: Wirtschaftskriminalität beim Handel mit ausländischen Aktien, ZStW 88 (1976), 653–711.

Wabnitz, Heinz-Bernd/Janovsky, Thomas: Handbuch des Wirtschafts- und Steuerstrafrechts, 3. Auflage, München 2007 (zit.: *Bearbeiter*, Handbuch des Wirtschafts- und Steuerstrafrechts).

Wahl, Matthias: Die Schadensbestimmung beim Eingehungs- und Erfüllungsbetrug, Berlin 2007 (zit.: *Wahl*, Schadensbestimmung).

Walter, Tonio: Die Kompensation beim Betrug (§ 263 StGB), in: Strafrecht zwischen System und Telos, Festschrift für Rolf Dieter Herzberg zum siebzigsten Geburtstag am 14. Februar 2008, Hrsg.: Holm Putzke u.a., Tübingen 2008, 763–776 (zit.: *Walter*, FS-Herzberg).

Wank, Rolf: Die Auslegung von Gesetzen, 4. Auflage, Köln/München 2008 (zit.: *Wank*, Die Auslegung von Gesetzen).

Wassermann, Rudolf (Hrsg.): Kommentar zum Strafgesetzbuch Band 1, §§ 1–21, Reihe Alternativkommentare, Neuwied 1990 (zit.: *Bearbeiter*, AK-StGB).

Waßmer, Martin Paul: Untreue bei Risikogeschäften, Heidelberg 1997 (zit.: *Waßmer*, Risikogeschäft).

Weber, Ulrich: Untreue durch Verursachung straf- und bußgeldrechtlicher Sanktionen gegen den Vermögensinhaber?, in: Festschrift für Manfred Seebode zum 70. Geburtstag am 15. September 2008, Hrsg.: Henrik Schneider u.a., Berlin 2008, 437–448 (zit.: *Weber*, FS-Seebode).

Weber, Ulrich: Zur strafrechtsgestaltenden Kraft des Zivilrechts, in: Festschrift für Fritz Baur, Hrsg.: Wolfgang Grunsky u.a., Tübingen 1981, 133–145 (zit.: *Weber*, FS-Baur).

Weber, Ulrich: Strafaufhebende Rückwirkung des Zivilrechts?, in: Gedächtnisschrift für Ellen Schlüchter, Hrsg.: Gunnar Duttge/Gerd Geilen u.a., Köln u.a. 2002, 243–254 (zit.: *Weber*, GS-Schlüchter).

Weber, Ulrich: Überlegungen zur Neugestaltung des Untreuestrafrechts, in: Festschrift für Eduard Dreher zum 70. Geburtstag am 29. April 1977, Hrsg.: Hans-Heinrich Jeschek/Hans Lüttger, Berlin/New York 1977, 555–571 (zit.: *Weber*, FS-Dreher).

Welzel, Hans: Studien zum System des Strafrechts, ZStW 58 (1939), 491–566.

Welzel, Hans: Das Deutsche Strafrecht, 11. Auflage, Berlin 1969 (zit.: *Welzel*, Das Deutsche Strafrecht).

Wessels, Johannes/Hillenkamp, Thomas: Strafrecht Besonderer Teil 2, 33. Auflage, Heidelberg u.a. 2010 (zit.: *Wessels/Hillenkamp*, Strafrecht BT 2).

Wessels, Johannes/Beulke, Werner: Strafrecht Allgemeiner Teil, Die Straftat und ihr Aufbau, 41. Auflage, Heidelberg u.a. 2011 (zit.: *Wessels/Beulke*, Die Straftat).

Wittig, Petra: Konsequenzen der Ausgleichsfähigkeit und Ausgleichsbereitschaft des Täters für die Untreuestrafbarkeit, in: Festschrift für Imme Roxin, Hrsg.: Lorenz Schulz u.a., Heidelberg u.a. 2012, 375–390 (zit.: *Wittig*, FS-Imme Roxin).

Wolf, Gerhard: Die Strafbarkeit des ehemaligen CDU – Vorsitzenden Dr. Helmut Kohl nach § 266 StGB, Ein Beleg für die Unbegründetheit der Einwände gegen den Untreuetatbestand, KJ 2000, 531–556.

Yoshida, Nobuyuki: Zur materiellen Legitimation der mutmaßlichen Einwilligung, in: Festschrift für Claus Roxin zum 70. Geburtstag am 15. Mai 2001, Hrsg.: Bernd Schünemann/Hans Achenbach u.a., Berlin/New York 2001, 401–420 (zit.: *Yoshida*, FS-Roxin).

Zipf, Heinz: Die Strafmaßrevision, München 1969 (zit.: *Zipf*, Strafmaßrevision).

Zipf, Heinz: Die Strafzumessung, Karlsruhe 1977 (zit.: *Zipf*, Strafzumessung).

Zweigert, Konrad/Kötz, Hein: Einführung in die Rechtsvergleichung auf dem Gebiete des Privatrechts, 3. Auflage, Tübingen 1996 (zit.: *Zweigert/Kötz*, Einführung in die Rechtsvergleichung).

A. Einleitung

I. Fragestellung und Ziel der Untersuchung

Der Straftatbestand der Untreue gemäß § 266 StGB lässt sich allgemein als die vorsätzliche Verletzung der Pflicht zur Betreuung von fremdem Vermögen mit der Folge eines Nachteils für dieses charakterisieren.[1] Nach der langjährigen Rechtsprechung des Bundesgerichtshofs macht sich nicht wegen Untreue strafbar, wer zum Ersatz des Geldes, über das er rechtswidrig verfügt, eigene Mittel ständig bereithält.[2] Dafür muss der Treupflichtige jederzeit ausgleichsfähig und uneingeschränkt ausgleichsbereit sein.

Wir alle sind „Kinder unserer Zeit" und in den Zeiten von Finanzmarkt-, Wirtschafts-, Schulden- und Eurokrise mag es doch zumindest auf einen ersten, flüchtigen Blick verwunderlich anmuten, dass der Bundesgerichtshof denjenigen, die ausreichend vermögend sind, einen „Freifahrtschein" dafür ausstellt, mit anvertrauten Fremdgeldern nach Belieben bis zur Grenze der eigenen Möglichkeiten zu verfahren. Der „Freifahrtschein" gilt zwar nur bei vorhandener subjektiver Ausgleichsbereitschaft des Treupflichtigen neben seiner objektiven Ausgleichsfähigkeit. Liegen jedoch diese beiden Voraussetzungen im Zeitpunkt der relevanten Handlung vor, kommt eine Untreuestrafbarkeit nach Auffassung der Rechtsprechung nicht in Betracht und der Treupflichtige ist nicht strafbar. Der auf den Vermögensschutz gerichtete Straftatbestand, dem sich die vorliegende Arbeit widmet, ist kein geringerer als die „Superverbotsnorm"[3] des deutschen Strafgesetzbuches: Die Untreue gemäß § 266 StGB. Den beiden in § 266 Abs. 1 StGB enthaltenen Tatbeständen des Missbrauchs und des Treubruchs ist gemein, dass durch die pflichtwidrige Handlung demjenigen, dessen Vermögensinteressen der Täter zu betreuen hat, ein Vermögensnachteil zugefügt werden muss.[4] Der Vermögensschutz ist heute in der wirtschaftlichen Praxis mehr denn je erforderlich.[5] Notwendig sind aber auch dessen Grenzen. Jede Vermögenssorge kann

1 *Dierlamm*, MüKo-StGB, § 266 Rn. 1.

2 Statt aller BGHSt 15, 342, 344; umfassende Nachweise unter B.I.

3 *Rönnau*, ZStW 119 (2007), 887, 925.

4 Siehe den Wortlaut der Norm; der Nachteil ist der Erfolg der Tathandlung; statt aller BGHR § 266 Nachteil 17; zwischen den beiden Tatbestandsalternativen wird im Folgenden nur bei Bedarf unterschieden, was meist nicht erforderlich ist, da der Erfolg derselbe ist.

5 So *Matt*, NJW 2005, 389, 389.

zu wirtschaftlichen Nachteilen führen und dem kaufmännischen Geschäft ist im Besonderen ein Risikomoment immanent.[6] Somit kann nicht jedes vermögensschädigende Verhalten untreuerelevant sein. Rechtsprechung und Literatur hatten sich daher schon früh mit der schwierigen Abgrenzung von straflosem und strafbarem Verhalten zu befassen. Dies ist auch dem Umstand geschuldet, dass der Wortlaut des § 266 StGB sehr weit gefasst ist. Dem Richter kommt die Aufgabe zu, den Tatbestand durch Auslegung schärfer zu konturieren.[7] Jedes einzelne Tatbestandsmerkmal der Untreue ist Gegenstand zahlreicher Problemkomplexe und Streitigkeiten und im Laufe der Jahre setzte sich die Rechtsprechung mit allen Tatbestandsmerkmalen intensiv auseinander.[8] Der Untreuetatbestand erfuhr ein solches Maß an Prägung und Weiterentwicklung seitens der Rechtsprechung, dass er schon als ein „legislatorisches Monstrum"[9] betitelt wird. Ein großer Teil der Veröffentlichungen aus der Literatur, die sich der Untreue schon nahezu inflationär widmet, ist auf die Einschränkung des von der Rechtsprechung mit „allgegenwärtigen Expansionstendenzen"[10] bedachten Untreuetatbestands und damit auf die Begrenzung der Strafbarkeit gerichtet.[11] Im Fall der von der Rechtsprechung eingeführten Berücksichtigungsfähigkeit von Ausgleichsfähigkeit und -bereitschaft des Treupflichtigen, die über Jahre hinweg weiterentwickelt sowie verfestigt wurde und mittlerweile langjährige Praxis ist, und der daraus resultierenden Straflosigkeit könnte man annehmen, dass dieser generellen Forderung nach einer restriktiven Anwendung des Untreuetatbestands Genüge getan würde. Dennoch erhoben und erheben sich aus der Literatur immer wieder Stimmen, deren Kritik an der Berücksichtigung von Ausgleichsfähigkeit und -bereitschaft des Treupflichtigen an unterschiedlichen Punkten ansetzt. Einwände gegen das „Ob" der Berücksichtigung von Ausgleichsfähigkeit und -bereitschaft sind ebenso zu finden wie vehemente Kritik an der systematischen Verortung der Berücksichtigung. Zudem finden sich neben Hinweisen auf die praktische Bedeutung auch

6 Vgl. *Waßmer*, Risikogeschäft, 24.

7 Dies fordert unter anderem aufgrund der „gefährlichen Weite" *Bockelmann*, Strafrecht BT/1, 138.

8 Zur Entwicklung der jeweiligen Schwerpunkte in der Dogmatik von der Vermögensbetreuungspflicht hin zur Pflichtverletzung und dem Vermögensnachteil siehe statt vieler *Saliger*, S/S/W-StGB, § 266 Rn. 5.

9 *Schünemann*, NStZ 2005, 473, 473.

10 So *Rönnau*, ZStW 119 (2007), 887, 902.

11 Eine lesenswerte Zusammenstellung von schlagwortartiger Kritik am Untreuetatbestand findet sich bei *Schünemann*, StraFo 2010, 1, 2; im Fokus der Kritik steht auch die Unbestimmtheit des Tatbestands und die ausufernde Kasuistik.

Erweiterungsvorschläge für diese Fallgruppe. Allerdings ist eine umfassende wissenschaftliche Auseinandersetzung bisher, soweit ersichtlich, nicht erfolgt.[12] Die vorliegende Arbeit hat zum Ziel, diese Lücke zu schließen und die Berücksichtigung von Ausgleichsfähigkeit und -bereitschaft des Treupflichtigen im Rahmen der Untreue kritisch und umfassend zu untersuchen. Die Untersuchung gewinnt an Bedeutung vor dem Hintergrund, dass § 266 StGB nicht mehr nur als schwierig anzuwendender Tatbestand, „sondern als wichtiger kriminalpolitischer Brennpunkt mit hoher symbolischer Bedeutung (...)“[13] gilt. So sei die Prognose gewagt, dass nicht nur der juristische Laie – würde er gefragt werden – auf die von der Rechtsprechung vorgenommene Berücksichtigung von Ausgleichsfähigkeit und Ausgleichsbereitschaft spontan wohl eher mit dem Empfinden von Ungerechtigkeit, als mit bedingungsloser Zustimmung reagieren würde.[14]

§ 266 StGB zählt zum Kern des Wirtschaftsstrafrechts und es ist eine „wissenschaftliche Selbstverständlichkeit“,[15] dass das Wirtschaftsstrafrecht kein Sonderstrafrecht ist. Daher muss sich die Berücksichtigungsfähigkeit von Ausgleichsfähigkeit und -bereitschaft selbstverständlich an der allgemeinen Dogmatik messen lassen. Die Bedeutung der Dogmatik für das Wirtschaftsstrafrecht ist immens, verleiht sie diesem doch Kontur und Schärfe und ermöglicht auf diese Weise auch Restriktionen. Andernfalls würde das Strafrecht zum Vollstrecker des Zivilrechts. Dogmatische Präzisierung ist stets geboten.[16] Mit den Worten *Roxins* ist es gerade die Aufgabe strafrechtsdogmatischer Arbeit, die „Problemlösung improvisierender Willkürlichkeit [zu] entziehen (...).“[17]

Ziel dieser Arbeit ist eine abschließende Klärung der Frage, ob und wie die Ausgleichsfähigkeit und -bereitschaft des Treupflichtigen im Rahmen der Prüfung der Untreuestrafbarkeit zu berücksichtigen sind. Hervorzuheben ist die praktische Bedeutung des Ergebnisses bezüglich des „Ob“ einer Berücksichtigung, geht es hier doch elementar um Strafbarkeit oder Straflosigkeit. Das gilt insbesondere vor dem Hintergrund, dass bei der Untreue keine Versuchsstrafbarkeit besteht. Im

---

12 Siehe aber *Wittig*, FS-Imme Roxin, 375 ff. mit einer Untersuchung mit Blick auf die schwarzen Kassen.

13 *Fischer*, StraFo 2008, 269, 269.

14 Dafür wäre eine umfassende empirische Untersuchung erforderlich.

15 *Jäger*, FS-Otto, 593, 608.

16 Vgl. im Zusammenhang mit der Formel d.Rspr. von der „gravierenden Pflichtverletzung“ die Forderung von *Schünemann*, NStZ 2005, 473, 476; *Englisch*, NJW 2005, 2974, 2074 spricht davon, dass in systematischer Hinsicht das Feld der Untreue noch nicht vollständig abgegrast sei.

17 *Roxin*, FS-Welzel, 447, 475.

weiteren Verlauf setzt sich die Arbeit schwerpunktmäßig mit der Untersuchung des „Wie" einer Berücksichtigungsfähigkeit auseinander. Insoweit wird vor allem ein dogmatischer Gewinn zu erzielen sein, wenn es darum geht, die Berücksichtigung von Ausgleichsfähigkeit und -bereitschaft nicht nur (kriminalpolitisch) angemessen zu behandeln, sondern gerade auch auf dogmatisch konsistenten Grund zu stellen.[18]

II. Gang der Untersuchung und Begriffsklärung

Die Arbeit untergliedert sich im Folgenden in die drei Hauptteile B. bis D. und schließt mit einer Zusammenfassung in Teil E. Teil B. widmet sich in zwei Abschnitten der bisher zur Fragestellung ergangenen Rechtsprechung. Neben einer chronologischen Übersicht über die veröffentlichten Urteile und Gerichtsbeschlüsse im Abschnitt B.I. wird im Abschnitt B.II. eine umfassende Analyse dieser Rechtsprechung vorgenommen. Zwei große Fragenkomplexe stehen dann im Zentrum der weiteren Untersuchungen in Teil C. und Teil D. Im zentralen Teil C. wird die Legitimation einer Berücksichtigung von Ausgleichsfähigkeit und -bereitschaft im Rahmen der Untreue eingehend untersucht. Es wird zu prüfen sein, ob an der Berücksichtigung von Ausgleichsfähigkeit und -bereitschaft des Treupflichtigen festgehalten werden kann und sollte, mithin ob die Berücksichtigung legitimierbar ist. Dies erfolgt aus unterschiedlichen Richtungen und Ansätzen, beginnend mit dem Rechtsgüterschutz (C.I.) und den Auslegungskriterien (C.II.), gefolgt von Überlegungen vor dem Hintergrund des Subsidiaritäts- und des *ultima-ratio*-Prinzip (C.III.). Straftheoretische Überlegungen (C.IV.) werden ebenso in die Untersuchung einbezogen wie eine Betrachtung aus der Opferperspektive (C.V.). Auch das Spannungsverhältnis zwischen Recht und Moral (C.VI.) wird neben praktischen Erwägungen (C.VII.) beleuchtet. Zudem wird die Untersuchung der Legitimation auch von einem vergleichenden Blick in das Steuerstrafrecht (C.VIII.) und einem rechtsvergleichenden Ansatz (C.IX.) flankiert. Der sich anschließende Teil D. widmet sich den Fragen der Ausgestaltung der Berücksichtigung von Ausgleichsfähigkeit und -bereitschaft. Das erfolgt wiederum in zwei Abschnitten. Im ersten Abschnitt wird unter D.I. die Frage der systematischen Verortung einer Antwort zugeführt. Diese Untersuchung orientiert sich denklogisch am Prüfungsaufbau und der Struktur der Untreue, wobei

---

18 Siehe *Schünemann*, StraFo 2010, 1, 3; beachte auch die Ausführungen von *Wittig*, FS-Imme Roxin, 375, 390 zur Notwendigkeit „sich immer wieder den Grundlagen seines Faches zu vergewissern und auch scheinbar Selbstverständliches kritisch und auch hartnäckig zu hinterfragen."

fünf Ansätzen nachgegangen (D.I.1–5) und das Auffinden einer zweckfunktionalen Lösung angestrebt wird. Daran anschließend werden im zweiten Abschnitt unter D.II. die Anforderungen, die an die Ausgleichsfähigkeit und -bereitschaft zu stellen sein sollten, zusammengetragen und erläutert. Dies erfolgt spezifisch vor dem Hintergrund der gefundenen bevorzugten systematischen Verortung und der sich daraus bietenden Möglichkeiten. Die Arbeit schließt im Teil E. mit einer Zusammenfassung der wichtigsten Ergebnisse und einem Fazit.

Die Ausgleichsfähigkeit und Ausgleichsbereitschaft des Treupflichtigen werden in Rechtsprechung und Literatur teilweise auch als Ersatzbereitschaft und Ersatzfähigkeit bezeichnet. Aus Gründen der Klarheit und Einheitlichkeit werden in der folgenden Arbeit nur die Begriffe Ausgleichsfähigkeit und Ausgleichsbereitschaft verwendet, selbstredend außer in davon abweichenden direkten Zitaten.

B. Die Rechtsprechung

Die Berücksichtigungsfähigkeit von Ausgleichsfähigkeit und -bereitschaft des Treupflichtigen im Rahmen der Untreue wurde von der Rechtsprechung entwickelt und ist damit Richterrecht. Daher soll zunächst die Entwicklung dieser Rechtsprechung umfassend nachvollzogen werden. Anschließend werden die sich daraus ergebenden Erkenntnisse zusammengefasst, um so Voraussetzungen, Bedeutung und Konsequenzen dieser Rechtsprechung zu analysieren und aufzeigen zu können, was sich rechtlich hinter der Ausgleichsfähigkeit und -bereitschaft verbirgt.

I. Entwicklung der Rechtsprechung

Die einschlägigen Urteile und Beschlüsse[19] reichen bis in die Zeiten der reichsgerichtlichen Rechtsprechung zurück und werden hier aus Gründen einer vereinfachten Nachvollziehbarkeit chronologisch dargestellt. Eine derartige Zusammenfassung ist, soweit ersichtlich, bisher unterblieben.

1. RG vom 13.07.1936 – RGSt 70, 321

a) Sachverhalt

Ein Notar und Rechtsanwalt hatte Beträge, die er von Stempelschuldnern zur Verstempelung von Notariatsvorgängen erhalten hatte, nicht fristgemäß dafür verwendet, sondern für andere Zwecke ausgegeben. Diese anderen Zwecke waren sowohl persönlicher Natur als auch die Verstempelung älterer, bis dahin ungestempelt gebliebener Urkunden. Der wegen Untreue Angeklagte verteidigte sich unter anderem damit, dass er nach seinen Vermögens- und Einkommensverhältnissen jederzeit dazu in der Lage gewesen wäre, den fälligen Stempel zu beschaffen.

b) Urteilsgründe

Die Verurteilung wegen fortgesetzter Untreue durch das Landgericht wird vom II. Strafsenat des Reichsgerichts aufgehoben, welcher schon das Tatbestandsmerkmal der Pflichtwidrigkeit als nicht erfüllt ansieht. Im Folgenden widmen sich die reichsgerichtlichen Ausführungen der Frage des Vorsatzes. Bei vorliegendem

19 Bezogen auf solche, die veröffentlicht worden sind.

Sachverhalt und dem Fehlen von besonderen Umständen, die zu einer anderen rechtlichen Beurteilung führen würden, liegt für das Reichsgericht die Annahme nahe, dass der Angeklagte jederzeit ausgleichsfähig gewesen sei, da er „in jedem Augenblick ohne sonderliche Schwierigkeiten“[20] den erforderlichen Stempel aufbringen konnte. Nach Einschätzung des Reichsgerichts hatte der Angeklagte damit „weder den Willen noch die Vorstellung gehabt“,[21] einen Schaden herbeizuführen.

2. RG vom 27.07.1939 – RGSt 73, 283

a) Sachverhalt

Ein Rechtsanwalt hatte fremde Gelder eingenommen, für sich verbraucht und deren Eingang selbst auf Nachfrage der Auftraggeber hin verschwiegen. Die Gelder zahlte er nicht oder erst mit einiger zeitlicher Verzögerung aus. Er befand sich in schlechten Vermögensverhältnissen, hatte Schulden und wurde von Gläubigern bedrängt. Zudem war seine Buch- und Aktenführung unordentlich.

b) Urteilsgründe

Das Landgericht sieht eine strafbare Untreue sowohl in dem Eigenverbrauch der Gelder als auch in der verspäteten Rückzahlung und verurteilt den Angeklagten. Die vom Angeklagten daraufhin eingelegte Revision bleibt erfolglos. Das Reichsgericht führt aus, dass das Tatbestandmerkmal der Nachteilszufügung im Rahmen des § 266 StGB dem Vermögensschaden des § 263 StGB entspräche und dementsprechend durch einen Vergleich zu ermitteln sei. Infolge des Geldverbrauchs seitens des Angeklagten hatten die jeweiligen Berechtigten gegen ihn nur noch eine Forderung auf Zahlung eines entsprechenden Betrages. „Dieser Anspruch wäre der Forderung auf Aushändigung des eingegangenen Betrages jeweils nur dann gleichwertig gewesen, wenn der Angeklagte einen dem Eingang entsprechenden Betrag zur steten Auszahlung in seiner Kasse oder in gleich sicherer Weise bei einem Notar oder bei der Post oder sonstwo bereit gehalten hätte.“[22] Die Vermögensverhältnisse des Angeklagten waren schlecht und es war ihm unmöglich, die Gelder jederzeit auszuzahlen. Damit fehle es an seiner Ausgleichsfähigkeit. Das Reichsgericht macht deutlich, dass eine

20 RGSt 70, 321, 323.
21 RGSt 70, 321, 323.
22 RGSt 73, 283, 285.

Liquiditätsbeschaffung, um den Forderungen der Berechtigten nachzukommen, auf sonstige Weise (Darlehensaufnahme, Verpfändung von Sachwerten) nicht ausreiche.[23] Allenfalls kann dadurch ein eingetretener Schaden nachträglich wiedergutgemacht werden, denn die Ersatzforderung der Berechtigten sei weniger wert als die „ursprüngliche Forderung auf sofortige Aushändigung (…) in Natur."[24] Überdies wird ausgeführt, dass ein Nachteil auch darin liegen kann, dass der Verletzte aufgrund des Täterverhaltens (Verschweigen beziehungsweise Abstreiten des Geldeingangs) nicht in der Lage sei, seinen Anspruch sofort geltend zu machen.

3. BGH vom 16.12.1960 – BGHSt 15, 342

a) Sachverhalt

Ein Konkursverwalter hatte über Vermögen, welches zur Konkursmasse zählte und damit seiner Verwaltung unterlag, konkursfremde Verfügungen getätigt. Er verfügte zum fraglichen Zeitpunkt persönlich über einen Betrag, der den Wert seiner konkursfremden Verfügungen um ein Dreifaches übertraf. Bis dato führte der Angeklagte einen untadeligen Lebenswandel und genoss großes Ansehen. Die konkursfremden Verfügungen tätigte er, um anderen zu helfen.

b) Urteilsgründe

Der Bundesgerichtshof hebt das vom Angeklagten mit der Revision angefochtene Urteil des Landgerichts wegen Untreue wieder auf und spricht ihn frei. Der Auslegung des § 266 StGB legt der Bundesgerichtshof den wirtschaftlichen Nachteilsbegriff zugrunde und bezieht sich auf die Entscheidung des Reichsgerichts vom 23.07.1939,[25] wonach ein Nachteil im Sinne von § 266 StGB zu verneinen sei, wenn der Vermögensbetreuungspflichtige „zum Ersatz des Geldes, über das er rechtswidrig verfügt hat, eigene Mittel ständig ‚bereithält'."[26] Das setze zum einen voraus, dass der Täter eigene flüssige Mittel zur Verfügung hat. Zum anderen muss er sein Augenmerk darauf richten, die Mittel ständig zum Ausgleich benutzen zu können. Sind diese Voraussetzungen erfüllt, entspricht nach Ansicht des Bundesgerichtshofs „der wirtschaftliche Wert des Ausgleichsanspruchs gegen den Täter dem

23 RGSt 73, 283, 286.
24 RGSt 73, 283, 286.
25 RGSt 73, 283, 283.
26 BGHSt 15, 342, 344.

Wert des weggefallenen Vermögensstücks"[27] und ein Nachteil sei nicht entstanden. Der Bundesgerichtshof sieht die jederzeitige Bereitschaft und Fähigkeit des Angeklagten, Ersatz zu leisten, für gegeben an, wobei davon auszugehen sei, dass der Angeklagte alles habe tun wollen, „um seine Lebensstellung als Rechtsanwalt nicht zu erschüttern."[28] Ein untreuerelevanter Nachteil sei damit nicht entstanden.

4. BGH vom 06.02.1961 – BGHSt 15, 372

a) Sachverhalt

Ein Rechtsanwalt und Notar hatte über längere Zeit hinweg Mandantengelder von einem Anderkonto abgehoben und für sich verbraucht.

b) Urteilsgründe

Der Beschuldigte wird rechtskräftig wegen Untreue verurteilt. Im Anschluss schließt das Ehrengericht der Rechtsanwaltskammer den Beschuldigten durch Urteil aus. Die dagegen vom Rechtsanwalt eingelegte Berufung wird vom Kammergericht verworfen, wogegen er sich mit der Revision zum Bundesgerichtshof wandte.[29] Diese Revision ist unbegründet. Hervorzuheben ist, dass der dortige Senat für Anwaltssachen sich der bisherigen Rechtsprechung anschließt und ausführt, dass die Erwartung des Angeklagten, ein Dritter werde im Notfall ausreichend Geld für die Erstattung bereitstellen, das Vorliegen eines Nachteils im Sinne von § 266 StGB nicht ausschließe.[30] Der Nachteil entfällt nur, wenn der Verfügende selbst über ausreichende Ersatzmittel verfügt. Denn „die Bereitschaft eines Dritten begründet keine sichere Ersatzfähigkeit, die allein im Machtbereich des Täters liegen muss."[31]

5. KG vom 12.10.1964 – NJW 1965, 703

a) Sachverhalt

Ein Rechtsanwalt nahm berechtigterweise Entschädigungszahlungen für seine Mandanten in Empfang. Mit den Mandanten traf er eine vertragliche Honorarvereinbarung und behielt einen entsprechenden Betrag als Honorar ein. Der

---

27 BGHSt 15, 342, 344.

28 BGHSt 15, 342, 345.

29 Zum Verfahrensgang beachte die Ausführungen in BGHSt 15, 372, 376.

30 BGHSt 15, 372, 376; beachte auch die Veröffentlichung des Leitsatzes in BGHZ 35, 385.

31 BGHSt 15, 372, 376 mit Verweis auf BGH 13.05.1953 – 3 StR 926/52 und BGH 20.03.1956 – 5 StR 580/ 55.

Antragssteller hielt die Vereinbarung für sittenwidrig und wandte sich erfolglos an die zuständige Rechtsanwaltskammer. Der Bitte des Antragsstellers, diesen in einer anderen Sache zu vertreten, wollte der Beschuldigte nur nachkommen, wenn der Antragssteller den ihm vertraglich zustehenden Honorarbetrag in der anderen Sache zahlte. Dieser lehnte die Geldforderungen als unbegründet ab. In der Folge brachte der verfügungsberechtigte Beschuldigte einen Betrag von den Entschädigungen an sich, um einen Teil seiner vom Antragsteller eindeutig bestrittenen Honorarforderung auszugleichen. Er wusste dabei, dass der Antragssteller unter keinen Umständen damit einverstanden war. Jedoch war er jederzeit dazu in der Lage, einen entsprechenden Betrag an den Antragssteller auszuzahlen. Drei Wochen später setzte der Beschuldigte den Antragssteller über den Geldeingang in Kenntnis.

b) Beschlussgründe

Ein gegen den Beschuldigten laufendes Ermittlungsverfahren wegen Untreue wird eingestellt. Das teilt der Generalstaatsanwalt dem Antragssteller mit Bescheid mit. Die Beschwerde des Antragstellers weist der Generalstaatsanwalt beim Kammergericht mit dem angefochtenen Bescheid zurück. Der daraufhin gestellte Antrag auf gerichtliche Entscheidung ist unbegründet, da die Ermittlungen nicht genügend Anlass zur Klageerhebung bieten. So fehle es am Nachteil im Sinne von § 266 StGB. Für die Frage, ob ein untreuerelevanter Nachteil entstanden sei, sei der Wert des Anspruchs, den das Opfer gegen den Täter als Ersatz des weggefallenen Vermögensgegenstandes erwirbt, von Bedeutung. Halte der Vermögensbetreuungspflichtige ständig eigene Mittel zum Ersatz des Geldes, über das er rechtswidrig verfügt hat, bereit, so trete kein Nachteil ein. Die innere Zahlungsbereitschaft, der Ersatzwille, wird nicht beleuchtet. Im Widerspruch zum Reichsgericht und Bundesgerichtshof stellt das Kammergericht für die Nachteilsprüfung nur auf die Ersatzfähigkeit ab, ohne zu prüfen, ob auch ein Ersatzwille des Täters bestand. Darüber hinaus wird festgestellt, dass ein Nachteil auch darin liegen kann, dass der Beschuldigte den Geldeingang verschwieg und wider besseren Wissens in Abrede stellte und dem Verletzten so die Möglichkeit genommen wird, den Ersatz- beziehungsweise Auskehrungsanspruch sofort geltend zu machen.[32] Das Kammergericht geht jedoch bloß von einer geringfügigen Verzögerung aus, die nicht zu einem Nachteil führe. Vielmehr läge ein bloßer Versuch vor, welcher bei der Untreue straflos ist.

32 KG NJW 1965, 703, 705.

6. BayObLG vom 20.07.1965 – NJW 1966, 116

a) *Sachverhalt*

Ein Sparkassenleiter finanzierte persönliche Aktienspekulationen mit Mitteln der Sparkasse, indem er sich für die zum jeweiligen Aktienerwerb erforderlichen Beträge eigenmächtig Kredite bewilligte. Diese deckte er mit dem Erlös aus dem Aktienverkauf immer wieder teilweise oder ganz ab.

b) *Urteilsgründe*

Der Angeklagte wird wegen Untreue verurteilt. Im Urteil wird hervorgehoben, dass Wertpapiere flüssigen Mitteln bei der Beurteilung der Ausgleichsfähigkeit gleichstehen, wenn sie eine ausreichende Sicherheit bieten.[33] Entscheidend ist dafür die Deckung. Jedenfalls im Sparkassenverkehr ist bei Aktien nicht der Kurswert, sondern die in der Sparkassenordnung festgelegte Beleihungsgrenze entscheidend.

7. OLG Stuttgart vom 21.02.1968 – NJW 1968, 1340

a) *Sachverhalt*

Der Angeklagte verbrauchte ihm zweckgebunden anvertraute Gelder für sich selbst. Er war überschuldet und nahm in Kauf, deshalb nicht in der Lage zu sein, das Geld bei Bedarf abredegemäß einsetzen oder zurückerstatten zu können.

b) *Urteilsgründe*

Die vom Angeklagten eingelegte Berufung gegen die Verurteilung wegen Untreue durch das Schöffengericht ist erfolglos. Auf der Grundlage der Judikatur zur Ersatzbereitschaft und Ersatzfähigkeit bestätigt das Oberlandesgericht Stuttgart das Urteil. Ein Vermögensbetreuungspflichtiger, der infolge seiner Mittellosigkeit (Überschuldung) nicht dazu in der Lage ist, jederzeit seine Pflichten gegenüber seinem Treugeber zu erfüllen, sei nicht ausgleichsfähig.[34] Es genüge für das Entfallen des Nachteils nicht, dass der Täter nur ersatzbereit, aber nicht ersatzfähig sei.[35] Eine Strafbarkeit wegen Untreue läge damit vor.

---

33 BayObLG NJW 1966, 116, 116.

34 OLG Stuttgart NJW 1968, 1340, 1341.

35 Vgl. OLG Stuttgart NJW 1968, 1340, 1341.

8. KG vom 22.07.1971 – NJW 1972, 218 (Klarstellung zu KG vom 12.10.1964 – NJW 1965, 703)

a) Sachverhalt

Nach seinen Einkommens- und Vermögensverhältnissen war der Angeklagte ohne weiteres dazu in der Lage, einen rechtswidrig verwandten Geldbetrag jederzeit zu ersetzen. Er trat dem Verlangen nach Ersatzleistung jedoch von Anfang an mit unbegründeten Gegenforderungen entgegen und ließ sich durch mehrere Instanzen auf Rückzahlung verklagen.

b) Urteilsgründe

Das Landgericht verwirft die Berufung des Angeklagten gegen das Urteil des Schöffengerichts, welches ihn für schuldig sprach. Die vom Angeklagten dagegen eingelegte Revision stützt sich vor allem unter Hinweis auf den Beschluss des KG vom 12.10.1964 (veröffentlicht in NJW 1965, 703, 705) darauf, dass es für einen Schadensausgleich nur auf die Ersatzfähigkeit und nicht gleichzeitig auch auf die Ersatzbereitschaft des Täters ankomme. Die Revision ist erfolglos. Das Kammergericht ist der Auffassung, dass ein Nachteil im Sinne des § 266 StGB vorläge, da der Angeklagte nicht eigene Mittel ständig zum Ersatz bereithielt. Es stellt mit Blick auf die Argumentation der Revision klar, dass für ein Bereithalten neben Ersatzfähigkeit auch Ersatzbereitschaft beim Täter vorhanden sein müsse.[36] Nur dann entspräche der wirtschaftliche Wert des Ausgleichsanspruchs gegen den Täter dem Wert des weggefallenen Vermögensstücks, so dass ein Nachteil nicht entstehe. Der Ersatzwille folge nicht ohne Weiteres aus der Ersatzfähigkeit. Wer sich erst durch mehrere Instanzen auf Rückzahlung verklagen lasse, sei nicht ersatzbereit.

9. BayObLG vom 13.03.1973 – JZ 1973, 325

a) Sachverhalt

Statt die vom Kunden eingezahlten Beträge in die Betriebskasse einzuzahlen und verbuchen zu lassen, verbrauchte ein kaufmännischer Leiter diese für sich, in der Absicht seinen Arbeitgeber um den Betrag zu bringen. Die Verrechnung mit bestehenden Provisionsforderungen gegen den Arbeitgeber unterließ der Angeklagte absichtlich.

36 KG NJW 1972, 218, 218.

b) Urteilsgründe

Das Landgericht verurteilt den Angeklagten wegen Untreue. Die vom Angeklagten eingelegte Revision beim Bayerischen Obersten Landesgerichts bleibt ohne Erfolg. Zur Begründung heißt es dazu, dass ein Nachteil nicht vorliege, wenn der Schaden durch einen gleichzeitig zufließenden Vorteil ausgeglichen würde.[37] Eine Forderung gegen den Täter komme nur insoweit als Vorteil in Betracht, „wenn sie infolge vorhandener Ersatzfähigkeit und Ersatzbereitschaft des Täters sofort realisiert werden kann“[38] und damit werthaltig sei. Die Anspruchsdurchsetzung weise keine Schwierigkeiten auf, wenn der Täter bei demjenigen, gegen den sich die Untreue- oder Betrugshandlung richte, hier beim Treugeber, eine Kaution in ausreichender Höhe hinterlegt habe oder wenn ihm gegen diesen eine Forderung in mindestens der gleichen Höhe wie der herbeigeführte Schaden zustehe. Denn dann könne sich der Treugeber aus der Kaution befriedigen oder gegen den Anspruch des Täters die Aufrechnung erklären. Weiterhin sei für den „Eintritt eines Schadensausgleichs [stets Voraussetzung], dass der Betroffene von seiner Ausgleichsforderung alsbald Kenntnis erlangt, weil er erst dadurch die Möglichkeit erhält“[39], die zur Forderungsverwirklichung notwendigen Maßnahmen zu treffen. Durch das bewusste Unterlassen der Verbuchung hat der Angeklagte eine Verrechnung absichtlich verhindert. Somit habe er es seinem Treugeber unmöglich gemacht, durch Zurückgreifen auf die Provisionsforderung einen Schadensausgleich infolge Verrechnung herbeizuführen. Mithin vermag der Umstand, dass dem Angeklagten gegen seinen Arbeitgeber höhere Provisionszahlungen zustanden, den Eintritt eines Vermögensnachteils nicht zu hindern.

10. BGH vom 06.04.1982 – NStZ 1982, 331

a) Sachverhalt

Ein Notar kam seiner Pflicht nicht nach, verwahrtes Geld unverzüglich einem besonderen Notar-Anderkonto zuzuführen.

b) Urteilsgründe

Die von der Staatsanwaltschaft eingelegte Revision beim Bundesgerichtshof gegen den vom Landgericht[40] ausgesprochenen Freispruch ist erfolgreich. Die

37 BayObLG JZ 1973, 325, 325 = BayObLGSt 1973, 54.
38 BayObLG JZ 1973, 325, 325.
39 BayObLG JZ 1973, 325, 325.
40 LG Oldenburg vom 08.04.1981 – KLs 10a Js 76/77.

Voraussetzungen des Bereithaltens eigener Gelder zum Ersatz lägen nicht vor. Insbesondere genüge es für das Vorliegen der Ersatzfähigkeit nicht, dass der Angeklagte sich das erforderliche Geld bei Bedarf von einem anderen, insbesondere durch Kreditaufnahme, beschaffe.[41] Die Sache wird an das Landgericht zurückverwiesen.

11. BGH vom 03.11.1982 - MDR 1983, 281

Der Bundesgerichtshof bestätigt seine bisherige Judikatur. Neben der jederzeitigen Ersatzfähigkeit, die voraussetze, dass der Täter eigene flüssige Mittel in der Kasse oder in gleich sicherer Weise bei einer Bank oder sonst wo zur Verfügung habe, sei die ständige Ersatzbereitschaft erforderlich.

12. BGH vom 28.01.1983 - NJW 1983, 1807

Ein Vergütungs- oder Erstattungsanspruch gegen den Treugeber berechtige den Treupflichtigen nicht dazu, sich eigenmächtig und ohne die Vorlage von überprüfbaren Belegen aus dem betreuten Vermögen zu befriedigen und dem zu betreuenden Vermögen so einen Nachteil zuzufügen.[42]

13. BGH vom 27.01.1988 - BGHR Nachteil 8 zu § 266 StGB

a) Sachverhalt

Ein Notar zahlte Mandantengelder nicht auf gekennzeichnete Notar-Anderkonten ein, sondern verwendete das Geld als Sicherheit für eigene Kredite. Dabei wusste er, dass das Geld dem Zugriff der Bank ausgesetzt war, wenn das Darlehen notleidend werden würde.

b) Urteilsgründe

Das Landgericht verurteilte den Angeklagten wegen Untreue.[43] Die beim Bundesgerichtshof eingelegte Revision des Angeklagten ist erfolglos. Dabei ist entscheidend, dass das Eintreten eines Nachteils für das veruntreute Fremdvermögen nur durch Vorhandensein von ausreichenden eigenen flüssigen Mitteln ausgeglichen werden kann. Daher sei es unerheblich, dass möglicherweise die Ehefrau des

---

41 BGH NStZ 1982, 331, 331 mit Verweis auf BGH vom 1.3.1961 – 2 StR 619/60.

42 BGH NJW 1983, 1897, 1808 mit Verweis auf BGH vom 15.02.1956 – 1 StR 475/55.

43 LG Kiel vom 27. Oktober 1986 – VII KLs (7/84) 41 Js 1130/80.

Angeklagten über ausreichende Mittel verfüge. Der Bundesgerichtshof bestätigt damit, dass es nicht ausreicht, sich das Geld bei Bedarf von einem anderen zu beschaffen.[44]

14. OLG Karlsruhe vom 30.08.1989 – NStZ 1990, 82

a) Sachverhalt

Ein Rechtsanwalt, der mit der Geltendmachung von Schadensersatz- und Schmerzensgeldansprüchen beauftragt war, hatte die bei ihm eingegangenen Zahlungen verschleiert und nur unvollständig an die Mandanten weitergeleitet. Die einbehaltenen Gelder wollte er seinen Mandanten endgültig vorenthalten.

b) Beschlussgründe

Das Landgericht bejahte nur in einigen Fällen einen hinreichenden Tatverdacht. Im Übrigen wurde die Eröffnung des Hauptverfahrens abgelehnt. Die von der Staatsanwaltschaft daraufhin eingelegte Beschwerde hat teilweise Erfolg. Das Oberlandesgericht differenziert in seiner Begründung zwischen Zahlungsfähigkeit und Zahlungswillen.[45] Ein ausreichendes Surrogat, welches zum Entfallen des Nachteils führe, sei nur dann gegeben, wenn der Angeklagte eigene flüssige Mittel ständig bereithalte und darüber hinaus auch den jederzeitigen Ersatzwillen habe.[46] Die zwar objektiv bestehende Ersatzfähigkeit allein könne nicht die Werthaltigkeit des Ausgleichsanspruchs begründen. Die Tatumstände ergäben einen fehlenden Ersatzwillen. Als Anhaltspunkt dienten dafür folgende Umstände: „bewusstes Abstreiten von Zahlungseingängen; konkludentes Leugnen, Gelder erhalten zu haben (…); langer Zeitablauf zwischen Geldeingang und Tataufdeckung; keine Mitteilung (…); Auszahlung erst auf Intervention der Mandanten bzw. eingeschalteter Dritter; (…).“[47] Hinsichtlich der Frage, ob ein Nachteil entstanden sei, ist zu beachten, dass dem Angeklagten grundsätzlich die Befugnis zustand, gegen die Auszahlungsforderung des Treugebers mit einer eigenen Forderung aufzurechnen.

---

44 BGHR Nachteil 8 zu § 266 StGB, S. 2 mit Verweis auf BGH NStZ 182, 331, 331.

45 OLG Karlsruhe NStZ 1990, 82, 84.

46 OLG Karlsruhe NStZ 1990, 82, 84.

47 OLG Karlsruhe NStZ 1990, 82, 84.

15. OLG Celle vom 03.04.1990 – MDR 1990, 846

a) Sachverhalt

Ein Gerichtsvollzieher überwies Einnahmen aus Vollstreckungsverfahren verspätet an die Gläubiger. Dies tat er zur Überbrückung von Fehlbeträgen in der Dienstkasse. Die Fehlbeträge waren dadurch entstanden, dass der Gerichtsvollzieher zur Begleichung privater Verpflichtungen in die Dienstkasse griff.

b) Beschlussgründe

Gegen das Urteil des Landgerichts[48] legt der Angeklagte Revision ein. Das Oberlandesgericht hebt das Urteil auf und verweist den Sachverhalt zu neuer Verhandlung und Entscheidung zurück. Es wird kritisiert, dass unklar bleibt, ob der Angeklagte genügend eigene flüssige Mittel ständig bereithielt, um den Forderungen der Gläubiger nachzukommen.[49] Dies würde den Nachteil (in Form des Gefährdungsschadens) ausschließen.

16. BGH vom 02.08.1990 – wistra 1990, 352

a) Sachverhalt

Der Angeklagte hatte Mittel seiner Bauherren zweckentfremdet. Zwar verfügte der Angeklagte stets über ausreichende Mittel, jedoch hatte er keinen umfassenden Überblick über die unberechtigten Entnahmen und seine Eigenmittel gehabt. Der Angeklagte hatte zudem Verschleierungshandlungen vorgenommen, die es den Geschädigten erschwerten, ihre Ansprüche geltend zu machen.

b) Urteilsgründe

Der Bundesgerichtshof bestätigt das vorangegangene Urteil des Landgerichts.[50] Das bloß objektive Vorliegen von ausreichenden Mitteln zur Deckung ändere nichts am Nachteilseintritt. Es sei im vorliegenden Fall kein Ersatzwille gegeben, da es dem Angeklagten selbst an einem umfassenden Überblick mangelte und er keine Klarheit über Eigenmittel und Entnahmen hatte, beispielsweise durch Aufzeichnungen.[51] Dafür spräche, dass er Verschleierungshandlungen

---

48 LG Göttingen vom 13. November 1989 – 11 Js 4651/88.

49 OLG Celle, MDR 1990, 846.

50 LG Nürnberg-Fürth vom 20. Juni 1989 – 3 KLs 156 Js 10955/85.

51 BGH wistra 1990, 352, 352.

zur Verdeckung der Schädigung vornahm, was zur Erschwerung der Anspruchsdurchsetzung für die Gläubiger führte.[52]

17. BGH vom 13.12.1994 – NStZ 1995, 223

a) Sachverhalt

Zwecks Kaufes der Firma B über eine vom Angeklagten zu diesem Zwecke gegründete Holdinggesellschaft C, an der er 100% hielt, ließ sich der Angeklagte durch ein Anwaltsbüro beraten. Den Auftrag dafür erteilt er in eigenem Namen. Als Vorstandsvorsitzender der A-AG veranlasste der Angeklagte, dass die Rechnung des Anwaltsbüros von der A-AG beglichen und die Kosten in ein bestehendes Verrechnungskonto der A-AG mit der neu erworbenen Firma B eingestellt wurden. Dies tat er in der Vorstellung und mit dem Plan, dass die B die Kosten zunächst der A-AG erstatten und sodann die sie beherrschende Holdinggesellschaft C weiterbelasten sollte. Die Erstattung des Gesamtbetrags an die A-AG durch die B fand statt.

b) Beschlussgründe

Das Landgericht bejahte die Strafbarkeit des Angeklagten wegen Untreue zu Lasten der A-AG. Es hatte den Eintritt einer Vermögensgefährdung und damit einen relevanten Nachteil angenommen.[53] Die A-AG hätte nicht mit den Anwaltskosten belastet werden dürfen, da nach Auffassung des Landgerichts im Zeitpunkt der Zahlung der Rechnung an das Anwaltsbüro nicht feststand, dass die B die Beträge an die A-AG erstatten würde. Auf die Revision des Angeklagten hin hebt der Bundesgerichtshof das Urteil des Landgerichts auf und führt aus, dass ein Nachteil im Sinne des § 266 Abs. 1 StGB nicht gegeben sei, wenn der pflichtwidrig über fremde Gelder Verfügende eigene Mittel ständig zum Ersatz bereithalte. Dafür muss er zum einen jederzeit eigene, zur Deckung ausreichende Gelder zu Verfügung haben und zum anderen sein Augenmerk darauf richten, diese Mittel ständig zum Ausgleich benutzen zu können. Der Bundesgerichtshof sieht keinerlei Bedenken, diese Grundsätze auch auf die Fallkonstellation anzuwenden, in der der Täter außer mit eigenen Mitteln auf sonstige Weise den Ersatz des Geldes sicherstellen kann. Maßgeblich sei daher, ob im Zeitpunkt der Bezahlung durch die A-AG und der Verbuchung auf dem Verrechnungskonto eine alsbaldige Erstattung seitens der B hinreichend sicher erwartet werden

52 BGH wistra 1990, 352, 352.

53 LG Stuttgart vom 22.05.1994 – KLs 340/92 165 Js 53067/88.

konnte. Der Bundesgerichtshof verweist die Sache zu erneuter Verhandlung und Entscheidung zurück.

18. BGH vom 07.05.1997 – NStZ-RR 1997, 298

a) Sachverhalt

Ein Nachlassverwalter entnahm mit Hilfe manipulierter Rechnungen erhebliche Beträge aus dem Nachlassvermögen. Dies tat er in dem Wissen, keinen Rechtsanspruch auf das Geld zu haben.

b) Urteilsgründe

Das Landgericht verurteilte den Angeklagten wegen Untreue in mehreren Fällen.[54] Die daraufhin vom Angeklagten eingelegte Revision hat zwar teilweise Erfolg, jedoch bestätigt der Bundesgerichtshof seine Judikatur erneut und verurteilt den Angeklagten wegen Untreue. Der Angeklagte hätte durch sein Verhalten einen untreuerelevanten Nachteil herbeigeführt. Dieser entfiele auch nicht dadurch, dass der Angeklagte möglicherweise auf Grund tatsächlich erbrachter Leistungen andere Aufwendungsersatzansprüche hätte realisieren können.[55] Der Umstand, dass der Angeklagte darüber hinaus noch weiter Geld entnahm, zeigt, dass die hier in Rede stehenden Entnahmen nicht dem Zweck dienen konnten, solche berechtigten Aufwendungsersatzansprüche zu befriedigen. Seine Verschleierungshandlungen verhinderten zunächst erfolgreich eine Aufrechnung. Daher sei es unerheblich, dass der Angeklagte aufgrund seiner Vermögensverhältnisse dazu in Lage gewesen wäre, einen Untreuenachteil jederzeit wiedergutzumachen. Der Angeklagte beabsichtigte gerade keine Wiedergutmachung des Nachteils und konnte deshalb zum Zwecke des Ausgleichs keine Mittel bereithalten.

19. BGH vom 30.10.2003 – NStZ-RR 2004, 54

a) Sachverhalt

Ein erfahrener Strafverteidiger nahm Gelder seines in Untersuchungshaft sitzenden Mandanten zur Auftragsausführung zweimal bar in Empfang und führte diese nicht einem Anderkonto zu, sondern zahlte die Gelder jeweils bar auf das Geschäftskonto seiner Kanzlei ein. Im Zeitpunkt der Einzahlungen wies dieses

54 LG Mannheim vom 13.05.1996 – 611 Js 514/90 (25/6 KLs 10/95).

55 BGH NStZ-RR1997, 298, 299.

Konto jeweils einen Negativsaldo auf, der auch den von der Bank eingeräumten Überziehungskredit weit überschritt. Der Angeklagte verfügte gemeinsam mit seiner Ehefrau über ein Immobilienvermögen in Höhe von mehreren Millionen DM. Später wurde der Angeklagte, dessen Mandant sich noch immer in Untersuchungshaft befand, von diesem mit einer Kontoauflösung beauftragt, um das sich darauf befindliche Geld als Schadenswiedergutmachung einer Steuerhinterziehung an die Landeskasse abzuführen. Der Angeklagte überwies das Geld jedoch zunächst auf sein sich im Minus befindliches Geschäftskonto. Der Haftbefehl gegen den Mandanten wurde gegen eine Sicherheitsleistung in Höhe von 1 Mio. DM der Bank, die das Geschäftskonto des Angeklagten verwaltete, außer Vollzug gesetzt, allerdings erst nachdem die Ehefrau des Angeklagten eine Forderung in Höhe von 600.000 DM an die Bank abgetreten hatte. Sein Mandant konnte dadurch erst später aus der Untersuchungshaft entlassen werden. Hätten dessen Gelder vollständig zur Verfügung gestanden, dann hätte die Kaution früher gestellt und der Mandant früher entlassen werden können.

b) Beschlussgründe

Das Landgericht verurteilte den Angeklagten wegen Untreue.[56] Die vom Angeklagten beim Bundesgerichtshof eingelegte Revision hat teilweise Erfolg, wobei das Vorliegen einer Untreue bestätigt wird, hingegen der Strafausspruch der rechtlichen Nachprüfung nicht standhält.[57] Der Senat führt aus, dass das Verhalten „nur dann keinen Verstoß gegen die Treuepflicht [darstellt und] nur dann nicht zu einem Nachteil i.S.d. § 266 I StGB“[58] führe, wenn die Grundsätze von Ausgleichsbereitschaft und -fähigkeit erfüllt seien. Der 3. Strafsenat lässt erkennen,[59] dass der Untreuevorwurf selbst dann zu verneinen sei, wenn zwar nach der abredewidrigen Geldverwendung die jederzeitige Verfügbarkeit von Ersatzmitteln nicht sichergestellt sei, aber ausnahmsweise nach Inhalt und den konkreten Umständen des Verhältnisses zwischen Treugeber und Treupflichtigem eine zeitliche Verzögerung des Auftrages unwesentlich erscheine. Dafür müsse feststehen, dass der Treupflichtige diese eigenen Mittel kurzfristig mobilisieren könne und er über den gesamten Zeitraum hinweg zahlungswillig sei.

---

56 LG Oldenburg vom 10. Februar 2003 – 140 Js 328/99 – 5 KLs 14/02.

57 Vgl. den BGH Beschluss vom 09.12.2003 – 3 StR 276/03, der Senat weist die Gegenvorstellung des Angeklagten gegen den Verwerfungsbeschluss zurück.

58 BGH NStZ-RR 2004, 54, 54 = BGHR StGB § 266 Abs. 1 Nachteil 56 (nur red. Leitsatz).

59 In einem *obiter dictum*.

Im vorliegenden Fall sei die zeitliche Komponente jedoch von wesentlicher Bedeutung.[60]

20. OLG Karlsruhe vom 26.04.2004 – wistra 2005, 399

a) Sachverhalt

Ein Postsekretär im Schalterdienst tätigte fiktive Ein- und Auszahlungen auf sein eigenes Konto, um einen größeren Kreditrahmen zu erlangen. Er hatte Festgeld und einen Sparvertrag.

b) Urteilsgründe

Die Strafkammer sprach den Angeklagten unter Aufhebung der anders lautenden Entscheidung der vorherigen Instanz frei. Das von der Staatsanwaltschaft eingelegte Rechtsmittel zum Oberlandesgericht bleibt erfolglos. Allerdings muss das Verfahren auf Grund eines Verfahrenshindernisses eingestellt werden. Für die Ablehnung eines untreuerelevanten Nachteils sei maßgeblich, ob der Angeklagte Mittel zum Ausgleich eines drohenden Schadens bereitgehalten habe.[61] Das bloße Besitzen weiterer Vermögenswerte allein genüge nicht. Da diese in Form von Festgeld und eines Sparvertrages vorhanden waren, sei davon auszugehen, dass sie nicht kurzfristig zur Verfügung gestanden haben. Für dieses Ergebnis spräche auch der Umstand, dass der Angeklagte zur vollständigen Rückzahlung von sonstigen Verbindlichkeiten und Schulden „nur mit Mühe und durch Hilfe von Freunden in der Lage war."[62]

21. KG vom 23.03.2007 – NJW 2007, 3366

a) Sachverhalt

Ein Rechtsanwalt zog eine Forderung für seine Mandantin ein. Er beabsichtigte, gegen ihren Anspruch auf Herausgabe der in Empfang genommenen Gelder die Aufrechnung mit eigenen Ansprüchen zu erklären. Die Aufrechnungserklärung versäumte er.

---

60 BGH NStZ-RR 2004, 54, 54.

61 OLG Karlsruhe wistra 2005, 399, 400 unter Verweis auf BGH wistra 1995, 144; 1988, 191, 192; BGHSt 15, 342 ff.

62 OLG Karlsruhe wistra 2005, 399, 400.

b) Urteilsgründe

Der Senat des Kammergerichts folgt der bisherigen Rechtsprechung und hebt das vorangegangene Urteil des Landgerichts[63] auf. Die Sache wird zu neuer Verhandlung und Entscheidung gemäß § 354 Abs. 2 S. 1 StPO zurückverwiesen. Der Senat führt aus, dass zu klären sei, wofür der Angeklagte das Geld verwandt habe, etwa zu eigenen Zwecken, beispielsweise zur Überbrückung von Liquiditätsengpässen, und ob es dem drohenden Zugriff von Gläubigern ausgesetzt war.[64] Solche Umstände sprächen für eine Untreue. Zudem sei zu berücksichtigen, „dass eine konkrete Gefährdung der einbehaltenen Mandantengelder auch in einer die Geltendmachung von Herausgabeansprüchen erschwerenden unordentlichen, lückenhaften oder falschen Abrechnung liegen kann."[65]

22. BGH vom 02.04.2008 – BGHSt 52, 182

a) Sachverhalt

Der Angeklagte war faktischer Geschäftsführer von zwei Kommanditgesellschaften, die ihnen gehörende Wohn- und Gewerbeimmobilien vermieteten. Die von den Mietern, in bar oder durch Überweisung, geleisteten Mietkautionen an die jeweilige Gesellschaft wurden vom Angeklagten auf ein Girokonto eingezahlt. Beide Gesellschaften hatten ein separates Konto, wobei die Konten in eine Kontokorrentvereinbarung einbezogen waren. Das bewirkte einen täglichen Ausgleich zwischen den beiden Konten. So wurden die eingezahlten Kautionen in das allgemeine Umlaufvermögen überführt und standen für die Deckung sämtlicher Verbindlichkeiten beider Gesellschaften zur Verfügung. Über eine der beiden Gesellschaften wurde später das Insolvenzverfahren eröffnet. Einige der Mieter konnten ihre Kautionsansprüche nicht realisieren.

b) Urteilsgründe

Das Landgericht verurteilte den Angeklagten wegen Untreue in mehreren Fällen. Die Revision des Angeklagten hat vollen Erfolg. Der Senat verneint mit einer umfassenden Begründung das Vorliegen einer Vermögensbetreuungspflicht und weist die Sache zu erneuter Hauptverhandlung zurück.[66] Dabei führt der Senat aus, dass eine konkrete schadensgleiche Vermögensgefährdung noch nicht mit

---

63 LG Berlin vom 25. Januar 2005 – (567) 61/55 Js 3024/97 Ns (23/03).

64 KG NJW 2007, 3366, 3366.

65 KG NJW 2007, 3366, 3366.

66 BGHSt 52, 182, 184 ff., 188.

der Einzahlung auf ein allgemeines Konto und damit dem Unterlassen der Absonderung vom sonstigen Betriebsvermögen entstünde. Der Sachverhalt sei insoweit mit der Konstellation vergleichbar, in der der Treupflichtige die Einzahlung von Fremdgeldern auf einem Anderkonto unterließe, obwohl eine Rechtspflicht zur gesonderten Anlage besteht. Der Senat bekräftigt, dass bei vorhandener Ausgleichsfähigkeit und -bereitschaft dieses Verhalten nach ständiger Rechtsprechung nicht zu einem Nachteil führt.[67]

23. BGH vom 29.08.2008 – BGHSt 52, 323

a) Sachverhalt

Die beiden Angeklagten waren als kaufmännischer Leiter beziehungsweise als externer Berater bei einer Unternehmenssparte des Siemens AG tätig. Nach Feststellung des Landgerichts bestachen sie zwei leitende Angestellte eines Konzerns in Italien mit Zahlungen im Millionenbereich, um die Vergabe von zwei Aufträgen an die Siemens AG zu erreichen. Für die Durchführung und die Verschleierung der Zahlungen bedienten sie sich dafür in einem Fall eines liechtensteinischen Kontengeflechtes. Dieses war in der Unternehmenssparte eingerichtet worden und war ein etabliertes System für die Leistung von Bestechungsgeldern und damit zur Bestreitung von „nützlichen Aufwendungen" zur Erlangung von Aufträgen. In einem anderen Fall bediente sich einer der Angeklagten einer sog. schwarzen Kasse, von deren Vorhandensein außer den beiden Angeklagten niemand im Unternehmen wusste.

b) Urteilsgründe

Das Landgericht[68] verurteilte einen der beiden Angeklagten unter anderem wegen Untreue. Das Landgericht sah eine konkrete schadensgleiche Vermögensgefährdung und damit einen untreuerelevanten Vermögensnachteil darin, dass der als Gegenleistung für die Schmiergeldzahlungen erlangte Anspruch aufgrund seiner Anfechtbarkeit infolge der gesetzeswidrigen Bestechungshandlungen minderwertig sei. Alle Prozessbeteiligten legten gegen das Urteil Revision ein. Der rechtlichen Würdigung stimmt der Bundesgerichtshof zwar zu, hält jedoch die Begründung für nicht tragfähig.[69] Der Bundesgerichthof nimmt

67 BGHSt 52, 182, 188.

68 LG Darmstadt vom 14.05.2007 – 712 Js 5213/04 – 9 KLs 1.

69 BGHSt 52, 323 Rn. 35; ein weiterer wichtiger Aspekt war das Anknüpfen der Pflichtwidrigkeit an das Unterlassen (§ 13 Abs. 1 StGB). So sah der BGH die Pflichtverletzung

einen endgültigen Vermögensnachteil und keine schadensgleiche Vermögensgefährdung an. Indem der Angeklagte Geld in den verdeckten Kassen führte und der Siemens AG als Treugeberin auf Dauer vorenthielt, entzog er dieses der Verfügungsmöglichkeit seiner Arbeitgeberin auch endgültig. Der Umstand, dass die Mittel in der verdeckten Kasse zunächst noch vorhanden sind, sei nicht mit dem Fall vergleichbar, in dem der Treupflichtige eigene Mittel jederzeit zum Ausgleich eines pflichtwidrig verursachten Schadens bereithalte.[70] „Beim Unterhalten einer verdeckten Kasse (...) hält der Treupflichtige nicht eigenes Vermögen zum Ersatz bereit, sondern hält Geldvermögen seines Arbeitgebers verborgen, um es unter dessen Ausschaltung oder Umgehung nach Maßgabe eigener Zweckmäßigkeitserwägungen bei noch nicht absehbaren späteren Gelegenheiten für möglicherweise nützliche, jedenfalls aber risikoreiche Gelegenheiten einzusetzen."[71] Der Entziehung stünde keine schadensverhindernde Kompensation gegenüber, da der schadensersatzrechtliche Ausgleichsanspruch gegen den Täter keinen relevanten Vorteil darstellen würde.[72]

II. Analyse der Rechtsprechung

Nachfolgend soll die dargestellte Rechtsprechung analysiert werden. Zunächst wird versucht, typische Sachverhaltskonstellationen zu identifizieren. Danach wird dargelegt, wo die Merkmale der Ausgleichsfähigkeit und Ausgleichsbereitschaft durch die Judikatur im Tatbestand der Untreue Berücksichtigung finden und im Rahmen welches Tatbestandsmerkmals sie geprüft werden. Anschließend soll die dargestellte Rechtsprechung aus Gründen der Übersichtlichkeit für die weitere Bearbeitung in ihren Grundsätzen kurz zusammengefasst werden, wobei insbesondere die Entwicklungen in der Rechtsprechung hervorgehoben werden. Danach werden die von der Rechtsprechung gemachten Ausnahmen und Einschränkungen untersucht sowie deren rechtliche Folgen analysiert.

---

darin, dass der Angeklagte es unterließ, die vorgefundenen schwarzen Kassen der Arbeitgeberin zu offenbaren und ordnungsgemäß zu verbuchen; beachte nachgehend BVerfGE 126, 170–233.

70 BGHSt 52, 323, 337 zitiert BGHSt 15, 243, 244; BGH NStZ 1995, 233; NStZ-RR 2004, 54.

71 BGHSt 52, 323, 337.

72 BGHSt 52, 323, 337 Rn. 45.

1. Typische Sachverhaltskonstellationen

Das in *BGHSt 15, 342* veröffentliche Urteil des Bundesgerichtshofs aus dem Jahr 1960 legte den Grundstein der Judikatur zur Berücksichtigung von Ausgleichsfähigkeit und Ausgleichsbereitschaft im Rahmen der Untreue, obgleich es auf die frühere reichsgerichtliche Rechtsprechung, veröffentlicht in *RGSt 73, 283 ff.*, Bezug nahm. So wird *BGHSt 15, 342* noch heute üblicherweise als die maßgebliche Entscheidung an vielen Stellen zitiert und auch die später ergangene Rechtsprechung nimmt stets darauf Bezug. Bei der Durchsicht der chronologisch wiedergegebenen Rechtsprechung zeigen sich zwei Auffälligkeiten.

Zunächst fällt auf, dass die Sachverhalte relevante Unterschiede beim Mitteleinsatz durch den Treupflichtigen aufweisen. Teilweise verwendet oder verbraucht der Treupflichtige die ihm anvertrauten Mittel zweckwidrig. Diese Konstellation findet sich etwa in den Leitentscheidungen *BGHSt 15, 342* und *RGSt 73, 283.* Teilweise ist der relevante Vermögensbestandteil beim Täter selbst noch vorhanden, zum Beispiel liegt er auf dem Konto des Treupflichtigen. Exemplarisch sei dafür *BGHSt 52, 182* genannt. Und es findet sich die Konstellation, in der der Treupflichtige die seinem Treugeber zustehenden Gelder nicht verbraucht, aber auch nicht gesondert anlegt oder sie zu spät an den Treugeber auskehrt, vgl. etwa *BGH NStZ 1982, 331* oder *BGH NStZ-RR 2004, 54.* Wie noch im Rahmen der Verortung von Ausgleichsfähigkeit und -bereitschaft zu zeigen sein wird, haben diese Besonderheiten einen Einfluss auf die systematische Berücksichtigung von Ausgleichsfähigkeit und -bereitschaft seitens der Rechtsprechung.

Zudem ist durchaus interessant, dass gewisse Sachverhaltskonstellationen öfter auftauchen. In dem Urteil *BGHSt 15, 342* hatte sich der Senat mit dem Verhalten eines Konkursverwalters zu befassen. Es ist auffällig, dass die Konstellation Rechtsanwalt beziehungsweise Notar zum Mandaten immer wieder auftritt.[73] Insgesamt findet sich eine solche Konstellation in acht, zählt man das Verhältnis eines Strafverteidigers zu seinem Mandanten hinzu,[74] sogar in neun der wiedergegebenen 23 Fälle. Die aufgezeigte Situation, in der ein Rechtsberater Mandantengelder veruntreut, stellt somit eine typische Situation dar, die den Gerichten im Zusammenhang mit einer diskutierten Ausgleichsfähigkeit und -bereitschaft des Treupflichtigen zur rechtlichen Beurteilung vorlag.

73 RGSt 70, 321; RGSt 283; BGHSt 15, 372; KG NJW 1965, 703; BGH NStZ 1982, 331; BGHR Nachteil 8 zu § 266 StGB; OLG Karlsruhe NStZ 1990, 82; KG NJW 2007, 3366.

74 BGH NStZ-RR 2004, 54–55.

Dieser Befund ist insbesondere vor dem Hintergrund der Fallgruppe der sog. Anwaltsuntreue[75] bedeutsam: Nach ständiger Rechtsprechung macht sich ein Rechtsanwalt der Untreue strafbar, wenn er Gelder für einen Mandaten in Empfang nimmt und diese, statt ordnungsgemäß einem Anderkonto zuzuführen, vorsätzlich anderweitig verwendet.[76] Von der Anwaltsuntreue ist auch die Konstellation erfasst, in der der Anwalt die Gelder nicht von einem Dritten,[77] sondern von seinem Mandanten zur Auftragsausführung erhält.[78]

2. Verortung von Ausgleichsfähigkeit und Ausgleichsbereitschaft seitens der Rechtsprechung

Im Folgenden soll aufgezeigt werden, wie die Rechtsprechung die Ausgleichsfähigkeit und -bereitschaft des Treupflichtigen im Rahmen des § 266 StGB tatbestandlich berücksichtigt.[79] Ob die Missbrauchs- (§ 266 Abs. 1 Alt. 1 StGB) oder die Treubruchsuntreue (§ 266 Abs. 1 Alt. 2 StGB) im konkreten Fall einschlägig ist, wird von den Gerichten meist offengelassen.[80] Sowohl der Tatbestand der Missbrauchs- als auch derjenige der Treubruchsuntreue setzen jedoch den Eintritt eines Vermögensnachteils als Erfolg der Tathandlung voraus. Dieser Vermögensnachteil wird von der Rechtsprechung ganz überwiegend verneint, wenn der Treupflichtige jederzeit ausgleichsfähig und uneingeschränkt ausgleichsbereit ist. Dabei ist wiederum zu differenzieren.

---

75 Die Bildung von Fallgruppen zur Systematisierung der unübersichtlichen Einzelfälle wird i. d. Lit. auch mit Blick auf das Bestimmtheitsgebot begrüßt, etwa *Wittig*, BeckStGB, § 266 Rn. 34; zur „besseren Orientierung" *Rönnau*, ZStW 119 (2007), 887, 887 f.; speziell für den Anwalt beachte nur *Burr*, ZAP Fach 21, 229 ff.; ausführlich *Seier*, HWSt, V 2 Rn. 216 ff.: Das Lexikon besonderer Untreue-Konstellationen im Wirtschaftsleben, zur Anwaltsuntreue Rn. 247 ff.

76 OLG Hamm NStZ 2010, 334, 334 f.; BGH NStZ 1990, 82, 83 f.; beachte auch BGH NStZ 1997, 124, 124 m.w.N.; AGH Celle 27/09 (I 7) und nachgehend BGH AnwSt (R) 4/10; auch *Fischer*, StGB, § 266 Rn. 48 unter dem Stichwort „Rechtsanwalt"; kritisch zur Begründung der Rspr. aber im Ergebnis zustimmend *Seier*, HWSt, V 2 Rn. 252 ff.; a.A. *Dierlamm*, MüKo-StGB, § 266 Rn. 98.

77 Beachte die den Rechtsanwalt treffende Pflicht, fremde Gelder unverzüglich an den Empfangsberechtigten weiterzuleiten, § 43a Abs. 5 S. 2 BRAO, § 4 Abs. 2 S. 1 BORA.

78 So jedenfalls BGH NStZ-RR 2004, 54, 54; BGH NStZ 1982, 331, 331 f.; zustimmend *Burr*, ZAP Fach 21, 229, 334; a.A. wiederum *Dierlamm*, MüKo-StGB, § 266 Rn. 98.

79 Beachte dazu und zum Folgenden auch *Wittig*, FS-Imme Roxin, 375, 375 ff.

80 Vgl. BGHSt 15, 342, 342 ff.; etwa auch BGHSt 50, 331, 342 mit dem Verweis, dass es sich bei der Missbrauchsuntreue nur um einen Spezialfall der Treubruchsuntreue handelt.

Zum einen verneint die Rechtsprechung bei vorhandener Ausgleichsfähigkeit und -bereitschaft einen untreuerelevanten Nachteil in Form der konkreten schadensgleichen Vermögensgefährdung / des Gefährdungsschadens, so etwa in *OLG Karlsruhe NStZ 1990, 82, 84*, *BGH NStZ 1995, 233, 234* oder *BGHSt 52, 182*. Zu dieser Einordnung kam es, wenn die Gelder auf dem Konto des Treupflichtigen verblieben oder zu spät ausgekehrt wurden.

Zum anderen bildet beim Mittelverbrauch oder der Mittelverwendung vor allem der Ausgleichsanspruch des Treugebers den Kern der richterlichen Beurteilung. Dieser entsteht nach Meinung der Rechtsprechung als unmittelbare Folge der relevanten Handlung des Treupflichtigen. Auch wenn die Gerichte in den einzelnen Urteils- beziehungsweise Beschlussbegründungen, soweit ersichtlich, nicht ausdrücklich erwähnen, dass sie eine Gesamtsaldierung und insbesondere eine Kompensation untersuchen würden, so wird letztlich genau das geprüft.[81] Die Aspekte werden so nicht stets trennscharf behandelt[82] und in der weit überwiegenden Anzahl der Urteile und Beschlüsse sind die Ausführungen recht pauschal. Etwa in *BGH NStZ 1982, 331, 332:* „(…) nach den Umständen uneingeschränkt ausgleichsfähig und bereit ist". Differenzierend ist hingegen insbesondere das Urteil *BGHSt 15, 342, 344:* „(…) ebenso wie beim Betrug die Vermögensschädigung, bei der Untreue die Nachteilszufügung nur durch Vergleich festzustellen ist. (…) Bei diesem Vergleich tritt an die Stelle des pflichtwidrig aufgegebenen Vermögensstückes (…) hier eine gleich hohe Ausgleichsforderung (…). (…) Dann entspricht der wirtschaftliche Wert des Ausgleichsanspruchs gegen den Täter dem Wert des weggefallenen Vermögensstücks." Hält der Treupflichtige zum Ersatz des Vermögensbestandteils, über den er pflichtwidrig verfügt hat, eigene Mittel bereit, dann entsteht aus Sicht der Rechtsprechung kein Nachteil, weil der wirtschaftliche Wert des Ausgleichsanspruchs gegen den Täter dem Wert des weggefallenen Vermögensstücks entspricht.[83] Die Rechtsprechung spricht nicht ausdrücklich von einer Kompensation der Vermögensminderung, sondern direkt davon, dass ein Nachteil gar nicht entstünde.[84] Letztendlich lässt die Rechtsprechung aber den sich aus der ungetreuen Handlung ergebenden zivilrechtlichen Schadensersatzanspruch als kompensationsfähigen Vorteil zu und verneint einen Vermögensnachteil, da aus ihrer Sicht der Ausgleichsanspruch

81 Jedoch vom Ausgleichsanspruch sprechend BVerfGE 126, 170 = BVerfG NJW 2010, 3209, 3214 Rn. 103.

82 So *Rübenstahl,* HRRS 2004, 54, 59 m.w.N.

83 Vgl. BGHSt 15, 342, 344; KG NJW 1972, 218, 218; OLG Karlsruhe NStZ 1990, 82, 84.

84 Vgl. BGHSt 15, 342, 344.

dem Wert des weggefallenen Vermögensstückes entspricht.[85] Unter Zugrundelegung einer wirtschaftlichen Sichtweise[86] wird als Argument dafür angeführt, dass das Vermögen des Treugebers *de facto* nie gefährdet war.[87] Die Rechtsprechung prüft im Vermögensnachteil beide Elemente, das der Ausgleichsfähigkeit und das der Ausgleichbereitschaft. Letzteres verortete eine frühe reichsgerichtliche Entscheidung, veröffentlicht in *RGSt 70, 312, 323,* noch im Vorsatz und somit auf der subjektiven Tatseite.

Überdies bringt die Rechtsprechung die Ausgleichsfähigkeit und -bereitschaft teilweise schon bei der Pflichtwidrigkeit des Verhaltens in Ansatz, so etwa im bereits erwähnten Fall *BGH NStZ 1982, 331.*[88] In *BGH NStZ-RR 2004, 54* führen die Richter aus, dass bei Ausgleichsfähigkeit und -bereitschaft weder ein Verstoß gegen die Treupflicht noch ein Vermögensnachteil vorläge. Dabei lag wiederum kein Verbrauch der Mittel vor, sondern vielmehr waren die Mittel noch vorhanden, wurden aber vom Treupflichtigen zu spät ausgekehrt oder nicht gesondert angelegt.

Vor diesem Hintergrund bleibt festzuhalten, dass die von der Rechtsprechung praktizierte Berücksichtigung weder als stringent systematisch noch als als einheitlich zu beschreiben ist. Letzteres ist wohl den Feinheiten der dargestellten unterschiedlichen Sachverhaltskonstellationen geschuldet.[89]

3. Anforderungen an Ausgleichsfähigkeit und Ausgleichsbereitschaft

Auf dem in *BGHSt 15, 342* veröffentlichen Urteil aufbauend hat die Rechtsprechung in verschiedenen Instanzen die Anforderungen an Ausgleichsfähigkeit und Ausgleichsbereitschaft im Laufe der Zeit konkretisiert. Es ist hervorzuheben, dass die Ausgleichsbereitschaft nicht ohne weiteres aus der Ausgleichsfähigkeit des Treupflichtigen folgt.[90] Es handelt sich vielmehr um eng umgrenzte,[91] eigenständige und daher auch einzeln zu prüfende Voraussetzungen eines Ausnahmefalles.[92] Für die Annahme eines solchen Ausnahmefalles müssen nach ständiger Rechtsprechung die Ausgleichsfähigkeit und -bereitschaft beim Treupflichtigen kumulativ vorhanden sein. Die höchstrichterliche Rechtsprechung ließ daran

85 BGHSt 15, 342, 444.
86 BGHSt 15, 342, 344.
87 Dazu *Esser,* AnwK-StGB, § 266 Rn. 181.
88 Auch KG NStZ 2008, 405, 405 f.
89 Auch *Wittig,* FS-Imme Roxin, 375, 379.
90 KG NJW 1972, 218, 218.
91 BGH NStZ 1982, 331, 332.
92 BGH NStZ 1982, 331, 332.

nie Zweifel. Ein anders zu verstehender Beschluss eines Kammergerichts vom 12.10.1964, veröffentlicht in *KG NJW 1965, 703*, wonach es nur auf die Ersatzfähigkeit und nicht gleichzeitig auch auf die Bereitschaft des Treupflichtigen zum Ersatz ankäme, wurde anschließend mit deutlichen Worten von *KG NJW 1972, 218, 219* klargestellt. So führt das Kammergericht in der späteren Entscheidung zu einer anderen Sache aus, dass der erste Beschluss lediglich „mißverstanden" worden sei.[93] Das sei insbesondere dem Umstand geschuldet, dass dem Beschluss in der *NJW* „ein entsprechender – offenbar vom Einsender formulierter – Leitsatz vorangestellt"[94] und auch in diesem Sinne in einer Anmerkung besprochen und zitiert worden war.[95] Vielmehr hätte auch der Beschluss des Kammergerichts vom 12.10.1964 sich in seinen Gründen auf *BGHSt 15, 342 ff.* gestützt. Demnach sei das Kammergericht gerade nicht von der Rechtsprechung des Bundesgerichtshofs zur Ausgleichsfähigkeit und -bereitschaft abgewichen.[96]

a) Ausgleichsfähigkeit

Damit der Treupflichtige ausgleichsfähig ist, muss er eigene Mittel zum Ersatz bereithalten.[97] Die Mittel müssen ständig bereitstehen.[98] Sie müssen grundsätzlich flüssig sein[99] und den Ausgleich auch tatsächlich ermöglichen.[100] Unter Umständen genügt es, dass die dem Treupflichtigen gehörenden Mittel „kurzfristig zur Verfügung stehen."[101] Ausreichend als flüssige Mittel sind gegebenenfalls auch Wertpapiere.[102] Das tatsächliche Ermöglichen des Ausgleichs verlangt, dass die Mittel zur Deckung vollständig ausreichen.[103] Die allgemeine finanzielle

93 KG NJW 1972, 218, 219.

94 KG NJW 1972, 218, 219; der Leitsatz lautet: „Ersatzfähigkeit schließt den Eintritt eines Nachteils im Sinne des § 266 StGB auch dann aus, wenn der Ersatzteile [sic!] nicht festgestellt wird."

95 Vgl. KG NJW 1972, 218, 219 m.w.N.

96 KG NJW 1972, 218, 219.

97 So erstmals RGSt 73, 283, 284; aufgegriffen etwa von BGHSt 15, 342, 344.

98 Statt aller BGHSt 15, 342, 344; insbesondere KG NJW 1965, 703, 705.

99 Insbesondere NStZ 1982, 331, 331

100 BGHR Nachteil 8 zu § 266, 1; BayObLG JZ 1973, 325, 325.

101 Dies beim Sparvertrag und Festgeld wohl ablehnend OLG Karlsruhe StV 2005, 598, 599.

102 Im zu entscheidenden Fall im Form von Aktien (jedenfalls bis zur Höhe der in der Sparkassenordnung festgelegten Beleihungsgrenze) BayObLG NJW 1966, 116, 116.

103 Erstmals von „entsprechender Betrag" sprechend RGSt 73, 283, 284; anschließend BGHSt 15, 342, 342; „vollständig auszukehren" BGH NStZ 1982, 331, 331; zudem statt vieler BGH NStZ-RR 2004, 54, 54.

Situation des Treupflichtigen ist damit ein objektives Kriterium.[104] Teilweise kann die Rechtsprechung als sehr restriktiv verstanden werden.[105] So wird die Ausgleichsfähigkeit verneint und damit das Eintreten eines Nachteils bejaht, wenn nicht sicher sei, ob der behauptete Forderungsausgleich in der Zukunft tatsächlich eintreten werde.[106] Demgegenüber erweiterte die Rechtsprechung die Konstellation auch auf die Fallgruppe, in der der Täter, außer mit eigenen Mitteln, auf sonstige Weise den Ersatz des Geldes sicherstellen kann.[107] Die Gerichte akzeptieren im Einzelfall sogar das Eintreten einer kurzfristigen Gefährdungslage, wobei eine Erstattung wenigstens „alsbald sicher erwartet werden [kann].“[108] In einem *obiter dictum* konkretisierte der 3. Strafsenat des Bundesgerichtshofs[109] die Anforderungen an diesen Sonderfall der Fähigkeit zur kurzfristigen Rückzahlung dahingehend, dass ein untreuerelevanter Vermögensnachteil wohl auch dann zu verneinen sei, wenn zwar die jederzeitige Verfügbarkeit von Ersatzmitteln nicht sichergestellt ist, aber ausnahmsweise nach Inhalt und den konkreten Umständen des Verhältnisses zwischen Treugeber und Treupflichtigem eine zeitliche Verzögerung unwesentlich erscheint. Dafür muss feststehen, dass der Treupflichtige die Gelder kurzfristig mobilisieren kann und er über den gesamten Zeitraum hinweg ausgleichsbereit ist. In diesem Fall ist an sich eine tatbestandlich irrelevante, weil nachträgliche, Schadenswiedergutmachung gegeben. Besteht aber jederzeit die Möglichkeit mit einer nur minimalen Verzögerung Ersatz leisten zu können, wird eine qualitative Gleichstellung mit der tatbestandsrelevanten Schadenskompensation befürwortet.[110]

b) Ausgleichsbereitschaft

Die Voraussetzung der Ausgleichsbereitschaft wird oftmals auch als Ersatzwille bezeichnet.[111] Es handelt sich dabei um ein subjektives Kriterium. Der

---

104 So *Esser,* AnwK-StGB, § 266 Rn. 180.

105 So *Esser,* AnwK-StGB, § 266 Rn. 180.

106 Vgl. BGH NStZ 1982, 331, 332; zur Kreditaufnahme auch BGH wistra 1988, 191, 192.

107 BGHR Nachteil 34 zu § 266, 1 = BGH NStZ 1995, 223, 224.

108 Siehe BGHR Nachteil 34 zu § 266, 1 = BGH NStZ 1995, 223, 224; *Esser,* AnwK-StGB, § 266 Rn. 180.

109 BGH NStZ-RR 2004, 54; Besprechung bei *Rübenstahl,* HRRS 2004, 54, 61 f.

110 So jedenfalls *Rübenstahl,* HRRS 2004, 54, 62.

111 BGH bei *Holtz* MDR 1983, 281, 281; BGH wistra 1991, 191, 192; OLG Karlsruhe NStZ 1990, 82, 84; *Kohlbrügge,* Anmerkungen zu KG vom 12.02.1964, NJW 1965, 703, 706.

Treupflichtige muss willens sein und sein Augenmerk darauf richten, die ihm zur Verfügung stehenden Mittel ständig zum Ausgleich nutzen zu können.[112] Entscheidend ist nach Ansicht des Bundesgerichtshofs, dass der Treupflichtige uneingeschränkt zum Ausgleich bereit ist.[113] Das Oberlandesgericht Karlsruhe zählte im Rahmen einer Beschlussbegründung beispielhaft Anhaltspunkte für das Vorliegen der Ausgleichsbereitschaft auf.[114] So deutet auf das Vorliegen der Ausgleichsbereitschaft beim Treupflichtigen etwa die „Mitteilung an den Mandaten über Zahlungseingänge; [die] Auszahlung an den Mandanten in engem zeitlichem Zusammenhang mit den Zahlungseingängen; (…)" hin.[115] Gegen eine vorhandene Ausgleichsbereitschaft spricht hingegen ein „bewusstes Abstreiten von Zahlungseingängen; konkludentes Leugnen, Gelder erhalten zu haben, (…); langer Zeitablauf zwischen Geldeingang und Tataufdeckung, keine Mitteilung (…) bei Zahlungseingängen; Auszahlung erst auf Intervention der Mandanten bzw. eingeschalteter Dritter; (…)."[116]

c) Kenntniserlangung

Vereinzelt wurde von den Gerichten zusätzlich zur Ausgleichsbereitschaft und -fähigkeit des Treupflichtigen eine alsbaldige Kenntniserlangung seitens des Treugebers verlangt, um eine sofortige Realisierung der Ausgleichsforderung zu ermöglichen.[117] Die höchstrichterliche Rechtsprechung griff diesen Ansatz jedoch in der Folge, soweit ersichtlich, nicht auf.

4. Ausnahmen und Einschränkungen

Nachfolgend werden Fälle aufgezeigt, in denen der von der Rechtsprechung entwickelte Grundsatz der Berücksichtigung von Ausgleichsfähigkeit und -bereitschaft des Treupflichtigen nicht zur Anwendung kommt (oder kommen kann). Das Tatbestandsmerkmal des Vermögensnachteils ist folglich zu bejahen und eine Strafbarkeit wegen Untreue im Sinne von § 266 Abs. 1 StGB ist vorbehaltlich des Vorliegens der übrigen Voraussetzungen gegeben.

---

112 BGHSt 15, 342, 344; explizit BGH MDR 1983, 281, 281.

113 Etwa BGH NStZ-RR 2004, 54, 54.

114 OLG Karlsruhe NStZ 1990, 82, 82 ff.

115 OLG Karlsruhe NStZ 1990, 82, 84.

116 OLG Karlsruhe NStZ 1990, 82, 84.

117 BayObLG JZ 1973, 325, 325.

a) Ersatzbereitschaft Dritter

Die ausschließliche Ersatzbereitschaft Dritter hindert den Eintritt eines Nachteils nicht, denn sie begründet keine sichere Ausgleichsfähigkeit und stellt damit keine Bereitschaft zum Ausgleich dar. Diese Bereitschaft muss vielmehr allein im Machtbereich des Treupflichtigen liegen.[118] Die Möglichkeit, sich einen entsprechenden Geldbetrag bei Bedarf von einem anderen zu beschaffen, etwa durch Kreditaufnahme, reicht grundsätzlich nicht aus.[119] Das gilt auch für nahe Angehörige, wie etwa Ehepartner. Fraglich ist, ob in der von der Rechtsprechung vorgenommenen Übertragung der Grundsätze von Ausgleichsfähigkeit und -bereitschaft auf den Fall der sonstigen Mittel[120] eine Aufgabe des bisherigen Grundsatzes, wonach Drittmittel gerade nicht den Anforderungen der eigenen Ausgleichsfähigkeit genügen, zu erkennen ist. Dem ist allerdings nicht so. Denn die Rechtsprechung verlangt für die Übertragung der Grundsätze des Bereithaltens eigener Mittel auf den Fall der sonstigen Mittel, dass ein Ersatz sichergestellt ist. Das ist gerade beim Ersatz durch Drittmittel nicht der Fall. Eine Schwäche liegt folglich darin, dass eine Sicherstellung des Ersatzes aus Sicht des Treugebers nicht zu erreichen ist. Überdies ist zu betonen, dass dem konkreten Fall, in dem die Rechtsprechung die Übertragung vornahm, ein besonderer Sachverhalt zugrunde lag.[121] Dessen gesellschaftsrechtlichen Besonderheiten sind hier noch einmal hervorzuheben. So war für die Frage des Vorliegens eines untreuerelevanten Vermögensnachteils maßgeblich, ob im Zeitpunkt der Zahlung durch die Treugeberin – eine Aktiengesellschaft – eine sichere Erstattung an sie seitens der Firma B zu erwarten war. Für die Beantwortung dieser Frage waren die verschiedenen Positionen des Angeklagten in den einzelnen Gesellschaften und die unterschiedlichen gesellschaftsrechtlichen Beherrschungsverhältnisse von entscheidender Bedeutung. So war der Angeklagte nicht nur Vorstandsvorsitzender der A-AG als Treugeberin, sondern hatte auch Geschäftsführungsbefugnis bei der Firma B und auch bei der Holdinggesellschaft C. Mit der jeweiligen Stellung des Angeklagten gingen besondere Befugnisse einher. Entscheidend war damit insbesondere, ob seine Stellung bei der Firma B die Anordnung zur Erstattung der Beträge an die A-AG abdeckte.

---

118 BGHSt 15, 372, 376 mit Verweis auf BGH Urteil vom 13.05.1953 – 3 StR 926/52 – und BGH vom 20. 03.1956 – 5 StR 580/55; BGH NStZ 1982, 331; BGH wistra 1988, 191, 192.

119 BGH NStZ 1982, 331, 331; BGH wistra 1988, 191, 192; weitergehend BGH NStZ 1995, 233, 234; auch *Rübenstahl,* HRRS 2004, 54, 60 f.

120 BGH NStZ 1995, 233, 233 ff.

121 Zusammengefasst unter B.I.17.

Ist das der Fall, dann wäre der Ersatz des Geldes an die Treugeberin auf sonstige Weise sichergestellt. Demnach finden die Grundsätze von Ausgleichsbereitschaft und -fähigkeit hier Anwendung und der untreuerelevante Vermögensnachteil ist zu verneinen. Dabei zeichnen sich deutlich die Eigenarten zum Ersatzes durch Drittmittel ab. Ferner ist zu beachten, dass danach die Fallgruppe der sonstigen Mittel, soweit ersichtlich, nicht mehr zum Gegenstand höchstrichterlicher Rechtsprechung wurde. Es bleibt festzuhalten, dass es sich bei den sonstigen Mitteln zwar um eine Erweiterung seitens der Rechtsprechung handelt, die als eine Unterfallgruppe der eigenen Mittel einzustufen ist. Diese ist aber wiederum nicht mit der Fallgruppe der Drittmittel identisch, welche weiterhin nicht den Anforderungen an die Ausgleichsfähigkeit des Treupflichtigen genügt.

b) Bloß nachträgliche Schadenswiedergutmachung

Ebenso wenig genügt eine nachträgliche Schadenswiedergutmachung (*reparatio damni*) zur Verneinung des Nachteils. Auch in diesem Fall fehlt es an der Ausgleichsfähigkeit. Wie der Wortlaut nahelegt, ist eine nachträgliche Schadenswiedergutmachung gegeben, wenn ein bereits eingetretener Nachteil bloß nachträglich wieder gutgemacht wird.[122] Eine rechtlich selbstständige Handlung vermag keinen kompensationsfähigen Vorteil hervorzubringen. Zudem braucht der Vermögensnachteil für eine Vollendungsstrafbarkeit nicht anzudauern.[123] Aus diesen Gründen ist die nachträgliche Schadenskompensation auf Tatbestandsebene bedeutungslos und nur auf Ebene der Strafzumessung relevant.[124] Eine mögliche strafmildernde Berücksichtigung durch das Gericht richtet sich nach den §§ 46 Abs. 2 S. 2, 46a, 49 Abs. 1 StGB.[125]

---

122 Vgl. BGH NStZ 1951, 100, 116; BGH NStZ 1986, 455, 456; allgemein dazu etwa *Streng*, Strafrechtliche Sanktionen, Rn. 464 f.; das gilt auch, wenn die nachträgliche Wiedergutmachung von vornherein beabsichtigt war; für § 263 StGB siehe BGHSt 30, 10 15.

123 Wie bei § 263 StGB.

124 Vgl. RGSt 38, 266, 267; RGSt 39, 335, 341; RGSt 68, 371, 374; BGHSt 15, 372, 377; BGHSt 20, 143, 144; BGHSt 40, 287, 298; BGH NStZ 1986, 455, 456; *Fischer*, StGB, § 266 Rn. 164; *Schünemann*, Leipziger Kommentar-StGB, § 266 Rn. 137; *Böttger/Brockhaus*, WiPra, Kapitel 3 Rn. 56 spricht von einer nicht unerheblichen Bedeutung auf Strafzumessungsebene.

125 Dazu *Esser*, AnwK-StGB, § 266 Rn. 178 und Rn. 259; *Saliger*, S/S/W-StGB, § 266 Rn. 110; zur Anwendung von § 46a StGB BGH wistra 1995, 238, 238; *Brauns*, wistra 1996, 214 ff.; im Kontext der Bestimmung des Strafrahmens *Niemeyer*, Hb-Wirtschaftsstrafrecht, § 21 Rn. 23 ff.; vgl. zum Fall Kohl *Saliger*, Parteiengesetz, 141.

Die Schadenswiedergutmachung soll friedensstiftende Wirkung entfalten und die Opferinteressen stärken, indem dem Täter einen Anreiz gesetzt wird, den Schaden zu ersetzen.[126] Dafür hat der Täter „einen über die rein rechnerische Kompensation hinausgehenden Beitrag" zu erbringen.[127] Die Erfüllung von Schadensersatzansprüchen allein genügt dafür nicht.[128] Sein Verhalten verlangt als Ausdruck der Übernahme von Verantwortung gegenüber dem Opfer eine persönliche Anstrengung.[129] Eine Wiedergutmachung durch Dritte reicht wiederum nicht aus.[130] Erforderlich ist eine scharfe Abgrenzung zwischen tatbestandslosem Verhalten und solchem, das lediglich eine nachträgliche Schadenswiedergutmachung darstellt. Diese Abgrenzung wird generell durch das Kriterium der Unmittelbarkeit im Rahmen der Gesamtsaldierung gewährleistet.[131] Zum Sonderfall der kurzfristigen Rückzahlung sei auf die Ausführungen unter B.II.3.a) verwiesen. Insoweit werden die Grenzen aufgeweicht, da eine Berücksichtigung tatbestandlich nach den eben aufgezeigten Grundsätzen nicht möglich ist, aber qualitativ eine Gleichstellung jedenfalls vom 3. Strafsenat nicht ausgeschlossen wird.[132]

c) Verschleierung / Manipulation / Versäumnis / Ordentlicher Gerichtsweg

Nimmt der Treupflichtige Verschleierungshandlungen vor, so stehen diese der Annahme von uneingeschränkter Ausgleichsbereitschaft entgegen. Eine gegen den Treupflichtigen gerichtete Ausgleichsforderung bleibt jedenfalls dann von der Rechtsprechung bei der Nachteilsermittlung unberücksichtigt, wenn er verhindert, dass der Betroffene von seiner Forderung auf sofortigen Ersatz alsbald

---

126 Begr. Koalitionsentwurf BT-Drucks. 12/6853, S. 22; BGH, NStZ 1995, 492, 493; BGH NJW 2001, 2257, 2558; auch *Brauns,* wistra 1996, 214, 215 m.w.N.

127 BGH NStZ 1995, 492, 493 mit Zitat aus BT-Drucks. 12/ 6853, S. 22.

128 BGH NStZ-RR 2009, 133, 134; *König/Seitz,* NStZ 1995, 1, 2.

129 St. Rpsr. BGHR StGB § 46a Wiedergutmachung 1 und 5; BGH wistra 2000, 176; BGH Beschl. V. 13.07.2000 – 4 StR 271/100 m.w.N.; BGH NStZ-RR 2009, 133, 134; zum Merkmal der Erheblichkeit BGH NJS 2001, 2557, 2558; Schöch, FS-BGH, 309, 326 hält diese Anforderungen für überhöht und in der konkreten Fallentscheidung für nicht justiziabel.

130 *Esser,* AnwK-StGB, § 266 Rn. 178 mit Verweis auf den nachträglichen Spendenaufruf im Fall *Kohl*: LG Bonn NStZ 2001, 375, 375 mit Anmerkungen *Beulke/Fahl,* NStZ 2001, 426, 426 ff.; *Kühl,* Lackner/Kühl-StGB, § 46a Rn. 4.

131 Vgl. *Saliger,* S/S/W-StGB, § 266 Rn. 57; ausführlich zur Unmittelbarkeit unter D.I.2.a)dd)(2)(c).

132 BGH Beschluß vom 30.10.2003 – 3 StR 276/ 03 = NStZ-RR 2004, 54.

Kenntnis erlangt.[133] Dies gilt insbesondere, wenn der Treupflichtige schon das Bestehen des Ausgleichsanspruchs überhaupt verschleiert.[134] Gleiches gilt, wenn der Treupflichtige zur Verdeckung der Schädigung selbst Verschleierungshandlungen vornimmt und er so dem Geschädigten die sofortige Geltendmachung des Ausgleichsanspruches zum Teil erheblich erschwert.[135] Entzieht der Treupflichtige dem zu betreuenden Vermögen mittels manipulierter Rechnungen über angebliche Leistungen eigenmächtig erhebliche Beträge, so liegt ein Nachteil auch dann vor, wenn der Treupflichtige aufgrund tatsächlich erbrachter Leistungen andere Ansprüche hätte realisieren können und die Verschleierungshandlungen die Verrechnung der Entnahmen im Wege der Aufrechnung mit möglicherweise bestehenden Ansprüchen verhindert.[136] Weiterhin bleibt es beim Vorliegen eines untreuerelevanten Nachteils, wenn der Treupflichtige eine zulässige Aufrechnungserklärung bewusst unterlässt und darüber hinaus verhindert, dass der Treugeber rechtzeitig von seiner Ausgleichsforderung erfährt.[137] Dies gilt auch, wenn der Treupflichtige die Aufrechnungserklärung versäumt.[138] Überdies wird ein Gefährdungsschaden dann anzunehmen sein, wenn der Treupflichtige seine eigenmächtige, pflichtwidrige Verfügung in der Absicht verschleiert, den Treugeber über das Erlöschen des Anspruchs zu täuschen.[139] Wenn der Treupflichtige von Anfang an dem Verlangen des Treugebers nach Ersatzleitung mit unbegründeten Gegenforderungen entgegentritt und sich erst auf ordentlichem Gerichtswege zur Zahlung verklagen lässt, ist ebenfalls von einer mangelnden Ausgleichsbereitschaft auszugehen und ein Nachteil zu bejahen.[140]

---

133 Vgl. RGSt 73, 283, 286; BayObLG 1973, 54; *Maurach/Schroeder/Maiwald*, Strafrecht BT/I, § 45 Rn. 45.

134 BayObLG JZ 1973, 325, 325 mit Anmerkungen *Schröder* JR 1973, 339, 339; zustimmend etwa *Maurach/Schroeder/Maiwald*, Strafrecht BT/I, § 45 II Rn. 45; *Seier*, HWSt, V 2 Rn. 175.

135 BGH wistra 1990, 352, 352.

136 BGH NStZ-RR 1997, 298, 299; zustimmend *Fischer*, StGB, § 266 Rn. 170.

137 BayObLG JZ 1973, 325, 325.

138 KG NJW 2007, 3366, 3366; zustimmend *Maurach/Schroeder/Maiwald*, Strafrecht BT/I, § 45 Rn. 45.

139 *Fischer*, StGB, § 266 Rn. 170.

140 Vgl. KG NJW 1972, 218, 218.

d) *Keine Wende der Rechtsprechung*

Es ist fraglich, ob in dem in *BGHSt 52, 323* veröffentlichten Urteil,[141] welches unter dem Namen „Fall Siemens" bekannt ist, die Abkehr der Rechtsprechung von der langjährigen Praxis der Berücksichtigung von Ausgleichsfähigkeit und Ausgleichsbereitschaft im Rahmen der Untreue zu erblicken ist.[142] Schließlich lag nach der Feststellung des Landgerichts der Sachverhalt so, dass die Mittel in der schwarzen Kasse zunächst noch vorhanden waren. Zudem wollte der Treupflichtige die Geldmittel bei einer späteren Gelegenheit im Interesse der Treugeberin einsetzen. Man könnte also annehmen, dass der Treupflichtige jederzeit Mittel zum Ausgleich bereithalte. Dennoch wurde einer der Angeklagten wegen Untreue verurteilt. Eine Wende der Rechtsprechung kann darin allerdings nicht erblickt werden. Vielmehr hält die Rechtsprechung explizit an einer grundsätzlichen Anerkennung von Ausgleichsbereitschaft und -fähigkeit des Treupflichtigen im Rahmen der Untreue fest.[143] Der Bundesgerichtshof präzisiert die Fallgruppe des Bereithaltens eigener Mittel zum Ersatz sogar, indem er sie von der im zu entscheidenden Fall gegebenen Sachverhaltslage deutlich abgrenzt.[144] Beim Unterhalten einer verdeckten Kasse hält ein Treupflichtiger nicht eigenes Vermögen zum Ersatz bereit, sondern das Vermögen seines Treugebers verborgen. Eine Vergleichbarkeit dieser Fälle sei nicht gegeben.[145] Zudem bekräftigt der Bundesgerichtshof erneut das Dogma der Nichtberücksichtigungsfähigkeit von Schadensersatzansprüchen im Rahmen der Saldierung.[146]

5. Rechtliche Konsequenz: Folgenrelevanz der Rechtsprechung

Abschließend sollen die rechtlichen Konsequenzen, die sich aus der Berücksichtigung von Ausgleichsfähigkeit und -bereitschaft des Treupflichtigen im Rahmen der Untreue ergeben, beleuchtet werden.

---

141 Zusammengefasst unter B.I.22.

142 Siehe die vertiefte Untersuchung von *Wittig,* FS-Imme Roxin, 375, 385 ff.; beachte auch die Untersuchung der Strafbarkeit schwarzer Kassen mit einem Erst-Recht Schluss bei *Rönnau,* FS-Tiedemann, 713, 712 ff.

143 BGHSt 52, 323, 337 Rn. 43.

144 BGHSt 52, 323, 337 Rn. 43.

145 BGHSt 52, 323, 337.

146 BGHSt 52, 323, 337.

a) Straflosigkeit des grundsätzlich pflichtwidrigen Verhaltens

Ein untreuerelevanter Vermögensnachteil ist aus Sicht der Rechtsprechung bei Ausgleichsfähigkeit und -bereitschaft nicht gegeben. Damit erfüllt das pflichtwidrige Verhalten des Treupflichtigen nicht sämtliche Merkmale des objektiven Tatbestands von § 266 Abs. 1 StGB. Eine Strafbarkeit wegen (vollendeter) Untreue scheidet aus und der Treupflichtige ist folglich straflos. Dabei ist zu berücksichtigen, dass eine Versuchsstrafbarkeit von vornherein nicht in Betracht zu ziehen ist, da der Versuch der Untreue durch das Gesetz nicht mit Strafe bedroht ist. Denn die Strafandrohung lautet gemäß § 266 Abs. 1 StGB *„bis zu fünf Jahre oder Geldstrafe"*. Damit ist die Untreue kein Verbrechen im Sinne von § 12 Abs. 2 StGB, sondern ein Vergehen im Sinne von § 12 Abs. 2 StGB und eine Versuchsstrafbarkeit folgt auch nicht aus §§ 23 Abs. 1 Hs. 1, 12 Abs. 1 StGB. Für eine Strafbarkeit müsste der Gesetzgeber den Versuch der Untreue ausdrücklich unter Strafe stellen, §§ 23 Abs. 1 Hs. 2, 12 Abs. 2 StGB.[147] Der Gesetzgeber hat jedoch von einer Strafbarkeit des Versuchs bewusst abgesehen. Der Deutsche Bundestag lehnte einen Vorstoß der Bundesregierung, eine Strafbarkeit des Untreueversuchs in § 266 II-E 6. StrRG einzuführen,[148] zuletzt im Jahr 1997 ausdrücklich ab[149] und folgte damit dem Votum des Rechtsausschusses.[150] Der gesetzgeberische Wille ist insoweit eindeutig. Der ausgleichsbereite und -fähige Treupflichtige kann daher von ihm zu betreuendes Vermögen pflichtwidrig zu sonstigen Zwecken abziehen und verwenden, ohne strafrechtliche Konsequenzen zu befürchten.[151]

---

147 Siehe auch BGHR § 266 StGB Nachteil 1; BGHSt 47, 22, 27; BGH NStZ-RR 2005, 343, 344; zu dem Vorwurf, die Praxis unterlaufe die gesetzgeberische Entscheidung durch die vorgenommene Schadensparallelisierung mit dem Betrugstatbestand, der daraus folgenden Anerkennung der schadensgleichen Vermögensgefährdung und einer daraus folgenden Vorverlagerung der Strafbarkeit der Untreue etwa *Seier,* HWSt, V 2 Rn. 32 m.w.N.; *Dierlamm,* MüKo-StGB, § 266 Rn. 186 m.w.N.

148 BT-Drucks. 13/8587, 10, 43.

149 6. StrRG vom 26.01.1998, BGBl. I, 179; für die Ablehnung stimmten die Vertreter von CDU/CSU, SPD, BÜNDNIS 90/DIE GRÜNEN, der Stimmen enthielten sich die Vertreter des PDS und die Vertreter der FDP waren abwesend, vgl. BT-Drucks. 13/9064, 5.

150 BT-Drucks. 13/8991, 21; BT-Drucks. 13/9064, 20; was auf Zustimmung i.d.Lit. traf, etwa *Saliger,* S/S/W-StGB, § 266 Rn. 108.

151 *Fischer,* StGB, § 266 Rn. 169 m.w.N.

b) Hypothetische Überlegungen zum subjektiven Tatbestand

Es ist zu überlegen, ob in den Fällen, in denen der Treupflichtige aufgrund der von der Rechtsprechung im Rahmen des objektiven Tatbestands vorgenommenen Berücksichtigung von Ausgleichsfähigkeit und Ausgleichsbereitschaft straflos ist, überhaupt der subjektive Tatbestand der Untreue erfüllt wäre. Davon hinge ab, ob die Voraussetzungen für eine Versuchsstrafbarkeit gegeben wären, unabhängig davon, dass der Versuch der Untreue nicht strafbar ist. Läge überhaupt die Voraussetzung eines Tatentschlusses im Sinne von § 22 StGB beim Versuch vor? Der subjektive Tatbestand des § 266 Abs. 1 StGB verlangt Vorsatz im Sinne von § 15 StGB. Es genügt bedingter Vorsatz.[152] Eine überschießende Innentendenz ist nach dem Wortlaut der Norm nicht erforderlich. Aufgrund der Weite des objektiven Tatbestands sind nach herrschender, aber umstrittener Ansicht jedoch strenge Anforderungen an die Annahme des Vorsatzes zu stellen.[153] Dies gilt insbesondere, wenn der Täter nur mit bedingtem Vorsatz und nicht eigensüchtig handelte.[154] Davon wird jedoch in den vorliegenden Fällen nicht auszugehen sein. Vorbehaltlich einer Überprüfung im Einzelfall tätigt der Treupflichtige die Handlung gerade aus eigensüchtigen Gründen oder zumindest zu Gunsten eines Dritten. Nach der Kurzformel ist unter Vorsatz der Wille zur Tatbestandsverwirklichung in Kenntnis aller objektiven Tatumstände zu verstehen.[155] Bei § 266 StGB bedeutet das allgemein, dass vorsätzliches Handeln in der Regel gegeben ist, wenn der Treupflichtige, der seine Vermögensbetreuungspflicht kennt, sich der Pflichtwidrigkeit seiner Handlung und des dadurch bewirkten Vermögensnachteils bewusst ist.[156] Der Treupflichtige geht jedoch bei Tatbegehung davon aus, infolge Ausgleichsfähigkeit und -bereitschaft keinen Vermögensschaden herbeizuführen, und daher fehlt ihm der Vorsatz.[157] Folglich wäre auch bei einer Strafbarkeit der versuchten Untreue der ausgleichsbereite und -fähige Treupflichtige straflos.

---

152 Vgl. BGHSt 46, 30, 35; BGH NJW 1975, 1234, 1236; allg. Meinung, nur *Fischer,* StGB, § 266 Rn. 171.

153 BGHSt 47, 295, 302; kritisch etwa *Kubiciel,* NStZ 205, 353, 356.

154 Dazu BVerfG 2 BvR 1980/07 vom 10.03.2009 Rn. 36; BGH NJW 1975, 1234, 1236; BGH NJW 1983, 461, 461; BGHSt 47, 295, 302.

155 RGSt 51, 305, 311; BGHSt 36, 1, 9 ff.; allgemein zum Vorsatz statt vieler *Kühl,* Strafrecht AT, § 5 Rn. 6 ff. m.w.N.; zu Grundlagen und Erscheinungsformen des Vorsatzes *Roxin,* Strafrecht AT/I, § 12 Rn. 1 ff.

156 Statt vieler BGHSt 5, 62, 64; BGHSt 13, 319, 320; BGH NStZ 1986, 455, 456.

157 Vgl. zum fehlenden Schädigungsvorsatz *Matt/Saliger,* Straflosigkeit der versuchten Untreue, 217, 239 Fn. 131; *Seier,* HWSt, V 2 Rn. 175.

Anzumerken ist, dass es für die Annahme des Vorsatzes jedoch reicht, wenn der Treupflichtige mit einem gegenwärtigen oder zukünftigen „Debetstand" rechnet.[158] Weiterhin liegt entsprechender Vorsatz nahe, wenn der Treupflichtige sein Augenmerk auf andere Prioritäten statt auf die Möglichkeit der Mittelverwendung zwecks Ersatzes an den Treugeber legt.[159]

c) Bedeutung eines Tatbestandsirrtums nach § 16 Abs. 1 S. 1 StGB

Praktisch relevant ist das Vorliegen eines Irrtums beim Treupflichtigen. Gemäß § 16 Abs. 1 S. 1 StGB handelt vorsatzlos, wer bei Begehung der Tat einen Umstand nicht kennt, der zum gesetzlichen Tatbestand gehört.[160] Ist der Treupflichtige im Zeitpunkt der Tatbegehung objektiv nicht dazu in der Lage, den Ausgleichsanspruch des Treugebers zu erfüllen, so ist der Treupflichtige objektiv nicht ausgleichsfähig. Mithin kommt ihm in solch einem Fall der von der Rechtsprechung entwickelte Grundsatz zunächst nicht zugute. Ein untreuerelevanter Nachteil liegt vor und der objektive Tatbestand ist vorbehaltlich der anderen Merkmale erfüllt. Fraglich ist sodann, ob der Täter auch vorsätzlich handelte (§ 15 StGB) und damit der subjektive Tatbestand des § 266 Abs. 1 StGB erfüllt ist. Nimmt der Treupflichtige im Zeitpunkt der Tatbegehung irrig an, zum alsbaldigen Ausgleich objektiv in der Lage zu sein, so geht er nicht davon aus, einen Vermögensnachteil herbeizuführen.[161] Mithin ist er in Unkenntnis über einen Umstand, der zum gesetzlichen Tatbestand des § 266 Abs. 1 StGB gehört. Dies gilt freilich nur, wenn der Treupflichtige seine Ausgleichbereitschaft zum Ausdruck bringt, indem er „sein Augenmerk darauf richtet, diese (nur vermeintlich vorhandenen) Mittel zum Ausgleich benutzen zu können."[162] Er unterliegt dann einem Tatbestandsirrtum im Sinne von § 16 Abs. 1 S. 1 StGB.[163] Dementsprechend handelt er vorsatzlos

158 BGH NStZ 1982, 331, 332 (Hervorhebung im Original); auch *Rübenstahl,* HRRS 2004, 54, 60.

159 Beachte dazu OLG Karlsruhe, NStZ 1990, 82.

160 Zu § 16 StGB allgemein etwa *Kühl*, Strafrecht AT, § 13 Rn. 7 ff.; *Roxin,* Strafrecht AT/I, § 12 Rn. 95 ff.

161 Die Voraussetzungen zwar verneinend, aber dazu BGH NStZ 1982, 331, 332; beachte auch RGSt 73, 283, 285, darauf bezugnehmend im Zusammenhang mit einer mutmaßlicher Einwilligung *Tiedemann,* JuS 1970, 108, 110.

162 So *Seier,* HWSt, V 2 Rn. 175 mit Verweis auf die Formulierung in BGHSt 15, 342, 344.

163 Zu der unklaren Abgrenzung von Tatbestands- (§ 16 StGB) und Verbotsirrtum (§ 17 StGB) bezogen auf das Merkmal der Pflichtwidrigkeit bei der Untreue, *Saliger,* S/S/W-StGB, § 266 Rn. 105 m.z.N.a.d.Rspr.u.Lit.

und der subjektive Tatbestand des § 266 Abs. 1 StGB ist zu verneinen.[164] Eine Strafbarkeit aus einem Fahrlässigkeitsdelikt kommt nicht in Betracht, da das Gesetz eine fahrlässig begangene Untreue nicht unter Strafe stellt, vgl. §§ 15 Hs. 2, 16 Abs. 1 S. 2 StGB.[165] Der Täter ist folglich straflos. Der von der Rechtsprechung entwickelte Grundsatz hat zur Folge, dass auch der Treupflichtige, der irrtümlich annimmt, über eigene Mittel zu verfügen, von ihm zu betreuende Vermögenswerte pflichtwidrig zu eigenen oder sonstigen abredewidrigen Zwecken abziehen oder verwenden kann, ohne eine Strafe fürchten zu müssen.[166]

d) Auswirkungen eines Vorsatzwechsels

Von besonderer Brisanz ist die Fallkonstellation, in der der Treupflichtige nachträglich den Vorsatz fasst, das Veruntreute nicht zurückzuerstatten. Nachträglich meint nach Begehung der Tat. Ist der Treupflichtige bei Tatbegehung ausgleichsbereit und -fähig und ist folglich ein untreuerelevanter Nachteil zu verneinen, so ist das ursprüngliche Tun (etwa in Form von Abziehen und Verwenden von Fremdgeld) kein tauglicher Anknüpfungspunkt für eine Untreuestrafbarkeit. Der Treupflichtige ist unter Berücksichtigung und Anwendung des dargestellten Grundsatzes der Rechtsprechung folglich straflos. Fraglich ist, ob sich an dem Ergebnis der Straflosigkeit etwas ändert, wenn der Treupflichtige später den Entschluss fasst, das Veruntreute nicht zurückzuerstatten. An der Ausgleichsbereitschaft im Zeitpunkt der ursprünglichen Tatbegehung ändert ein nachträglicher Vorsatzwechsel nichts. Entscheidender Zeitpunkt für die Frage, ob Vorsatz vorliegt, ist ausschließlich der Zeitpunkt der Tat. So steht in § 16 Abs. 1 S. 1 StGB „bei Begehung der Tat" geschrieben. Überdies sprechen § 15 und § 16 Abs. 1 S. 1 StGB vom „vorsätzlichen Handeln". Aus dem Zusammenspiel dieser Normen folgt, dass der relevante Zeitpunkt derjenige des tatbestandsmäßigen Handelns ist.[167] Der Vorsatz muss also die Ausführung der Tatbestandshandlung begleiten und demnach ist ein nachfolgender Vorsatz kein Vorsatz im Sinne des Strafrechts.[168] Es liegt vielmehr ein für die Strafbarkeit wegen des ursprünglichen Tuns

---

164 So ausdrücklich *Seier,* HWSt, V 2 Rn. 175.

165 Zu den Gründen und vereinzelten abw. Vorschlägen a.d.Lit. *Saliger,* Parteiengesetz, 474 f. m.w.N.

166 *Fischer,* StGB, § 266 Rn. 169; siehe auch den knappen Verweis darauf, dass die Voraussetzungen einer irrigen Annahme nicht gegeben seien bei BGH NStZ 1982, 331, 331.

167 *Kühl,* Strafrecht AT, § 5 Rn. 20.

168 Vgl. *Kühl,* Strafrecht AT, § 5 Rn. 20 f.; *Roxin,* Strafrecht AT/I, § 12 Rn. 91.

unbeachtlicher *dolus subsequenz* vor.[169] Ein nachträglich gefasster Vorsatz kann sich daher allein auf das diesem Vorsatz nachfolgende Unterlassen beziehen.[170] An das ursprüngliche Tun lässt sich keine Strafbarkeit mehr knüpfen.

e) Nachträgliches Unmöglichwerden der Erfüllung der Ausgleichspflicht

Es ist nun folgende Konstellation denkbar: Der Treupflichtige verwendet pflichtwidrig Fremdgelder. Da er in diesem Zeitpunkt ausgleichsbereit und -fähig ist, liegt kein Vermögensnachteil vor und eine Untreuestrafbarkeit kommt folglich nicht in Betracht. Nachträglich fasst er aber den Vorsatz, die Gelder nicht zurückzuerstatten, wobei ihm die Ausgleichspflicht inzwischen unmöglich geworden ist. In Betracht kommt eine Strafbarkeit wegen Untreue durch Unterlassen. Sowohl Missbrauchs- als auch Treubruchsuntreue können unstreitig auch durch Unterlassen begangen werden.[171] Streitig ist jedoch, ob § 13 StGB mit seinen beiden Absätzen auf § 266 StGB anwendbar ist.[172] § 13 StGB ist grundsätzlich auf unechte Unterlassungsdelikte zugeschnitten.[173] Hingegen wird in § 266 StGB eine Kombination von Begehungs- und Unterlassungsdelikt gesehen mit der Folge, dass

---

169 Zum *dolus subsequenz* BGH NStZ 1983, 452, 452; BGH vom 30.04.1997 2 StR 550 / 96; zur Kritik an der begrifflichen Kennzeichnung *Kühl*, Strafrecht AT, § 5 Rn. 21, der die Bezeichnung „nachträgliche Stellungnahme" vorschlägt.

170 So *Fischer*, StGB, § 266 Rn. 169. Der Nachteil erklärt sich dann aus einem untreuespezifischen Kriterium heraus: Zwar könnte man annehmen, dass im Falle eines Unterlassens der Vermögenszustand vor und nach der Pflichtverletzung unverändert sei und damit kein Nachteil eingetreten sei. Dieser vorläufige Schluss berücksichtigt aber nicht, dass zum Vermögen auch Rechte (hier Ansprüche) gehören, die sich gegen den Täter selbst richten. Durch das Unterlassen wird der Anspruch beeinträchtigt. Dass Pflichtverletzung und Nachteil insoweit zusammenfallen ist die Folge der untreuespezifischen Schädigung von innen, angelehnt an *Kindhäuser*, NK-StGB, § 266 Rn. 97; beachte auch *Schmitz*, Unrecht und Zeit, 183.

171 BGHSt 36, 227, 227 f.; HansOLG Bremen NStZ 1989, 228, 228; siehe nur *Saliger*, S/S/W StGB, § 266 Rn. 22, 33 m.w.N.; *Seier*, HWSt, V 2 Rn. 72; *Fischer*, StGB, § 266 Rn. 55; *Roxin*, Strafrecht AT/II, § 31 Rn. 20; zur Untreue durch Unterlassen *Güntge*, wistra 1996, 84, 84 ff. m.w.N.

172 Vgl. *Saliger*, S/S/W-StGB, § 266 Rn. 33; *Seier*, HWSt, V 2 Rn. 76; zu dieser Frage allgemein *Güntge*, wistra 1996, 84, 87; zu § 13 Abs. 2 StGB etwa BGHSt 36, 227 mit Anm. dazu *Timpe*, JR 1990, 428 ff.

173 Statt vieler *Seier*, HWSt, V 2 Rn. 76; *Fischer*, StGB, § 13 Rn. 2 f.; auf echte Unterlassungsdelikte findet § 13 StGB keine Anwendung, *ders.*, StGB, Vor § 13 Rn. 16.

§ 13 StGB keine Bedeutung zukommt.[174] Begründet wird dies vor allem mit dem Umstand, dass die von § 13 StGB geforderte Garantenstellung bereits tatbestandlich in § 266 Abs. 1 StGB verankert sei. Wer vermögensbetreuungspflichtig ist, der ist *ipso iure* Beschützergarant des ihm anvertrauten Vermögens.[175] Diese Einordnung des § 266 Abs. 1 StGB und die Unanwendbarkeit von § 13 StGB geben jedoch noch keinen Aufschluss über die Frage, ob in der Unterlassensvariante die Unzumutbarkeit normgerechten Verhaltens als Korrektiv mit strafbarkeitseinschränkender Wirkung[176] berücksichtigt werden kann.[177] Dies ist, soweit ersichtlich, noch nicht eingehender erläutert worden.[178] Evidente Einwände sind nicht ersichtlich.[179] Davon unabhängig setzt eine Unterlassensstrafbarkeit jedenfalls auch voraus, dass dem Unterlassenden die Handlung individuell möglich ist.[180] Dabei handelt es sich um eine objektive Tatbestandsvoraussetzung,[181] welche von der Frage der Anwendbarkeit des § 13 StGB auf § 266 Abs. 2 StGB losgelöst ist. Folgt aus der individuellen Handlungsfähigkeit die Handlungspflicht, so hat dies zur Folge, dass Unmögliches nicht verlangt werden kann. So entfällt schon der objektive Tatbestand des Unterlassensdeliktes, wenn dem Täter die Erfolgsverhinderung unmöglich ist.[182] Ein Berufen des Treupflichtigen auf die Unzumutbarkeit wäre dann überflüssig und auch falsch, da die Einordnung zur individuellen Handlungsunfähigkeit nach dogmatischen Anforderungen präziser ist. Straflos

---

174 So die h.L.: *Perron,* S/S-StGB, § 266 Rn. 35; *Weber,* Arzt/Weber-BT, § 22 Rn. 41; beachte jedoch zu § 13 Abs. 1 StGB den Fall Siemens BGH NJW 2009, 89, 91; zu § 13 Abs. 2 StGB aber BGHSt 36, 227, 228 mit Anm. dazu *Timpe,* JR 1990, 428 ff.; beachte die Ausführungen bei *Fischer*, StGB, § 13 Rn. 3; für eine Anwendung von § 13 Abs. 1 StGB: BayOblGSt 1988, 16, 17 f. = BayOblG JR 1989, 299, 299 ff. mit abl. Anm. *Seebode*; wohl anders *Roxin,* Strafrecht AT/II, § 31 Rn. 20.

175 *Seier,* HWSt, V 2 Rn. 77; vgl. auch *Saliger,* S/S/W-StGB, § 266 Rn. 33.

176 Die systematische Einordnung ist umstritten, dazu etwa *Roxin,* Strafrecht AT/II, § 31 Rn. 229 m.w.N.a.d.Rspr.

177 Angelehnt an *Seier,* HWSt, V 2 Rn. 79; generell zur Unzumutbarkeit und zur Bedeutung für den Einzelfall BGHSt 6, 46, 57 f.; allgemein und historisch aufarbeitend *Roxin,* Strafrecht AT/II, § 31 Rn. 211 ff.

178 So ebenfalls *Seier,* HWSt, V 2 Rn. 79; siehe aber *Güntge,* wistra 1996, 84, 87 f.

179 *Seier,* HWSt, V 2 Rn. 79; wohl anders, aber bloß von strafbarkeitsbegrenzender Funktion des § 13 StGB sprechend *Güntge,* wistra 1996, 84, 87 f.

180 Sog. individuelle Handlungsfähigkeit; generell dazu BGHSt 6, 46, 57; *Kühl,* Lackner/Kühl-StGB, § 13 Rn. 5; grundlegend *Roxin,* Strafrecht AT/II, § 31 Rn. 5 ff. m.w.N.

181 Diese Tatbestandsvoraussetzung gilt sowohl für echte als auch für unechte Unterlassensdelikte, dazu *Roxin,* Strafrecht AT/II, § 31 Rn. 5 ff. m.w.N und Rn. 176.

182 Vgl. BGH NStZ 2007, 469, 469.

handelt somit auch, wem die Erfüllung der Ersatzpflicht gegenüber dem Treugeber zwischenzeitlich unmöglich wurde.[183] Zu beachten ist jedoch, dass eine Erfolgszurechnung unter Umständen dann geboten ist, wenn den Täter ein Vorverschulden trifft.[184] Das ist der Fall, wenn der Treupflichtige seine Handlungsunfähigkeit durch zurechenbares Handeln selbst herbeigeführt hat.[185]

6. Zwischenergebnis

Die vorangegangenen Untersuchungen haben gezeigt, dass die Rechtsprechung zur Berücksichtigung von Ausgleichsfähigkeit und -bereitschaft sich über einen längeren Zeitraum verfestigt hat. In den zahlreichen Urteilen lassen sich typische Sachverhaltskonstellationen identifizieren. Die Ausgleichsfähigkeit und -bereitschaft verortet die Rechtsprechung im objektiven Tatbestandsmerkmal des Vermögensnachteils. Die Anforderungen wurden teilweise präzisiert, auch wenn sie nicht immer einheitlich sind. Nach der grundlegenden, in *BGHSt 15, 342* veröffentlichten Entscheidung setzen sich die Gerichte mit der Frage des „Ob" der Berücksichtigung von Ausgleichsfähigkeit und -bereitschaft – soweit ersichtlich – nicht mehr vertieft auseinander. Die Berücksichtigung der Ausgleichsfähigkeit und -bereitschaft des Treupflichtigen durch die Rechtsprechung zieht diverse rechtliche Konsequenzen nach sich. Hervorzuheben sind insbesondere die Irrtumsproblematik und die Auswirkungen eines Vorsatzwechsels.

183 So *Fischer*, StGB, § 266 Rn. 169.

184 Dazu *Fischer*, StGB, § 13 Rn. 47 f. und den umstrittenen Einzelheiten.

185 Siehe einen zu § 221 Abs. 1 StGB zu entscheidenden Fall BGHSt 38, 78, 78 ff.

C. Legitimation der Berücksichtigung von Ausgleichsfähigkeit und Ausgleichsbereitschaft

Bereits in der Einleitung dieser Arbeit wurde angesprochen, dass es zumindest auf einen ersten flüchtigen Blick verwunderlich anmuten mag, dass derjenige, der ausgleichsfähig und -bereit ist, sich nach ständiger Rechtsprechung keiner Untreue strafbar macht und somit straffrei bleibt. Die Lektüre der Rechtsprechung vermag aus Sicht des Verfassers diesen Eindruck nicht recht zu widerlegen. In der soeben vorgenommenen Analyse der Rechtsprechung trat besonders die bewirkte Täterfreundlichkeit hervor.

Nachfolgend soll nun die Rechtfertigung dieses von der Rechtsprechung entwickelten Ausnahmefalls untersucht werden. Diese Untersuchung des „Ob" der Berücksichtigung von Ausgleichsfähigkeit und -bereitschaft hängt unmittelbar mit deren Sinn und Zweck zusammen und ist doch nicht das Gleiche. Eine Legitimation dieses Ausnahmefalls ist nicht denkbar, ohne den dahinterstehenden Sinn zu erforschen. Für die Untersuchung bedarf es insbesondere der schwierigen Grenzziehung zwischen sozialschädlichem Verhalten, also solchem das strafwürdig und strafbedürftig ist, und noch sozialerträglichem (gegebenenfalls nur unmoralischem) Verhalten.[186] So wird insbesondere eine Aussage über die Strafwürdigkeit[187] der Handlung bei vorhandener Ausgleichsfähigkeit und -bereitschaft zu treffen sein. Die Untersuchung, welche zum Ziel hat, eine normative Entscheidung über die Strafwürdigkeit des Verhaltens zu treffen, umfasst neben der Gerechtigkeits- auch die Zweckmäßigkeitskomponente von Strafe für ein

---

186 Vgl. *Rönnau*, ZStW 119 (2007), 887, 889.

187 I.d.Lit. wird die Frage ihrer Funktion diskutiert; so geht es zum einen darum, ob es sich bei der Strafwürdigkeit um eine eigenständige Deliktskategorie handelt, befürwortet *Otto*, FS-Schröder, 53 ff.; überwiegend a.A. statt vieler *Hassemer*, AK-StGB, vor § 1 Rn. 190; siehe auch *Langer*, FS-Otto, 107 ff.; zum anderen steht in Rede, ob die Strafwürdigkeit formaler Natur sei, *Schmidhäuser*, Studienbuch, 1 / 17 f.; a.A. *Hassemer*, AK-StGB, vor § 1 Rn. 189, der sich für eine materiale Kategorie ausspricht mit dem Argument, dass andernfalls die Kriminalpolitik nicht am Strafwürdigkeitskonzept gemessen werden könnte, was tatsächlich nicht der Fall sei. Er fasst unter den Begriff der Strafwürdigkeit eine Vielzahl von inhaltlichen Grundsätzen. Zur allgemeinen Verwirrung trägt auch die mehrfache Verwendung des Begriffs der Strafwürdigkeit bei. Zum durchaus unterschiedlich gehandhabten Gebrauch im Rahmen der objektiven Strafbarkeitsbedingung *Roxin*, Strafrecht AT/1, § 23 Rn. 34 ff. m.z.N.

Verhalten beziehungsweise einen Verhaltenstyp.[188] Zudem muss die Frage der Strafbedürftigkeit einer Beantwortung zugeführt werden.

Für die Analyse werden verschiedene Aspekte, Prinzipien und Interessen einbezogen. Diese stehen selbst und zueinander auf unterschiedlichen Ebenen. Neben dem Rechtsgüterschutz werden die anerkannten Auslegungskriterien herangezogen. Auch grundlegende Prinzipien des Strafrechts werden angewendet. Dabei handelt es sich um einige rechtliche Erwägungen im Sinne von konzeptionellen Aspekten, welche das ganze Strafrecht betreffen.[189] Der Schwerpunkt wird dabei auf anerkannten und damit konsensfähigen Aspekten zur Begrenzung des Strafrechts liegen: Dem Subsidiaritäts- und dem *ultima-ratio*-Prinzip.[190] Dem schließen sich straftheoretische Überlegungen an. Auch die Perspektive des Treugebers als möglichem Opfer und seine Interessen werden abstrakt beleuchtet. Es folgt eine Skizzierung des Spannungsverhältnisses zwischen Recht und Moral, damit die Legitimationsfähigkeit nicht nur unter rechtlichen, sondern auch unter moralischen Gesichtspunkten betrachtet und von eben diesen abgegrenzt werden kann. Zudem ergänzen praktische Erwägungen, ein Vergleich mit dem Steuerstrafrecht und rechtsvergleichende Analysen die Ausführungen. Alle Aspekte sollen dazu beitragen, die Frage zu beantworten, ob eine Berücksichtigung der Ausgleichsfähigkeit und -bereitschaft im Rahmen der Prüfung der Untreuestrafbarkeit zu befürworten oder abzulehnen ist. Die Berücksichtigungsfähigkeit steht damit auf einem ergebnisoffenen Prüfstand.

I. Rechtsgüterschutz

Die Leitlinie für die Untersuchung gibt das von § 266 StGB geschützte Rechtsgut vor.[191] Dieses ist nach allgemeiner Ansicht allein das individuelle Vermögen des Treugebers.[192]

---

188 Dazu allgemein *Hassemer,* AK-StGB, Vor § 1 Rn. 185 ff.

189 *Müller-Dietz,* FS-Schmitt, 95, 105; *Schmidhäuser,* Studienbuch, 1 / 17 spricht von den mannigfachsten Erwägungen, die zu berücksichtigen sein.

190 Ob und wie weit das auf die unterschiedlichen Kriterien bzw. Maßstäbe zutrifft, untersucht im allgemeinen *Müller-Dietz,* FS-Schmitt, 95, 105 ff., auch mit geschichtlichen Hintergrund der verschiedenen Ansätze; beachte auch *Hassemer,* AK-StGB, Vor § 1 Rn. 204 ff. m.w.N.

191 Zur Differenzierung nach dem Rechtsgut als Auslegungskriterium und als Auslegungsprodukt bei der Untreue, *Nelles,* Untreue, 287 ff.; zur allgemeinen Diskussion über den Rechtsgutsbegriff und dessen Bedeutung im Strafrecht, vgl. statt vieler *Greco,* FS-Roxin-I, 199, 199 ff. m.z.N.

192 Klarstellend BVerfG Beschluss vom 23.06.2010 – 2BvR 2559/08 = NJW 2010, 3209, 3212, Rn. 86; BGH NJW 2000, 154, 155; deutlich BGHSt 43, 293, 297 und die

1. Die originäre Aufgabe des Strafrechts

Mit den Worten *Roxins* besteht die Aufgabe des Strafrechts darin, den „Bürgern ein freies und friedliches Zusammenleben unter Gewährleistung aller verfassungsrechtlich garantierten Grundrechte zu sichern."[193] Daraus folgt die Funktion des Strafrechts als Rechtsgüterschutz.[194] Das Strafrecht bezieht seine Rechtfertigung sogar einzig und allein aus dem staatlichen Schutzauftrag.[195] Durch eben diesen Rechtsgüterschutz dient das Strafrecht wiederum der Wahrung des Rechtsfriedens und der Verwirklichung des Gemeinwohls.[196] Aus dem Prinzip des Rechtsgüterschutzes ergeben sich konkrete Argumentationslinien[197] sowohl für als auch gegen bestimmte Pönalisierungen.[198] Aus der Aufgabenzuweisung des Strafrechts als Rechtsgüterschutz leitet sich auch die Legitimität des Einsatzes von Strafrecht in einem auf die Grundrechtswahrung der Bürger verpflichteten Staat ab.[199] Jedoch kommt dem Strafrecht, als Teil der Gesamtrechtsordnung, die Aufgabe des Rechtsgüterschutzes nicht alleine zu, vielmehr dienen alle Rechtsgebiete dem

Dispositionsbefugnis als geschütztes Rechtsgut verneinend; BGHSt 47, 295, 301; BGHSt 8, 254, 255 f.; beachte BGHSt 52, 323; nach vereinzelt a.A. wird auch die Dispositionsfähigkeit / -befugnis des Treugebers geschützt (eine Übersicht findet sich bei *Dierlamm,* MüKO-StGB, § 266 Rn. 1, verbunden mit der klaren Aussage, dass solche Ansätze mittlerweile überholt sind) bzw. das Vertrauen der Allgemeinheit in die Redlichkeit des Rechts- und Wirtschaftsverkehrs, etwa *Dunkel,* Vermögensbetreuungspflicht, 41 ff., 109 ff.; *Dunkel,* GA 113 (1977), 329, 334 f.; siehe auch *Volk*, HwB Wirtschafts- und Steuerstrafrecht, Stichwort Haushaltsuntreue, S. 3; einen Überblick über die von der h.M. abweichenden Auffassungen gibt *Hoyer,* SK-StGB, § 266 Rn. 1 ff. m.w.N.

193 *Roxin,* Strafrechts AT/I, § 2 Rn. 7 m.z.N. und unter Einbeziehung der historischen Herleitung.

194 Dies ist als mittlerweile gesicherte Erkenntnis in Lit. u. Rspr. anzusehen, statt vieler BVerfGE 39, 1, 46; *Roxin,* Strafrecht AT/I, § 2 Rn. 1 ff.; *Roxin,* ZStW 81 (1969), 613, 622 ff.; *Kaufmann*, FS-Henkel, 89, 101 ff. j.m.v.w.N.; anders *Welzel,* Das Deutsche Strafrecht, 4, der die Ansicht vertrat, dass der Rechtsgüterschutz nur mittelbar über den Schutz der elementaren sozialethischen Handlungswerte als primäre Aufgabe des Strafrechts folge.

195 *Maurach/Zipf,* StrafR AT/1, § 7 Rn. 1 ff.; zitiert durch *Schmidt-Hieber,* NJW 1992, 2001, 2001.

196 *Luipold,* Anfechtungsrechte, 17.

197 So *Roxin,* Strafrecht AT/I, § 2 Rn. 50.

198 Siehe die Ausführungen bei *Amelung,* Rechtsgüterschutz § 12 zitiert durch *Hassemer,* AK-StGB, vor § 1 Rn. 198.

199 Art. 1 Abs. 3 GG; so *Radtke,* MüKo-StGB, Vor §§ 38 ff. Rn. 1.

Rechtsfrieden.[200] Das Strafrecht im Konkreten hat die repressive Abwehr besonders schwerer Angriffe zur Aufgabe, allerdings nur in Bezug auf solche Interessen, die nach der Allgemeinüberzeugung wegen ihrer Bedeutung für die Gesellschaft einen besonderen Schutz genießen. Diese werden dann als Rechtsgüter bezeichnet. Darüber hinaus besteht kein umfassender Rechtsgüterschutz, sondern das Strafrecht beschränkt sich auf einzelne Schwerpunkte.[201] Dieser Umstand wird als *fragmentarischer Charakter des Strafrechts* bezeichnet.[202] Dies steht im Einklang mit dem Grundgesetz,[203] denn der fragmentarische Charakter des Strafrechts ist ein Ausfluss des verfassungsrechtlich verankerten Verhältnismäßigkeitsgrundsatzes.[204] Und wenn neben Leib und Gesundheit unter anderem auch das Eigentum (Art. 14 GG) den Schutz der Verfassung genießt,[205] so rechtfertigt eben dieser Schutz keinen vollständigen Vermögensschutz durch das Strafrecht. Deshalb ist auch der Tatbestand des § 266 StGB in sich lückenhaft, erfasst er doch nicht jeden Vermögensangriff von Seiten Dritter, sondern nur diejenigen, die in der

---

200 So werden durch das, dem öffentlichen Recht zugehörigen, Verwaltungsrecht beispielsweise präventive Verbote mit Erlaubnisvorbehalt für die Vornahme von für ein Rechtsgut gefährliche Verhaltensweisen normiert und das Zivilrecht gewährt Schadensersatzansprüche, dazu *Radtke,* MüKo-StGB, Vor §§ 38 ff. Rn. 2 f.; zum Verhältnis untereinander siehe die Ausführungen zum Subsidiaritäts- und *ultima-ratio*-Prinzip unter C.III.

201 Vollständiger Schutz ist nur bei den schwersten Delikten notwendig.

202 *Binding,* BT, 20, dieser Befund von Binding ist heute allgemein anerkannt, statt aller zitiert durch *Jeschek/Weigend,* Lehrbuch des Strafrechts, 52; der Gesetzgeber ist durch den fragmentarischen Charakter des Strafrechts angehalten, solche Lücken im strafrechtlichen Schutz von Rechtsgütern zu schließen, die unabweisbar sind, weil sonst Taten mit strafwürdigem Unrechtsgehalt verblieben, so *Kühl,* FS-Tiedemann, 29, 35 ff.; vertiefend zu einzelnen Ausprägungen *Maiwald,* FS-Maurach, 9 ff.

203 So hat das Grundgesetz vielmehr direkten und elementaren Einfluss auf das Strafrecht und diesem zugrundliegenden Prinzipien. Zum Beispiel des Subsidiaritäts- und *ultima-ratio*-Prinzips siehe C.III.

204 Der Verhältnismäßigkeitsgrundsatz ergibt sich als übergreifende Leitregel allen staatlichen Handelns zwingend aus dem Rechtsstaatsprinzip und hat deshalb Verfassungsrang, statt vieler BVerfGE 23, 127, 133.

205 Es ist umstritten, ob das Vermögen als solches dem Eigentumsschutz des Art. 14 GG unterfällt. Das BVerfG lehnte es bislang, das Vermögen als solches dem Eigentumsbegriff zu unterstellen, statt vieler BVerfGE 95, 267, 300; aus dem Schrifttum nur *Hofmann*, GG-Kommentar, Art. 14 Rn. 11 m.w.N.

tatbestandlich erfassten Weise erfolgen.[206] Entscheidend für die materielle Umgrenzung ist die *Strafwürdigkeit.*[207]

2. Daseinsberechtigung des § 266 StGB

Die Daseinsberechtigung des Untreuetatbestands im Strafgesetzbuch ist aus der Strafwürdigkeit, welche in der konkreten, nachteilsauslösenden Verletzung der anvertrauten internen Machtstellung liegt, abzuleiten.[208] Dieser eigenständige Strafgrund hat zur Folge, dass § 266 StGB für das Vermögensstrafrecht ebenso unverzichtbar wie auch unersetzlich ist.[209] Denn würde dieser Straftatbestand abgeschafft, dann hätte dies überspitzt formuliert und in letzter Konsequenz zur Folge, dass ein Vermögensinhaber die von § 266 StGB erfassten Vertrauensstellungen nicht mehr einräumen kann, wenn er sein Vermögen nicht von vornherein abschreiben will.[210] In der heutigen Welt und derem modernen Wirtschaftssystem fallen die Vermögensinhaberschaft und die Vermögensverwaltung aber oftmals auseinander.[211] Dieser Umstand ist der Arbeitsteilung und damit verknüpften Wissensvorsprüngen geschuldet. So ist es heutzutage unumgänglich, Teile des eigenen Vermögens der Verwaltung und damit auch der Disposition Dritter zu überlassen.[212] Allerdings hat die staatliche Legitimität auch eine Grenze und so sind andere Güter, wie etwa die Dispositionsfreiheit, von § 266 StGB eben nicht mitgeschützt.[213]

3. Bedeutung von Ausgleichsfähigkeit und Ausgleichsbereitschaft

Es ist nun fraglich, ob das von § 266 StGB geschützte Rechtsgut Vermögen bei vorhandener Ausgleichsfähigkeit und -bereitschaft des Treupflichtigen im

206 Abstrakt dazu *Maiwald,* FS-Maurach, 9, 9 f.

207 Beachte jedoch *Lampe,* FS-Schmitt, 77, 90 f. der die Strafwürdigkeit aber für ein ungeeignetes Kriterium hält (m.z.N. der a.A.).

208 Dazu umfassend und wegweisend *Sax,* JZ 1977, 702, 702 ff.

209 *Saliger*, S/S/W-StGB, § 266 Rn. 3.

210 So *Wolf,* KJ 2000, 531, 555.

211 Vgl. *Saliger,* S/S/W-StGB, § 266 Rn. 3; damit der Tatbestand zukunftsoffen bleibt und all jene Folgen erfasst werden, die mit Blick auf den Normzweck als strafwürdig erachtet werden müssen, ist der Tatbestand weit formuliert, so BVerfG 2BvR 1980/07 Beschluss vom 10.3.2009, Rn. 26.

212 *Kargl,* ZStW 113 (2001), 565 592 f.; *Herrmann,* Begrenzung der Untreuestrafbarkeit, 11; *Schünemann,* StraFo 2010, 1, 3 spricht in diesem Zusammenhang von der „Standardorganisation unserer Ökonomie".

213 Siehe dafür *Saliger,* S/S/W-StGB, § 266 Rn. 1.

Zeitpunkt der Handlung überhaupt des strafrechtlichen Schutzes bedarf. Zu prüfen ist die Strafwürdigkeit des Verhaltens. Von einem Automatismus, bei vorhandener Ausgleichsfähigkeit und -bereitschaft eines Täters *per se* auf die fehlende Strafwürdigkeit eines jeden Verhaltens zu schließen, kann unter keinen Umständen ausgegangen werden.

Vor dem Hintergrund der Ausführungen zum Strafgrund der Untreue könnte aber möglicherweise bei vorhandener Ausgleichsfähigkeit und -bereitschaft des *Treupflichtigen* das Prinzip des Rechtsgüterschutzes selbst eine Strafbarkeit wegen Untreue nicht verlangen beziehungsweise ihr entgegenstehen. Das spräche für die Berücksichtigungsfähigkeit von Ausgleichsfähigkeit und -bereitschaft im Rahmen der Untreue mit dem Ergebnis der Straflosigkeit für den Treupflichtigen. Zunächst sei aus Gründen der Klarstellung daran erinnert, dass auch nach Sicht der Rechtsprechung ein tatbestandlich beschriebener Angriff auf das Vermögen bei objektiv vorhandener Ausgleichsfähigkeit des Treupflichtigen das Vermögen des Treugebers zu schädigen vermag. Selbstredend kann ein vermögender Treupflichtiger einen untreuerelevanten Vermögensnachteil herbeiführen. So besteht keine dahingehende Bedingung vermögenslos zu sein, um einen Vermögensnachteil für einen anderen herbeiführen zu können. Und natürlich kann jemand, der gar nichts hat und doch zum Ersatz gewillt ist, das Vermögen eines anderen schädigen. Dieser Befund ist so simpel wie logisch und doch ist er eine wichtige Vorstufe für die weitere Untersuchung. Denn von Interesse ist allein, wenn beide Umstände, ausreichendes Vermögen und vorhandener Ersatzwille, also die Ausgleichsfähigkeit und -bereitschaft, beim Treupflichtigen vorliegen. Es ist zu konstatieren, dass ein pflichtwidriger Angriff auf das Vermögen des Treugebers durch einen Vermögenden, der zudem im Zeitpunkt seiner Handlung zum Ausgleich gewillt ist, in seiner Intensität nicht genauso gefährlich sein kann wie durch einen Mittellosen und des Ausgleichs Unwilligen. Diese Feststellung bezieht sich auf einen dazwischen klaffenden Wertungsunterschied. Aber welchen?

Der Unterschied liegt in der jeweiligen Schutzbedürftigkeit des von § 266 StGB geschützten Rechtsguts Vermögen, denn nur dieses Rechtsgut ist maßgeblich. Ein in beiden eben skizzierten Fällen (eventuell) entstandener Bruch des treugeberischen Vertrauens ist für die Annahme und Bestimmung eines Wertungsunterschiedes der Schutzbedürftigkeit vollkommen irrelevant. Im ersten Fall kann das Rechtsgut nicht in gleichem Maße schutzbedürftig sein wie im zweiten Fall. Denn beim Treupflichtigen vorhandene Eigenschaften stehen dem schädlichen Verhalten folglich bildlich beschrieben im Weg und heben im ersten Fall gleichsam die Schutzbedürftigkeit des treugeberischen Vermögens auf. So ist mit Blick auf den spezifischen Strafgrund der Untreue zu konzedieren, dass im Zeitpunkt der relevanten Handlung für den Treugeber der Ausgleich durch die beim Treupflichtigen vorhandenen besonderen Umstände gewährleistet wird. Hingegen ist im zweiten Fall das Vermögen sehr wohl schutzbedürftig. Insofern besteht ein qualitativer Unterschied in der Schutzbedürftigkeit des Rechtsguts Vermögen, welcher auf die Strafwürdigkeit des Verhaltens durchschlägt.

Strafrechtlich relevant ist nur ein solches Verhalten, welches eine gewisse Schwelle überschreitet und damit nicht mehr als sozialadäquat angesehen wird. Das ist jedoch aus Sicht des Verfassers bei Ausgleichsfähigkeit und -bereitschaft zu verneinen. Ein gesteigertes Schutzbedürfnis, das den Einsatz des Strafrechts hier verlangen würde,[214] besteht nicht. Die Untersuchung der Strafwürdigkeit wird in den systematischen Erwägungen unter C.II.4. noch vertieft. Dort wird vor allem die Frage der Verletzung der internen Machtstellung seitens des Treupflichtigen für die Frage der Strafwürdigkeit diskutiert.

Bereits an dieser Stelle kann jedoch mit Blick auf das von § 266 StGB geschützte Rechtsgut des Vermögens festgehalten werden, dass ein Verhalten bei vorhandener Ausgleichsfähigkeit und -bereitschaft vom Normzweck der Untreue nicht erfasst ist. So fehlt es nach der hier vertretenen Auffassung in diesen Fällen an der *Strafwürdigkeit.* Dass diese Konstellation keine strafrechtliche Verantwortung nach sich zieht, wird auch dem fragmentarischen Charakter des Strafrechts gerecht. Dem Schutz des Rechtsguts Vermögen wird dennoch hinreichend Rechnung getragen. So ist zu ergänzen, dass eine Berücksichtigung der Ausgleichsfähigkeit und -bereitschaft das geschützte Rechtsgut nicht gänzlich schutzlos stellen würde, denn entbehrlich ist eben nur der strafrechtliche Schutz. Bliebe die Ausgleichsfähigkeit und -bereitschaft hingegen strafrechtlich unberücksichtigt, dann sei die Vermutung aufgestellt, dass kein Treupflichtiger mehr sein Augenmerk darauf richten würde, ausgleichsfähig und -bereit zu sein. So würde das Prinzip des Rechtsgüterschutzes letztlich in sein Gegenteil verkehrt.

Der dem Strafrecht elementar zugrunde liegende Gedanke des Rechtsgüterschutzes spricht also für eine Berücksichtigung von Ausgleichsfähigkeit und -bereitschaft. Zwar stehen dem Treugeber wenige bis keine reellen Selbstschutzmöglichkeiten zur Verfügung, jedoch findet er sich in einer Position wieder, in der sein Treupflichtiger im Zeitpunkt der Handlung ausgleichsfähig und zudem ausgleichsbereit ist, und das sogar unabhängig von eventuellen Rechtspflichten. Da nicht immer und in allen Fällen davon auszugehen ist, dass bei Ausgleichsfähigkeit und -bereitschaft keine Gefahr für das geschützte Rechtsgut besteht, und erst recht nicht davon ausgegangen werden kann, dass ein solch hinreichendes

214 Dazu *Jeschek/Weigend,* Lehrbuch des Strafrechts, 50.

Maß an Sicherheit gewährleistet wird, wäre insoweit noch ein Anforderungskatalog an die Ausgleichsfähigkeit und -bereitschaft aufzustellen. Der staatliche Schutz ist dann aber nicht in gleichem Maße gefordert wie im zweiten Fall des Mittellosen und zum Ausgleich Ungewillten.

4. Zwischenergebnis

Es ist festzuhalten, dass das Prinzip des Rechtsgüterschutzes für eine Berücksichtigung von Ausgleichsfähigkeit und -bereitschaft und gegen eine Strafbarkeit wegen Untreue bei vorhandener Ausgleichsfähigkeit und -bereitschaft spricht. Durch eine Berücksichtigung dieser, in der Person des Treupflichtigen liegenden Umstände im Zeitpunkt der Tathandlung, wird dem Rechtsgüterschutz bereits ausreichend Rechnung getragen. Das Prinzip des Rechtsgüterschutzes begrenzt insoweit die strafrechtliche Legitimität.

II. Auslegungskriterien

Nunmehr soll durch eine methodengerechte Auslegung des § 266 StGB ein Beitrag zur Beantwortung der Frage der Berücksichtigungsfähigkeit von Ausgleichsfähigkeit und -bereitschaft geleistet werden. Dabei wird auf die vier in der Methodenlehre anerkannten Auslegungskriterien Wortlaut, Sinn und Zweck, Historie sowie Systematik zurückgegriffen.[215]

1. Wortlaut

a) Formulierung der Ausgleichsfähigkeit und Ausgleichsbereitschaft

Der Bundesgerichtshof hat die Formulierung der Ausgleichsfähigkeit und Ausgleichsbereitschaft im Zusammenhang mit der Strafbarkeit wegen Untreue geprägt.[216] Es könnte angenommen werden, dass ein Ausgleich sprachlich immer einen Schaden voraussetze, den es überhaupt erst auszugleichen gelte.[217] Es könnte darunter aber auch verstanden werden, dass ein Ausgleich eine Minderung voraussetze. Genau jene Minderung ist im ersten Prüfungsschritt Voraussetzung für die Kompensation bei der Gesamtsaldierung. Ohne Minderung und ohne

---

215 Statt aller abstrakt *Wank*, Die Auslegung von Gesetzen, 30, 41; ausführlich mit Blick auf das Strafrecht *Simon*, Gesetzesauslegung im Strafrecht, *passim*.

216 BGHSt 15, 342, 344; das Reichsgericht sprach von Ersatz, aber nicht explizit von Ausgleich, RGSt 73, 283, 283 ff.

217 Beachte den Gedanken im Zusammenhang mit der CDU-Spendenaffäre von *Wolf*, KJ 2000, 531, 535.

Ausgleich kann denklogisch keine Kompensation und damit auch keine Gesamtsaldierung vorgenommen werden. Aus ihrer Natur heraus erfordert die Kompensation eine Ausgleichsseite (Plus) als Gegenstück zur Minderung (Minus). Das sachliche Problem liegt aber in der Legitimation der Berücksichtigung von Ausgleichsfähigkeit und -bereitschaft. Die mittlerweile gebräuchliche Begriffsverwendung trägt eher zur Verwirrung bei. Zur Problemlösung vermag dieser Wortlaut nicht weiterhelfen. Zudem ist Ausgangspunkt der Wortlautauslegung der Gesetzestext und damit der in § 266 StGB verwendete Begriff des Nachteils, wohingegen die Formulierung der Ausgleichsfähigkeit und -bereitschaft keinen Niederschlag im Gesetzestext gefunden hat. Es handelt sich daher zunächst um nicht mehr als einen deskriptiven Begriff für eine bestimmte Fallkonstellation, der sich mittlerweile in der Rechtsprechung und der Literatur etabliert hat. Erst daran schließen sich rechtliche Beurteilungen an.

b) Nachteil

Durch seine Pflichtverletzung muss der Treupflichtige demjenigen, dessen Vermögensinteressen er zu betreuen hat, einen Nachteil zufügen, vgl. § 266 Abs. 1 StGB. Der Wortlaut schweigt dazu, worin genau der Nachteil bestehen muss. Das ist durch Auslegung zu ermitteln, welche sich stets am Schutzgut des Untreuetatbestands zu orientieren hat.[218] Umgangssprachlich ausgedrückt ist ein Nachteil „etwas (Umstand, Lage, Eigenschaft o.Ä.), was sich für jemanden gegenüber anderen negativ auswirkt, ihn beeinträchtigt, ihm schadet."[219] Nach ganz herrschender Meinung ist das Vermögen das einzige durch § 266 StGB geschützte Rechtsgut. Daher kommt bei einer am geschützten Rechtsgut orientierten Auslegung des Wortes „Nachteil" nur ein Vermögensnachteil in Betracht. Mit Blick auf den spezifischen Sprachgebrauch des Gesetzes[220] folgt daraus für den Vermögensnachteil, dass dieser durch einen Vergleich von zwei Vermögenslagen festzustellen ist und sich durch eine Differenz zwischen diesen ergeben muss.[221] Das Tatbestandsmerkmal Vermögensnachteil ist von zentraler Bedeutung, denn es kennzeichnet die Untreue als reines Vermögens-[222] und strukturiert sie als

---

218 Vgl. *Esser,* AnwK-StGB, § 266 Rn. 162.
219 *Duden,* Wörterbuch der deutschen Sprache, 2688.
220 Da ein spezifischer Sprachgebrauch vorhanden ist, geht dieser dem allgemeinen juristischen und dem Umgangssprachgebrauch vor, dazu *Wank,* Die Auslegung von Gesetzen, 43.
221 Weitergehend zur Berechnungsmethode unter D.I.2.a)dd)); siehe auch die dortigen N.a.Rspr. u. Lit.
222 Vgl. *Saliger,* S/S/W-StGB, § 266 Rn. 1, 50.

Erfolgsdelikt. An dieser Stelle tritt Folgendes evident zu Tage: Das Vermögen ist zum einen geschütztes Rechtsgut und zum anderen der Bezugspunkt für den anzustellenden Vergleich.[223] Es bestehen Auslegungsfragen und es verbleibt noch Konkretisierungsbedarf beim Tatbestandsmerkmal Vermögensnachteil.[224] Dies wird verstärkt durch die Tatsache, dass es sich beim Vermögen nicht um einen der sinnlichen Wahrnehmung unmittelbar zugänglichen Gegenstand handelt.[225] Es handelt sich vielmehr um eine wirtschaftliche Position, deren Umfang sich erst aus einer Bewertung zu einem bestimmten Zeitpunkt ergibt. In diesem Rahmen ist zu entscheiden, welche Positionen berücksichtigungsfähig sind und wie der Wert zu ermitteln ist. Dabei können auch normative Erwägungen relevant werden. Es bleibt an dieser Stelle festzuhalten, dass der weite Wortlaut der Norm, der die äußerste Grenze der Auslegung markiert,[226] für eventuelle konkretisierende Einschränkungen, auch normativer Art, offen ist. Der Wortlaut selbst gibt aus sich heraus keinerlei Auskunft darüber, ob die Ausgleichsfähigkeit und -bereitschaft im Rahmen der Untreue berücksichtigungsfähig sind. Um den Deliktscharakter des § 266 StGB als reines Vermögensdelikt aufrechtzuerhalten, dürfen wirtschaftliche Überlegungen nicht verdrängt werden,[227] was für die Berücksichtigung von Ausgleichsfähigkeit und -bereitschaft spricht. Das gilt insbesondere mit Blick auf die sogleich aufgeführten teleologischen Erwägungen.

c) Sonstige Tatbestandsmerkmale

Auch die übrigen Tatbestandsmerkmale des § 266 Abs. 1 StGB geben keinerlei Aufschluss darüber, ob die Ausgleichsfähigkeit und -bereitschaft des Treupflichtigen im Rahmen der Prüfung eines Untreuevorwurfs zu berücksichtigen sind.

2. Sinn und Zweck

Man könnte erwägen, dass eine Berücksichtigung von Ausgleichsfähigkeit und -bereitschaft eine teleologisch sinnvolle Begrenzung des ohnehin schon weiten

223 So BVerfGE 126, 170 = BVerfG NJW 2010, 3209, 3214, Rn. 103.

224 Vgl. BVerfGE 126, 170 = BVerfG NJW 2010, 3209, 3214, Rn. 101 ff.

225 Zum Folgenden BVerfGE 126, 170 = BVerfG NJW 2010, 3209, 3214, Rn. 103.

226 BGHSt GS 1, 158, 166; statt vieler *Simon*, Gesetzesauslegung im Strafrecht, 100 ff. m.z.N. a.d.Rspr.

227 BVerfGE 126, 170 = BVerfG NJW 2010, 3209, 3215, Rn. 115.

Anwendungsbereichs des Untreuetatbestands herbeiführen würde.[228] Sinn und Zeck von § 266 StGB ist allein der Schutz des individuellen Vermögens des Treugebers vor Schädigungen von innen heraus.[229] Ausführlicher formuliert ist der Strafgrund des § 266 StGB „die vorsätzliche pflichtwidrige und mit Vermögensnachteilen verbundene Ausübung einer anvertrauten internen Machtstellung in einer fremden Vermögenssphäre (…).“[230] Im Gegensatz zu den Delikten, die sich gegen Leib, Leben und Gesundheit richten, schützt das Strafrecht das Rechtsgut Vermögen nicht ganz generell, sondern nur gegen einzelne, spezifische Angriffsarten.[231] § 266 StGB erfasst demnach auch nur die eben beschriebene Angriffsweise, was wiederum Ausdruck des fragmentarischen Charakters des Strafrechts ist.[232] Es ist zu ermitteln, welche Umstände hinter der im Zeitpunkt der relevanten Handlung vorhandenen Ausgleichsfähigkeit und -bereitschaft stehen, und was diese Umstände bedeuten. Die Berücksichtigungsfähigkeit von Ausgleichsfähigkeit und -bereitschaft würde praktisch bedeuten, dass bei der strafrechtlichen Beurteilung der Handlung der Umstand zu beachten ist, dass der Treupflichtige im Zeitpunkt seiner Handlung gewillt und auch dazu im Stande ist, den pflichtwidrig eingesetzten Vermögensteil seinem Treugeber zu erstatten. Diese objektive Fähigkeit zum Ausgleich und der Wille dazu sind die Vorboten des noch zu erbringenden effektiven Ausgleichs, die dazu führen könnten, dass das Rechtsgut nicht des staatlichen Schutzes in Form des Strafrechts bedarf.

Andererseits könnte argumentiert werden, dass sich der Treupflichtige trotz vorhandener Ausgleichsfähigkeit und -bereitschaft seiner internen Machtstellung bediene, diese überschreite und somit ungeachtet des Vorliegens dieser besonderen Umstände der Strafgrund erfüllt sei. Immerhin agiere der Treupflichtige von innen heraus gegen das Vermögen des Treugebers, worin ja gerade die Gefährlichkeit für das geschützte Rechtsgut liege. Dem stünden auch die Umstände der Ausgleichsfähigkeit und -bereitschaft nicht entgegen, selbst wenn man sie berücksichtigen würde.

---

228 Zum weiten, aber nicht zu weiten Anwendungsbereich, der durch die Auslegung weiter zu konkretisieren ist, beachte BVerfGE 126, 170, 170 ff. und die Ausführungen unter C.II.5.

229 Dazu *Schünemann*, NStZ 2005, 473, 474; siehe C.I.2.

230 So *Saliger*, S/S/W-StGB, § 266 Rn. 3 m.w.N. u.a. auf *Sax*, JZ 1977, 666 f., 702 ff.; *Saliger*, HRRS 2006, 10, 17; *Saliger*, Parteiengesetz, 24 ff.; *Saliger*, JA 2007, 326, 327.

231 *Roxin*, Strafrecht AT/I, § 2 Rn. 97.

232 Dieser Ausdruck geht zurück auf *Binding*, Lehrbuch BT 1, 20 ff.; dazu *Maiwald*, FS-Maurach, 9, 9 f.

Diese Argumentation überzeugt jedoch nicht. Bei vorhandener Ausgleichsfähigkeit und -bereitschaft ist vielmehr davon auszugehen, dass gerade keine Schädigung des Vermögens von innen heraus stattfindet und das Verhalten des Treupflichtigen vom Strafgrund gar nicht erfasst sein kann. Hier zeigt sich spezifisch, dass nicht allein die Rechtsgutsbeeinträchtigung als solche, sondern auch die Art und Weise des konkreten Angriffs auf das jeweilige Rechtsgut, kriminelles von nichtkriminellem Unrecht unterscheiden soll.[233] Die spezifische Verbindung zwischen dem Angriffsmittel und dem Angriffsweg auf das Rechtsgut Vermögen macht den konkreten Handlungsunwert der Untreue aus.[234] Dass der Treupflichtige seine interne Machtstellung überhaupt nutzt, ist zunächst einmal seine Aufgabe, und dass Art und Weise im Rahmen der Untreue von innen heraus erfolgen, liegt in der Natur der Sache. Anderweitiges Verhalten würde von vorn herein keinerlei Untreuerelevanz entfalten. Allein über den Angriffsweg von innen heraus kann daher wohl keine weitergehende Abgrenzung erzielt werden. Erst die Kombination mit der vorsätzlich pflichtwidrigen und mit Vermögensnachteilen verbunden Ausübung unterfällt der strafrechtlichen Verantwortung nach § 266 StGB. Somit lässt sich, ohne der Prüfung der einzelnen Tatbestandsmerkmale vorzugreifen, mit Blick auf die jederzeitige Ausgleichsfähigkeit und -bereitschaft formulieren: Der Treupflichtige nutzt zwar die Möglichkeit, sich am Vermögen seines Treugebers unter dem Vorbehalt des Ausgleichs zu bedienen, die Machtstellung wird aber nicht zum Zwecke der Schädigung eingesetzt und damit nicht pervertiert. Die interne Machtstellung wird folglich zum Handeln genutzt, aber eben nicht missbraucht. Es ist gerade die subjektive Ausgleichsbereitschaft, in der sich erkennen lässt, wie minimal der verbrecherische Wille ist, wenn er denn überhaupt zu identifizieren ist. Das führt, gepaart mit der Ausgleichsfähigkeit, zur äußerst geringen Gefährlichkeit des Treupflichtigen für das geschützte Vermögen. Der Treupflichtige nutzt folglich die ihm zum Handeln im Interesse seines Treugebers eingeräumte Bewegungsfreiheit, deren Gebrauch ja als Instrument der Vermögenssorge dient,[235] zu einer diesen Interessen zuwiderlaufenden Nachteilsherbeiführung gerade nicht aus.[236] Folglich ist das charakteristische Handlungsunrecht der Untreue nicht verwirklicht. Die der Strafdrohung des § 266 StGB zugrunde liegende spezifische Angriffsart ist nicht gegeben. Insoweit handelt es sich um eine normative Erwägung,[237] dafür zu plädieren, dass keine Vermögensschädigung von

---

233 Vgl. *Gallas*, Gründe und Grenzen, 8 ff.; *Maiwald*, FS-Maurach, 9, 9 f., 12 f.

234 *Saliger*, S/S/W-StGB, § 266 Rn. 3.

235 *Fischer*, StGB, § 266 Rn. 21.

236 Vgl. *Kindhäuser*, NK-StGB, § 266 Rn. 3.

237 Siehe dazu BVerfGE 126, 170 = BVerfG NJW 2010, 3209, 3214.

innen heraus stattfindet, wenn der vermeintlich Schädigende zum Ersatz subjektiv bereit ist und objektiv ausreichend Mittel dafür bereithält. Dieser Einordnung wird durch die wirtschaftliche Betrachtungsweise das Tor geöffnet. Denn es zählen alle wirtschaftlich wertvollen Positionen einer Person zum individuell geschützten Vermögen, und so ist eben nicht auf bloße Veränderung im rechtlichen Bestand abzustellen, die keinerlei wirtschaftliche Werteinbußen bedeuten. Dies ist ein weiteres Argument für die Legitimation einer Berücksichtigung der Ausgleichsfähigkeit und -bereitschaft des Treupflichtigen. Würde man die Ausgleichsfähigkeit und -bereitschaft für nicht berücksichtigungsfähig halten, dann würden diese für den Vermögensschutz durchaus relevanten Faktoren künstlich außer Acht gelassen und der reine Vermögensschutz verwässert werden. Das gilt es zu vermeiden und somit sind – vor dem Hintergrund, dass das Vermögen das einzige von § 266 StGB geschützte Rechtsgut ist – dahingehende Ansätze abzulehnen. Ein möglicher Vertrauensbruch, und damit allein das Vertrauen des Treugebers, wird eben nicht von § 266 StGB als reines Vermögensdelikt erfasst. Dafür stehen mögliche zivilrechtliche Sanktionsmittel bereit.[238] Demnach gebieten teleologische Erwägungen, vor dem Hintergrund der fragmentarischen Natur des Strafrechts, die Ausgleichsfähigkeit und -bereitschaft des Treupflichtigen im Rahmen der Untreue zu berücksichtigen.

3. Historie

In der Vergangenheit waren einzelne untreueähnliche Delikte in verschiedenen Gesetzen für jeweils ein bestimmtes Betreuungsverhältnis geregelt. Diese wurden erstmals im § 246 Preußisches Strafgesetzbuch (PrStGB) vom 14.04.1851 in einer einheitlichen Vorschrift zusammengefasst. Dieser Paragraph legte bestimmte Treueverhältnisse und eine allgemeine Fassung der Tathandlung fest.[239] Sowohl § 246 PrStGB als auch die Untreuetatbestände § 266 StGB des Norddeutschen Bundes vom 31.05.1870 und § 266 des Reichsstrafgesetzbuches (RStGB) vom 15.5.1871[240] waren vor allem dadurch gekennzeichnet, dass der Täterkreis mit bestimmten Gruppen[241] bezeichnet wurde.[242] Die heutige Grundlage des

---

238 Beispielsweise vertragliche Schadensersatzansprüche.

239 So *Esser*, AnwK-StGB, § 266 Rn. 8 m.w.N.

240 RGBl I, 127.

241 Personen- und Berufsgruppen. Es handelte sich dabei um einen abschließenden Katalog tauglicher Untreuetäter, welcher eng an bürgerrechtliche Rechts- und Treueverhältnisse angelehnt war, dazu etwa *Nelles*, Untreue, 17.

242 *Dierlamm*, MüKo-StGB, § 266 Rn. 9 w.n.N.

§ 266 StGB geht auf das Gesetz zur Abänderung strafrechtlicher Vorschriften vom 26.05.1933[243] zurück. Zeitgleich wurden diverse nebenstrafrechtliche Untreuetatbestände eingeführt. Diese Sondervorschriften sind inzwischen wieder weitgehend aufgehoben.[244] Die Kernbestimmung des § 266 StGB blieb, in ihrer tatbestandlichen Umschreibung des Unrechts, seitdem unberührt. Die Norm wurde lediglich an jüngere Reformen angepasst.[245] Zum Unrechtskern des § 266 StGB liegt kein Gesetzesentwurf mit authentischer Begründung vor.[246] Konzeptionell war ein allgemeiner, nicht kasuistischer Tatbestand der Untreue geschaffen worden.[247] Die damaligen Gesetzesentwürfe existieren nicht mehr.[248] Offenbar wurden keine Begründungen verfasst und es fehlen zudem mögliche Aufzeichnungen oder Protokolle von Beratungen im Reichstag, in Ausschüssen oder Kommissionen.[249] Die Gesetzesmaterialien können daher keinerlei Auskunft über den Willen des Gesetzgebers geben, ob und gegebenenfalls wie mit der Ausgleichsfähigkeit und -bereitschaft des Treupflichtigen zu verfahren sein soll. Die Leitentscheidung[250] des Bundesgerichthofs *BGHSt 15, 342* schließt an die Entscheidung des Reichgerichts *RGSt 73, 283* aus dem Jahr 1939 an, welche sich damit schon auf den § 266 StGB bezieht. Eine bereits im Jahr 1936 ergangene Entscheidung *RGSt 70, 321* ist ebenfalls § 266 StGB zuzuordnen. Zu der Vorgängernorm des § 246 PrStGB ist, soweit ersichtlich, kein Urteil zur Ausgleichsfähigkeit und -bereitschaft ergangen.

---

243 Art. 1 Nr. 18, RGBl I 295, 297. Die Neufassung wurde kurz nach der Machtergreifung der Nationalsozialisten (28.2.1933) vorgenommen.

244 Dazu überblicksartig *Weber,* FS-Dreher, 555, 555 f.; hauptsächlich im Bereich des Handels- und Gesellschaftsrechts, Banken- und Börsenrecht und im Versicherungsrecht; siehe nur § 81a GmbHG aF und § 294 AktG aF, welche im Laufe der Jahre 1963–1975 vom Gesetzgeber sukzessive aufgehoben wurden (so insbesondere durch 1.StrRG vom 25.06.1969 und EGStGB vom 02.03.1974); überlebt hat allein § 34 DepotG, zu den Gründen *Seier,* HWSt, V 2 Rn. 2.

245 Geändert durch Art. 1 Nr. 26 des 3. StÄG; Art. 1 Nr. 78 des 1. StrRG und Art. 19 Nr. 138 EGStGB, sowie die Neufassung des Abs. II durch Art. 1 Nr. 62 des 6. StrRG.

246 So *Saliger,* S/S/W-StGB, § 266 Rn. 2 mit Verweis auf *Nelles,* Untreue, 17 ff., 122 ff., 131 ff., 212 ff.

247 *E. Schäfer,* DJZ 1933, 789, 794; auch zur nationalsozialistischen Prägung *Saliger,* S/S/W-StGB, § 266 Rn. 2.

248 Vgl. *Schramm,* Untreue und Konsens, 42, 51.

249 Zur dunklen Entstehungsgeschichte *Schramm,* Untreue und Konsens, 42 ff., 51 der zu den Gesetzesquellen im weiteren Sinne daher die Beiträge von *E. Schäfer,* DJZ 1933, 789, 789 ff. und *L. Schäfer*, Das neue Deutsche Reichsstrafrecht, 13 ff. zählt.

250 So *Waßmer,* Risikogeschäft, 128.

Es ist zu beachten, dass die zahlreichen Sondernormen, insbesondere im Gesellschaftsrecht, eine Nachteilszufügungsabsicht forderten,[251] so beispielsweise § 312 HGB a.F.[252] oder § 146 GenG a.F.[253,254] § 312 HGB a.F. wurde § 266 StGB nachgebildet, da diese Vorschrift als zu eng galt. Allerdings war für die Auslegung wiederum auf die Rechtsprechung und Lehre zu § 266 StGB zurückzugreifen.[255] Auch die Vorgängernorm § 266 RStGB in der Fassung vom 15.05.1871 verlangte eine Nachteilszufügungsabsicht.[256] Das bedeutete jedoch lediglich, dass der Täter zweifellos die benachteiligende Wirkung seiner Handlung erkennen musste.[257] Hingegen wurde das Merkmal „*absichtlich*" nicht so verstanden, dass die Benachteiligung vom Täter erstrebt werden musste. Absichtlich soll daher nichts anderes als vorsätzlich bedeutet haben.[258] Der Wortlaut des heutigen § 266 StGB weist keine überschießende Innentendenz auf. Damit reicht bloß bedingter Vorsatz für den subjektiven Tatbestand aus.[259] Die Formulierung „*absichtlich*" wurde nicht in die heutige Fassung übernommen. Aus einer Vorgängerregelung ergibt sich daher kein Erkenntnisgewinn für die zu untersuchende Fallkonstellation. Auch gab es, soweit ersichtlich, keine vorherige Diskussion, ob und wie mit einer möglichen Ausgleichsfähigkeit und -bereitschaft des Treupflichtigen zu verfahren sei. Dass sich der damalige Gesetzgeber nicht mit dieser Frage im Vorfeld

---

251 Soweit ersichtlich war dies die einzige geforderte überschießende Innentendenz; zur Billigung des endgültigen Nachteils beim Gefährdungsschaden statt vieler *Esser*, AnwK-StGB, § 266 Rn. 225 ff., 235 m.z.N. und dem Meinungsstand BGH-Senate.

252 Wortlaut: „Mitglieder des Vorstandes oder des Aufsichtsrats oder Liquidatoren werden, wenn sie absichtlich zum Nachteile der Gesellschaft handeln, mit Gefängnis und zugleich mit Geldstrafe bedroht. (…)" RGBl I, 295; Gesetz zur Änderung strafrechtlicher Vorschriften vom 26.5.1933.

253 RGBl I, 369, 810, Gesetz betreffend die Erwerbs- und Wirtschaftsgenossenschaften vom 20.5.1898.

254 Vgl. auch § 23 Abs. 2 RVO vom 15.12.1924; § 36 HypothekenbankG vom 13.7.1899; §§ 138, 142 VersUntGes. vom 6.6.1931; § 95 VörsG vom 8.5.1908.

255 So *Dinner/Bondi/Gadow/Heinichen*, Staub's-HGB, § 312 Anm. 1.

256 Dazu *Frank*, Strafgesetzbuch für das dt. Reich, § 266 Anm. V.

257 *Frank*, Strafgesetzbuch für das dt. Reich, § 266 Anm. V.

258 *Frank*, Strafgesetzbuch für das dt. Reich, § 266 Anm. V., führt als Argument an, dass andernfalls für den qualifizierten Fall im letzten Absatz („um sich (…) einen Vermögensvorteil zu verschaffen") kaum etwas übrig bliebe; RGSt 1, 172, 172 ff.

259 RGSt 76, 115, 116; klarstellend, dass es sich nicht um ein Bereicherungsdelikt, sondern um eine Vermögensverschiebungsdelikt handelt BGH wistra 1994, 94, 95; da keine Bereicherungsabsicht erforderlich ist, ist die Untreue insoweit ein einfach kongruentes Delikt, dazu *Matt/Saliger*, Straflosigkeit der versuchten Untreue, 217, 225; *Weber*, Arzt/Weber-BT, § 22 Rn. 2; vgl. § 15 StGB.

befasste, ist dem Umstand geschuldet, dass die Berücksichtigungsfähigkeit durch die Rechtsprechung eingeführt wurde. Die Berücksichtigung der Ausgleichsfähigkeit und -bereitschaft wurde aber auch später nicht Gegenstand expliziter, gesetzlicher Regelungen. Auf dem grundsteinlegenden Urteil *BGHSt 15, 342* bauten die nachfolgenden Entscheidungen auf. Dabei unterblieb, soweit ersichtlich und jedenfalls in den veröffentlichten Urteilen, eine weitere Auseinandersetzung mit der Frage des „Ob" der Berücksichtigung von Ausgleichsfähigkeit und -bereitschaft. So kann die historische Auslegung[260] unter Einbeziehung der Entstehungsgeschichte des § 266 StGB, dessen verschiedenen Vorgängervorschriften und der zahlreichen Sondertatbestände nicht sonderlich weiterhelfen. Die Rechtsprechung zur Berücksichtigung von Ausgleichsfähigkeit und -bereitschaft hat sich über einen Zeitraum von mittlerweile mehreren Jahrzehnten verfestigt und die Berücksichtigungsfähigkeit nie in Frage gestellt.

4. Systematik

Es bleibt zu untersuchen, ob eine systematische Auslegung zur Beantwortung der Frage der Berücksichtigung von Ausgleichsfähigkeit und -bereitschaft im Rahmen der Untreue Aufschluss zu geben vermag.

a) Grundlagen

Schon die äußere Systematik[261] gebietet es, einen Blick auf den in § 263 StGB verankerten Betrugstatbestand zu werfen. Sowohl § 263 StGB als auch § 266 StGB haben den Schutz des Gesamtvermögens eines Vermögensinhabers zum Ziel.[262] Diese im 22. Abschnitt des Strafgesetzbuches zusammengefassten Straftatbestände haben trotz unterschiedlicher Angriffsrichtung[263] eine gemeinsame funktionale Ausrichtung[264] und stehen daher in einem engen systematischen Zusammenhang.[265] Diese Nähe wird neuerdings durch die gemeinsamen

---

260 Allgemein zur historischen Auslegung und der Unterteilung in Vorgeschichte, Entstehungsgeschichte im engeren Sinne und die Entwicklungsgeschichte, *Wank*, Die Auslegung von Gesetzen, 63 ff.

261 Dazu *Wank*, Die Auslegung von Gesetzen, 55 f.; auch *von Heintschel-Heinegg*, Beck-StGB, § 1 Rn. 14 ff.

262 BGHSt 8, 254, 255 ff.; BGHSt 43, 293, 297; auch *Saliger*, S/S/W-StGB, § 266 Rn. 51.

263 Für den Betrug ist der täuschende Zugriff auf das Vermögen von außen charakteristisch; hingegen erfasst die Untreue Angriffe auf das Vermögen von innen.

264 Vgl. *Saliger*, S/S/W-StGB, § 266 Rn. 51.

265 Statt vieler nur *Esser*, AnwK-StGB, § 266 Rn. 1.

Regelbeispiele verdeutlicht.[266] Überdies ist im Grunddelikt die Strafandrohung beider Tatbestände identisch.[267] Die Systemgerechtigkeit verlangt zudem einen einheitlichen Begriff des Vermögensnachteils[268] und so lassen sich die für die Feststellung des Schadens im Rahmen von § 263 StGB geltenden Regeln,[269] einschließlich der Lehre vom individuellen Schadenseinschlag,[270] grundsätzlich entsprechend für die Nachteilsermittlung im Rahmen von § 266 StGB heranziehen.[271]

b) Ausgleichsfähigkeit und Ausgleichsbereitschaft im Rahmen von § 263 StGB

Fraglich ist demnach, ob eine eventuelle Ausgleichsfähigkeit und -bereitschaft des Täuschenden im Rahmen der Prüfung einer Betrugsstrafbarkeit berücksichtigungsfähig sind. Anzudenken ist dabei, dass diese Umstände im Rahmen des Vermögensschadens Berücksichtigung finden können. Eine (theoretisch) möglicherweise vorhandene Ausgleichsfähigkeit und -bereitschaft des Täuschenden ist bei der Ermittlung des Vermögensschadens als Äquivalent zum untreuerelevanten Vermögensnachteil nicht (ohne weiteres) berücksichtigungsfähig.[272] Vielmehr gilt der Grundsatz, über den weitgehend Einigkeit besteht, dass Sekundäransprüche bei der betrugsrelevanten Schadensermittlung kompensationsunfähig

---

266 Gemäß § 266 Abs. 2 StGB findet § 263 Abs. 3 StGB Anwendung; eingeführt durch das 6.StrRG in der 13. Wahlperiode, verkündet am 26.01.1998 in Kraft getreten am 01.04.1998; BGBl. 1998 I, 164, 179; dazu *Mosiek*, HRRS 2009, 565, 565.

267 § 263 Abs. 1 a.E. / § 266 Abs. 1 a.E. StGB: „(…) mit Freiheitsstrafe bis zu fünf Jahren mit oder Geldstrafe bestraft."

268 So *Seier*, HWSt, V 2 Rn. 23 ff., der die Parallelisierung als nicht ganz zweifelsfrei sieht, weil dadurch der ohnehin schon weite Tatbestand der Untreue noch weiter ausgedehnt wird; *Seier*, Geilen Symposion, 145, 151; vgl. auch *Saliger*, HRRS 2006, 10, 14.

269 Auch der Erpressung gemäß § 253 StGB liegt dieser Nachteil- und Vermögensbegriff zugrunde, vgl. statt vieler SK-*Hoyer*, StGB, § 266 Rn. 93 ff.; *Seier*, HWSt, V 2 Rn. 23.

270 BGHSt 16, 321, 325 f.; BGH NStZ 2010, 330, 332; *Saliger*, S/S/W-StGB, § 266 Rn. 63.

271 *Kindhäuser*, NK-StGB, § 266 Rn. 94; *Saliger*, S/S/W-StGB, § 266 Rn. 53 findet die Gleichbehandlung nur im Grundsatz überzeugend.

272 Beachte, dass beim Kreditbetrug natürlich die Bonität des Schuldners (neben den gestellten Sicherheiten) den Wert des Rückzahlungsanspruchs ausmacht und damit Ausgleichsfähigkeit und -bereitschaft u.a. für die Wertbestimmung maßgeblich sind, statt aller *Fischer*, StGB, § 263 Rn. 133; weitergehend unter D.I.2.b. Zu den schlichten Austauschverhältnissen auch nur *ders.*, StGB, § 263 Rn. 113 ff.

sind.[273] Das ist vor allem teleologischen Erwägungen geschuldet. Als Argument wird insbesondere angeführt, dass andernfalls ein Zirkel drohe, denn es entfielen die zivilrechtlichen Schadensersatzansprüche, die einen Schaden gerade voraussetzen.[274] Zudem gäbe es sonst bestimmte Betrugsarten gar nicht,[275] und der Schutzzweck würde verfehlt.[276] Auch an anderer Stelle im objektiven Betrugstatbestand finden die Ausgleichsfähigkeit und -bereitschaft des Täuschenden als solche keine Berücksichtigung.[277] Dieser Befund ist durchaus überraschend. Da grundsätzlich eine Schadensparallelisierung von § 263 StGB und § 266 StGB befürwortet wird, liegt zunächst die Annahme nahe, dass einer Berücksichtigung von Ausgleichsfähigkeit und -bereitschaft im Rahmen von § 266 StGB ebenfalls die Legitimation abzusprechen sei. Fraglich ist jedoch, ob überzeugende Gründe dafür bestehen, abweichend von § 263 StGB die Ausgleichsfähigkeit und -bereitschaft im Rahmen der Untreue zu berücksichtigen.

c) Anonymer Betrugstäter versus bekannter Untreuetäter

Möglicherweise könnten die Tatbestandsunterschiede zwischen § 263 StGB und § 266 StGB als Legitimationsansatz für eine unterschiedliche Behandlung dienen.[278] Die strukturellen Deliktsspezifika sind folglich auf Unterschiede hin zu untersuchen. Dabei geht es nicht um die (bei den Überlegungen zur systematischen Verortung) noch zu thematisierende Behandlung der Ausgleichsansprüche an sich,[279] sondern nur um die Berücksichtigung von Ausgleichsfähigkeit und -bereitschaft überhaupt.

aa) Strukturelle Unterschiede

Bereits der Wortlaut der beiden Normen eröffnet die strukturellen Unterschiede zwischen Untreue und Betrug. Der objektive Betrugstatbestand setzt gemäß § 263 Abs. 1 StGB die Täuschung über Tatsachen, das Hervorrufen eines Irrtums,

---

273 Das ist das Dogma der Nichtberücksichtigung von Sekundärrechten.

274 *Nuzinger*, WiPra, Kapitel 1. Rn. 44.

275 Bspw. den Eingehungsbetrug, dazu BGHSt 21, 384, 386; statt vieler *Nuzinger*, WiPra, Kapitel 1. Rn. 44.

276 Nur *Nuzinger*, WiPra, Kapitel 1. Rn. 44 m.w.N.

277 Beachte die Besonderheiten unter D.I.2.b)bb)(1)(a)(bb)(i) sowie unter D.I.2.b)bb)(2)(b).

278 So *Lackner*, Leipziger Kommentar-StGB, 10. Auflg., § 263 Rn. 188; zustimmend *Schünemann*, Leipziger Kommentar-StGB, 11. Aufl., § 266 Rn. 132; *Seelmann*, JuS 1982, 914, 918; vgl. auch *Schmitz*, Unrecht und Zeit, 182 f.

279 Unter D.I.2.b)bb)(2).

eine irrtumsbedingte Vermögensverfügung, einen Schaden und einen Kausalzusammenhang voraus. Beim Betrug wird bildlich davon gesprochen, dass der Täter nicht selbst in das Vermögen greift, sondern sich den konkreten Vermögenswert herausreichen lässt.[280] § 263 StGB wird in seiner Täter-Opfer-Beziehung als Interaktions- und Kommunikationsdelikt[281] verstanden, aber es bleibt festzuhalten, dass darüber hinaus die Mitwirkung des Opfers in Form der Vermögensverfügung für die Qualifizierung eines Verhaltens als Betrug konstitutiv ist. Hingegen lassen sich die beiden Untreuealternativen auf Ebene des objektiven Tatbestands in folgende vier Elemente gliedern: Vermögensbetreuungspflicht, Tathandlung, Nachteil und Kausalzusammenhang.[282] In den Blick soll die Vermögensbetreuungspflicht genommen werden, welche eine spezifisch strukturierte Pflichtenstellung ist.[283] Nur ein Vermögensbetreuungspflichtiger kann tauglicher Täter der Untreue sein.[284] Es handelt sich um ein echtes Sonderdelikt,[285] welches sich dadurch auszeichnet, dass die im gesetzlichen Tatbestand umschriebene strafbarkeitsbegründende Eigenschaft des Handlungssubjekts den Täterkreis eingrenzt. Die Rechtsprechung prüft das Vorliegen der Vermögensbetreuungspflicht anhand eines aufgestellten Indizienkatalogs.[286] Die Pflicht muss typischer und wesentlicher Inhalt einer fremdnützig ausgerichteten Geschäftsbesorgung sein.[287] Es muss sich daher um

---

280 *Satzger,* S/S/W-StGB, § 263 Rn. 8.

281 *Amelung,* GA 113 (1977), 17; *Tiedemann,* Leipziger Kommentar-StGB, Vor § 263 Rn. 3, 10; *ders.,* Leipziger Kommentar-StGB, § 263 Rn. 4.

282 Zwischen den beiden Tatbestandsalternativen soll hier mangels Notwendigkeit nicht weiter differenziert werden. Der Missbrauchstatbestand (§ 266 Abs. 1 Alt. 1 StGB) verlangt den Missbrauch einer rechtswirksam eingeräumten Befugnis über fremdes Vermögen zu verfügen oder einen anderen zu verpflichten, sodass rein faktisches Handeln nicht erfasst wird. Der Treubruch (§ 266 Abs. 1 Alt. 2 StGB) setzt die Verletzung der konkreten, aus dem Treueverhältnis fließenden Vermögensbetreuungspflicht voraus.

283 Grundlegend RGSt 69, 58; ausführlich statt vieler *Fischer,* StGB, § 266 Rn. 35 ff. m.w.N.; *Weber,* Arzt/Weber-BT, § 22 Rn. 46 ff. m.z.N. auch a.d.Rspr.; sowohl zum Streitstand als auch zu den einzelnen Anforderungen *Waßmer,* Risikogeschäft, 20 ff. m.w.N.; *Kindhäuser,* NK-StGB, § 266 Rn. 1.

284 BGHSt 24, 386, 387; BGHSt 33, 244, 250; BGHSt 35, 224, 226 f. m.w.N.; es handelt sich um ein strafbegründendes besonderes persönliches Merkmal, dazu *Kühl,* Lackner/Kühl-StGB, § 266 Rn. 2 m.w.N. und damit um die Täterqualifizierung *Saliger,* HRRS 2006, 10, 11.

285 Ganz h.M. statt vieler BGHSt 13, 330, 331; *Kindhäuser,* NK-StGB, § 266 Rn. 1.

286 Ausführlich *Haas,* Untreue, 37 ff. m.w.N.

287 BGHSt 1, 186, 188 ff.; BGHSt 4, 170, 172; BGHSt 5, 61, 64; BGHSt 5, 187, 188 f.; BGHSt 22, 190, 191 f.; BGHSt 33, 244, 250.

eine Hauptpflicht in dem betreffenden Rechtsverhältnis handeln,[288] welche auf die Wahrnehmung fremder Vermögensinteressen gerichtet ist. Dem Pflichtigen muss eine gewisse Selbstständigkeit bei der Erfüllung seiner Pflichten eingeräumt sein. Der Handlungsspielraum darf nicht völlig gebunden sein, sondern es muss Raum für eine eigenverantwortliche Entscheidung verbleiben.[289] Die Tätigkeit erfordert zudem eine gewisse Bedeutung.[290] Die Kriterien dafür sind Dauer und Umfang.[291] Diese Indizien zusammenfassend ist die Vermögensbetreuungspflicht eine Tätigkeit von gewisser Dauer, deren wesentlicher Inhalt die Besorgung eines zumindest auch fremdnützigen Geschäfts mit eigenem Entscheidungsspielraum ist.[292] Dreh- und Angelpunkt für eine von § 263 StGB abweichende Behandlung von Ausgleichsfähigkeit und -bereitschaft könnte also die untreuespezifische Vermögensbetreuungspflicht sein. Der Betrug setzt nichts dergleichen voraus. Diese, das Innenverhältnis zwischen Treupflichtigem und Vermögensinhaber umschreibende Vermögensbetreuungspflicht,[293] könnte wesentliche Argumente für die Frage einer Legitimation der Berücksichtigung liefern.

bb) Folgerung

Es ist zu erwägen, dass es die Vermögensbetreuungspflicht selbst ist, die einer Legitimation der Berücksichtigung von Ausgleichsfähigkeit und -bereitschaft entgegenstehen könnte. Schließlich ist die Untreue, im Gegensatz zum Betrug als Selbstschädigungsdelikt,[294] ein Fremdschädigungsdelikt.[295] Liegt die spezifische Form der tatbestandsmäßigen Verletzung des Rechtsguts gerade darin, dass der Treupflichtige als Täter die ihm eingeräumte Dispositionsmacht zur pflichtwidrigen Schädigung des ihm fremden Vermögens einsetzt,[296] dann wird diese Form der Verletzung erst durch die dem Täter anvertraute Machtstellung überhaupt ermöglicht und damit eben durch die Vermögensbetreuungspflicht.[297] Sie führt zur Machtlosigkeit des Opfers, denn die Nachteilszufügung erfolgt von

---

288 BGHSt 41, 224, 228 f. m.w.N.

289 Vgl. BGHSt 3, 289, 294; BGHSt 4, 170, 172; BGHSt 13, 330, 332.

290 Grundlegend RGSt 69, 279, 280; BGHSt 4, 170, 172.

291 RGSt 69, 279, 280; RGSt 77, 337, 339.

292 Vgl. *Kindhäuser*, NK-StGB, § 266 Rn. 36.

293 *Kindhäuser*, NK-StGB, § 266 Rn. 31.

294 H.M.; statt vieler *Fischer*, StGB, § 263 Rn. 70 m.w.N. a.a.d.Rspr.

295 *Saliger*, S/S/W-StGB, § 266 Rn. 1.

296 Vgl. *Kindhäuser*, NK-StGB, § 266 Rn. 2; *Schünemann*, StraFo 2010, 1, 2 „dieses Vermögen findet dann seinen Feind gerade in der Person, der es von Rechts wegen unterstellt ist (…)".

297 *Schünemann*, NStZ 473, 474; *ders.*, StraFo 2010, 1, 2.

innen heraus.[298] Es handelt sich bei der Vermögensbetreuungspflicht auch um eine Vertrauensstellung[299] und damit um mehr als der Wortlaut Vermögensbetreuungs*pflicht* zunächst vermuten lässt. Aus ihr ergibt sich grundsätzlich die Gefährlichkeit des Untreuetäters.[300] Das zu betreuende Vermögen ist in der Regel dem unkontrollierten Zugriff des Treupflichtigen ausgesetzt.[301] Im Gegensatz zum Betrug ist das Untreueopfer in diesem Punkt viel ungeschützter, da es die Dispositionsbefugnis über Teile seines Vermögens gerade an den Täter als Treupflichtigem abgegeben hat.[302] Der jederzeitige Zugriff auf das fremde Vermögen ist dem Treupflichtigem schließlich von Rechts wegen eröffnet.[303] Damit soll der Vertrauensbruch ein Spezifikum des Untreuetatbestands sein.[304] Darauf abzustellen, wäre allerdings zu kurz gegriffen. Denn jede Straftat, die sich gegen ein Individualrechtsgut richtet, zerstört allgemein Vertrauen und führt somit zu einem Vertrauensverlust. Das Vertrauen selbst ist und bleibt aber kein von § 266 StGB geschütztes Rechtsgut. Zudem ist einzuräumen, dass der Treugeber einen Angriff auf sein Vermögen erleidet und sich damit konfrontiert sieht, dass sein Anspruchsgegner zwar Schädigender, aber auch derjenige ist, dem er sein Vertrauen in Form der Vermögensbetreuungspflicht geschenkt hat,[305] welche den Angriff überhaupt erst ermöglichte. Wie viel vom geschenkten Vertrauen am Ende verbleibt, ist offen und eine Frage des Einzelfalls. Dem Treugeber scheint es schwer vermittelbar zu sein, dass gerade die Vermögensbetreuungspflicht der Grund dafür sein soll, dass Ausgleichsfähigkeit und -bereitschaft des diese Pflicht treffenden Treupflichtigen im Rahmen der Prüfung von dessen Strafbarkeit zu berücksichtigen sind. Man könnte annehmen, der Täter habe durch sein Verhalten seine deliktischen Absichten unter Beweis gestellt.[306]

298 *Schünemann*, NStZ 473, 474.

299 Vgl. zum Vertrauensbruch *Haas*, Untreue, 18.

300 *Saliger*, S/S/W-StGB, § 266 Rn. 3; *Schünemann*, StraFo 2010, 1, 2 verlangt daher grundsätzlich auch „energischen" Schutz gegen diese Person der ein Zugriff von innen von Rechts eingeräumt ist.

301 So Hachenburg/*Kohlmann*, GmbHG, Vor § 82 Rn. 6; darauf verweisend *Haas*, Untreue, 46.

302 So *Hillenkamp*, NStZ 1981, 161, 166.

303 *Schünemann*, StraFo 2010, 1, 2.

304 *Haas*, Untreue, 18.

305 Entweder das Opfer oder für dieses ein Dritter (etwa eine Behörde oder ein Gesetz) muss dem Täter den Zugang zur Vermögenssphäre eröffnet haben.

306 Vgl. *Schröder*, JR 1961, 267, 269, der daher davon ausgeht, dass auch die wirtschaftliche Betrachtungsweise in einer Großzahl der praktischen Fälle den Schadensersatzanspruch als minderwertig einstufen würde.

Allerdings gibt es durchaus gewichtige Argumente, die dafür sprechen, die Legimitation der Berücksichtigung von Ausgleichsfähigkeit und -bereitschaft gerade auch mit der Vermögensbetreuungspflicht zu begründen, und demnach aus systematischen Erwägungen zu rechtfertigen. Die Vermögensbetreuungspflicht bestand und verband Treugeber und Treupflichtigen, schon bevor sie durch die pflichtwidrige Handlung des Letzteren in Beziehung zueinander traten.[307] So könnte man denken, dass es gerade die auf einige Dauer angelegte Vermögensbetreuungspflicht sei, die der ausgleichsfähige und -bereite Treupflichtige nicht abzubrechen gedenke. Dabei handelt es sich um ein ehrenhaftes Motiv. Mit Blick auf die Tatsache, dass die Ausgleichsfähigkeit des Treupflichtigen ein objektives Merkmal ist, drückt sich dieses in der Vermögensbetreuungspflicht angelegte Motiv wohl vor allem in der subjektiven Bereitschaft zum Ausgleich aus. Weitergehend wird angeführt, dass das Verhältnis des Ungetreuen zu dem, dessen Vermögen er zu betreuen hat, ein anderes sei als das Verhältnis des Betrügers zum Betrogenen oder auch des Erpressers zum Erpressten.[308] Es läge eine besondere Beziehung zwischen Treupflichtigem und Treugeber vor.[309] Betrüger seien in aller Regel darauf aus, die Ersatzansprüche des Opfers zu vereiteln.[310] Kennzeichen dessen ist die Täuschung als betrugsrelevante Tathandlung.[311] Hingegen bemühe sich der Ausgleichsfähige und -bereite in der Regel darum, die dem Treugeber zugefügten Nachteile wieder auszugleichen, um einen Abbruch der Beziehung zu diesem zu vermeiden.[312] Die Argumentation gewinnt an Bedeutung vor dem Hintergrund, dass die Vermögensbetreuungspflicht eben schon vor der in Rede stehenden Handlung erwuchs und bestand. Die Ausgleichsfähigkeit und -bereitschaft des Betrügers zu berücksichtigen, wäre insoweit widersinnig, als dass deren Vorkommen schon aus der kriminellen Logik heraus vollkommen sinnlos wäre. Wozu sollte ein Betrüger diese Umstände aufweisen? Ein Nutzen ist insoweit nicht erkennbar. Die Deliktsstruktur selbst, nicht bloß die Täter-Opfer-Beziehung, spricht

---

307 Strafrechtlich relevant ist natürlich das Vorliegen der Tatbestandsvoraussetzungen im Zeitpunkt der Tat.

308 *Bockelmann*, Strafrecht BT/1, 146; *Hefendehl*, Vermögensgefährdung, 284.

309 So macht es nach Meinung von *Saliger*, S/S/W-StGB, § 266 Rn. 80 die Rspr. in den bisherigen Urteilen.

310 Vgl. *Hefendehl*, Vermögensgefährdung, 284 f.

311 Im Rahmen der Entwertung dieser Schadensersatzansprüche siehe *Tiedemann*, Leipziger Kommentar-StGB, 12. Auflg., § 263 Rn. 166; beachte auch *Seelmann*, JuS 1982, 914, 918.

312 So *Bockelmann*, Strafrecht BT/1, 146; dies aufgreifend *Hefendehl*, Vermögensgefährdung, 285.

für die Berücksichtigung von Ausgleichsfähigkeit und -bereitschaft im Rahmen der Prüfung der Untreuestrafbarkeit. Der jeweilige Strafgrund der beiden Tatbestände ist logischerweise ein anderer, was sich auch in den unterschiedlichen Tatbestandsmerkmalen sowohl in objektiver als auch in subjektiver Hinsicht (an dieser Stelle sei die bei § 263 StGB erforderliche Bereicherungsabsicht erwähnt) niederschlägt. Zudem gebietet die konkret in der Vermögensbetreuungspflicht zum Ausdruck kommende untreuespezifische Beziehung zwischen Treupflichtigem und Treugeber eine von § 263 StGB abweichende Behandlung. Im Ergebnis sprechen also auch die strukturellen Unterschiede dafür, dass die im Zeitpunkt der Handlung vorhandene Ausgleichsfähigkeit und -bereitschaft des Treupflichtigen im Rahmen der Untreue zu berücksichtigen sein sollten.

5. Restriktive Auslegung als begrüßenswerte Tendenz und Aufgabe der Praxis

Vor dem Hintergrund, dass im Laufe der Zeit die Sondertatbestände (mit Ausnahme des § 34 DepotG) aufgehoben wurden, ist § 266 StGB in seiner vom Gesetzgeber geschaffenen tatbestandlichen Weite nicht zuletzt wegen der sich rasant wandelnden Verhältnisse, der Besonderheiten des Einzelfalls und der Vielgestaltigkeit des Lebens „praktisch unverzichtbar."[313] Die Untreuevorschrift ist kein totes Recht. Das Gegenteil ist der Fall, was wiederum mit der eben beschriebenen tatbestandlichen Weite[314] zusammenhängt. Laut *Seier* wird „[b]ei nahezu jeder wirtschaftlichen Betätigung, die man für strafwürdig erachtet oder gar nur als anstößig empfindet, (...) eine Strafbarkeit aus § 266 StGB zumindest ansatzweise diskutiert."[315] Noch anschaulicher formulierte es hingegen *Ransiek*: „§ 266 StGB passt immer."[316] Aus der tatbestandlichen Weite ergibt sich aber das dringende Bedürfnis, diese Strafnorm schärfer zu konturieren,[317] und

313 So *Seier*, HWSt, V 2 Rn. 1 f., 20; zudem grundsätzlich unentbehrlich *Saliger*, S/S/W-StGB, § 266 Rn. 4.

314 *Seier*, Symposion Geilen, 145, 150 m.w.N. nimmt eine bewusst unpräzise Formulierung an.

315 *Seier*, HWSt V 2 Rn. 20; siehe dazu auch *Matt*, NJW 2005, 389, 390.

316 *Ransiek*, ZStW 116 (2004), 634, 634; zustimmend *Herrmann*, Begrenzung der Untreuestrafbarkeit, 7; aufgreifend etwa *Böttger/Brockhaus*, WiPra, Kapitel 3 Rn. 1; *Matt*, NJW 2005, 389, 390.

317 Sog. Präzisierungsgebot, vgl. BVerfGE 126, 170; das gilt im besonderen Maße für die Treubruchsuntreue gemäß § 266 Abs. 1 Alt. 2 StGB; *Seier*, Symposion Geilen, 145, 145 spricht bei § 266 StGB von einer Norm mit kaum zu überbietender Vagheit und Konturenlosigkeit.

damit das Gebot einer restriktiven Interpretation.[318] Wie das umzusetzen sei, ist umstritten und unklar. Diese dennoch unbestritten notwendige Aufgabe fällt neben der Wissenschaft vor allem der Rechtspraxis zu.[319] Das Verleihen einer schärferen Kontur ist nicht nur vor dem Hintergrund des Bestimmtheitsgebots, welches in Art. 103 Abs. 2 GG und § 1 StGB[320] seine gesetzliche Verankerung findet, verfassungsrechtlich geboten, sondern hat vor allem das Ziel, die Strafbarkeit wegen Untreue einzuschränken und ihr damit Grenzen zu setzen. Denn den Ermittlungsbehörden fällt es sonst recht leicht, einen Anfangsverdacht im Sinne des § 152 Abs. 2 StPO zu bejahen, was die Einleitung von Ermittlungstätigkeiten mit allen ihren praktischen Konsequenzen zur Folge hat.[321] Nicht jedes vermögensschädigende Verhalten erfüllt jedoch den Untreuetatbestand. Die restriktive Auslegung hat demnach eine Filterfunktion. Es verbleibt eine strafrechtliche Verantwortung bei gegebener Strafwürdigkeit und Strafbedürftigkeit übrig. Im Umkehrschluss bedeutet dies, dass es auch folgenverursachende Handlungen gibt, die vom Normzweck eben nicht als strafwürdig erachtet werden. Die bisherige Untersuchung hat gezeigt, dass gewichtige Gründe für die Berücksichtigung der Ausgleichsfähigkeit und -bereitschaft des Treupflichtigen im Rahmen der Untreueprüfung sprechen, was die Verneinung der Strafwürdigkeit der Handlung zur Konsequenz hätte. Dem Ausnahmefall kommt ganz generell eine die Untreuestrafbarkeit begrenzende Wirkung zu. Die Verneinung der Untreuestrafbarkeit bei Ausgleichsfähigkeit und -bereitschaft würde somit

318 Statt vieler BVerfGE 126, 170; BVerfG 2 BvR 1980/07 Beschluss vom 10.3.2009 Rn. 33 ff.; a.d.Lit. nur *Böttger/Brockhaus*, WiPra, Kapitel 3 Rn. 8; das ist fast einhellige Ansicht so *Fischer*, StraFo 2008, 269, 270.

319 Zum Erfordernis bestimmter Gesetzesauslegung durch den Richter *Kuhlen*, FS-Otto, 89, 100 ff.; daneben gibt es, nach wie vor, den lauten Appell an den Gesetzgeber in einer Reform tätig zu werden, u.a. *Seier*, Symposion Geilen, 145, 156; zur aus dem Analogieverbot fließenden Wirkung des Bestimmheitsgebots für die Praxis siehe nur *Kuhlen*, FS-Otto, 89, 89 m.w.N.

320 Zu charakteristischen Unterschieden in den Kommentierungen der wortgleichen Gesetze siehe *Kuhlen*, FS-Otto, 89, 89; *lex certa* verpflichte primär den Gesetzgeber, hinreichend bestimmte Strafvorschriften zu erlassen. Dies dient auch der Vorbeugung richterlicher Willkür, was wiederum grundsätzlich die Möglichkeiten einer Konkretisierung durch die Rechtspraxis einschränkt; dazu statt vieler *Satzger*, S/S/W-StGB, § 1 Rn. 17 ff.

321 Ebenso können prozessuale Zwangsmaßnahmen eingeleitet werden, dazu *Seier*, Symposion Geilen, 145, 152.

auch dem Gebot der restriktiven Auslegung Rechnung tragen.[322] Auch wenn das Gebot selbst und aus sich heraus keine Antwort auf die Frage des „Ob“ der Berücksichtigungsfähigkeit gibt, da es keine Kriterien aufstellt, wie es selbst verwirklicht werden kann, würde das Ergebnis einer Berücksichtigungsfähigkeit von Ausgleichsfähigkeit und -bereitschaft mit diesem in Einklang stehen.

6. Zwischenergebnis

Es bleibt festzuhalten, dass der Wortlaut des § 266 StGB nicht konkret weiterhilft, aber für die Berücksichtigungsfähigkeit von Ausgleichsfähigkeit und -bereitschaft durchaus offen ist. Ganz grundsätzlich ist eine restriktive Auslegung der vom Wortlaut her weit formulierten Untreuevorschrift geboten, wobei der Charakter des § 266 StGB als reines Vermögensdelikt unter keinen Umständen verloren gehen darf. Teleologische Erwägungen sprechen, auch vor dem Hintergrund des fragmentarischen Charakters des Strafrechts, stark dafür, die Ausgleichsfähigkeit und -bereitschaft des Treupflichtigen im Rahmen der Prüfung der Untreuestrafbarkeit zu berücksichtigen. Im systematischen Vergleich zum Betrug gemäß § 263 StGB fällt auf, dass die eventuell vorhandene Ausgleichsfähigkeit und -bereitschaft des Täuschenden dort nicht zu berücksichtigen sind. Für eine davon abweichende Behandlung mit der Folge einer Berücksichtigung im Rahmen von § 266 StGB sprechen jedoch gewichtige Gründe. Ein sich hinter der Ausgleichsfähigkeit und -bereitschaft gründendes Motiv ist zwar im eigentlichen Sinne unbeachtlich (die Rechtsprechung verlangt keine weitergehenden Motive zur Annahme des Ausnahmefalls), auch wenn die Absicht, die Beziehungen zum Treugeber nicht abreißen zu lassen, durchaus begrüßenswert und ehrenhaft ist. Gerade auch mit Blick auf das geschützte Rechtsgut ist aber die Essenz der Berücksichtigungsfähigkeit die *fehlende Strafwürdigkeit*, die dem Verhalten unvermeidlich anhaftet. Etwaige Motive, genau wie der Ausgleichswille, schlagen sich beim und im Handlungsvollzug nieder und sind insofern für die Bestimmung der Strafwürdigkeit im Rahmen der Auslegung beachtlich.[323] So steht am Ende der Auslegung das Ergebnis, dass die Ausgleichsfähigkeit und -bereitschaft des

---

322 Die von d.Rspr. bisher vorgenommene milde Auslegung des Tatbestandsmerkmals Vermögensnachteil, welche zu einer Einengung des Tatbestands führt, und nicht zur Ausweitung, verstößt nicht gegen das Erfordernis einer *lex sripta*, dazu statt vieler *Satzger*, S/S/W-StGB, § 1 Rn. 34 ff.; da es sich nicht um Gewohnheitsrecht zu Lasten, sondern zu Gunsten des Täters handelt, dazu *Eser/Hecker*, S/S-StGB, § 1 Rn. 9 ff.

323 Beachte die abstrakten Ausführungen, auch vor dem Hintergrund der Gesetzesauslegung durch den Richter bei *Maiwald*, FS-Maurach, 9, 13.

Treupflichtigen im Rahmen der Untreue zu berücksichtigen sind. Dieses Ergebnis trägt auch dem Gebot einer restriktiven Auslegung der Norm Rechnung.

III. Subsidiaritäts- und *ultima-ratio*-Prinzip

Eine Berücksichtigung von Ausgleichsfähigkeit und -bereitschaft kommt zwangsläufig unmittelbar dem Treupflichtigen zu Gute, hat er dann doch keine Strafbarkeit zu befürchten. Neben den Kriterien zur Auslegung der einzelnen Tatbestandsmerkmale einer Strafnorm beanspruchen auch allgemeine rechtliche Prinzipien als Maßstäbe in einem und für einen Rechtsstaat Geltung. Sie leisten insbesondere einen das Strafrecht begrenzenden Beitrag. So könnte eine Berücksichtigung von Ausgleichsfähigkeit und -bereitschaft des Treupflichtigen im Rahmen der Untreue mit dem Ergebnis der Straflosigkeit auch aus übergeordneten Prinzipien geboten sein. Diese Untersuchung kann und soll weder mit Blick auf den breiten Kanon der strafrechtsbegrenzenden Prinzipien und kriminalpolitischen Grundsätze im Allgemeinen, noch bezüglich der einzelnen Prinzipien im Besonderen, einen Anspruch auf Vollständigkeit erheben. Das wäre aufgrund der vielschichtigen Ansätze und mit Blick auf deren Herleitung und den Umfang ihrer Begründung allein aus Platzgründen nicht möglich sowie bei der konkreten Fragestellung auch entbehrlich. Neben der verfassungsrechtlichen Verankerung sind dabei teilweise Grundsätze der Kriminalpolitik ebenso wie sozialwissenschaftliche Aspekte relevant.[324] Im Folgenden werden das Subsidiaritäts- und das *ultima-ratio*-Prinzip in die Untersuchung mit einbezogen. Die Untersuchung beschränkt sich dabei auf die für die Frage der Legitimation einer Berücksichtigung von Ausgleichsfähigkeit und -bereitschaft relevanten Aspekte vor dem Hintergrund des Subsidiaritäts- und des *ultima-ratio*-Prinzips.

1. Grundlagen

a) Subsidiaritätsprinzip

Strafrecht ist subsidiärer Rechtsgüterschutz.[325] Der Grundsatz der Subsidiarität[326] fließt aus dem verfassungsrechtlich verankerten Verhältnismäßigkeitsgrundsatz

---

324 Ausführlich *Müller-Dietz,* FS-Schmitt, 95, 107.

325 So *Roxin,* Strafrecht AT/I, § 2 Rn. 1 mit sich anschließender vertiefender Darstellung.

326 Vom Lateinischen *subsidium* = Hilfe; Wegbereiter für den strafrechtlichen Subsidiaritätsgedanken war Ende des vorletzten Jahrhunderts *Franz von Liszt,* Zweckgedanke, 27 f.; BVerfGE 39, 1, 47; BVErfGE 57, 250, 270; BVErfGE 73, 206, 253; *Kaufmann,* FS-Henkel, 89, 89 ff.; zur Begriffsklärung und mit geschichtlichem Abriss *Prittwitz,* Das deutsche Strafrecht, 390 f.

und regelt das Verhältnis vom Strafrecht zu anderen Maßnahmen.[327] Demnach ist strafrechtlicher Schutz vom Staat nur dann zum Schutz von Rechtsgütern einzusetzen, wenn andere Schutzmaßnahmen, wie etwa die Mittel des Zivilrechts, mit weniger einschneidenden Rechtsfolgen keinen ausreichenden Schutz gewährleisten.[328] Erforderlich ist mithin eine spezifische Rechtfertigung für die Zulässigkeit des Einsatzes von Strafrecht. In seiner positiven Komponente besagt das Subsidiaritätsprinzip, dass der Staat eine Hilfspflicht für den Schutz von Rechtsgütern neben dem und im Strafrecht hat.[329]

b) Ultima-ratio-Prinzip

Das Strafrecht ist *ultima ratio* staatlicher Aktivität.[330] Wegen seiner einschneidenden Rechtsfolgen für den Betroffenen weist das Bundesverfassungsgericht das Strafrecht auch als „die schärfste der Gesellschaft zu Gebote stehende Waffe“[331] aus. Erst wenn andere Mittel nicht oder nicht so gut greifen, darf der Staat strafen.[332] Solche anderen Mittel sind anderweitige Regelungssysteme, wie beispielsweise eine zivilrechtliche Regulierung oder eine Ahndung im Bußgeldverfahren. Diese Verfahren sind in ihrer Wirkung weniger einschneidend und immer dann noch ausreichend, wenn ein Nutzen des Strafrechts weder in spezial- noch in generalpräventiver Hinsicht erkennbar und daher Strafe nicht geboten ist.[333] Ist hingegen die Verhinderung eines bestimmten Verhaltens besonders dringlich, weil dieses Verhalten besonders sozialschädlich und für das Zusammenleben der Menschen unerträglich ist, dann ist der Einsatz von Strafrecht verfassungsrechtlich legitim.[334] Demnach beschreibt das *ultima-ratio*-Prinzip das Verhältnis von staatlichen Möglichkeiten der Regulierung zueinander und hat eine sehr

---

327 Der Grundsatz der Verhältnismäßigkeit ist wiederum aus dem Rechtsstaatsprinzip abzuleiten, BVerfGE 76, 265, 369; BVerfGE 80, 109, 120; BVerfGE 108, 129, 136; BVerfGE 111, 54, 82.

328 *Radtke,* MüKo-StGB, Vor §§ 38 ff. Rn. 2.

329 *Prittwitz,* Das deutsche Strafrecht, 391.

330 Aufgrund des Subsidiaritätsprinzips, *Kühl*, Lackner/Kühl-StGB, Vor § 13 Rn. 3; für einen kurzen geschichtlichen Überblick wiederum *Prittwitz,* Das deutsche Strafrecht, 391 f.

331 So BVerfGE 32, 98, 109; ähnlich BVerfGE 39, 1, 45; auch BVerfGE 120, 224, 256.

332 Vgl. dazu *Albrecht,* Strafrecht – ultima ratio, 9, 13 f.

333 BVerfGE 39, 1, 46 f.; *Albrecht,* Strafrecht – ultima ratio, 13.

334 BVerfGE 88, 203, 257; BVerfGE 120, 224, 256; so *Radtke,* MüKo-StGB, Vor §§ 38 ff. Rn. 3; auch *Prittwitz,* Das deutsche Strafrecht, 392 m.w.N.; *Kudlich,* S/S/W-StGB, Vor §§ 13 ff. Rn. 5.

stark begrenzende Funktion. In der neueren Definition wird dieses Prinzip ebenfalls aus dem verfassungsrechtlichen Verhältnismäßigkeitsgrundsatz,[335] in seiner besonderen Ausprägung als Übermaßverbot, abgeleitet.[336]

2. Folgerung

Es ist zu überlegen, welchen Einfluss das Subsidiaritäts- und das *ultima-ratio-*Prinzip auf die Frage einer Berücksichtigung von Ausgleichsfähigkeit und -bereitschaft im Rahmen der Untreue entfalten. So ist fraglich, ob sich staatliches Strafen als Reaktion auf die Handlung eines ausgleichsfähigen und -bereiten Treupflichtigen mit diesen Prinzipien vereinbaren lassen würde.

a) Zivilrechtliche Ausgleichsansprüche

Zunächst ist festzustellen, dass andere Regelungssysteme im Fall des pflichtwidrigen Verbrauchs fremder Mittel seitens des Treupflichtigen vorhanden sind. Man könnte annehmen, dass strafrechtlicher Schutz nicht nur überflüssig wird, sondern sich vor dem Hintergrund des Subsidiaritätsprinzips verbietet, wenn dem Treugeber doch zivilrechtliche Ausgleichsansprüche gegen seinen ausgleichsbereiten und -fähigen Treupflichtigen zustehen. Abhängig von der Rechtsquelle der jeweiligen Vermögensbetreuungspflicht im Einzelfall bestehen neben zivilrechtlichen Ausgleichsansprüchen gesetzlicher Art[337] gegebenenfalls auch vertragliche Ansprüche (eventuell sogar Vertragsstrafen), und es drohen je nach Lage des Einzelfalles auch berufsrechtliche Sanktionen.[338] Dabei ist an dieser Stelle nicht weiter auf die Frage einzugehen, ob und inwieweit zivilrechtliche Ansprüche überhaupt bei der von der Rechtsprechung vorgenommenen Verneinung des strafrechtlichen Vermögensnachteils bestehen.[339] Es ist einzuwenden, dass das Subsidiaritätsprinzip nicht beantwortet, was im konkreten Fall unter zivilrechtlichem Rechtsschutz zu verstehen sein soll.[340] Ist darunter ein Ausgleichanspruch

335 Der Grundsatz der Verhältnismäßigkeit ist über das Rechtsstaatsprinzip in der Verfassung verankert, BVerfGE 23, 127, 133; BVerfGE 61, 126, 134; BVerfGE 69, 1 f., 35; BVerfGE 76, 256, 359; BVerfGE 80, 109, 120.

336 BVerfGE 39, 1, 47.

337 Dabei ist anzumerken, dass ein deliktischer Schadensersatzanspruch aus § 823 Abs. 2 BGB i.V.m. § 266 StGB logischerweise mangels Vorliegen der Tatbestandsvoraussetzungen des Schutzgesetzes dann nicht besteht.

338 Dazu auch C.V.4.

339 Dazu mehr unter D.I.2.b)bb)(2).

340 *Haas,* Untreue, 52.

des Treugebers zu verstehen, so muss festgestellt werden, dass jedem durch eine Vermögensstraftat Geschädigten ein zivilrechtlicher Ausgleichsanspruch zusteht.[341] Dass solche Schadensersatzansprüche und damit eine Regresspflicht bei schädigenden Handlungen bestehen, ist nichts Außergewöhnliches, sondern vielmehr die Regel.[342] An dieser Stelle treten die Kritiker auf den Plan, die in dem Regress ausschließlich eine nachträgliche Schadenswiedergutmachung sehen. Es besteht zwar keine strafbewehrte Pflicht zur nachträglichen Schadenswiedergutmachung, eine zivilrechtliche Pflicht aber schon. Dennoch sei bereits jetzt angemerkt, dass mit der Anerkennung einer Berücksichtigung von Ausgleichsfähigkeit und -bereitschaft und einer daraus folgenden Tatbestandslosigkeit der Handlung jedenfalls der gesetzliche Schadensersatzanspruch wegen Verletzung eines Schutzgesetzes aus § 823 Abs. 2 BGB i.V.m. § 266 StGB nicht entstehen würde. Wenn sich allerdings der Treupflichtige die eigentliche Zahlung vorbehält, dieser erst nach mehrfacher Aufforderung nachkommt oder sich gar gerichtlich verklagen lässt, sind aus Sicht der Rechtsprechung die Anforderungen an die subjektive Voraussetzung der Ausgleichsbereitschaft nicht erfüllt. Vorbehaltlich der anderen Tatbestandsmerkmale und sonstigen Strafbarkeitsvoraussetzungen würde sich in so einem Fall der Treupflichtige sehr wohl wegen Untreue strafbar machen. Somit bestünde in diesem Fall auch der genannte zivilrechtliche Anspruch. Es ist zu berücksichtigen, dass bei vorhandener Ausgleichsfähigkeit und -bereitschaft des Treupflichtigen die Schadensersatzansprüche des Treugebers also nicht grundsätzlich ins Leere laufen.

b) Unabhängigkeit von eventuellen Rechtspflichten

Von entscheidender Bedeutung ist, dass der Treupflichtige unabhängig von eventuellen Rechtspflichten zum Ausgleich fähig und gewillt ist. Der Treugeber muss seine Interessen nicht auf dem Zivilrechtsweg aktiv durchsetzen, wie sonst regelmäßig die Opfer einer Vermögensschädigung,[343] sondern er befindet sich in der komfortablen Situation, dass sein Treupflichtiger bedingungslos ausgleichsbereit und -fähig ist. So ist der Rechtsgüterschutz ohnehin zuverlässig zu erreichen und daher ausreichend gewährleistet. Des strafrechtlichen Schutzes bedarf es in diesem Fall nicht.

---

341 *Haas,* Untreue, 52.

342 Siehe dazu die Argumentation im Rahmen von Ordnungswidrigkeiten und Untreue *Burger,* Untreue durch das Auslösen von Sanktionen, 105; beachte auch die Möglichkeit des Adhäsionsverfahrens gemäß §§ 403 ff. StPO.

343 So *Albrecht,* Strafrecht – ultima ratio, 24.

c) Kein Erfordernis in spezial- oder generalpräventiver Hinsicht

Die zivilrechtlichen Regressansprüche können zwar unterschiedlicher Natur sein, sie sind aber auch das einzige zur Verfügung stehende zivilrechtliche Instrumentarium. Mit Blick auf die Tatsache, dass der Treupflichtige ohnehin zum Ausgleich bereit und gewillt ist, und das ganz ohne den Einsatz von (Straf-) Recht, ist anzunehmen, dass die Mittel ausreichend sind. Zu klären bleibt, ob ein Nutzen des Strafrechts in spezial- oder generalpräventiver Hinsicht erkennbar und geboten wäre. Von einem solchen Nutzen des Strafrechts in spezial- und in generalpräventiver Hinsicht ist jedoch nicht auszugehen. Durch die Ausgleichsfähigkeit und -bereitschaft kommt es grundsätzlich zu keiner Erschütterung des Rechtsfriedens. Jedenfalls garantieren diese Umstände, dass der Rechtsfrieden alsbald wieder hergestellt wird. Eine Bekämpfung des Verhaltens bei vorhandener Ausgleichsfähigkeit und -bereitschaft speziell mit den Mitteln des Strafrechts ist nicht geboten. Das Verhalten weist keine besondere Sozialschädlichkeit auf und der Einsatz von Strafrecht ist daher auch nicht besonders dringlich. Aus der bereits festgestellten mangelnden Strafwürdigkeit folgt auch das fehlende Strafbedürfnis.[344]

d) Bedürfnis eines sozialethischen Tadels

Überdies ist der Vorwurf strafbaren Verhaltens stets mit einem weitergehenden sozialethischen Tadel verbunden.[345] Dieser Tadel bezieht sich auf ein gesellschaftlich nicht akzeptiertes Verhalten. Der Treupflichtige bedarf keines Tadels, um zum Ausgleich bereit zu sein, er ist es aus sich selbst heraus, und zudem ist er auch dazu fähig. Nicht seine später zum Ausgleich führende Handlung, sondern bereits seine Ausgleichsbereitschaft und -fähigkeit im Tatzeitpunkt entfaltet eine friedensstiftende Wirkung, sofern es denn überhaupt durch das Verhalten zu einer Erschütterung des Rechtsfriedens käme, was grundsätzlich zu verneinen ist. Ob der einzelne Treugeber das Verhalten seines Treupflichtigen als unbeachtlich empfindet[346] und Strafe daher als aus seiner Sicht unangemessene Reaktion empfindet, ist selbstverständlich ihm selbst überlassen und

---

344 *Seier,* AnwK-StGB, § 266 Rn. 181 und *Jäger,* Strafrecht BT, Rn. 391 sind dieser Meinung.

345 So *Streng,* Strafrechtliche Sanktionen, Rn. 13; *Radtke,* MüKo-StGB, Vor §§ 38 ff. Rn. 2; beachte dazu auch BVerfGE 120, 224, 240: deshalb kommt dem Übermaßverbot als Maßstab für die Überprüfung einer Strafnorm besondere Bedeutung zu, mit Verweis auf BVerfGE 90, 145, 172; BVerfGE 92, 277, 326; BVerfGE 96, 10, 25.

346 Evtl. sogar mit der Folge, noch nicht einmal zivilrechtliche Mittel einzusetzen.

strafrechtlich insoweit unbeachtlich. Des Tadels bedarf es in diesen Fallkonstellationen nicht. So ist auch das Zweckmäßigkeitselement der Strafwürdigkeit nicht gegeben. Wer krampfhaft für eine Nichtberücksichtigung und damit für die Strafbarkeit wegen Untreue trotz vorhandener Ausgleichsfähigkeit und -bereitschaft plädiert, dem ist entgegenzuhalten, dass er die verhaltenssteuernde Wirkung von Strafrecht möglicherweise überbewertet.[347]

e) Adressat des Subsidiaritäts- und ultima-ratio-Prinzips

Es bleibt aber zu klären, wer Adressat der zuvor genannten Prinzipien ist. Das Subsidiaritäts- und das *ultima-ratio*-Prinzip richten sich zum einen eindeutig an den Gesetzgeber.[348] Es ist seine Aufgabe, den Bereich strafbaren Handelns unter Berücksichtigung der jeweiligen Einzelfalllage verbindlich festzulegen. Bei der Beantwortung der Frage, ob der Erlass von Strafvorschriften wegen der sozialschädlichen Wirkung des Verhaltens notwendig ist,[349] steht dem Gesetzgeber ein weiter Beurteilungsspielraum zu.[350] Der Gesetzgeber hat § 266 StGB in seiner tatbestandlichen (vom Wortlaut her weiten) Umschreibung im Strafgesetzbuch eingeführt und der Straftatbestand ist, wie das Bundesverfassungsgericht ausdrücklich bestätigte, verfassungsgemäß.[351] Aus dem Subsidiaritätsgrundsatz lassen sich ansonsten grundsätzlich keine weiteren konkreten Forderungen ableiten.[352] Es ergibt sich allerdings von selbst, dass zum anderen auch der Rechtsanwender zum Adressatenkreis dieser Prinzipien gehört.[353] Denn die Justiz und die Strafrechtswissenschaft müssen die vom Gesetzgeber vorgegeben Tatbestände auslegen. Es ist ihre Aufgabe, die Straftatbestände in methodengerechter Arbeit

---

347 Siehe die Warnung von *Albrecht,* Strafrecht – ultima ratio, 13; beachte in diesem Zusammenhang auch die seit über 30 Jahren stattfindende Diskussion über das Symbolische Strafrecht.

348 *Prittwitz,* Das deutsche Strafrecht, 393.

349 Die schwierige Aufgabe kommt der Kriminalpolitik zu.

350 Nur BVerfGE 43, 291, 347; zu dessen Überprüfung durch das Bundesverfassungsgericht aus jüngerer Zeit BVerfGE 120, 224; statt aller *Roxin,* Strafrecht AT/I, § 2 Rn. 87; das BVerfG ist bei der Prüfung der Legitimität von Strafnormen eher zurückhaltend, dazu nur *von Heintschell-Heinegg,* Beck-StGB, § 1 Rn. 23a m.w.N.

351 BVerfGE 126, 170 ff.

352 Dazu mit Blick auf den Ruf nach einer Rückführung des Strafrechts auf ein Kernstrafrecht und mit Blick auf die Einführung von Gefährdungstatbeständen, *Radtke,* MüKo-StGB, Vor §§ 38 ff. Rn. 4.

353 Dazu *Prittwitz,* Das deutsche Strafrecht, 393; *Kühl,* Lackner/Kühl-StGB, Vor § 13 Rn. 4 f. spricht von einer Ausstrahlungswirkung; siehe auch C.III.5.

durch Auslegung zu konkretisieren.[354] Ihr Einsatz ist gefordert und ihr Einfluss auf die Konkretisierung ist dabei nicht zu verachten. Die Frage der Berücksichtigung von Ausgleichsfähigkeit und -bereitschaft im Rahmen des § 266 StGB ist eine solche der Auslegung. Wie bereits geprüft, sprechen überzeugende Gründe für die Berücksichtigung mit dem Ergebnis der Straflosigkeit der Handlung. Wenn aber die Frage der Strafbarkeit eines bestimmten Verhaltens maßgeblich von der Auslegung eines Straftatbestands abhängt, dann ist offensichtlich, dass es einen Unterschied macht, ob die Person, die die Auslegung vornimmt, von dem Gedanken eines begrenzten Strafrechts, also einem subsidiären Strafrecht mit *ultima-ratio*-Funktion, ausgeht ist oder nicht.[355] Die dem Richter zukommende Aufgabe der Gesetzesauslegung erfolgt, wie gesehen, anhand der anerkannten Auslegungskriterien. Ist § 266 StGB in seiner tatbestandlichen Umschreibung zwar weit, aber noch immer bestimmt genug, dann kann und muss der Gesetzgeber darauf vertrauen, dass Einzelfallgerechtigkeit auch bei der Rechtsanwendung durch Auslegung zu erreichen ist.[356] Ist das Ergebnis der Auslegung die Berücksichtigungsfähigkeit von Ausgleichsfähigkeit und -bereitschaft des Treupflichtigen infolge der fehlenden Strafwürdigkeit, dann entspricht die Straflosigkeit in diesem Fall auch einem allgemeinen Gedanken der Subsidiarität des Strafrechts und dessen *ultima-ratio*-Funktion.

3. Zwischenergebnis

Die Legitimation des Strafrechts hat Grenzen. Das Subsidiaritäts- und das *ultima-ratio*-Prinzip (sowie der fragmentarische Charakter des Strafrechts) gebieten, dass vom Untreuetatbestand nur treuwidrige Handlungen von einer gewissen Sozialschädlichkeit sanktioniert werden dürfen. Eine besondere Bedeutung ist dieser Sichtweise insbesondere vor dem Hintergrund des in der tatbestandlichen Umschreibung sehr weiten Anwendungsbereichs von § 266 StGB beizumessen.[357] Die Strafwürdigkeit ist bei vorhandener Ausgleichsfähigkeit und -bereitschaft zu verneinen. Eine Berücksichtigung dieser Umstände mit der Folge der Straflosigkeit

354 Bzgl. der Berechtigung d.Rspr. zur Rechtsfortbildung, wenn eine Regelung fehlt oder unvollständig ist, *Simon*, Gesetzesauslegung im Strafrecht, 605; siehe *Hofmann*, GG-Kommentar, Art. 20 Rn. 95 f. insbesondere zum Analogieverbot zu Lasten des Täters im Strafrecht; vertiefend mit Blick auf den fragmentarischen Charakter des Strafrechts, *Maiwald*, FS-Maurach, 9, 13 ff.

355 So ausdrücklich *Prittwitz*, Das deutsche Strafrecht, 393.

356 Beachte den Gedanken im Zusammenhang mit § 173 Abs. 2 S. 2 StGB bei BVerfGE 120, 224, 251, 252 f.

357 Dazu schon C.II.2. und C.II.5.

entspricht dem Gedanken der Subsidiarität des Strafrechts und dessen *ultima-ratio*-Funktion. Wenn auf abstrakter Ebene der Wert des Rechtsgutes, die Gefährlichkeit des Angriffs und die Verwerflichkeit der Tätergesinnung als drei Kriterien für die Kriminalisierung bestehen,[358] dann ist festzustellen, dass die Voraussetzungen nicht allesamt erfüllt sind. Die zuvor genannten vielseitigen und vielschichtigen Aspekte verdichten sich zu der endgültigen Annahme, dass bei vorhandener Ausgleichsfähigkeit und -bereitschaft im Zeitpunkt der Handlung schlichtweg kein strafwürdiges Verhalten vorliegt. Nach *Wolf* kann kein das Rechtsgefühl zum Ausdruck bringender Wunsch eines staatlichen sozialethischen Unwerturteils bestehen.[359] Die genannten Prinzipien stützen demnach das von der Rechtsprechung befürwortete Ergebnis der Straflosigkeit als Folge einer Berücksichtigung von Ausgleichsfähigkeit und -bereitschaft des Treupflichtigen.

IV. Straftheoretische Überlegungen

Das zentrale Problem des Untreuetatbestands sieht *Wolf* darin, dass sowohl Theorie als auch Praxis mit der Anwendung nicht zurechtkommen.[360] Das gibt Anlass zu weitergehenden praktischen Überlegungen, hierzu sogleich unter C.VII. Zunächst soll *Wolfs* Gedanke aufgegriffen werden, wonach die Bereitschaft fehle, das Verhalten als kriminelles Unrecht zu ahnden.[361] Er plädiert für eine Anwendung des Strafrechts ebenso auf die „Großen" wie auch auf die „Kleinen."[362] Der Eindruck will nicht verblassen, dass es sich bei der von der Rechtsprechung vorgenommenen Berücksichtigung von Ausgleichsfähigkeit und -bereitschaft mit der Folge der Straflosigkeit mangels Tatbestandsmäßigkeit der Handlung um einen Rechtssatz handelt, der insbesondere die „Großen und Mächtigen" schütze. So ließe das Strafrecht die „Kleinen hängen, aber die Großen laufen."[363] Die Berücksichtigung der Ausgleichsbereitschaft und -fähigkeit hätte zur Folge, dass finanziell potente Täter sich freikauften.[364] So sei der provokative Verdacht gewagt, dass es

---

358 *Jeschek/Weigend*, Lehrbuch des Strafrechts, 50 ff.; *Streng*, Strafrechtliche Sanktionen, Rn. 6.

359 So *Streng*, Strafrechtliche Sanktionen, Rn. 6.

360 *Wolf*, KJ 2000, 531, 531.

361 Vgl. *Wolf*, KJ 2000, 531, 531.

362 Die Argumentation steht im Zusammenhang mit dem Fall Kohl, *Wolf*, KJ 2000, 531, 556; zum ernstzunehmenden Vorwurf selektiver Verfolgung an die Strafrechtspflege allgemein *Hassemer*, AK-StGB, Vor § 1 Rn. 165 m.w.N.

363 *Schünemann*, StV 2003, 463, 470.

364 *Schmidhäuser*, JZ 1973, 529, 529; das im Zusammenhang mit dem Fall Kohl aufgreifend *Wolf*, KJ 2000, 531, 555.

sich bei einer Anerkennung der Berücksichtigungsfähigkeit von Ausgleichsfähigkeit und -bereitschaft um Klassenstrafrecht handeln würde.[365] Zunächst soll der plakative Begriff der „Großen" im Kontext des Täterprofils der Untreue untersucht werden, um sodann den Verdacht des Freikaufens zu überprüfen. Anschließend wird, stets mit Blick auf die Frage der Berücksichtigung von Ausgleichsfähigkeit und -bereitschaft, kurz die Bedeutung des „Warums" von staatlicher Strafe dargestellt, um sodann analysieren zu können, welchen Einfluss eine Berücksichtigung von Ausgleichsfähigkeit und -bereitschaft für den Normbefehl des § 266 StGB hat. Abschließend wird die Bedeutung von sozialer Kontrolle für das Gesamtsystem des gesellschaftlichen Miteinanders herausgearbeitet.

1. Täterprofil

Bevor der Verdacht eines Freikaufens aus der Verantwortung überprüft wird, sollen die von der Kriminologie zu § 266 StGB entwickelten Tätertypologien in den Blick genommen werden.

a) Anhaltspunkte

Es ist vorwegzunehmen, und wurde bereits im Rahmen der systematischen Untersuchung angedeutet, dass die von der Kriminologie entwickelten Typologien zeigen, dass es nicht den einen Untreuetätertypus gibt.[366] Genauso wenig gibt es nur den einen anonymen Betrugstätertypus.[367] Der Täterkreis ist vielmehr unüberschaubar.[368] Aufgrund einiger spektakulärer Verfahren in der jüngeren Vergangenheit erregte der Untreuestraftatbestand in der Öffentlichkeit sehr viel Aufsehen.[369] Das liegt, neben dem Umstand, dass die Untreue mittlerweile in die

365 Dieser ist noch um den Aspekt bereichert, dass es bei kleineren Delikten regelmäßig zu einer Verurteilung komme, in den komplexen Untreueverfahren aber des Öfteren über § 153a StPO eingestellt würde, dazu *Saliger,* GA 141 (2005), 155, 160 ff.; *Herrmann,* Begrenzung der Untreuestrafbarkeit, 22; beachte auch den Vergleich mit der unnachsichtigen Bestrafung eines Diebstahls bei *Schünemann,* NStZ 2005, 473, 476.

366 Unter C.II.4.c); *Seier,* HWSt, V 2 Rn. 20 hält „wegen der Vielgestaltigkeit des Lebens, des Wandels der Verhältnisse und der Besonderheiten des Einzelfalls" den § 266 StGB für unverzichtbar.

367 Vgl. ausführlich dazu und zu den Tätertypen *Tiedemann,* Leipziger Kommentar-StGB, Vor § 263 Rn. 4.

368 *Kargl,* ZStW 113 (2001), 565, 589; *Ransiek,* ZStW 116 (2004), 634, 641.

369 Siehe nur die in Fn. 458, 510 genannten Verfahren; vgl. schon *Labsch,* Jura 1987, 343, 343; eine Übersicht findet sich bei *Saliger,* S/S/W-StGB, § 266 Rn. 5.

verschiedensten Bereiche des Lebens vorgedrungen ist,[370] auch an den meist hohen Schadenssummen in den prominenten Prozessen.[371] Insbesondere in medialer Wahrnehmung und durch den öffentlichen Fokus ist ein Tätertypus anscheinend besonders deutlich sowie sichtbar geworden: Parteivorsitzende, Aufsichtsratsmitglieder, Vorstandsmitglieder etc., in der Tätertypologie *white collar*[372] genannt.[373] *White collar* Kriminalität ist nach dem Ansatz von *Sutherland* dadurch gekennzeichnet, dass die Tat von einem „Angehörigen einer hohen sozialen Schicht im Rahmen seines Berufes begangen wird."[374] Tatsächlich ist bei § 266 StGB mehr oder weniger leicht ein spezifisches Täterprofil zu identifizieren.[375] Dies ist dem Umstand geschuldet, dass es sich bei dem Straftatbestand der Untreue konzeptionell um ein Sonderdelikt handelt.[376] Nur wer für andere Vermögensangelegenheiten unter anderem von gewisser Dauer und einigem Umfang besorgt, kann überhaupt vermögensbetreuungspflichtig und damit tauglicher Untreuetäter sein. Die Ausstattung mit einigen Machtbefugnissen birgt zwangsläufig das Risiko, durch strafbare Handlungen hohe Schäden anzurichten. Das bestätigt das Material der Zahlen über die durch Untreue verursachten Schäden insgesamt und die Verteilung der Schadenshöhe im Einzelfall.[377] So betrug im Jahr 2010 der Anteil der Untreuefälle, bei denen einen Schaden von über 5.000 € registriert wurde, 44,6 %, und im Jahr 2011 dann 46,1 %.[378]

---

370 Als Beispiel sind die Bereiche Sport, Politik und Haushaltsrecht neben der Wirtschaft zu nennen; *Rönnau*, ZStW 119 (2007), 887, 888 spricht davon, dass der Untreuetatbestand nun in seine eigentliche Funktion hineingewachsen sei; beachte auch *Saliger*, JA 2007, 326, 327.

371 Der Gesamtschaden der Untreue laut PKS 2010, S. 209, Tabelle 180: 911,9 Mio. € und laut PKS 2011, S. 215, Tabelle 180: 1.104,6 Mio. € Im Vergleich zum Betrug: Gesamtschaden laut PKS 2010, S. 202, Tabelle 170: 3073,5 Mio. €, wobei der Anteil der Schadensfälle, der mehr als 5.000 € beträgt nur 5,3 % ausmacht.

372 *Sutherland*, White collar crime, 4, 9 war der Schöpfer dieses Begriffs.

373 *Saliger*, S/S/W-StGB, § 266 Rn. 5.

374 *Sutherland*, White collar crime, 4, 8 ff. gilt als Entdecker des Phänomens der Wirtschaftskriminalität; dazu auch *Seier*, Geilen Symposion, 145, 146; dazu auch *Heinrich*, Arzt/Weber-BT, § 19 Rn. 8 ff., S. 531 f.

375 Das steht, wie gesagt, unter dem Vorbehalt, dass es nicht nur den einen Untreuetätertypus gibt, sondern es sich eben um ein Täterprofil handelt.

376 Die Eigenschaft als Sonderdelikt hat auch zur Folge, dass die Untreue kein Massendelikt werden kann, vgl. *Rönnau*, ZStW 119 (2007), 887, 889.

377 So und zum Folgenden *Seier*, HWSt, V 2, Rn. 7.

378 PKS 2010, S. 209, Tabelle 180; PKS 2011, S. 215, Tabelle 180; im Durchschnitt wird durch eine Untreue ein Schaden über 75.000 € hervorgerufen, PKS 2010, S. 46, 202 ff.

Unabhängig von der Frage, ob die Berücksichtigung von Ausgleichsfähigkeit und -bereitschaft des Treupflichtigen die „Großen und Mächtigen" schützen würde, sind jene zunächst einmal die Adressaten der Strafnorm.[379] Damit gehört § 266 StGB zu den sehr wenigen Normen, die sich hauptsächlich gegen die gehobene Mittel- und Oberschicht wendet.[380] Und gerade unter dem Aspekt der Systemgerechtigkeit des Vermögensschutzes durch das Strafrecht folgt die Notwendigkeit eben dieser Norm.[381] Demnach ist festzustellen, dass schon die schlichte Existenz des § 266 StGB im Strafgesetzbuch gegen den Vorwurf des Klassenstrafrechts spricht und vielmehr als „umgekehrtes Klassenstrafrecht"[382] den Vorwurf bereits zum Teil entkräftet. Zudem ist klarzustellen, dass der insoweit als einheitlich zu beschreibende Täterkreis nicht zur Folge hat, dass dieser gesamte Täterkreis auch *per se* ausgleichsfähig und -bereit wäre. Sonst würde nach aktuellem Stand der Rechtsprechung schließlich niemand wegen Untreue verurteilt werden und der Straftatbestand wäre zur Bedeutungslosigkeit verdammt. Die Realität sieht anders aus.[383] Das mag simpel klingen, ist aber vor dem Hintergrund, dass die Berücksichtigungsfähigkeit von Ausgleichsfähigkeit und -bereitschaft gerade im Lichte der Abgrenzung zum Täterkreis beim Betrug gerne vorkommen wird, nicht zu missachten. An dieser Stelle sei auf die im Rahmen der Analyse der Rechtsprechung vorgenommene Identifikation typischer Fallkonstellationen der Ausgleichsfähigkeit und -bereitschaft verwiesen.[384]

Für die Wirtschaftskriminalität sind solche Einzelschäden typisch, so *Rönnau,* ZStW 119 (2007), 887, 889.

379 Es ist durchaus interessant, das „Lexikon besonderer Untreuekonstellationen im Wirtschaftsleben" bei *Seier,* HWSt, V 2, Rn. 207 ff. zu studieren.

380 Siehe *Herrmann,* Begrenzung der Untreuestrafbarkeit, 2; vgl. auch *Schünemann,* StraFo, 2010, 1, 2 m.w.N. mit Bezugnahme auf den Gleichheitsgrundsatz; auch *Saliger,* JA 2007, 326, 327; *Ransiek,* ZStW 116 (2004), 634, 636; auch *Hefendehl,* JA 2011, 401, 402.

381 So *Saliger,* S/S/W-StGB, § 266 Rn. 3; dazu auch *Böttger/Brockhaus,* WiPra, Kapitel 3 Rn. 6; „Strafrecht muss (…) auch *Oberschichtenstrafrecht* sein." *Rönnau,* ZStW 119 (2007), 887, 891 f. (Hervorhebung im Original) unter Verweis auf *Schünemann* und m.w.N.

382 Diesen Begriff verwendet in eben diesem Zusammenhang *Saliger,* S/S/W-StGB, § 266 Rn. 3 m.w.N.; *ders.,* HRRS 2006, 10, 17; *ders.,* JA 2007, 326, 327; darauf verweisend *Böttger/Brockhaus,* WiPra, Kapitel 3 Rn. 6 Fn. 24; kritisch *Englisch,* NJW 2005, 2974, 2974.

383 Im Jahr 2010 wurden laut PKS 10.186 Fälle der Untreue erfasst, PKS 2010, S. 46.

384 B.II.1.

b) *Vorwurf des bloßen Freikaufens*

Inwieweit eine Berücksichtigung von Ausgleichsfähigkeit und -bereitschaft den Vorwurf, dass es sich bei § 266 StGB gerade um „umgekehrtes Klassenstrafrecht“ handele, wiederum auflösen würde, ist Gegenstand der weiteren Untersuchung. Das wäre zu bejahen, wenn der Verdacht eines Freikaufens aus der Verantwortung nicht widerlegt werden kann. Fraglich ist zunächst, von welcher Verantwortung die Rede ist. So mag zum einen die strafrechtliche Verantwortung und zum anderen die zivilrechtliche Verantwortung gemeint sein.

Unter der zivilrechtlichen Verantwortung kann nur die Pflicht zum Ausgleich, also eine Schadensersatzpflicht, zu verstehen sein. Diese trifft den Treupflichtigen unabhängig von einer Berücksichtigung der Ausgleichsfähigkeit und -bereitschaft auf strafrechtlicher Ebene.[385] Daher kann diesbezüglich von einem „sich aus der Verantwortung kaufen“ keine Rede sein. Überdies kommt gerade in der subjektiven Ausgleichsbereitschaft zum Ausdruck, dass der Treupflichtige auch und gerade unabhängig von eventuellen ihm obliegenden zivilrechtlichen Pflichten bereit ist, den Ausgleich zu leisten.

Es kann also lediglich die strafrechtliche Verantwortung gemeint sein, aus der sich der Treupflichtige möglicherweise freizukaufen vermag. Fraglich ist also, ob in der Berücksichtigung von Ausgleichsfähigkeit und -bereitschaft ein Freikaufen seitens des Treupflichtigen aus der strafrechtlichen Verantwortung zu erblicken ist. Dabei ist zunächst zu beachten, dass infolge einer Berücksichtigung der Umstände von Ausgleichsfähigkeit und -bereitschaft keinerlei strafrechtliche Verantwortung begründet würde. Es entsteht und besteht gar keine Verantwortung, derer sich der Treupflichtige durch die – ihm aufgrund seiner objektiven Vermögenslage möglicherweise leichter fallende – Ausgleichfähigkeit und -bereitschaft im Zeitpunkt der Handlung entledigen könnte. Die Berücksichtigung von Ausgleichsfähigkeit und -bereitschaft bewirkt im eigentlichen Sinne die strafrechtliche Irrelevanz des Verhaltens. Insofern sind sowohl die Ausgleichsfähigkeit und -bereitschaft als auch die (spätere) Leistung des Ausgleichs unabhängig von einer durch das Strafrecht oder die Prozessordnung in Aussicht gestellten „Gegenleistung“.

Das ist anders bei einem bloß nachträglichen Schadensausgleich, bei dem zumindest die Aussicht auf eine fakultative Strafmilderung winkt (§§ 46 Abs. 2 S. 2, 46a, 49 Abs. 1 StGB), und vor allem auch anders als bei einer Verfahrenseinstellung unter Auflage nach § 153a StPO. Einen vergleichbaren Nutzen vermag

385 Zu den Ausnahmen mit Blick auf § 823 Abs. 2 BGB beachte die Ausführungen unter D.I.2.b)bb)(2)(a)(bb).

der Treupflichtige nicht daraus zu ziehen. Somit kann er sich auch keinen persönlichen Nutzen durch die Ausgleichsfähigkeit und -bereitschaft erkaufen oder sich eines solchen entledigen. Somit ist der Vorwurf eines Freikaufens aus der strafrechtlichen Verantwortung bereits aus diesem Grund abzulehnen.

Möglicherweise könnte aber einer der gegen die Geldstrafe als Sanktionsinstrument vorgetragenen Gründe übertragbar sein. Als einer der Hauptkritikpunkte wird dort angeführt, dass die Geldstrafe vermögenslose und vermögende Täter unterschiedlich hart trifft.[386] So fällt es selbstredend dem Vermögenden leichter, eine Geldstrafe zu verkraften als dem Vermögenslosen.[387] Dieser Aspekt der „fehlenden Gleichheit" könnte übertragbar sein, wenn es einem Vermögenden keine gleich hohe Bürde wäre, die Anforderungen an Ausgleichsfähigkeit und -bereitschaft zu erfüllen. Eine Vergleichbarkeit dieser Fälle hinkt jedoch von vornherein. Die Geldstrafe ist eben eine strafrechtliche Sanktion und wird durch ein Urteil oder einen Strafbefehl festgesetzt. In § 40 StGB ist das Tagessatzsystem für die Geldstrafe festgelegt. Es ist davon geprägt, dass die Festsetzung der Anzahl der Tagessätze und die Bestimmung der Höhe der Tagessätze getrennte Vorgänge sind.[388] Die Festsetzung der Anzahl der Tagessätze richtet sich nach den allgemeinen Strafzumessungsregeln, vgl. §§ 40 Abs. 1, 46 StGB. Der Umfang der Strafe richtet sich folglich nach der Schwere der Tat und dem Grad der persönlichen Schuld des Täters, § 46 Abs. 1 S. 1 StGB.[389] Im zweiten Schritt ist sodann die Höhe der einzelnen Tagessätze zu bestimmen, § 40 Abs. 2, 3 StGB,[390] wobei hier die wirtschaftlichen Verhältnisse des Täters zur Zeit des Urteils nach dem Nettoeinkommensprinzip zu berücksichtigen sind.[391] Aber auch mit dem Tagessatzsystem sind Ungleichgewichtigkeiten nicht gänzlich vermeidbar. Diese beziehen sich auf die Gerechtigkeit beim Vergleich des Strafübels und resultieren primär sowie zwangsläufig aus der progressiv abnehmenden Belastung bei einem hohen Einkommen sowie der Privilegierung der Inhaber von Vermögen.[392] Bei

---

386 So statt vieler *Mitsch,* JA 1993, 304, 305 auch zu weiteren Schwächen der Geldstrafe.

387 Vgl. *Mitsch,* JA 1993, 304, 305 m.w.N.

388 Statt aller BGH NStZ 1993, 34, 34 f.; vertiefend *Mosbacher,* S/S/W-StGB, § 40 Rn. 1; *Fischer,* StGB, § 40 Rn. 2, 4.

389 Dazu BGHSt 3, 179; BGHSt 20, 264, 266; BGH NJW 1987, 2685, 2686; weitergehend statt vieler *Eschelbach,* S/S/W-StGB, § 46 Rn. 46 ff.

390 Dem schließt sich die Prüfung eventueller Zahlungserleichterungen nach § 42 StGB an.

391 Vertiefend nur *Fischer,* StGB, § 40 Rn. 6 ff. m.w.N.

392 *Fischer,* StGB, § 40 Rn. 2 mit Verweis auch auf *Mitsch,* JA 1993, 304, 305.

der Geldstrafe bezieht sich die Kritik der fehlenden Gleichheit also darauf, dass die Strafe Täter unterschiedlich hart träfe und vollkommene Gleichheit in der Strafe somit nicht zu erreichen sei.[393]

Hingegen ist die objektive Fähigkeit zum Ausgleich ein Sachverhaltsumstand, in Anbetracht dessen (zusammen mit der subjektiven Ausgleichsbereitschaft) das Verhalten keinerlei strafrechtliche Relevanz zu entfalten vermag. Drückt sich in dem eine Geldstrafe vorsehenden Urteil ein sozialethisches Unwerturteil aus,[394] so ist bei vorhandener Ausgleichsfähigkeit und -bereitschaft schon die Strafwürdigkeit zu verneinen. Es ist nicht erforderlich, dass es eine gleichmäßige Bürde für den Treupflichtigen darstellt, ausgleichsfähig zu sein. Gerechtigkeit ist also in diesem Punkt bei der Ausgleichsfähigkeit nicht zwingend erforderlich. Natürlich kann nur ein entsprechend Vermögender objektiv ausgleichsfähig sein. Allerdings liegt hierin keine unerträgliche Bevorzugung dieses bestimmten Personenkreises. Entscheidend ist die Frage der Strafwürdigkeit des Verhaltens mit Blick auf das von § 266 StGB zu schützende Rechtsgut. Die bisherige Untersuchung hat gezeigt, dass gewichtige Argumente für die Berücksichtigung der Umstände im Rahmen der Prüfung eines Untreuevorwurfs sprechen und zum Ergebnis der fehlenden Strafwürdigkeit führen. Es ist kein Grund ersichtlich, diesen Aspekt der finanziellen Potenz des Treupflichtigen außer Acht zu lassen, wirkt er sich doch durchaus positiv auf das von § 266 StGB geschützte Rechtsgut aus. Die sich in der objektiven Ausgleichsfähigkeit manifestierende finanzielle Potenz ist kein willkürlicher Aspekt, sondern im Rahmen der Untreue als Vermögensdelikt naheliegend und angebracht. Es entspricht der maßgeblichen wirtschaftlichen Betrachtungsweise und es ist kein Grund ersichtlich, den wohlhabenden Treupflichtigen aufgrund dieses Umstands nachteilig zu behandeln.

Als ein weiterer Aspekt ist zu ergänzen, dass die Ausgleichsfähigkeit und -bereitschaft keinen Spielraum zur Abwälzung der Last bieten,[395] denn die objektive Ausgleichsfähigkeit muss im Zeitpunkt der Handlung beim Treupflichtigen vorliegen. Somit zielt auch der Vorwurf des Freikaufens aus der Verantwortung infolge einer Berücksichtigung von Ausgleichsfähigkeit und -bereitschaft ins Leere.

---

393 Vgl. *Mitsch*, JA 1993, 304, 305.

394 Nur BVerfGE 96, 245, 249.

395 Die „Gefahr der Abwälzung“ wird ebenfalls als Kritikpunkt an der Geldstrafe vorgetragen, *Mitsch*, JA 1993, 304, 304.

2. Gründe des staatlichen Strafens vor dem Hintergrund relativer Straftheorien und die Bedeutung für den Normbefehl

Es ist fraglich, ob und welchen Einfluss eine Berücksichtigung von Ausgleichsfähigkeit und -bereitschaft des Treupflichtigen auf den Normbefehl des § 266 StGB vor dem Hintergrund straftheoretischer Überlegungen hat.

a) Grundlagen

Sinn und Eigenart des staatlichen Strafens müssen vor dem Hintergrund der konkreten Gesellschaftsform betrachtet werden, für die Bundesrepublik Deutschland also als einem demokratischen Rechtsstaat.[396] Ob, wie und warum die gegen einen Straftäter verhängten Sanktionen wirken, ist Gegenstand und Grundlage der verschiedenen Ansätze relativer Straftheorien.[397] Dabei werden Zwecke formuliert, bei denen es einerseits um die Auswirkungen und Einflussnahme auf die Normtreue der Mitbürger geht (Generalprävention). Andererseits geht es darum, einen Rückfall des Täters zu verhindern (Spezialprävention).[398] In den letzten Jahrzehnten kam es im Verhältnis dieser beiden Strafwecke immer wieder zu Verschiebungen. Gerade mit Blick auf die präventive Wirkung von Strafe und die Frage, wie die Strafzwecke zu verwirklichen sind, gibt es auch heute noch keine endgültige und abschließende Antwort. Für jede Sanktion gibt es einen anerkannten Strafzweck und in der ganz überwiegenden Anzahl der Fälle ist es eine Mischung verschiedener Aspekte.[399] Bei der Generalprävention ist die Abschreckung der Allgemeinheit sowohl durch das Androhen von Strafe als auch durch deren Verhängung herkömmlich der entscheidende Zweck.[400] Mit dem Untreuestraftatbestand soll zum einen das Unrechtsbewusstsein der Bevölkerung im Bereich der Wirtschaft verstärkt und zum anderen deren Vertrauen in die Rechtsordnung und im Besonderen in die wirtschaftliche Ordnung gefestigt werden.[401]

---

396 *Streng*, Strafrechtliche Sanktionen, Rn. 6; gemeint sind Staatsstrukturprinzipien, dazu statt aller ausführlich und m.w.N. *Herzog/Grzeszick*, Maunz/Düring-GG, Art. 20 Rn. 1 ff.

397 Siehe statt vieler die Übersicht von *Streng*, Strafrechtliche Sanktionen, Rn. 4 ff. m.w.N.

398 *Streng*, Strafrechtliche Sanktionen, Rn. 20.

399 Die vom Strafrecht eingesetzten Mittel zur Erfüllung des Rechtsgüterschutzes können sowohl in empirischer als auch in rechtlicher Hinsicht auf ihre Eignung überprüft werden.

400 Dazu *Streng*, Strafrechtliche Sanktionen, Rn. 20 m.w.N.

401 Vor dem Hintergrund der Untreue als Wirtschaftsdelikt so *Herrmann*, Begrenzung der Untreuestrafbarkeit, 22 f.

Wird, wie hier vertreten, durch eine Handlung bei gegebener Ausgleichsfähigkeit und -bereitschaft der *Rechtsfrieden* gar nicht erschüttert, bleibt eine strafrechtliche Reaktion, die sich unter anderem auch auf dessen Wiederherstellung richten würde, entbehrlich. Zudem sei hypothetisch überlegt, wo es denn hinführen würde, wenn die Ausgleichsfähigkeit und -bereitschaft des Treupflichtigen nicht zu berücksichtigen wären und damit bei der Prüfung der Strafbarkeit wegen Untreue als unbeachtlich eingestuft würden. Das hätte in aller Regel und vorbehaltlich der Umstände des jeweiligen Einzelfalls die Bejahung der Untreuestrafbarkeit zur Folge, wobei dann allenfalls eine bloß nachträgliche Schadenswiedergutmachung anzunehmen wäre, welche sich strafmildernd auswirken könnte. Eine Nichtberücksichtigung dieser beim Treupflichtigen vorhandenen besonderen Umstände hätte demnach zur Folge, dass wertungsmäßig derjenige, der sich erst nachträglich zum Ausgleich entscheidet, die gleichen Privilegien genießen würde wie derjenige, der schon im Zeitpunkt der Handlung ausgleichsfähig und -bereit ist. Dass dazwischen ein qualitativer Wertungsunterschied klafft, ist offensichtlich. Reagiert der eine erst zur Wiedergutmachung, nachdem er eine Straftat begangen hat und sich mit deren Konsequenzen konfrontiert sieht, ist der andere bereits bei Vornahme der Handlung zum Ausgleich entschlossen und bereit. Das Rechtsgut ist jedoch nicht in gleichem Maße des Schutzes bedürftig. Dieser qualitative Wertungsunterschied zum nachteilsausgleichenden Nachtatverhalten führt dazu, dass eine Gleichstellung nicht hinnehmbar wäre. Der Wertungsunterschied spricht evident für die Berücksichtigungsfähigkeit der im Zeitpunkt der Handlung beim Treuepflichtigen vorliegenden Ausgleichsfähigkeit und -bereitschaft.

b) Normbefehl

Die Kriterien von strafrechtlicher Verantwortlichkeit müssen klar formuliert und für den Normadressaten verständlich sein,[402] damit er sein Handeln darauf ausrichten kann. Die Bestimmtheit einer Strafnorm ist kein Selbstzweck. Neben der Erfüllung von verfassungsrechtlichen Vorgaben wird so strafrechtlicher Rechtsgüterschutz erst ermöglicht.[403] Von der Aufstellung einer strafbewehrten

---

402 Dabei handelt es sich um das strafrechtliche Bestimmtheitsgebot, welches sich aus Art. 103 Abs. 2 GG, § 1 StGB ableiten lässt; explizit im Rahmen von § 266 StGB, *Matt,* NJW 2005, 389, 389.

403 Das Strafrecht unterliegt aufgrund der Intensität seiner Eingriffswirkung einer Effizienzkontrolle, und zwar im Hinblick auf den Erstrebten zwecks des Rechtsgüterschutzes. Das bezieht sich auf Zweierlei. Zum einen geht es um die Effizienz der

Verhaltensnorm, und nichts anderes ist auch § 266 StGB, wird erwartet, dass sie den Normadressaten von der Begehung eben dieser Straftat abhält.[404] Das ist gleichbedeutend mit dem Abhalten von einer Rechtsgutsbeeinträchtigung und dient damit wiederum dem Schutz des Rechtsguts.

c) *Einfluss der Berücksichtigung von Ausgleichsfähigkeit und Ausgleichsbereitschaft*

Zu überlegen ist nun, ob der Anreiz von Straflosigkeit als Folge der Berücksichtigung von Ausgleichsfähigkeit und -bereitschaft von einer solch gewaltigen Stärke ist, dass er die generalpräventive Wirkung der Strafandrohung des § 266 StGB außer Kraft setzen oder erheblich schwächen könnte.[405] Diese Auswirkung wäre fatal. Es sei zunächst angemerkt, dass auch etwas den Normbefehl schwächen kann, was von der Sanktionsnorm gar nicht erfasst ist. So ist zu vermeiden, dass das Normziel des Rechtsgüterschutzes durch eine die Präventionswirkung unterlaufende Art und Weise ausgelegt wird. Eine dahingehende Befürchtung ist leicht zu zerstreuen. Erklärt man die Ausgleichsbereitschaft und -fähigkeit des Treupflichtigen für berücksichtigungsfähig, dann ist Folgendes zu beachten: Ohne der Untersuchung zur systematischen Verortung vorzugreifen, kann gesagt werden, dass es gar nicht zum Entstehen des Strafanspruchs käme. Folglich würde es sich auch nicht so gestalten, dass die Tatbestandsverwirklichung unberührt bliebe und nur die Strafbarkeit entfiele.[406] Damit wird auch kein „Tatanreiz" gesetzt und die Präventionswirkung wird nicht unterlaufen. Hingegen würde der Normbefehl insoweit gestärkt, da ein starker Anreiz hin zur Straflosigkeit im Interesse eines effektiven Rechtsgüterschutzes gesetzt würde. Es ist somit vielmehr

---

Sanktion. Zum anderen geht es um den Einsatz des Strafrechts als ein Instrument der Verhaltenssteuerung, wobei die Effizienz stets in Relation zu den weniger eingriffsintensiven Modellen der Steuerung steht (weitergehend über die ökonomische Analyse des Rechts *Ott/Schäfer*, Die Präventivwirkung zivil- und strafrechtlicher Sanktionen, *passim*. Beides kann allein Gegenstand empirischer Untersuchungen sein, siehe dazu *Radtke*, MüKo-StGB, Vor §§ 38 ff. Rn. 3 m.w.N.; wobei die verhaltenssteuernde Wirkung des Strafrechts nicht überschätzt werden darf, statt aller *Schmidt-Hieber*, NJW 1992, 2001, 2001.

404 *Radtke*, MüKo-StGB, Vor §§ 38 ff. Rn. 8.

405 Es werden jedoch Bedenken gegen § 371 AO mit Blick auf die heutige Verfahrenswirklichkeit vorgebracht; siehe diesbezüglich, *Kohlmann*, Geilen Symposium, 86 m.w.N.; *Frees*, Die steuerrechtliche Selbstanzeige, 38 m.w.N.; *Rüping*, FS-Müller-Dietz, 717, 719 m.w.N.; schon *Tiedemann*, JR 1975, 385, 387.

406 So allerdings die Wirkung des § 371 AO.

anzunehmen, dass in den Fällen, in denen der Treupflichtige ausgleichsfähig und -bereit ist, nicht die von der Rechtsprechungspraxis versprochene „Straffreiheit" den Anreiz zur Ausgleichsfähigkeit und -bereitschaft (und damit letztlich zur eigentlichen Ausgleichsleistung) setzt, sondern dieser vielmehr auf die Strafandrohung des § 266 Abs. 1 StGB selbst zurückzuführen ist. Zur Appellfunktion des Strafrechts ist zudem zu ergänzen, dass nachweislich festgestellt wurde, dass diese, ebenso wie die Appellkraft der einzelnen Tatbestände, bei einer immer weitergehenden Entwicklung der Ausweitung von Tatbeständen tendenziell abnimmt und geschwächt wird.[407] Hingegen führt die Konzentration, also die Begrenzung auf sozialschädliche Verhaltensweisen mit Relevanz, eher zu einer Stärkung der Appellkraft des Strafrechts.[408] Die Appellfunktion des § 266 StGB würde insoweit noch gestärkt, da bei der Berücksichtigung von Ausgleichsfähigkeit und -bereitschaft diese Konstellation entkriminalisiert wird. Das spricht ebenso wie die Stärkung des Normbefehls für eine Begrenzung der Untreuestrafbarkeit auf sozialschädliche Verhaltensweisen. Hingegen ist die Sozialschädlichkeit im Fall vorhandener Ausgleichsfähigkeit und -bereitschaft des Treupflichtigen nach der hier vertretenen Meinung zu verneinen.

3. Soziale Kontrolle abseits von formeller Strafe

Die Erfüllung der Aufgabe des Rechtsgüterschutzes spielt sich in strafrechtlicher Hinsicht auf drei verschiedenen Ebenen ab.[409] Erstens ist schon von der Aufstellung einer Verhaltensnorm, die mit einer Sanktion bewehrt ist, zu erwarten, dass sie denjenigen, der unter die Verhaltensnorm fällt, ihr also unterworfen ist, von der Begehung einer Straftat abhält.[410] Das ist nichts anderes als das Abhalten von einer Rechtsgutsbeeinträchtigung. Zweitens sollte auch die Sanktionierung an sich dazu führen, den Täter und / oder andere von der zukünftigen Begehung von Straftaten abzuhalten.[411] Und auf dritter Ebene soll der Vollzug der Strafe die künftige Begehung von Straftaten verhindern.[412] Neben der Sanktion durch eine formelle Strafe soll das Phänomen der sozialen Kontrolle auf seine Relevanz und Wirkung im Zusammenhang mit der Frage einer Berücksichtigungsfähigkeit

407 Dazu *Albrecht,* Strafrecht – ultima ratio, 14.

408 Siehe dazu *Albrecht,* Strafrecht – ultima ratio, 14.

409 Dazu und zum Folgenden *Radtke,* MüKo-StGB, Vor §§ 38 ff. Rn. 8 m.w.N.

410 So *Radtke,* MüKo-StGB, Vor §§ 38 ff. Rn. 8.

411 So *Radtke,* MüKo-StGB, Vor §§ 38 ff. Rn. 8.

412 So *Radtke,* MüKo-StGB, Vor §§ 38 ff. Rn. 8 vertiefend mit Verweis auf den Gedanken des § 2 Abs. 1 StVollzG.

von Ausgleichsfähigkeit und -bereitschaft des Treupflichtigen hin untersucht werden.

a) Grundlagen

Dem deutschen Strafrecht liegt ein zweispuriges Sanktionssystem zugrunde:[413] Zum einen die Strafen nach den §§ 38 ff. StGB und zum anderen die Maßregeln der Besserung und Sicherung gemäß §§ 61 ff. StGB. Die Mittel, die dem Strafrecht für die Gewährleistung des Rechtsgüterschutzes zur Verfügung stehen, sind im Rahmen dieser Arbeit an verschiedenen Stellen vereinzelt schon angesprochen worden.[414] Darüber hinaus ist das Strafrecht im Besonderen[415] auf einer soziologischen Ebene nur ein Teil des Gesamtsystems sozialer Kontrolle.[416] Das Leben in einer handlungs- und funktionsfähigen Gesellschaft verlangt Regeln und deren Einhaltung.[417] Die Kontrolle darüber erfolgt elementar sowohl über formelle als auch über informelle Sozialkontrolle.[418] Der Ausdruck der informellen Sozialkontrolle beschreibt die Prozesse und Abläufe, wie Normen zunächst vermittelt werden, wie ihnen zu Geltung verholfen wird, wie ihr Wert gebildet wird[419] und wie die Reaktion auf Normbrüche ausfällt.[420] Jede Kontrolle ist jedenfalls Reaktion. Die Reaktionen auf Normbrüche können durchaus unterschiedlich ausfallen, abhängig davon, ob sie im persönlich privaten oder im

---

413 Siehe dazu nur *Radtke*, MüKo-StGB, Vor §§ 38 ff. Rn. 69 ff.; *Streng*, Strafrechtliche Sanktionen, Rn. 280; zum Vorschlag der Einführung einer „dritten Spur“: Wiedergutmachung, Alternativ-Entwurf Wiedergutmachung, Entwurf eines Arbeitskreises deutscher, österreichischer und schweizerischer Strafrechtslehrer, 1992, 25.

414 Etwa das Berufsverbot als eine zu den Nebenfolgen zu zählende Maßregel der Besserung und Sicherung C.V.4. Eine vollständige Aufzählung findet sich etwa bei *Streng*, Strafrechtliche Sanktionen, Rn. 95 ff.

415 Ein Vergleich des Strafrechtssystems mit anderen Systemen rechtlicher Kontrolle / Regelung als auch Konzept der Entkriminalisierung findet sich im „Report on Decriminilisation“ aus dem Jahr 1980 vom Europarat, Nachweise bei *Müller-Dietz*, FS-Schmitt, 95, 106 f.

416 Dazu *Radtke*, MüKo-StGB, Vor §§ 38 ff. Rn. 10; *Müller-Dietz*, FS-Schmitt, 95, 103; *Raiser*, JZ 2004, 261, 262; *Hassemer*, AK-StGB, Vor § 1 Rn. 295 ff. m.w.N.; es handelt sich dabei um ein Konzept der Sozialwissenschaften.

417 Dazu *Raiser*, JZ 2004, 261, 262 m.w.N.

418 *Radtke*, MüKo-StGB, Vor §§ 38 ff. Rn. 10 m.w.N.; beachte den Unterschied zur informellen Sanktion: § 153a StPO, §§ 45, 47 JGG, *Streng*, Strafrechtliche Sanktionen, Rn. 1.

419 Bis hin zu Tabus.

420 *Streng*, Strafrechtliche Sanktionen, Rn. 1.

gesellschaftlichen Umfeld[421] des Handelnden hervorgerufen werden. Die Untreue ist als Sonderdelikt ganz überwiegend, wie auch die chronologische Darstellung der bisherigen Rechtsprechung zum ausgleichsbereiten und -fähigen Treupflichtigen zeigte, im Bereich Arbeitsplatz / Berufsleben beheimatet. Es sei gemutmaßt, dass Reaktionen hier bei Kenntnis der Umstände zu erwarten sind, natürlich auch von Seiten des Treugebers. Daneben können aber auch Reaktionen aus dem privaten Umfeld treten.

b) Exkurs: Empirische Untersuchungen zu informellen Reaktionen

Zu den informellen Reaktionen aus dem sozialen Umfeld auf die Begehung von Kriminalität gibt es zahlreiche empirische Untersuchungen.[422] Dabei taten sich zwei auffällige Zusammenhänge auf. Zum einen steht die Bewertung des Grades der „moralischen Verbindlichkeit“[423] einer Norm in Beziehung zur Häufigkeit eines Verstoßes.[424] Je verbindlicher die konkrete Strafnorm von der Bezugsgruppe empfunden wird, desto geringer ist in der Folge die Straffälligkeit.[425]

Zum anderen ist die zu erwartende konkrete Reaktion aus dem jeweiligen Umfeld relevant für die Tathäufigkeit.[426] Positiv formuliert entfaltet also eine zu befürchtende negative Haltung des sozialen Umfelds eine Verhaltenskonformität herbeiführende Wirkung. Damit wird das Legalverhalten gestärkt. Interessanterweise führt ein begangener Verstoß also nicht zur Veränderung oder gar Aufweichung der Wirkungskraft der Norm, gegen die verstoßen wurde, sondern typischerweise zu einer Verstärkung ihrer Wirkungskraft.[427] Das gilt allerdings nur, wenn eine Reaktion im Sinne einer Sanktion folgt. Dem liegt natürlich die Prämisse zugrunde, dass der Handelnde dieses Umfeld als für sich selbst bedeutsam empfindet.[428] Ob der Einzelne eine negative Reaktion von Seiten seines Umfelds befürchtet, hängt wiederum davon ab, wie er die Bereitschaft zur

---

421 *Dölling*, Kriminalprävention, 259, 263 nennt als Beispiel berufliche Nachteile.

422 Dazu *Radtke*, MüKo-StGB, Vor §§ 38 ff. Rn. 40.

423 *Dölling*, Kriminalprävention, 259, 260, 264; darauf verweisend *Radtke*, MüKo-StGB, Vor §§ 38 ff. Rn. 41.

424 So *Dölling*, Kriminalprävention, 259, 264; *Radtke*, MüKo-StGB, Vor §§ 38 ff. Rn. 41 m.w.N.

425 Vgl. *Dölling*, Kriminalprävention, 259, 264.

426 Beachte mit Blick auf die Generalprävention vertiefend *Radtke*, MüKo-StGB, Vor §§ 38 ff. Rn. 40 m.z.N.

427 Dazu *Hassemer*, AK-StGB, vor § 1 Rn. 299.

428 *Radtke*, MüKo-StGB, Vor §§ 38 ff. Rn. 40.

Normkonformität selbst in seinem Umfeld erlebt hat.[429] Das gilt andererseits auch für die nicht vorhandene Bereitschaft zur Normkonformität. Hier zeigt sich wiederum deutlich, dass es nicht die eine Moral gibt, sondern dieser Begriff in Gruppen und Kreisen sich aufweicht und verändert.[430]

c) *Bedeutung für den ausgleichsfähigen und ausgleichsbereiten Treupflichtigen*

Es ist vorwegzunehmen, dass eine Reaktion logischerweise zunächst das Vorliegen einer Aktion in Form eines Verstoßes verlangt. So besteht grundsätzlich folgendes Stufenverhältnis: Erst Verstoß, dann Reaktion. Beim Einsatz formeller Strafe wird nach der Vornahme der relevanten Handlung zunächst die Strafbarkeit festgestellt, um sodann mit dem Ausspruch der Strafe darauf reagieren zu können. Das gilt grundsätzlich auch für den informellen Bereich, was wiederum zur Folge hat, dass die Reaktionsmöglichkeiten der Willkür in weiten Teilen zugunsten einer Vorhersehbarkeit entzogen sind.[431] Das Stufenverhältnis bedingt für den Einzelnen die Möglichkeit, die Reaktion seines Umfelds zu antizipieren und sein Verhalten daran auszurichten.[432] Möglich ist demnach, dass der Treupflichtige die soziale Kontrolle antizipiert und sie an sich selbst vornimmt. Wissend, dass es sich bei dem von ihm zu betreuenden Vermögen um für ihn fremdes Geld handelt, welches er zu eigenen Zwecken treuwidrig einsetzt, will er den Betrag erstatten und die ihm eingeräumte Machtposition gerade nicht pervertieren. Er könnte eine Reaktion antizipieren, die theoretisch wie folgt lauten könnte: „Wenn ich nicht erstatte bzw. erstatten kann und / oder will und mithin meinem Treugeber durch die pflichtwidrige Handlung vorsätzlich einen Vermögensnachteil zufüge, dann ist mein Verhalten jedenfalls moralisch verwerflich (und auch strafbar)“. Aber da der Treupflichtige zum Ausgleich gewillt und bereit ist und das sogar ohne Aufforderung, werden keine negativen Reaktionen hervorgerufen und keine wahrzunehmende Reaktion in der sozialen Kontrolle ausgelöst, da gar kein dahingehendes Bedürfnis bestünde. Das hat auch zur Konsequenz, dass sich ein Reuegedanke im Sinne eines „Das mache ich nie wieder“

---

429 Das ist die Erkenntnis von *Dölling,* Kriminalprävention, 259, 264, der vom Verwandten- und Bekanntenkreis spricht; dazu ebenfalls *Radtke,* MüKo-StGB, Vor §§ 38 ff. Rn. 40.

430 *Dölling,* Kriminalprävention, 259, 265 verwendet den Begriff „Gruppenmoral“.

431 *Raiser,* JZ 2004, 261, 262.

432 Ganz im Sinne des Ansatzes positiver Spezial- und Generalprävention; zur Antizipation, die auch der Entlastung bei der Wahl der vielen Handlungsmöglichkeiten dient, *Raiser,* JZ 2004, 261, 262 m.w.N.

gar nicht bilden kann,[433] da der Treupflichtige – zu Recht – nicht davon ausgeht oder ausgehen muss, einen Verstoß / eine Straftat zu begehen.

Es bleibt zu überlegen, ob ein intellektuell gewandter und vorausschauend denkender Treupflichtiger gegenüber einer vorsichtig und verantwortungsvoll, sich strikt an die Treuabrede haltende Person unerträglich bevorzugt würde. Das wäre jedenfalls dann der Fall, wenn die antizipierte Reaktion, welche in der Ausgleichsbereitschaft und -fähigkeit mündet, nicht mehr sein könnte als das Ergebnis von gut überlegtem Kalkül. Das ist aus folgenden Gründen zu verneinen. Gegen eine Bevorzugung spricht mit Blick auf das von § 266 StGB geschützte Rechtsgut, dass kein Verstoß gegeben ist. Beide Kriterien (das der Ausgleichsfähigkeit und das der Ausgleichsbereitschaft) gewährleisten, dass es nicht beim bloßen Lippenbekenntnis gespielter Reue bleibt. Zum einen müssen die Voraussetzungen ja gerade im Zeitpunkt der Tat schon vorhanden sein. Im Gegensatz zur bloß nachträglichen Entschuldigung kann und braucht also ein innerer Wandel gar nicht vollzogen werden. Der Treupflichtige ist schließlich bereits im Zeitpunkt der Tathandlung ausgleichsfähig und -bereit. Zum anderen hat der Treupflichtige durch seine Ausgleichsfähigkeit und primär seine subjektive Ausgleichsbereitschaft zwangsläufig eine Einstellung, die dem Schutz des Rechtsguts Vermögen äußerst förderlich ist. Überdies sind die Bandbreite und das Anwendungsfeld sozialer Kontrolle breiter als die Reichweite des strafrechtlichen Sanktionssystems.[434] Demnach kann auch das Gegenteil der Fall sein. Dafür müsste das jeweils maßgebliche soziale Umfeld die Vornahme der Handlung trotz vorhandener Ausgleichsfähigkeit und -bereitschaft des Treupflichtigen als einen Verstoß einordnen und mit einer Reaktion belegen. Das ist durchaus vorstellbar, aber eine Frage des individuellen Umfelds. Das Phänomen sozialer Kontrolle vermag keine neuen Argumente für oder wider die Berücksichtigungsfähigkeit von Ausgleichsfähigkeit und -bereitschaft zu liefern. Aber es zeigt sich, dass auch bei Bejahung der Berücksichtigungsfähigkeit sonstige Kontrollmechanismen zivilrechtlicher oder jedenfalls nicht-strafrechtliche Art unberührt bleiben.[435] Dieser Umstand findet wohl keinen Eingang in die öffentliche Meinungsbildung. Insoweit bestünde eine Diskrepanz zwischen Wahrnehmung und Wirklichkeit.

---

433 Beachte bezüglich der Rechtfertigung einer Vorschrift zur tätigen Reue gemäß § 167 ÖStGB (mehr dazu unter C.IX.2.) den Ansatz, dass sich der Täter selbst resozialisiere, *Frees*, Die steuerrechtliche Selbstanzeige, 127.

434 Ein Effekt des fragmentarischen Charakters des Strafrechts.

435 *Matt*, NJW 2005, 389, 389.

4. Zwischenergebnis

Der Vorwurf, dass bei § 266 StGB das Strafrecht die Kleinen hängen, aber die Großen laufen lasse, ist nicht haltbar.[436] Auch der Vorwurf des Klassenstrafrechts konnte widerlegt werden. Vielmehr ist § 266 StGB gerade Ausdruck eines „umgekehrten Klassenstrafrechts". Das Täterprofil der Untreue ist aufgrund der Konzeption des Straftatbestands als Sonderdelikt relativ leicht zu bestimmen, dennoch gibt es nicht den einen Untreuetäter. Tatsächliches und das in der öffentlichen Wahrnehmung sichtbare Täterprofil sind mehr oder weniger deckungsgleich, auch wenn letzteres wesentlich auf die Spitzen der Gesellschaft verengt wird. Durch die Berücksichtigungsfähigkeit wird kein fragwürdiger Bonus an den Treupflichtigen in Form der Straflosigkeit ausgeteilt, sondern Rechtsgüterschutz praktiziert. Der Verdacht, dass eine Berücksichtigung von Ausgleichsfähigkeit und -bereitschaft das Tor zum Freikaufen aus der strafrechtlichen Verantwortung ermögliche, konnte widerlegt werden. Wenn die Ausgleichsfähigkeit und -bereitschaft des Treupflichtigen im Rahmen der Untreue jedoch unberücksichtigt bliebe, entstünde ein nicht hinnehmbarer Wertungswiderspruch zur nachträglichen Schadenswidergutmachung und der sich daran anschließenden Möglichkeit einer fakultativen Strafmilderung. Durch eine Berücksichtigung von Ausgleichsfähigkeit und -bereitschaft und der damit einhergehenden Entkriminalisierung in diesem Bereich wird der Norm eine schärfe Kontur verliehen und der Anwendungsbereich auf das Wesentliche begrenzt, nämlich auf relevante sozialschädliche Verhaltensweisen, die strafwürdig und strafbedürftig sind. Letzteres ist, wie bereits festgestellt, bei Ausgleichsfähigkeit und -bereitschaft nicht der Fall. Dadurch werden der Normbefehl und die Bedeutung von § 266 StGB als strafrechtliches Instrumentarium der Sozialkontrolle massiv aufgewertet. Der Normbefehl des § 266 StGB würde durch eine Berücksichtigung von Ausgleichsfähigkeit und -bereitschaft gerade nicht geschwächt. Darüber hinaus darf die Wirkung des Strafrechts auch nicht maßlos überschätzt werden.[437] Das Strafrecht ist nur ein Teilbereich sozialer Kontrolle. Es gibt daneben noch den großen Bereich informeller Sozialkontrolle. Dem Treupflichtigem geben beide Bereiche die Möglichkeit, sein Verhalten daran auszurichten.

---

436 So *Ransiek*, ZStW 116 (2004), 634, 636.

437 Zur Überschätzung der Strafzwecke vertiefend *Schmidt-Hieber*, NJW 1992, 2001, 2001 ff.

V. Aspekte aus Treugeberperspektive

Wie immer und überall sind die Interessen vielseitig und je nach Standpunkt können sie auch durchaus unterschiedlich sein. Mit Blick auf die Frage der Berücksichtigungsfähigkeit von Ausgleichsfähigkeit und -bereitschaft soll nunmehr die Perspektive des Treugebers skizziert werden.[438] So ist, gerade vor dem Hintergrund der immer wieder in der Argumentation bemühten besonderen Beziehung zwischen Treupflichtigem und Treugeber, geschaffen durch das Band der Vermögensbetreuungspflicht, zu überprüfen, ob eine Berücksichtigung von Ausgleichsfähigkeit und -bereitschaft noch weiteren (subjektiven) Interessen entspräche, als primär denjenigen eines im Ergebnis straflosen Treupflichtigen. Möglicherweise stünde eine Berücksichtigung den Interessen des Treugebers diametral entgegen. Vielleicht hat der Treugeber aber auch eigene Interessen an der Berücksichtigungsfähigkeit der bei seinem Treupflichtigen vorliegenden Umstände im Rahmen der Untreueprüfung. Es ist klarzustellen, dass der Treugeber bei einer Berücksichtigung von Ausgleichsfähigkeit und -bereitschaft und einer sich daraus ergebenden Straflosigkeit des Treupflichtigen zwangsläufig nicht Opfer einer Untreuestraftat werden kann. Aber in der Praxis könnten, beispielsweise infolge der zunächst ungenauen Umstände über die objektive Ausgleichsfähigkeit des pflichtwidrig handelnden Treupflichtigen, Ermittlungstätigkeiten aufgenommen werden und der Treugeber so zunächst in eine vermeintliche Opferrolle gedrängt werden. Daher soll die Untersuchung zur Berücksichtigungsfähigkeit um die Perspektive des Treugebers ergänzt werden. Zudem greifen teilweise die folgenden Ausführungen auch für den Fall, dass keine Ausgleichsfähigkeit und / oder -bereitschaft seitens des Treupflichtigen vorhanden ist, und der Treugeber daher tatsächlich das Opfer einer Untreuehandlung wird.

1. Vereinfachter Ausgleich

Bei dem von § 266 StGB geschützten Rechtsgut des Vermögens handelt es sich um ein Individualrechtsgut des Treugebers. Der Umstand, dass der Treupflichtige

---

438 Die Opferperspektive rückt in der gesamten Strafrechtswissenschaft, aber im Besonderen im Strafverfahren immer mehr in den Vordergrund. Diese Tendenz ist interessant, gerade im Vergleich zu der schon weit fortgeschrittenen Entwicklung des österreichischen Strafrechts, mehr dazu unter C.IX.2. Zum tiefgreifenden Wandel, etwa *Frehsee*, Schadenswiedergutmachung, *passim*; zu den Defiziten etwa *Löffler*, Grund und Grenzen, 133 ff.; das viktimologische Prinzip, also die Frage, wieweit die Beziehung des Täters zum Opfer und dessen Verhalten als eigenständige Elemente in die teleologische Auslegung einzubeziehen sind, ist umstritten.

ausgleichsfähig und -bereit ist, bedeutet für den Treugeber vor allem eines: Er wird, ohne den Umweg, seine Ansprüche erst geltend machen oder gar auf gerichtlichem Wege durchsetzen zu müssen, die pflichtwidrig eingesetzten Mittel seitens des Treupflichtigen erstattet bekommen. Ihm steht damit ein sicherer Ausgleich bevor, unabhängig von seiner (eventuell sogar fehlenden) Situationskenntnis. Dieser Ausgleich ist für den Treugeber mit weniger zeitlichem, personellem und finanziellem Aufwand als dem einer gerichtlichen Durchsetzung zu erreichen und demnach schnell, effizient und ressourcenschonend. Jedoch ist fraglich, ob dieser Ausgleich nicht auch ohne eine strafrechtliche Berücksichtigungsfähigkeit für den Treugeber zu erlangen ist, immerhin ist der Treupflichtige zum Ausgleich unbedingt bereit. Dann wäre kein Interesse des Treugebers bezüglich einer Berücksichtigungsfähigkeit annehmbar. Es sei die Vermutung aufgestellt, dass das Interesse des Treugebers am schnellen, unkomplizierten Ausgleich in der Regel gegenüber anderweitigen Interessen überwiegt. Folglich müsste der Treugeber aber auch ein Interesse daran haben, dass die Ausgleichsfähigkeit und -bereitschaft seines Treupflichtigen im Rahmen der Untreue berücksichtigt wird. Denn nur ein dahingehender Anreiz in Richtung Straflosigkeit für den Treupflichtigen bewirkt, dass dieser sein Augenmerk auf eben diese Umstände der Ausgleichsfähigkeit und -bereitschaft überhaupt lenkt und legt. Mit Blick auf die tatsächliche Situation, die durch Ausgleichsfähigkeit und -bereitschaft geschaffen wird und in der sich der Treugeber gegenüber einem zahlungsfähigen und -willigen Treupflichtigen wiederfindet, ist mithin anzunehmen, dass auch der Treugeber ein eigenes Interesse an der Berücksichtigungsfähigkeit von Ausgleichsfähigkeit und -bereitschaft hat. *Preiser* sprach schon 1954 davon, dass der Ausgleichsgedanke einem Verlangen entgegenkommt, das „den Menschen in allen Lebenslagen beherrscht."[439] Hierbei ist der Ausdruck „Ausgleich" untechnisch zu verstehen, nicht etwa im Sinne überholter Gedanken der Vergeltung.[440] Vielmehr bezieht sich der Ausgleichsgedanke in diesem Zusammenhang auf einen Teil des staatlichen Schutzauftrags. Einen Schutz durch das Strafrecht braucht der Treugeber für das von § 266 StGB geschützte Vermögen jedoch gar nicht zu beanspruchen, wenn die Ausgleichsfähigkeit und -bereitschaft seines Treupflichtigen seinen Interessen bereits ausreichend dienen und ihm Ausgleich gewähren. Die dem Strafrecht zur Verfügung stehenden Mittel müssen nicht zum Einsatz kommen, um dem Treugeber einen Ausgleich zu gewähren.

---

439 *Preiser,* FS-Mezger, 71, 76. Das war schon immer so und wird auch immer so bleiben.

440 So die Ausführungen bei *Schmidt-Hieber,* NJW 1992, 2001, 2001 mit Blick auf die Forderung nach Ausgleich statt Geldstrafe.

2. Strafverfolgung und Geheimhaltungsinteresse

Es ist zudem vorstellbar, dass der Treugeber als Vermögensinhaber ein konkretes Interesse daran hat, dass sein Treupflichtiger nicht der Strafverfolgung ausgesetzt wird.[441] Dafür können unterschiedliche Beweggründe ausschlaggebend sein. Gerade im Bereich der Wirtschaftskriminalität kommt der Ruf eines Unternehmens durch ein öffentliches Strafverfahren, beispielsweise gegen den Geschäftsführer einer GmbH oder gegen ein Vorstandsmitglied einer Aktiengesellschaft, schnell in Gefahr.[442] Dies kann insbesondere durch negative Presseberichte geschehen.[443] Die Liquidität des Unternehmens kann dann schnell gefährdet sein.[444] Möglich ist sogar, dass durch das Strafverfahren eine Insolvenz herbeigeführt wird.[445] Weiterhin könnte der Treugeber sich selbst als Individuum den zum Teil schweren Belastungen durch einen Zugriff der Polizei[446] und durch ein Ermittlungsverfahren[447] nicht aussetzen wollen, etwa infolge der damit einhergehenden persönlichen und sachlichen Beweiserhebungen.[448] Vielfach wird er ein Interesse an der Geheimhaltung haben. In Fällen tatsächlich strafbarer Untreuehandlungen und damit beim Vorliegen einer Straftat in der Praxis kommt dies durchaus öfter vor.[449] Dass sogar in den Fällen, in denen die Voraussetzungen einer Strafbarkeit gegeben sind, ein zum Teil sehr hohes Geheimhaltungsinteresse besteht, spiegelt sich in der tatsächlichen Anzeigebereitschaft der Opfer wider, die äußerst

---

441 *Schramm,* Untreue und Konsens, 191.

442 Die Bedeutung des § 266 StGB gerade in medialer Hinsicht und in der öffentlichen Präsenz verdeutlichen die zum Teil spektakulären, stichwortartig aufzuzählenden Verfahren *Kohl, Kanther, Mannesmann, Bremer Vulkan* etc. Zum Aspekt medialer Aufarbeitung siehe etwa *Herrmann,* Begrenzung der Untreuestrafbarkeit, 49.

443 Ausführlich zum Thema „Ermittlungsverfahren und Medien“ und dem für die Presse aus Art. 5 Abs. 1 GG abzuleitenden Recht auf die sog. Verdachtsberichterstattung, sowie dem Verbot einer Vorverurteilung, dem in der Realität oftmals die Prangerwirkung öffentlicher Medien entgegensteht, *Tsambikakis/Kretschmer,* WiPra, Kapitel 14 Rn. 248 ff. m.w.N. auch a.d.Rspr.

444 Zu dem Risiko, dass infolge negativer Presseberichte die Gläubiger ihre Forderungen sofort fällig stellen und dadurch eine bisher nur latent vorhandene Gefahr für das Vermögen in einen effektiven Schaden umschlägt, siehe *Seier,* Symposion Geilen, 145, 151 mit Verweis auf OLG Hamm, NJW 2001, 1696.

445 Zu einem Fall, in dem der Konkurs allein durch die Ermittlungen der Staatsanwaltshaft und deren Bekanntwerden verursacht wurde, BGHSt 34, 379, 383.

446 § 163 Abs. 1 StPO.

447 §§ 60 ff. StPO.

448 So *Schramm,* Untreue und Konsens, 190 f.

449 *Schramm,* Untreue und Konsens, 191.

gering ist.[450] Dem Geheimhaltungsinteresse steht das Strafverfolgungsinteresse der Allgemeinheit gegenüber. Wo aber keine Strafbarkeit besteht, da ist auch kein Strafverfolgungsinteresse. Zwar hält das Legalitätsprinzip die ermittelnden Staatsanwaltschaften dazu an, jedwedem Unrecht nachzugehen (und statuiert so eine Verfolgungspflicht).[451] Wenn aber, im Einklang mit der bisherigen Rechtsprechung, die Ausgleichsfähigkeit und -bereitschaft des Treupflichtigen berücksichtigungsfähig sind und zur Folge haben, dass die Handlung straflos ist, dann ist kein zu verfolgendes Unrecht gegeben. Selbstredend kann ein etwaiges Geheimhaltungsinteresse des Treugebers nicht als Argument für die Berücksichtigungsfähigkeit von Ausgleichsfähigkeit und -bereitschaft des Treupflichtigen mit der Folge der Straflosigkeit herangezogen werden. Aber eine auf den schon zahlreich angeführten Gründen beruhende Bejahung der Berücksichtigungsfähigkeit würde wohl in aller Regel weiteren Interessen des Treugebers entsprechen.

3. Bagatelle

Auch und gerade im Bereich von Bagatellschäden ist die Grenze zur Sozialadäquanz des Verhaltens fließend.[452] Gerade in diesem Bereich der mangelnden, jedenfalls geringen Sozialschädlichkeit ist eine Entkriminalisierung geboten. Wann ein solcher Bagatellschaden vorliegt, ist gesetzlich nicht geregelt.[453] Bei der Untreue sind die Schadenssummen in der Regel tendenziell hoch und der Richtwert wird üblicherweise um ein Vielfaches überschritten.[454] Blieben Ausgleichsfähigkeit und -bereitschaft im Rahmen der Untreueprüfung unberücksichtigt, so läge die Annahme einer Bagatelle eher fern. Von einem Bagatelldelikt ist die Bagatellisierung eines strafbaren Verhaltens in der öffentlichen Wahrnehmung zu unterscheiden.[455] Unter letzterem ist die gedankliche Abschreibung

---

450 *Saliger*, S/S/W-StGB, § 266 Rn. 5; als simpler Grund sei an dieser Stelle die Sorge um den guten Ruf, insbesondere bei betriebsinternen Vorkommnissen und begrenzten Schadenssummen sowie die Bevorzugung einer einvernehmliche Lösung mit dem Treupflichtigen über die Beendigung des Treuverhältnisses und sonstiger Entschädigung genannt; beachte auch *Rönnau*, ZStW 119 (2007), 887, 889.

451 *Seier*, Geilen Symposion, 145, 148.

452 *Fischer*, StGB, § 266 Rn. 3.

453 Er muss jedenfalls unter der Grenze des § 248a StGB liegen, der kraft Verweises in § 266 StGB Anwendung findet (und die Untreue geringwertiger Sachen zu einem relativen Antragsdelikt macht). Dessen Grenze liegt bei ca. 25,00 bis 50,00 €, dazu m.z.N.a.d.Rspr. *Kudlich*, S/S/W-StGB, § 248a Rn. 6 f.

454 Siehe schon C.IV.1.a).

455 Dazu schon *Heinitz*, FS-Mayer, 433, 437, der vom „Volksbewußtsein“ spricht.

beziehungsweise die Einordnung eines strafrechtlich relevanten Verhaltens als Kavaliersdelikt, bei dem ein strafrechtliches Verbot nicht oder nur unzureichend von einer entsprechenden Sozialnorm gedeckt und gestützt wird, zu verstehen.[456] Das kann möglicherweise mit einer Schwächung des Normbefehls einhergehen.[457] Wenn aber Ausgleichsfähigkeit und -bereitschaft nach der hier vertretenen Auffassung aufgrund der zahlreichen dafür sprechenden Argumente der Begründung einer Untreuestrafbarkeit entgegenstehen, dann ist zu konstatieren, dass mangels Vorliegens von tatbestandsmäßigem Unrecht es auch nicht zu einer Bagatellisierung[458] im öffentlichen Bewusstsein kommen kann. Davon abgesehen wird vielmehr ein hinreichendes Unrechtsbewusstsein gefördert, in dem die Grenze zum strafbaren Verhalten klarer gezogen wird.[459] Steht hingegen ein bloßer Verzögerungsschaden im Raum, liegt die Annahme einer Bagatelle nicht allzu fern, was jedoch eine Frage des Einzelfalls ist.

4. Berufsverbot des Treupflichtigen

Unter der Prämisse, dass die Ausgleichsfähigkeit und -bereitschaft nicht zu berücksichtigen wären und zudem die übrigen Voraussetzungen für eine Untreuestrafbarkeit vorlägen, soll abschließend ein Blick auf mögliche weitergehende Konsequenzen geworfen werden. Dabei sollen im Folgenden die Auswirkungen von staatlicher Strafe nicht allgemein, also die tatsächlichen, realen Folgen einer Verurteilung,[460] sondern insbesondere die Möglichkeit der Verhängung eines Berufsverbots erläutert werden.[461] Gemäß § 70 Abs. 1 StGB kann das Gericht ein Berufsverbot als eine Maßregel der Besserung und Sicherung verhängen.[462] Dafür muss eine Verurteilung wegen einer rechtswidrigen Tat unter Missbrauch des Berufs vorliegen, wobei der Täter die ihm durch seinen Beruf gegebene Möglichkeit bewusst und planmäßig zur Tat ausgenutzt haben muss. Es ist also ein berufstypischer Zusammenhang mit der Tätigkeit erforderlich, wobei das bloße Ausnutzen von sich, anlässlich der Ausübung des Berufs, ergebenden

---

456 Vgl. *Hassemer*, AK-StGB, vor § 1 Rn. 119, m.w.N.

457 Beachte dazu C.IV.2. d).

458 Dabei würde es sich um eine schleichende Tendenz handeln.

459 Zu den generalpräventiven Aspekten schon C.IV.2.

460 Auf die außerstrafrechtlichen Folgen einer Verurteilung wegen Untreue wies schon *Heinitz*, FS-Mayer, 433, 437 hin; zu den typischen Nebenfolgen einer Verurteilung wegen Untreue *Böttger/Brockhaus*, WiPra, Kapitel 3 Rn. 110 ff.

461 Dazu im Kontext der Untreue *Schramm*, Untreue und Konsens, 193; siehe die umfangreichen Ausführungen bei *Böttger/Brockhaus*, WiPra, Kapitel 3 Rn. 111 ff.

462 Überblicksartig dazu *Strenger*, Strafrechtliche Sanktionen, Rn. 298 ff.

Möglichkeiten nicht ausreichend ist.[463] Zudem ist eine Prognoseentscheidung erforderlich.[464] Zwar kann und wird ein Berufsverbot in aller Regel befristet ausgesprochen, stellt aber dennoch eine erhebliche Belastung für einen Verurteilten dar. Zu beachten ist weiterhin, dass gemäß § 132a StPO der Richter auch die Möglichkeit hat, ein vorläufiges Berufsverbot gegen einen Beschuldigten zu verhängen. Daneben sei noch als weitere berufsrechtliche Konsequenz der Ausschluss von der Vorstands- und Geschäftsführertätigkeit erwähnt, vgl. § 76 Abs. 3 AktG und § 6 Abs. 2 Nr. 3e GmbHG.[465] Nun liegt zugegebenermaßen zwischen der Nichtberücksichtigung von Ausgleichsfähigkeit und -bereitschaft und der Verhängung eines Berufsverbots ein weiter Weg. Allerdings mündet die Nichtanerkennung von Ausgleichsfähigkeit und -bereitschaft vorbehaltlich der weiteren Voraussetzungen in der Strafbarkeit wegen Untreue, und es ist stets geboten, auch den Konsequenzen Beachtung zu schenken, die zunächst noch weit entfernt scheinen. Überdies droht Anwälten bei Verurteilung wegen Untreue ein Ausschlussverfahren aus der Rechtsanwaltschaft und Notaren die Entfernung aus dem Amt.[466]

5. Zwischenergebnis

Die Interessen eines Treugebers können vielseitig und besonders bei Handlungen, die in den Bereich einer möglichen Untreuestrafbarkeit fallen, auch durchaus individuell, unterschiedlich und überraschend sein. So können aus Sicht des Treugebers eventuelle Geheimhaltungsinteressen bestehen oder auch ein Wille, den Treupflichtigen als Mitarbeiter trotz seiner Handlung weiter zu beschäftigen. Natürlich liegt das Hauptinteresse des Treugebers darin, dass sein Treupflichtiger die Gelder *ausschließlich* pflichtgemäß verwendet und jegliche das Vermögen schädigende Handlungen unterbleiben. So bliebe in diesem Idealfall eine Ausgleichsfähigkeit und -bereitschaft zum Ersatz pflichtwidrig eingesetzter Gelder zudem gänzlich entbehrlich. Abgesehen von diesem Idealfall und für die Konstellation, dass der Treupflichtige die Gelder dennoch in anderer Weise verwendet, ist jedenfalls anzunehmen, dass das Interesse des Treugebers in dem Ersatz seiner vom Treupflichtigen pflichtwidrig eingesetzten Gelder in effizienter,

---

463 Dazu LG Essen 14.01.2010 – 56 KLs 19/09.

464 Auf Basis einer Gesamtwürdigung von Tat und Täter muss die erkennbare Gefahr bestehen, dass bei weiterer Ausübung des Berufes der Täter erhebliche rechtswidrige Taten der bezeichneten Art begehen wird.

465 Siehe dazu statt vieler *Böttger/Brockhaus*, WiPra, Kapitel 3 Rn. 111 ff.

466 Nach § 114 Abs. 1 Nr. 5 BRAO bzw. § 97 Abs. 1 BNotO.

ressourcenschonender und effektiver Weise liegt. Die Interessen des Treugebers können insoweit nicht als eigenständiges Argument für eine Berücksichtigung von Ausgleichsfähigkeit und -bereitschaft herangezogen werden. Da jedoch letztlich die Ausgleichsfähigkeit und -bereitschaft ein vorrangiges Interesse, nämlich den Ausgleich des vom Treugeber erlittenen Vermögensnachteils, ankündigen, ist davon auszugehen, dass die Berücksichtigung von Ausgleichsfähigkeit und -bereitschaft des Treupflichtigen im Rahmen der Untreue den Interessen des Treugebers eher entspricht, als dass seine Interessen einer Berücksichtigung von Ausgleichsfähigkeit und -bereitschaft diametral entgegenstünden. Schließlich wird mit der Berücksichtigungsfähigkeit im Rahmen der Untreue ein Anreiz zum Ausgleich geschaffen. Diesen Anreiz zu erhalten befürwortet auch die denkbare Fallgestaltung,[467] in der der Treugeber von der Verwendung der Mittel gar nichts mitbekommt und der Treupflichtige, ehe der Treugeber davon Kenntnis erhält, alles bereits (wie bei Mittelensatz geplant) ausgleicht.

Die Interessenlage ist bei einer Berücksichtigungsfähigkeit von Ausgleichsfähigkeit und -bereitschaft demnach nicht bloß einseitig dem Treupflichtigen zugeneigt.

VI. Spannungsverhältnis zwischen Recht und Moral

Im Rahmen der straftheoretischen Überlegungen wurde erläutert, dass der Vorwurf des Klassenstrafrechts nicht haltbar ist. Das strahlt auch auf das Spannungsverhältnis zwischen Untreuestrafrecht und Moral[468] aus. Wie Recht und Moral zueinander stehen, ist eine der Grundfragen überhaupt, insbesondere der Rechtsphilosophie.[469] Zwar sind (straf-) rechtliche Fragen von rein moralischen Urteilen

---

467 Es ist zu vermuten, dass diese Fallgestaltung öfter vorzufinden ist.

468 Den Ausdruck vom „*Spannungsverhältnis von Recht und Moral*" prägte *Matt*, NJW 2005, 389 ff.

469 So vertreten etwa *Hart* und *Kelsen* als klassische Vertreter des Rechtspositivismus, dass Recht und Moral zwei vollkommen unterschiedliche Normenordnungen darstellen, und folglich diese beiden begrifflich zu trennen sind. Es wird allerdings bestritten, dass die Prämissen der Rechtstheorie zwangsläufig zum Rechtspositivismus führen müssen. So wird zum einen behauptet, dass die Trennung von Recht und Moral ohnehin verfehlt sei (mithin wird von diesen Befürworten ein nichtpositivistischer Rechtsbegriff vertreten). Zum anderen wird behauptet, Recht und Moral können zumindest miteinander verbunden sein (sog. inklusiver Rechtspositivismus); ausführlich u.m.w.N. *Funke*, Grundlagen des Rechts, 54; diese Frage ist auch Gegenstand etwa der Rechtssoziologie, dazu *Raiser*, JZ 2004, 261 ff.

(im Sinne von Wertungen) zu trennen,[470] denn im Strafprozess geht es um die Geltung des Strafrechts und eben nicht um die reine Moral. Dennoch sind große Schnittmengen[471] ebenso wie ein wechselseitiger Zusammenhang nicht gänzlich zu leugnen. Sie sind insoweit verbunden, um den gesellschaftlichen Entwicklungen Rechnung zu tragen, und ohne irgendeine Bindung des Rechts an die „Sittlichkeit" würde man „das Recht geradezu substantiell verelenden lassen."[472] Erfüllt wird dies durch die Anwendung von Generalklauseln, welche teilweise auf die Handelsbräuche, auf die guten Sitten oder auf die Verkehrssitten verweisen.[473] Aber was ist Recht und was ist Moral? An dieser Stelle soll nicht der nahezu unlösbare Versuch unternommen werden, diese Grundfrage einer umfassenden Erläuterung zu unterziehen. Dafür sei auf die umfangreiche Literatur verwiesen.[474] Vielmehr soll nach einer kurzen Begriffsklärung aus Klarstellungsgründen der Versuch unternommen werden, das Spannungsverhältnis zwischen Recht und Moral vor dem Hintergrund einer Berücksichtigung von Ausgleichsfähigkeit und -bereitschaft im Rahmen der Untreue zu beleuchten.

1. Ansatz zur Begriffsklärung

Zur Klärung der Begriffe sind durchaus unterschiedliche Herangehensweisen vorstellbar, was elementar damit zusammenhängt, dass das Verhältnis von Recht und Moral aus unterschiedlichen Perspektiven betrachtet werden kann, etwa aus derjenigen der Rechtssoziologie oder der Philosophie.[475] Diese Perspektiven fassen lediglich die unterschiedlichen wissenschaftlichen Ansätze zusammen. Davon abgesehen ist der Adressat von Recht und Moral jedes in einer menschlichen Gemeinschaft lebende Mitglied. Daher sollte sich ein jeder mit ihnen auseinandersetzen und vermutlich könnte ein jeder etwas dazu sagen, würde man ihn fragen.[476]

---

470 Dieser Forderung trugen insbesondere im Sexualstrafrecht mehrere Strafrechtsreformen Rechnung, BVerfGE 120, 224, 224 ff. m.w.N. und unter Einbeziehung gegenläufiger Tendenzen; auch *Matt*, NJW 2005, 389, 389 m.w.N.

471 Als Beispiel sei das Tötungsverbot genannt.

472 *Engisch,* Gerechtigkeit, 106; *Matt* NJW 2005, 389, 389 spricht davon, dass „das Recht im Allgemeinen einen gewissen gesicherten moralischen (moralphilosophischen) Anspruch" hat.

473 Bsp.: §§ 138, 157, 242 BGB; § 346 HGB; §§ 211, 228 StGB; vgl. dazu *Raiser,* JZ 2004, 261, 261.

474 Beachte die umfangreichen Nachweise bei *Raiser*, JZ 2004, 261, 261 Fn. 1 ff.

475 *Raiser,* JZ 2004, 261, 261.

476 So *Raiser,* JZ 2004, 261, 261.

a) Versuch einer Definition

Nach dem *Duden* ist Recht die „*Gesamtheit der staatlich festgelegten bzw. anerkannten Normen des menschlichen, bes. gesellschaftlichen Verhaltens; Gesamtheit der Gesetze und gesetzesähnlichen Normen.*“[477] Unter Moral ist danach die „*Gesamtheit von ethisch-sittlichen Normen, Grundsätzen, Werten, die das zwischenmenschliche Verhalten einer Gesellschaft regulieren, die von ihr als verbindlich akzeptiert werden*“ aber auch „*das sittliche Empfinden, Verhalten eines Einzelnen, einer Gruppe*“ zu verstehen.[478] Der rechtsdogmatische Ansatz versteht unter Recht die staatlich erlassenen und die staatlich anerkannten Rechtssätze in ihrer Gesamtheit. Schon auf den ersten Blick wird klar, dass die Moral insoweit facettenreicher und damit auch schwieriger zu erfassen ist.

b) Eklatante Unterschiede und Grenzziehung

Es ist fraglich, wie die Grenze zwischen Recht und Moral zu ziehen ist und wo sie verläuft. Diese Untersuchung soll anhand einer Herausarbeitung einzelner Unterschiede erfolgen. *Hassemer* sieht die Grenze zwischen (Straf-) Recht und Moral durch das Prinzip der Sozialschädlichkeit markiert.[479] Dieses verlangt, dass die rechtsgutsverletzende Handlung den engen Bereich von Täter und Opfer überschreitet. Das Verhalten erlange daher Bedeutung für uns alle, indem es zu einer Äußerlichkeit der Rechtsgutsverletzung komme und deren Folgen sich gesellschaftlich manifestierten.[480] Die in Strafnormen enthaltenen Ge- und Verbote binden auch denjenigen, der sie nicht als für sich (rechtlich oder moralisch) verbindlich wahrnimmt,[481] und so gelten sie innerhalb ihres Anwendungsbereichs „ubiquitär.“[482] Allgemein gesprochen kann menschliches Verhalten in konformes beziehungsweise abweichendes Verhalten eingeteilt werden.[483] Letzteres entspricht den in einer Gesellschaft etablierten Verhaltenserwartungen nicht. Der Einfachheit halber ist davon auszugehen, dass es nur eine allseits akzeptierte einheitlich Erwartung gibt. In der Realität gibt es, abhängig vom jeweiligen Umfeld, durchaus unterschiedliche Vorstellung davon, was moralisch

---

477 *Duden,* Wörterbuch der deutschen Sprache, 3214.

478 *Duden,* Wörterbuch der deutschen Sprache, 2638.

479 *Hassemer,* AK-StGB, vor § 1 Rn. 204.

480 So *Hassemer,* AK-StGB, vor § 1 Rn. 204.

481 *Jeschek/Weigend,* Lehrbuch des Strafrechts, 418 (den Ausdruck der Sittlichkeit gebrauchend).

482 *Hassemer,* AK-StGB, Vor § 1 Rn. 120 auch im Original in Anführungszeichen.

483 Von Kategorien spricht *Streng,* Strafrechtliche Sanktionen, Rn. 5 m.w. Hinweisen.

richtig ist. Die Inhalte können jeweils mit Blick auf die Bezugsgruppe deutlich voneinander abweichen und sich sogar diametral entgegenstehen.[484] Dieses Phänomen wird als Gruppenmoral bezeichnet.[485] Die durch die Moral aufgestellten sozialen Regeln gelten demnach auch nur „segmentär", nämlich begrenzt auf eine bestimmte Bezugsgruppe.[486] Das Strafrecht ist die Verrechtlichung sozialer Kontrolle. Es ist formalisiert und deckt nur einen Teilbereich von sozialer Kontrolle ab.[487] Ein weiterer Unterschied liegt neben dem Geltungsbereich auch in der Geltungsquelle.[488] Es zeigt sich also, dass der Begriff des Rechts klar und von der Moral sauber abgrenzbar ist. Hingegen ist der Begriff der Moral ein unscharfer und vielschichtiger. Die Moral ist zwar einer Definition zugänglich, aber in ihrer Wirkung, Reichweite und Bedeutung äußerst schwer zu greifen und zu analysieren, was auch der Verwendung des Begriffes der Moral in verschiedenen Zusammenhängen geschuldet ist.[489] Für die weitere Untersuchung soll der Geltungsbereich als ein Unterschied von besonderer Bedeutung hervorgehoben werden. Rechtliche Normen gelten innerhalb der Rechtsgemeinschaft, sind damit auch für denjenigen verbindlich, der Teil ihrer ist, und gerade unabhängig davon, ob er sie für verbindlich erachtet oder nicht. Anders die Moral. Auch sie ist maßgeblich für eine Bezugsgruppe, aber nur in dem Fall, in dem der Einzelne sie als für sich maßgeblich erachtet.

2. Spannungsverhältnis

Unser friedensstiftendes Strafrecht ist wertkonservativ, ihm kommt keine aktiv sittenbildende Funktion zu, sondern es baut in der Regel auf einem schon gesellschaftlich auffindbaren Konsens auf.[490] Da das Strafrecht auf die Pönalisierung solchen Verhaltens, welches für strafwürdig erachtet wird, begrenzt ist, bedeutet staatliche Strafe, im Gegensatz zu einer möglichen privaten Missbilligung des Einzelnen, immer die öffentlich Missbilligung eines Verhaltens.[491] Ob der Einzelne

---

484 *Streng,* Strafrechtliche Sanktionen, Rn. 5; *Endruweit/Kerner,* Sozialwissenschaften im Studium des Rechts, 61, 81 ff.

485 *Dölling,* Kriminalprävention, 259, 265; dazu schon C.IV.3.

486 *Hassemer,* AK-StGB, Vor § 1 Rn. 120.

487 Siehe die hilfreichen Ausführungen von *Hassemer,* AK-StGB, vor § 1 Rn. 303 ff. dazu, wie wertvoll und hilfreich die Formalisierung für den Einzelnen ist, wenn er sich einer Konfliktsituation gegenübergestellt sieht; ferner C.IV.3.

488 Beachte *Raiser,* JZ 2004, 261, 262.

489 Siehe dazu *Raiser,* JZ 2004, 261, 262.

490 So ausdrücklich *Streng,* Strafrechtliche Sanktionen, Rn. 8.

491 Dazu *Jeschek/Weigend,* Lehrbuch des Strafrechts, 50.

die Strafwürdigkeit und Strafbedürftigkeit im konkreten Fall als gegeben ansehen mag, ist nicht Gegenstand der Strafnorm als einer abstrakt gesamtgesellschaftlich etablierten Norm (wie § 266 StGB),[492] verdient aber gesonderte Beachtung. Möglich ist natürlich auch, dass ein subjektiv oder moralisch als strafwürdig erachtetes Verhalten gar nicht strafbar ist. Vor diesem Hintergrund ist es lohnenswert zu fragen, ob und inwieweit über das Ergebnis der Straflosigkeit als Folge einer Berücksichtigung von der Ausgleichsbereitschaft und -fähigkeit im Rahmen der Untreue ein gesellschaftlicher Konsens bestehe.[493] Da eine solche Untersuchung allein mittels empirischer Methoden erfolgen kann, können hier lediglich noch zu beweisende Thesen aufgestellt werden.

a) *Strafbare Untreue gemäß § 266 StGB versus moralische Urteile*

Der Tatbestand des § 266 StGB darf nur den Bereich erfassen, der tatsächlich strafwürdig ist.[494] Die überwiegenden Argumente sprechen bei vorhandener Ausgleichsfähigkeit und -bereitschaft für die Verneinung der Strafwürdigkeit des Verhaltens. Das stünde wiederum im Einklang mit der langjährigen Rechtspraxis, die bekanntlich zum Ergebnis der Straflosigkeit in den Fällen der Ausgleichsfähigkeit und -bereitschaft kommt. Führt die Anwendung des Rechts zum Ergebnis der Straflosigkeit, bei vorhandener Ausgleichsfähigkeit und -bereitschaft des Treupflichtigen, mag das moralische und subjektive Urteil eines Individuums über dieses Verhalten dem entsprechen oder durchaus anders ausfallen.[495] So kann der Umgang des verantwortlichen Treupflichtigen mit Fremdgeld wohl öfter subjektiv (und in unterschiedlichen Bezugsgruppen auch jeweils unterschiedlich) als unangemessen, unpassend oder auch als strafwürdig empfunden werden. Aber darin liegt ein essentieller Unterschied. Nicht jedes moralisch als verwerflich angesehene Verhalten oder jeder als unangemessen empfundener Umgang mit anvertrauten Geldern fällt in den Bereich einer strafrechtlichen Untreue, auch wenn eine zunehmende Tendenz, alles in die Nähe

---

492 Aufgrund des Geltungsbereichs.

493 Es gibt jedoch die Erkenntnis, dass in der Demokratie ein Strafrecht nur dann wirkungsvoll ist, wenn es auf einem gewissen gesellschaftlichen Konsens aufbaut. Es ist daher auch gesellschaftlichem Wandel und Werten unterlegen, aber immer begrenzt auf sozialschädliches Verhalten, dazu *Müller-Dietz,* FS-Schmitt, 95, 104.

494 *Matt*, NJW 2005, 389, 389.

495 In diesem Zusammenhang ist auch an die große Debatte in Deutschland über Moral und Recht im Fall Mannesmann (BGHSt 50, 331–346) zu erinnern, die insbesondere die Gewährung sog. „*golden parachuts*“ zum Gegenstand hatte, dazu auch *Cappel,* Grenzen auf dem Weg zu einem europäischen Untreuestrafrecht, 9.

des Tatbestands der Untreue zu rücken, in der Praxis teilweise so wahrgenommen wird.[496] So ist etwa die Rede davon, dass der Untreuetäter das Vermögen seines Treugebers durch einen Vertrauensmissbrauch benachteilige. Diese und ähnliche Formulierungen deuten zumindest unterschwellig ein Verständnis an, dass das Unrecht des Untreuetatbestands gemäß § 266 StGB in erster Linie in der Missachtung der tatsächlich existierenden, persönlichen Nähebeziehung zwischen Treupflichtigem und Treugeber bestünde, welche primär von Vertrauen geprägt sei. Das ist nicht der Fall,[497] denn das Unrecht der strafbewehrten Untreue ist als Vermögensdelikt ein anderes. Auch wenn die Moral vor allem die Missachtung der tatsächlich existierenden, persönlichen Nähebeziehung missbilligen mag, kommt es strafrechtlich nicht darauf an. Sowohl die Moral als auch das Strafrecht sind nicht für den perfekten, fehlerlos handelnden Menschen gedacht, sondern liefern Handlungsgebote und -verbote. Beide Ordnungen haben eigene Maßstäbe und Wertungen. Im Strafrecht ist das allen voran die Bestimmtheit der Straftatbestände, die Dogmatik und eine verfassungsrechtliche Grundlage. Anders bei der Moral, welche konventionell, auf religiösen oder ethischen Vorstellungen oder auf bestimmten Weltanschauungen begründet sein kann, aber ansonsten dem rasanten Wandel gesellschaftlicher Entwicklungen unterjocht ist. Dabei ist gerade in Zeiten wirtschaftlicher Krisen leicht vorstellbar, dass der Einzelne jeglichen treuwidrigen Umgang mit Fremdgeld für strafwürdig beziehungsweise moralisch verwerflich erachtet.

b) Der getrübte Blick der Moral

Im Alltäglichen besteht die reale Gefahr, dass durch die Öffentlichkeit moralischer Druck auf Staatsanwaltschaften und Gerichte ausgeübt wird.[498] Dieser teilweise immense Druck der Öffentlichkeit bildet sich durch die Masse oder formt sich durch eine starke Presse. Und die öffentliche Meinung bildet sich schnell, zu oft auch vorschnell ein Urteil. Ein Verdacht wird zum Skandal[499] und so kann sich die Spirale der öffentlichen Meinung weiterschrauben.[500] Die

---

496 So *Lesch,* ZRP 2002, 159, 161 und *Matt,* NJW 2005, 389, 390; ebenfalls zitiert bei *Schünemann,* NStZ 2005, 473, 473; *Böttger/Brockhaus,* WiPra, Kapitel 3 Rn. 10; beachte *Saliger,* HRRS 2006, 10, 15 der sich gegen den Moralisierungsvorwurf wendet.

497 So bereits *Labsch,* Jura 1987, 343, 344; kritisch in Bezug auf den Ausdruck der Treupflicht, welcher vieldeutig und pathetisch sei *Heinitz,* FS-Mayer, 433, 437 ff.

498 *Foffani,* FS-Tiedemann, 767, 767 spricht im Zusammenhang mit der Untreue von der „Medienattraktivität mancher Strafprozesse".

499 So mit Blick auf das Wirtschaftsstrafrecht *Böttger,* WiPra, VII.

500 *Matt,* NJW 2005, 389, 389 spricht von einer Lawine.

öffentliche Meinung pönalisiert, was sie für unmoralisch hält, unabhängig davon, ob eine Straftat begangen wurde oder eine moralische Verfehlung gegeben ist.[501] Dem moralischen Urteil liegt damit oftmals ein getrübter Blick zugrunde. Das kann neben mangelnder Tatsachenkenntnis und einer gewissen Neigung der öffentlichen Meinung zur Vorverurteilung auch dem Umstand geschuldet sein, dass sich moralische Urteile oft aus einer gewissen Gruppendynamik heraus bilden. Aber die Gerichte und Staatsanwaltschaften sind als staatliche Institutionen und unabhängige Organe der Rechtspflege verpflichtet, jeglichem moralischen Druck (etwa aufgrund eines übermäßigen Interesses der breiten Öffentlichkeit[502]) standzuhalten, sei dies auch noch so schwer und mühevoll. Diese Pflicht erlegt ihnen das Recht selbst auf, denn sie unterliegen allein dem Gesetz und sind damit ausschließlich an das Recht gebunden, welches als Kehrseite der Medaille ihre Befugnisse limitiert.[503] Nur so kann allein dem Recht, auf das es im Strafprozess ausschließlich ankommt, Geltung verschafft werden. Im Gegensatz zur Moral müssen durch das Strafrecht die Kriterien für eine strafrechtliche Verantwortbarkeit klar, deutlich und verständlich ausfallen. Das ganze Verfahren bis zur abschließenden Urteilsfindung und der Verkündung des Urteils im Namen des Volkes (§ 268 Abs. 1 StPO) und darüber hinaus ist gesetzlich in der Strafprozessordnung geregelt. Das Strafgericht hat die Sache von Amts wegen aufzuklären, und es gilt der Grundsatz der Erforschung der materiellen Wahrheit, §§ 160, 244 Abs. 2 StPO. Zudem garantiert Art. 103 Abs. 1 GG einen Anspruch auf rechtliches Gehör.[504] Das Strafrecht darf sich nicht dazu herablassen, der Vollstrecker der Moral zu sein und einem ausschließlich moralisch als strafwürdig empfundenen Verhalten mit der schärfsten Waffe des Staates, dem Strafrecht, entgegenzutreten.

3. Zwischenergebnis

Die Begriffe Recht und Moral strotzen vor Bedeutungskomplexität. Das, was das Recht und was die subjektive Moral als strafwürdig einstuft, stimmt im besten

---

501 So *Matt,* NJW 2005, 389, 389; also auch unabhängig davon, ob bei strafrechtlicher Beurteilung ein Vermögensnachteil eingetreten ist, oder ein moralischer Schaden mit diesem verwechselt wird.

502 Sehr anschaulich beschreibend *Matt,* NJW 2005, 389, 389.

503 Beachte den von *Böttger/Brockhaus,* WiPra, Kapitel 3 Rn. 10, gegebenen Hinweis, es sei Praxis der Ermittlungsbehörden ein Ermittlungsverfahren „auf Basis eines als moralisch unangemessen empfundenen Verhaltens" einzuleiten.

504 Beachte zu Einzelheiten etwa BVerfGE 60, 175, 210; BVerfGE 6, 19, 20; BVerfGE 64, 135, 144; BVerfGE 17, 361.

Fall überein. Das Strafrecht ist im Grundsatz so konzipiert, dass es auf einem gesellschaftlichen Konsens aufbaut. Es ist folglich naheliegend, dass eine Übereinstimmung nicht immer gegeben ist, und so bleibt manchmal das eine hinter dem anderen zurück. Theoretisch kann das Moralempfinden weitergehen als die strafrechtliche Relevanz eines Verhaltens. Dann bliebe die Rechtsakzeptanz nicht hinter dem vom Recht ausgesprochenen Verbot zurück, sondern das, was als subjektiv strafwürdig empfunden wird, könnte über den strafbaren Bereich sogar hinausgehen. So mag eventuell der Einzelne es als unmoralisch und strafwürdig empfinden, wenn ein Treupflichtiger auch bei Ausgleichsfähigkeit und -bereitschaft die Gelder seines Treugebers in pflichtwidriger Weise einsetzt. Sofern man die Ausgleichsfähigkeit und -bereitschaft im Rahmen der strafrechtlichen Untreue für berücksichtigungsfähig erachtet und bei ihrem Vorliegen die Strafwürdigkeit des Verhaltens verneint, wäre dieses Verhalten aus strafrechtlicher Sicht irrelevant. Damit würden sich der Komplex einer strafrechtlichen Norm und eine moralische Wertung, in bemerkenswerter Ausrichtung, nicht decken. Die Aussagen bedürfen der Erforschung mithilfe empirischer Methoden.[505] Nur so könnten inhaltlich aussagekräftige Ergebnisse über die gesellschaftliche Akzeptanz des Verhaltens erzielt werden.

VII. Praktische Erwägungen

Wenn es im Strafprozess zu der Einlassung seitens des Angeklagten kommt, ständig eigene Mittel bereit gehalten zu haben, dann liegt die Annahme nicht allzu fern, dass es sich dabei um eine reine Schutzbehauptung handele.[506] Gesetzt den Fall, die praktische Handhabung einer Berücksichtigung von Ausgleichsfähigkeit und -bereitschaft im Rahmen der Untreueprüfung sei allzu schwierig, stellt sich die Frage, ob dieser Umstand allgemein gegen eine Berücksichtigungsfähigkeit spräche.[507]

---

505 Um nicht an der Hürde zu schwieriger abstrakter Begriffe zu scheitern, müssten die Fragen so präzise wie möglich formuliert werden.

506 So *Waßmer,* Risikogeschäft, 128 f.

507 *Simon,* Gesetzesauslegung im Strafrecht, 538 ff., 561 ff. differenziert allgemein zwischen der Möglichkeit zur Gesetzesumgehung, drohenden Schutzbehauptungen und möglichen Beweisschwierigkeiten; *Albrecht,* Strafrecht – ultima ratio, 13, zählt zu den ökonomischen Grenzen des Strafrechts als Steuerungselement auch die Möglichkeit einer praktikablen Anwendung.

1. Gefahr von Schutzbehauptungen

Der vom Verteidiger vorgetragenen Saldierung der Vermögensminderung durch eine schon geleistete Ausgleichszahlung wird nach Aussage von *Böttger/Brockhaus* seitens der Ermittlungsbehörden beziehungsweise der Gerichte regelmäßig pauschal die Behauptung entgegengesetzt, dass es sich dabei doch nur um eine nachträgliche Schadenskompensation des Mandanten handeln würde.[508] Diese Annahme einer reinen Schutzbehauptung liegt insoweit auch nahe, als dass sich zahlreiche Motive für eine bloß nachträgliche Ausgleichszahlung nahezu aufdrängen. Beispielhaft seien demnach nur auftretende Reue, die Last der Entdeckung der (vermeintlichen) Tat, das Sich-Wiederfinden in einem Strafprozess und die Übermacht der eigenen Gefühle, die Angst vor einer eventuellen Verurteilung, reine Vernunfterwägungen mit Blick auf die jedenfalls strafmindernde Wirkung einer nachträglichen Wiedergutmachung etc. genannt. Überprüft man die Behauptung des Treupflichtigen unter dem Aspekt der kriminellen Logik, so erscheint es eigentlich unsinnig, pflichtwidrig Fremdgelder einzusetzen, wenn man doch ausreichend und jederzeit eigene liquide Mittel zur Verfügung hat.[509] Schließlich könnte man dann in den meisten Fällen doch auch die eigenen Gelder einsetzen. Allerdings wird diese so naheliegende und theoretische Annahme der Praxis nicht gerecht. In der Realität tauchen solche Sachverhaltskonstellationen immer wieder auf.[510]

2. Beweis im Prozess und sonstige Auswirkungen

Die Behauptung, objektiv ausreichende Mittel bereitgehalten zu haben, lässt sich mit einer nachträglichen Prüfung feststellen. Laut *Waßmer* bedeutet eine solche Prüfung jedoch meist einen großen zeitlichen, finanziellen und tatsächlichen Ermittlungsaufwand.[511] Diese praktischen Schwierigkeiten dürfen aber nicht dazu führen, dass die Ermittlung des Vermögensnachteils im Prozess unterbleibt.[512]

---

508 *Böttger/Brockhaus*, WIPra, Kapitel 3 Rn. 56 mit Praxistipp für den Verteidiger.

509 Vgl. *Waßmer*, Risikogeschäft, 129 der dies am Beispiel der Finanzmanipulation nach dem „Schneeballprinzip" erläutert und auf eine Untersuchung von *Holzmann*, Bauträgeruntreue, 142 ff. verweist.

510 Das gilt insbesondere für die in B.II.1. ausfindig gemachten typischen Sachverhaltskonstellationen.

511 *Waßmer*, Risikogeschäft, 129; allgemein zu den Schwierigkeiten der Tatsachenermittlung in Wirtschaftsstrafprozessen beachte die Ausführungen von *Englisch*, NJW 2005, 2974, 2975.

512 So BVerfGE 126, 170 = BVerfG NJW 2010, 3209, 3215 Rn. 114.

Sofern in der Wirtschaft und in der dortigen Praxis geeignete Methoden für die Bewertung von Vermögenspositionen entwickelt wurden, haben die Gerichte diese auch ihrer Beurteilung zugrunde zu legen.[513] Das kann unter Umständen auch bedeuten, einen Sachverständigen hinzuzuziehen.[514] So ist anzunehmen, dass sich die im Zusammenhang mit drohenden Schutzbehauptungen ergebenden Schwierigkeiten durch den Spielraum, den die Grundsätze zur richterlichen Überzeugungsbildung bieten, vgl. § 261 StPO, aufgefangen werden.[515] Bezüglich des Vermögensnachteils muss dem Gericht zur Überzeugung nur das „Ob" feststehen, hingegen kann die Höhe des Nachteils unter Beachtung des Zweifelssatzes geschätzt werden.[516]

Aber der in der Literatur aufkommende Hinweis, dass sich bei einer Berücksichtigungsfähigkeit von Ausgleichsfähigkeit und -bereitschaft ein weites Feld für Schutzbehauptungen öffne, ist auch vor dem Hintergrund weiterer Umstände zu sehen.[517] Erwähnt sei an dieser Stelle nur, dass es grundsätzlich für die strafrechtliche Beurteilung der Handlung unbeachtlich ist, wenn die Ausgleichspflicht nachträglich unmöglich wird.[518] Es muss grundsätzlich ebenso unbeachtlich sein, wenn der Treupflichtige erst nachträglich den Entschluss fasst, dem Ausgleichsanspruch doch nicht nachkommen zu wollen. Das Beweisproblem[519] liegt vor allem in der subjektiven Voraussetzung, der Ausgleichsbereitschaft, begründet. Andererseits hat die Rechtsprechung selbst zumindest einen kleinen Katalog an negativen Anhaltspunkten zur Prüfung der Ausgleichsbereitschaft entwickelt.[520]

3. Zwischenergebnis

Die praktischen Schwierigkeiten einer Überprüfung der Voraussetzungen im Prozess sind nicht zu leugnen. Jedoch begründen sie keine absolute Unmöglichkeit der praktischen Handhabung. Es liegt in der Natur der Sache, dass die Überprüfung von subjektiven Merkmalen sich als schwierig gestalten kann.

---

513 BVerfGE 126, 170 = BVerfG NJW 2010, 3209, 3215 Rn. 114.

514 BVerfGE 126, 170 = BVerfG NJW 2010, 3209, 3215 Rn. 114.

515 Allgemein *Simon*, Gesetzesauslegung im Strafrecht, 540.

516 BGHSt 36, 320, 328 zu § 263 StGB; BGHSt 38, 186, 193; BGHR § 370 Abs. 1 AO Nr. 2 Steuerschätzung 1–3; zu § 266 StGB BGH wistra 2011, 22.

517 So um zum Folgenden *Seier*, HWSt, V 2 Rn. 173.

518 Dazu bereits B.II.5.e).

519 So *Fischer*, StGB, § 266 Rn. 169 mit Verweis auf OLG Karlsruhe NStZ 1990, 82, 83 f.

520 Beachte OLG Karlsruhe NStZ 1990, 82, 84.

Das ist bei allen Tatbeständen der Fall, bei denen insbesondere der Nachweis von Absichten und anderen überschießenden Innentendenzen mitunter nicht gerade leicht fällt. Dennoch haben sie als Tatbestandsmerkmale Einzug in das Strafgesetzbuch gefunden, und das nicht zu knapp.[521] Von der Schwierigkeit des Beweises im Prozess im Allgemeinen ist der Aspekt der konkreten Beweisschwierigkeit bezüglich der Voraussetzungen der Ausgleichsfähigkeit und -bereitschaft klar zu trennen. Es ergibt sich daraus die Schlussfolgerung und die Forderung, dass die Anerkennung der Berücksichtigung von Ausgleichsfähigkeit und -bereitschaft nur zu bejahen ist, wenn die Anforderungen daran deutlich und eng ausgestaltet werden. Demnach ist eine Präzisierung der positiven wie auch der negativen Merkmale von Ausgleichsfähigkeit und -bereitschaft geboten, um dadurch klare Maßstäbe zu setzen und so Beweisschwierigkeiten zu minimieren. Das verlangt auch das verfassungsrechtlich verankerte Bestimmtheitsgebot in Art. 103 Abs. 2 GG, § 1 StGB und geht einher mit dem bereits untersuchten Gebot der restriktiven Auslegung.

Im Rahmen der praktischen Erwägungen ist noch generell anzumerken, dass davon ausgegangen werden muss, dass das Dunkelfeld bei der Untreue beträchtlich sein dürfte.[522] Das ist insbesondere auf die fehlende Anzeigebereitschaft der Opfer zurückzuführen.[523] Andererseits besteht bei der Untreue eine äußerst hohe Aufklärungsquote.[524] Die niedrige Anzeigebereitschaft ist auch auf den Umstand zurückzuführen, dass die Grenzen nach unten, also zur Sozialadäquanz, als fließend zu bezeichnen sind.[525] Es besteht also eine enorm große Grauzone.[526] Die Ausgleichsfähigkeit und -bereitschaft zu berücksichtigen und sich beim Vorliegen der Voraussetzungen für eine mangelnde Strafwürdigkeit des Verhaltens auszusprechen, würde zumindest in diesem Punkt Klarheit schaffen und insoweit eine klare Grenzen ziehen.

---

521 Insbesondere auch bei Delikten gegen das Eigentum und das Vermögen.

522 So und auch zum Folgenden *Seier*, HWSt, V 2 Rn. 9.

523 Zu den Gründen C.V.2.

524 Ca. 98 %, dazu *Fischer*, StGB, § 266 Rn. 3; *Saliger*, S/S/W-StGB, § 266 Rn. 5 spricht von 99 %.

525 So *Fischer*, StGB, § 266 Rn. 3; beachte auch seine Aufforderung, dass die Grenze sozialadäquaten Verhaltens aufgrund der wirtschaftlichen und sozialen Veränderungen neu zu bestimmen sind, *Fischer*, StraFO 2008, 269, 270.

526 *Saliger*, S/S/W-StGB, § 266 Rn. 5.

VIII. Vergleichender Blick in das Steuerstrafrecht

Die mögliche Berücksichtigungsfähigkeit von Ausgleichsfähigkeit und -bereitschaft im Rahmen der Untreue soll zudem in Relation zu den steuerstrafrechtlichen Besonderheiten gesetzt werden. Dafür ist es interessant, die strafbefreiende Selbstanzeige gemäß § 371 AO zu beleuchten. Die Selbstanzeige soll jedoch nicht umfassend als solche analysiert werden, sondern der Fokus liegt auf möglichen Parallelen und besonderen Unterschieden, welche sich mit Blick auf die Voraussetzungen, die Wirkungen und die Motive einer Berücksichtigung der Ausgleichsfähigkeit und -bereitschaft seitens des Treupflichtigen identifizieren lassen.

1. Grundlagen

Die in § 371 AO geregelte strafbefreiende Selbstanzeige statuiert einen persönlichen Strafaufhebungsgrund.[527] Diesen hat das Gericht von Amts wegen zu berücksichtigen. Ob Straffreiheit eintritt, hat der Strafrichter selbstständig zu prüfen, denn es ist für die strafrechtliche Beurteilung bedeutungslos, ob das zuständige Finanzamt die Selbstanzeige als richtig anerkannt hat.[528] Die strafbefreiende Selbstanzeige findet nur „in den Fällen des § 370 AO", also bei der Steuerhinterziehung, Anwendung und hat damit einen sehr engen Anwendungsbereich.[529] Die Motive des Täters, seine Beweggründe, die damit verfolgten Zwecke[530] sowie das aus den Rücktrittsregelungen bekannte Element der Freiwilligkeit[531] sind für die Anwendung der Norm bedeutungslos. Eine weitere Voraussetzung der Straffreiheit ist, neben der begangenen Tat und der Erstattung einer Berichtigungserklärung, insbesondere die Nachentrichtung der Steuer innerhalb einer Frist, welche in der Regel seitens des Finanzamtes bestimmt

527 Statt vieler BGHSt 55, 180, 180 f. aus jüngerer Zeit; immer wieder geäußerte Bedenken gegen die Verfassungsmäßigkeit beseitigte BVerfGE 64, 251, 251 ff.; siehe zur Neuregelegung der Vorschrift im Jahr 2011 etwa *Adick*, HRRS 2011, 197–203; ein geschichtlicher Abriss findet sich bei *Rüping*, FS-Müller-Dietz, 717, 722 ff.

528 Siehe dafür RGSt, 59, 116, 121; es ist eine strafprozessuale Selbstverständlichkeit, dass jede Selbstanzeige stets zur Einleitung eines Strafverfahrens führt, §§ 152 Abs. 2, 160 StPO.

529 Die Vorschrift war als Ausnahmevorschrift konzipiert, wovon sich die Praxis allerdings mittlerweile weit entfernt hat, dazu *Kohlmann*, Geilen Symposium, 79, 80.

530 Beachte dafür schon RGSt 70, 350, 352 zu § 410 RAbgO.

531 Dazu *Senge*, Erbs/Kohlhaas, § 371 AO Rn. 1.

wird, vgl. § 371 Abs. 3 AO.[532] Ist der Täter selbst der Steuerschuldner,[533] muss er nachzahlen. Es ist unschädlich, dass der Steuerschuldner die Mittel mithilfe Dritter aufbringt. Allerdings ist die strafbefreiende Selbstanzeige unter anderem dann ausgeschlossen, wenn die Tat oder ein Teil von ihr entdeckt ist, § 371 Abs. 2 Nr. 2 AO.[534] Eine missglückte Selbstanzeige kann zur Strafmilderung führen.[535]

2. Gemeinsamkeiten und Unterschiede

Im Folgenden sollen Gemeinsamkeiten und Unterschiede zwischen der strafbefreienden Selbstanzeige und einer Berücksichtigung von Ausgleichsfähigkeit und -bereitschaft anhand einzelner Aspekte genauer untersucht werden, um möglicherweise weitere Argumente aufzuspüren, welche für die Berücksichtigung der Ausgleichsfähigkeit und -bereitschaft im Rahmen der Untreue sprechen.

a) Hintergrund

Die bisher praktizierte Berücksichtigung der Ausgleichsfähigkeit und -bereitschaft des Treupflichtigen im Rahmen von § 266 StGB ist eine Schöpfung der Rechtsprechung. Hingegen wurde die Regelung der strafbefreienden Selbstanzeige gemäß § 371 AO, wie jedes geschriebene Gesetz, durch den parlamentarischen Gesetzgeber eingeführt.[536] Die Norm beinhaltet sowohl positive als auch negative Wirksamkeitsvoraussetzungen. Sofern die Umstände der Ausgleichsfähigkeit und -bereitschaft überhaupt im Rahmen der Prüfung eines Untreuevorwurfs als berücksichtigungsfähig qualifiziert werden, ist daran zu appellieren, dass die an die Ausgleichsfähigkeit und -bereitschaft zu stellenden Anforderungen sauber, präzise und eng zu definieren sind.

532 Vertiefend zu den einzelnen Voraussetzungen *Senge*, Erbs/Kohlhaas, § 371 AO Rn. 6 ff.

533 Die Frage, zu wessen Gunsten Steuern hinterzogen wurden, bestimmt sich nach einer wirtschaftlichen Betrachtungsweise, vgl. nur BGHSt 29, 37, 37 ff.

534 Dafür bedarf es der Konkretisierung des Tatverdachts. Ein bloßer Anfangsverdacht im Sinne von § 152 Abs. 2 StPO genügt nicht. Diese Konkretisierung ist gegeben, wenn bei einer vorläufigen Bewertung der Tat die Wahrscheinlichkeit einer verurteilenden Erkenntnis gegeben ist, so BGH NStZ 1983, 415, 415; eine Verurteilung muss wahrscheinlich sein, BGHSt 35, 36, 38.

535 *Senge*, Erbs/Kohlhaas, § 371 Rn. 42 m.w.N.

536 Zur Entstehungsgeschichte vertiefend etwa *Joecks*, F/G/S, § 371 Rn. 1 ff.

b) Zeitpunkt

Die Ausgleichsfähigkeit und -bereitschaft müssen nach bisheriger Rechtsprechung beim Treupflichtigen im Zeitpunkt der Tathandlung vorliegen. Über dieses zeitliche Kriterium erfolgt die entscheidende Abgrenzung zur bloß nachträglichen, tatbestandlich irrelevanten Schadenswiedergutmachung. Hingegen ist bei der Selbstanzeige eine bereits begangene Tat erforderlich, was voraussetzt, dass im Zeitpunkt der Selbstanzeige die Steuerhinterziehung vollendet oder zumindest versucht wurde.[537] Demnach bewirkt eine erfolgreiche Selbstanzeige als Nachtatverhalten grundsätzlich ab dem Versuch der Tat bis zum Stadium der Beendigung, dass Straffreiheit eintritt.[538] Der Zeitpunkt, in dem die Voraussetzungen für eine strafbefreiende Selbstanzeige vorzuliegen haben, ist damit nach hinten verlegt, und Straffreiheit noch zu einem späteren Zeitpunkt zu erlangen. Allerdings besteht auch hier ein zeitliches Limit und so wird die Selbstanzeige unwirksam, wenn sie nicht rechtzeitig abgegeben wird. Das ist wiederum der Fall, wenn ein Prüfer erschienen ist,[539] die Einleitung des Strafverfahrens bekannt gegeben[540] oder die Tat entdeckt ist.[541] Diese Ausschlussgründe beruhen allesamt auf der Erwägung, dass die Gewährung von Straffreiheit in diesen Fällen nicht mehr gerechtfertigt sei.[542] Der Ansatz ist bei § 371 AO insoweit ein anderer, als dass ein Nachtatverhalten beachtlich und zur Erlangung von Straffreiheit relevant wird. Hingegen würde sich die Berücksichtigung der Ausgleichsfähigkeit und -bereitschaft auf im Tatzeitpunkt beim Treupflichtigen vorliegende Umstände beziehen.

c) Nachzahlung

Nach bisheriger Rechtsprechungspraxis setzt die Berücksichtigung von Ausgleichsfähigkeit und -bereitschaft im Rahmen der Untreue mit der Folge der Straflosigkeit für den Treupflichtigen nicht voraus, dass der Treupflichtige die Gelder auch tatsächlich zurückzahlt. Entscheidend für die Straflosigkeit ist allein seine objektive Fähigkeit, gepaart mit der Bereitschaft zum Ersatz im Zeitpunkt der Tathandlung. Hingegen verlangt die steuerstrafrechtliche Selbstanzeige im Regelfall, dass der Täter die hinterzogenen Steuern innerhalb einer angemessenen Frist

537 *Joecks*, F/G/S, § 371 Rn. 47; RGSt 56, 385, 386 zu § 374 RAbgO.

538 *Senge*, Erbs/Kohlhaas, § 371 Rn. 1.

539 § 371 Abs. 1 Nr. 1a AO, sog. sachbezogene Sperrwirkung.

540 § 371 Abs. 2 Nr. 1b AO, sog. tatbezogene Sperrwirkung.

541 § 371 Abs. 2 Nr. 2 AO, sog. personenbezogene Sperrwirkung.

542 Weitergehend etwa *Kohlmann*, Geilen Symposium, 79, 89; die Einzelheiten, insbesondere Auslegungsfragen, sind stark umstritten.

nachentrichtet.[543] Fraglich ist, was dieser Unterschied bedeutet. Zunächst wird deutlich, dass der Aspekt der Wiedergutmachung in unterschiedlichen Formen rechtliche Wirkung auch im Strafrecht entfaltet. Der Aspekt der Wiedergutmachung kommt auch in dem nur auf Strafzumessungsebene relevanten Täter-Opfer-Ausgleich gemäß § 46a StGB (der eine Strafrahmenverschiebung gemäß § 49 Abs. 1 StGB ermöglicht) und den strafrechtlichen Rücktrittsregeln (§ 24 StGB) zum Ausdruck. Bezüglich § 371 AO sei angemerkt, dass der Begriff der Wiedergutmachung insofern unzutreffend ist, als dass eine vollständige Wiedergutmachung gar nicht erforderlich ist. Zu denken ist dabei etwa an die Zahlung der Zinsen der Steuerhinterziehung,[544] welche nicht notwendigerweise zur Erlangung der Straffreiheit zu entrichten sind. Zudem kann der Steuerschuldner die erforderlichen Mittel zur Nachzahlung auch mithilfe Dritter aufbringen. Hingegen müssen die Ausgleichsfähigkeit und -bereitschaft beim Treupflichtigen selbst vorliegen. Es ist festzustellen, dass eine Berücksichtigung von Ausgleichsfähigkeit und -bereitschaft keine tatsächliche Rückzahlung fordern kann. Immerhin steht hier gerade kein Nachtatverhalten in Rede, sondern die Relevanz von Voraussetzungen, welche schon im Zeitpunkt der Tathandlung vorliegen. Dieser Unterschied ist dem jeweiligen Zeitpunkt des Vorliegens der Voraussetzungen geschuldet. Die Umstände der Ausgleichsfähigkeit und -bereitschaft begründen keine Situation, in der es einer der Selbstanzeige vergleichbaren Wiedergutmachung durch erst nachträgliches Handeln bedarf. Eine Wiedergutmachung setzt schon vom Wortlaut zunächst eine Schädigung voraus und jede Wiedergutmachung ist nachträglich.

d) *Rechtliche Folgen für den Handelnden*

Für einen erfolgreich Selbstanzeige Erstattenden und einen ausgleichsbereiten und -fähigen Treupflichtigen gestalten sich die Wirkungen bezüglich einer Strafbarkeit wegen Steuerhinterziehung gemäß § 370 AO beziehungsweise wegen Untreue gemäß § 266 StGB nach derzeitiger Rechtslage durchaus unterschiedlich. Wie die nicht-amtliche Überschrift des § 371 AO „Selbstanzeige bei Steuerhinterziehung" schon verrät, bleibt die Tatbestandsverwirklichung unberührt, und nur die Strafbarkeit wegen Steuerhinterziehung wird ausgeschlossen. Der bereits entstandene Strafanspruch wird rückwirkend wieder beseitigt.[545] Hingegen würde bei

543 § 371 Abs. 3 AO; das ist anders, wenn und soweit jemand zugunsten eines Dritten gehandelt hat.

544 Gemäß § 235 AO.

545 Dafür spricht das Wortlautargument „wird straffrei", mehr dazu *Joecks*, F/G/S, § 371 Rn. 32.

einer Berücksichtigung von Ausgleichsfähigkeit und -bereitschaft nach bisheriger Rechtsprechung schon der Tatbestand der Untreue nicht verwirklicht und der Treupflichtige wäre straflos, wobei logischerweise kein Strafanspruch des Staates entstünde. Es stehen sich demnach Straffreiheit und Straflosigkeit gegenüber.

e) Sonstige Wirkungen und die Reparabilität

Unabhängig von der unmittelbaren Rechtsfolge entfalten sich noch weitere Auswirkungen. So ist die tatsächliche Auswirkung der strafbefreienden Selbstanzeige für das geschützte Rechtsgut als positiv zu charakterisieren. Aber wie erzielt § 371 AO diese positive Wirkung? § 371 AO ist Gegenstand zahlreicher Analysen, welche teilweise im Zusammenhang mit den strafrechtlichen Rücktrittsregelungen stehen.[546] Bei den allgemeinen strafrechtlichen Rücktrittsregeln ist das Interesse eines effektiven Rechtsgüterschutzes ein sehr bedeutsamer Aspekt von mehreren. Die anderen Aspekte, welche insbesondere den Täter selbst betreffen,[547] sollen hier ausgeblendet und nur der Rechtsgüterschutz soll isoliert betrachtet werden. Der Rechtsgüterschutz lässt sich vor diesem Hintergrund als zweistufig bezeichnen. Er wird zunächst einmal durch den Straftatbestand, der eine Verbotsnorm beschreibt, und dann durch die Rücktrittsregelung, welche auf Schadensvermeidung, jedenfalls auf Schadensminderung ausgerichtet ist, verwirklicht. Der Rechtsgüterschutz kann somit als besonders effektiv ausgestaltet bezeichnet werden, wenn auf einer zweiten Stufe eine Rücktrittsregelung besteht, die schadensbegrenzend wirkt.[548] Ähnlich gestaltet sich die Situation bei § 371 AO, wo Straffreiheit nicht nur beim versuchten Delikt in Aussicht gestellt wird, sondern sogar beim vollendeten Delikt. Ein besonders gefährdetes Rechtsgut, nämlich das von § 370 AO geschützte öffentliche Interesse am vollständigen und rechtzeitigen Aufkommen der einzelnen Steuer,[549] erfährt so spezifisch erweiterten Schutz. Elementar für die Berücksichtigung des Nachtatverhaltens bei vollendetem Delikt ist dabei, dass bei der Steuerhinterziehung die Rechtsgutsverletzung vollständig reparabel ist.[550] Eben diese Reparabilität ermöglicht es, den strafrechtlichen Rechtsgüterschutz insoweit zu verstärken, als dass neben der Verbotsnorm des § 370 AO auf einer zweiten Stufe auch nach vollendetem Delikt ein starker Anreiz gesetzt wird, der einen Ausgleich für das verletzte

---

546 Ausführlich dazu etwa *Frees*, Die steuerrechtliche Selbstanzeige, 74 ff.
547 Ausführlich *Roxin*, Strafrecht AT/II, § 30 Rn. 1 ff., m.w.N.
548 *Frees*, Die steuerrechtliche Selbstanzeige, 44, 74 f. m.w.N.
549 Mittlerweile ganz h.M.
550 *Löffler*, Grund und Grenzen, 124 f., 184 m.w.N.

Rechtsgut verspricht.[551] Der positive Effekt des § 371 AO ist damit der bewirkte erhöhte Rechtsgüterschutz. Die strafbefreiende Selbstanzeige muss dafür an ein Nachtatverhalten anknüpfen, woraus zwingend folgt, dass die Tatbestandsverwirklichung unberührt bleibt und lediglich die Strafbarkeit ausgeschlossen werden kann.

Jedenfalls liegt eine essentielle Gemeinsamkeit nunmehr auf der Hand. Nicht nur bei der Steuerhinterziehung, sondern auch bei der Untreue als einem Vermögensdelikt, ist die Rechtsgutsverletzung vollständig reparabel.[552] Wenn also im Steuerstrafrecht der dortige Rechtsgüterschutz mit der Berücksichtigungsfähigkeit eines besonderen Nachtatverhaltens verstärkt wird, dann ist zu überlegen, ob und gegebenenfalls was sich daraus für die Berücksichtigungsfähigkeit von Ausgleichsfähigkeit und -bereitschaft im Rahmen der Untreue ergibt.[553] Man könnte im Wege eines Erst-Recht-Schlusses dafür plädieren, die Ausgleichsfähigkeit und -bereitschaft des Treupflichtigen im Rahmen der Untreue zu berücksichtigen. Immerhin handelt es sich noch nicht einmal um ein Nachtatverhalten, sondern um Umstände, die bereits im Zeitpunkt der Handlung beim Treupflichtigen vorliegen. Die Ausgleichsfähigkeit und -bereitschaft sind bildlich beschrieben als besondere Umstände in der Person des Treupflichtigen die Vorboten eines noch folgenden tatsächlichen Ausgleichs, liegen aber schon im Zeitpunkt der Handlung vor und lassen die Strafwürdigkeit der Handlung entfallen. Wenn aber, wie gesehen, dem Prinzip der Wiedergutmachung eine Bedeutung zukommen kann, dann sollten – geleitet von diesem Gedanken – erst Recht die im Zeitpunkt der Handlung vorliegenden Umstände bei der Prüfung der Untreue zu berücksichtigen sein. Denn gerade durch das Vorliegen dieser Umstände wird eine nachträgliche Wiedergutmachung entbehrlich. Und die Berücksichtigungsfähigkeit setzt mithin selbst einen starken Anreiz zum Schutz des Rechtsgutes. Allerdings ist zu konzedieren, dass § 371 AO einen Ausnahmefall begründet. Diesen Charakter gilt es aufrechtzuerhalten. Er darf nicht dadurch verfälscht[554] werden, dass man mit Verweis darauf, anderen Ausnahmen automatisch die

---

551 Es ist insoweit zu beachten, dass auf der Opferseite einer Steuerhinterziehung eine anonyme Solidargemeinschaft steht, aber bei der Untreue der dem Treupflichtigen bekannte Treugeber; zur Notwendigkeit, den Täter zu einem Ausgleich zu bewegen, siehe *Schmidt-Hieber,* NJW 2001, 2001.

552 So *Rüping,* FS-Müller-Dietz, 717, 719 auch zur Historie dieses Gedankens; *Löffler,* Grund und Grenzen, 124 m.z.N.

553 Tätige Reue ist dem deutschen Vermögensstrafrecht wie auch dem sonstigen deutschen Strafrecht weitgehend fremd. Beachte aber § 266a Abs. 6 StGB.

554 Zur heutigen Verfahrenswirklichkeit *Kohlmann,* Geilen Symposium, 79, 86.

Legitimation erteilt. Da jedoch auch sonstige gewichtige Gründe für die Berücksichtigung von Ausgleichsfähigkeit und -bereitschaft bestehen, bedarf es gar keines Erst-Recht-Schlusses. Was bleibt, ist die Erkenntnis, dass zum Zwecke eines verbesserten Rechtsgüterschutzes Ausnahmen in der Systematik auch in anderen Bereichen im Strafrecht befürwortet werden.

f) Motive

Möglicherweise sind darüber hinaus auch bei den Motiven Gemeinsamkeiten zu finden. Die historische Auslegung hat wenig über die Motive zur Berücksichtigungsfähigkeit von Ausgleichsfähigkeit und -bereitschaft im Rahmen der Untreue offenbart. Auch zur strafbefreienden Selbstanzeige lassen sich keine exakten gesetzgeberischen Motive aus den Gesetzesmaterialien entnehmen. Dafür sind die Erklärungsansätze durchaus vielfältig.[555] So wird angenommen, dass die Norm des § 371 AO auf rein fiskalischen Erwägungen beruhe und einen Anreiz zur Erschließung bisher verheimlichter Steuerquellen[556] schaffe.[557] Zudem würde eine kriminalpolitische Zielsetzung verfolgt, denn es bestünde ein Interesse an der Aufklärung unbekannter Steuerstraftaten. Deren Ermittlung gestalte sich in aller Regel schwierig, was dem Umstand geschuldet sei, dass ein kontrollierendes Opfer fehle. Zudem soll dem Steuerpflichtigen die Rückkehr zur Steuerehrlichkeit erleichtert werden. Wie eben ausgeführt, stützen neue Ansätze die Begründung vielfach verstärkt auf den Aspekt der Wiedergutmachung und bemühen sich um eine Einordnung in das strafrechtliche Rücktrittssystem.[558] Als dominierend sind nach wie vor die fiskalpolitischen Zwecke zu bezeichnen, deren Argumente die Rechtfertigung der Selbstanzeige nach wie vor beherrschen.[559] Durch § 371 AO bietet sich die Möglichkeit, schnell und durchaus bequem die öffentlichen Kassen mit Geld zu füllen.[560] Diese Art der Haushaltssanierung ist zunächst effizient, aber, wie ausgeführt, auch stark rechtsgutorientiert. Hinter

---

555 Einen guten Überblick gibt *Kohlmann,* Geilen Symposium, 79, 83; auch *Joecks,* F/G/S, § 371 Rn. 18 ff. m.w.N.

556 Siehe die umfassenden Ausführungen nur bei BGHSt 55, 180, 181 Rn. 6.

557 Beachte die Verhandlungen der Nationalversammlung Band 331, 4136 ff. v. 17.12.1919; *Senge,* Erbs/Kohlhaas, § 371 AO Rn. 1 m.w.N.; *Joecks,* F/G/S, § 371 Rn. 3; statt vieler *Rüping,* FS-Müller-Dietz, 717, 726 m.w.N. a.d.Rpsr.

558 Nachweise bei *Joecks,* F/G/S, § 371 Rn. 20; sehr ausführlich *Löffler,* Grund und Grenzen, 124 ff. m.z.N.

559 Ganz überwiegende Meinung dazu *Frees,* Die steuerrechtliche Selbstanzeige, 32 ff., 118 m.w.N.; darüber bestünde weitgehend Einigkeit *Joecks,* F/G/S, § 371 Rn. 19.

560 *Kohlmann,* Geilen Symposium, 79, 80.

der Wirkung steht damit ein klar nachvollziehbares und mit Blick auf die tatsächlichen Realitäten für notwendig zu erachtendes Motiv.

Damit bleibt abschließend zu überlegen, ob auch verdeckte Motive eine Rolle spielen. Die Regelung des § 371 AO trägt offenbar auch der Hilflosigkeit der Finanzbehörden Rechnung.[561] Die Steuerhinterziehung bleibt häufig unentdeckt, was sowohl dem Fehlen eines Opfers, das Kontrolle ausübt, als auch den tatsächlichen Gegebenheiten geschuldet ist.[562] Die Dunkelziffer ist zwar bei der Untreue immens, jedoch wäre die Annahme, dass die Berücksichtigung von Ausgleichsfähigkeit und -bereitschaft diesem Umstand Abhilfe verschaffe und deshalb von der Rechtsprechung eingeführt wurde, rein spekulativ und ist deshalb nicht weiter zu verfolgen. Wie bereits ausgeführt, sind die Erwägungen, die die Rechtsprechung zur Anerkennung der Berücksichtigung von Ausgleichsfähigkeit und -bereitschaft geleitet haben, in den Urteilen und Beschlüssen nicht klar erkennbar. Allerdings hat die bisherige Untersuchung auch gezeigt, dass für eine Berücksichtigungsfähigkeit triftige Gründe bestehen und eine Vielzahl an Aspekten dafür relevant ist. Der Rechtsgüterschutz selbst spricht auch für eine Berücksichtigung von Ausgleichsfähigkeit und -bereitschaft im Rahmen der Untreue. Die sich für das geschützte Rechtsgut positiv auswirkenden Umstände der Ausgleichsfähigkeit und -bereitschaft bewirken schließlich, dass es des strafrechtlichen Schutzes in diesem Fall nicht bedarf. Grundsätzlich ist davon auszugehen, dass es jeweils ein ganzes Bündel an Aspekten ist, das zu den jeweiligen Ausnahmeregelungen von § 371 AO und einer Berücksichtigung von Ausgleichsfähigkeit und -bereitschaft hinführt, wobei eine gemeinsame Schnittmenge erkennbar ist.

3. Zwischenergebnis

Es ist augenscheinlich, dass die Möglichkeit zur strafbefreienden Selbstanzeige gemäß § 371 AO in ihrem Wesen, in ihren Voraussetzungen und ihrer Wirkung im Steuerstrafrecht, wie auch im gesamtem Strafrechtssystem, ein Unikum ist.[563] Eine Berücksichtigung der Ausgleichsfähigkeit und -bereitschaft des Treupflichtigen im Rahmen der Untreue würde diese Bezeichnung (gerade mit Blick auf die herrschende Ablehnung einer Berücksichtigungsfähigkeit dieser Umstände beim Betrug) ebenso verdienen. Der steuerrechtlichen Selbstanzeige haftet

561 *Joecks,* F/G/S, § 371 Rn. 3 m.w.N.

562 Dafür sei als Beispiel nur die Not an Personal und Mitteln genannt, vertiefend *Kohlmann,* Geilen Symposium, 79, 84.

563 Vgl. statt aller *Frees,* Die steuerrechtliche Selbstanzeige, 1.

der Ruf an, mehr schlecht als recht in das System zu passen. Ob das für eine mögliche Berücksichtigung von Ausgleichsfähigkeit und -bereitschaft auch gilt, konnte bisher noch nicht beurteilt werden, da die Lösung nach einer systemgerechten Verortung erst Gegenstand der weiteren Untersuchung unter D.I. sein wird, und zunächst die Frage der Berücksichtigungsfähigkeit noch abschließend zu klären ist. Es ist allerdings davon auszugehen, dass eine Anerkennung der Berücksichtigungsfähigkeit von Ausgleichsfähigkeit und -bereitschaft im Rahmen der Untreue unter dem Vorbehalt eines Ausnahmecharakters stünde. Die Untersuchung hat gezeigt, dass zwischen § 371 AO und einer Berücksichtigung von Ausgleichsfähigkeit und -bereitschaft im Rahmen der Untreue diverse und gravierende Unterschiede bestehen. Diese beziehen sich insbesondere auf den Schöpfer der Regelung und die jeweiligen einzelnen Voraussetzungen. Zudem sind die rechtlichen Folgen nicht vergleichbar. So stehen sich Straffreiheit und Straflosigkeit gegenüber, was allerdings dem Umstand geschuldet ist, dass durch § 371 AO ein Nachtatverhalten berücksichtigungsfähig wird, während es sich bei der Berücksichtigung der Ausgleichsfähigkeit und -bereitschaft des Treupflichtigen um Umstände im tatbestandlich relevanten Handlungszeitpunkt handelt.

Hilfreich ist hingegen der Blick auf die weitergehenden tatsächlichen Wirkungen sowie auf die hinter der Regelung stehenden Motive. Durch § 371 AO, welcher die Verbotsnorm in § 370 AO flankiert, wird Rechtsgüterschutz auf zwei Stufen verwirklicht. Darin zeigt sich ein tragendes Motiv für die Schaffung dieser Norm. Dennoch zieht die Berücksichtigungsfähigkeit des Nachtatverhaltens den hohen Preis der Straffreiheit des einzelnen Steuerhinterziehers nach sich. Solch einen hohen Preis würde die Berücksichtigungsfähigkeit von Ausgleichsfähigkeit und -bereitschaft im Rahmen der Untreue gar nicht verlangen. Immerhin handelt es sich dabei um Umstände, die bereits im Zeitpunkt der relevanten Handlung gegeben sind. Von tragender Bedeutung ist der Gedanke des Rechtsgüterschutzes. So ist § 266 StGB und § 370 AO gemein, dass die Rechtsgutsverletzung vollständig reparabel ist. Ein vergleichbares Motiv ist die Eröffnung einer effizienten Ausgleichsmöglichkeit. Unter diesem gemeinsamen Dach der Möglichkeit eines effizienten Rechtsgüterschutzes lässt sich aber argumentieren, dass mit einer Berücksichtigung von Ausgleichsfähigkeit und -bereitschaft dem Rechtsgüterschutz besonders Rechnung getragen würde, und das nicht erst, wie bei der strafbefreienden Selbstanzeige, um den Preis der Straffreiheit obgleich der Tatbestand verwirklicht ist. Bei § 371 AO steht die (obligatorische) Straffreiheit in einem Abhängigkeitsverhältnis zur Tataufklärung und Nachzahlung.[564]

564 *Frees*, Die steuerrechtliche Selbstanzeige, 15.

Das kann und braucht im Rahmen von § 266 StGB nicht der Fall zu sein. Denn bei der Berücksichtigungsfähigkeit von Ausgleichsfähigkeit und -bereitschaft ist entscheidend, dass sie im Zeitpunkt der Vornahme der Handlung gegeben sind. Der relevante Zeitpunkt zeugt von der Diskrepanz zwischen den beiden Regelungen. Gemein ist beiden wiederum, dass es auf die weitergehenden Motive des Handelnden (im Gegensatz zur tätigen Reue oder dem Rücktritt vom Versuch) nicht ankommt. Weitergehende Parallelen oder Gemeinsamkeiten sind nicht ersichtlich.

IX. Rechtsvergleichende Überlegungen

Das Wirtschaftsleben macht in der Regel nicht (mehr) an Ländergrenzen halt. Eine zunehmende Internationalisierung wird nahezu allen Bereichen des Rechts schon seit geraumer Zeit bescheinigt.[565] Daher wird versucht, den Untersuchungen zur Berücksichtigungsfähigkeit von Ausgleichsbereitschaft und -fähigkeit auch einen internationalen Blickwinkel zu verleihen. Dabei soll dem funktionalen Ansatz der Rechtsvergleichung gefolgt und geschaut werden, ob derjenige, dem fremde Vermögenswerte anvertraut sind und der dieser Macht zuwider, vorsätzlich einen Vermögensnachteil herbeiführt, sich auch in einer ausländischen Rechtsordnung strafbar macht und welchen Einfluss seine Ausgleichsbereitschaft und -fähigkeit auf die Strafbarkeit entfalten. In den Blick genommen werden dafür die beiden anderen deutschsprachigen Länder des deutschen Rechtskreises[566] – Schweiz und Österreich – und wie sie mit einer möglichen Ausgleichsbereitschaft und -fähigkeit im Rahmen von mit der Untreue vergleichbaren Strafnormen[567] umgehen. Das dient weniger der Möglichkeit neue Lösungsansätze aufzuspüren, als vielmehr der besonderen Fragestellung nachzugehen, ob die Ausgleichsfähigkeit und -bereitschaft dort überhaupt in irgendeiner Weise berücksichtigt werden. Als erstes wird der rechtsvergleichende Blick auf die Schweiz, anschließend auf Österreich geworfen. Zunächst wird jeweils die dortige Regelung vorgestellt, um sodann Ähnlichkeiten und Unterschiede

565 Eine kurze Einführung in die Europäisierung des Strafrechts gibt *Noltenius*, Grundlagen des Rechts, 165 ff. m.z.N.

566 Beachte die von *Zweigert/Kötz*, Einführung in die Rechtsvergleichung, 130 ff., vorgenommene Einteilung.

567 Siehe für weitere rechtsvergleichende Ausführungen zum Untreuetatbestand allgemein in anderen Ländern *Foffani*, FS-Maiwald, 83 ff.; *ders.*, FS-Tiedemann, 767 ff.; *Rönnau*, ZStW 122 (2010), 299 ff., sowie die sich dort anschließende Serie an Beiträgen von *du Bois-Pedain, Roso Cañadillas, Foffani, Długosz/Barczewski*.

sowohl der Tatbestände als auch der Handhabung von vorhandener Ausgleichsfähigkeit und -bereitschaft herauszuarbeiten. Es ist vorwegzunehmen, dass beide Länder schon seit längerem an die deutsche Untreueregelung anknüpfen.[568]

1. Schweiz

Aus dem schweizerischen Strafgesetzbuch werden die Veruntreuung von Vermögenswerten gemäß Art. 138 Ziff. 1 Abs. 2 Schweizerisches Strafgesetzbuch (SchwStGB) und die ungetreue Vermögensbesorgung gemäß Art. 158 SchwStGB in den Blick genommen.

a) Veruntreuung von Vermögenswerten gemäß Art. 138 Ziff. 1 Abs. 2 SchwStGB

aa) Voraussetzungen

Das Schweizerische Strafgesetzbuch stellt in Art. 138 Ziff. 1 Abs. 2 SchwStGB die Veruntreuung von Vermögenswerten unter Strafe.

Art. 138 SchwStGB

1. Wer sich eine ihm anvertraute fremde bewegliche Sache aneignet, um sich oder einen andern damit unrechtmässig zu bereichern, wer ihm anvertraute Vermögenswerte unrechtmässig in seinem oder eines anderen Nutzen verwendet, wird mit Freiheitsstrafe bis zu fünf Jahren oder Geldstrafe bestraft.
   Die Veruntreuung zum Nachteil eines Angehörigen oder Familiengenossen wird nur auf Antrag verfolgt.
2. Wer die Tat als Mitglied einer Behörde, als Beamter, Vormund, Beistand, berufsmässiger Vermögensverwalter oder bei Ausübung eines Berufes, Gewerbes oder Handelsgeschäftes, zu der er durch eine Behörde ermächtigt ist, begeht, wird mit Freiheitsstrafe bis zu zehn Jahren oder Geldstrafe bestraft.

(1) Objektiver Tatbestand

Der objektive Tatbestand des Art. 138 Ziff. 1 Abs. 2 SchwStGB erfasst als Tatobjekt anvertraute Vermögenswerte.[569] Da Art. 138 Ziff. 1 Abs. 2 gegenüber Abs. 1 SchwStGB subsidiär ist, kommt als Vermögenswert nur in Frage, was nicht schon als fremde Sache im Sinne des Abs. 1 erfasst wird, und das auch unabhängig davon, ob es sich um eine vertretbare oder eben um eine unvertretbare Sache

568 So *Foffani,* FS-Tiedemann, 767, 770 m.w.N.

569 Ausführlich dazu *Trechsel/Crameri,* PK-Schweizerisches Strafgesetzbuch, Art. 138 Rn. 10 ff.

handelt.[570] So sind taugliches Tatobjekt ausschließlich obligatorische Ansprüche. Die Tathandlung besteht im unrechtmäßigen Verwenden dieser Vermögenswerte im eigenen oder Drittinteresse anstelle der fristgerechten Erstattung an den Berechtigten.[571] Tatbestandlich erfasst ist die Verfügung über die anvertrauten Vermögenswerte entgegen der Verfügungsbeschränkung, wodurch ein obligatorischer Anspruch des Treugebers vereitelt wird.[572] Die Verfügungsbeschränkung kann gesetzlich oder vertraglich begründet sein. Daneben wird als ungeschriebenes Merkmal der Eintritt eines Schadens verlangt, wobei dieser als ein Aspekt der Tathandlung selbst zu betrachten ist.[573]

(2) Subjektiver Tatbestand

Im subjektiven Tatbestand ist neben dem Vorsatz noch eine Bereicherungsabsicht erforderlich. Beide Absätze der Norm verlangen die Absicht unrechtmäßiger Bereicherung, obwohl diese in Abs. 2 nicht explizit wiederholt wird.[574] Diese Absicht wird regelmäßig mit der Aneignung gegeben sein.[575] Erforderlich ist *dolus directus* ersten Grades.[576] Es fehlt an der Absicht unrechtmäßiger Bereicherung insbesondere dann, wenn der Täter im Zeitpunkt der Tat willens und in der Lage ist, seiner Treupflicht nachzukommen, mit anderen Worten, dem Treugeber den Wert zu ersetzen.[577] Für den Zeitpunkt beziehungsweise die Dauer der Ersatzbereitschaft ist die zugrunde liegende Vereinbarung maßgeblich. Verlangt diese, dass der Täter jederzeit und sofort leisten können muss, und verwendet er das ihm Anvertraute im eigenen Nutzen und kann erst später Ersatz leisten, dann erlangt er eine vorübergehende Bereicherung und macht sich vorbehaltlich der weiteren Voraussetzungen strafbar.[578] Muss hingegen das Anvertraute erst nach einer bestimmten Frist und damit zu einem bestimmten (späteren)

570 So *Niggli/Riedo,* BSK-StGB, § 138 Rn. 26 m.w.N.

571 *Trechsel/Crameri,* PK-Schweizerisches Strafgesetzbuch, Art. 138 Rn. 16. m.N. a.d.Rspr.

572 Zum Beispiel verbrauchen, veräußern oder verpfänden.

573 *Trechsel/Crameri,* PK-Schweizerisches Strafgesetzbuch, Art. 138 Rn. 17.

574 Ganz h.M., statt aller nur *Trechsel/Crameri,* PK-Schweizerisches Strafgesetzbuch, Art. 138 Rn. 18; *Niggli/Riedo,* BSK-StGB, § 138 Rn. 106; j.m.z.N.a.d.Rspr.

575 BGE 113 IV 133, 136 f.; *Niggli/Riedo,* BSK-StGB, § 138 Rn. 106.

576 *Niggli/Riedo,* BSK-StGB, § 138 Rn. 107.

577 Dazu und zum Folgenden *Trechsel/Crameri,* PK-Schweizerisches Strafgesetzbuch, Art. 138 Rn. 19 m.z.N. a.d. Rpspr. und auch einem Nachweis auf abweichende Meinungen; *Niggli/Riedo,* BSK-StGB, § 138 Rn. 109 ff.; beachte die Parallele zu Art. 137 SchwStGB.

578 Dazu *Niggli/Riedo,* BSK-StGB, § 138 Rn. 11.

Zeitpunkt leisten, dann macht er sich nur strafbar, wenn er in diesem Zeitpunkt nicht leisten kann. Es genügt also, dass er zum vereinbarten Zeitpunkt leisten kann.[579] In der Zwischenzeit muss er weder ersatzfähig noch -bereit sein. Der maßgebliche Zeitpunkt für die Leistung ergibt sich also allein aus der geschlossenen und zugrunde liegenden Vereinbarung.[580] Subjektiv ist auch der Wille zur Ersatzleistung erforderlich.[581] Ein solcher wurde von der Rechtsprechung etwa in Fällen der Heimlichkeit und Hingabe von Darlehen an Dritte ohne eine Sicherung verneint.[582] Ebenso wird das Vorliegen des Willens zur Ersatzleistung verneint, wenn dieser bei objektiver Betrachtung aufgrund der finanziellen Situation des Täter nicht hätte angenommen werden können, trotz dessen gegenteiliger Behauptung.[583] Die Fähigkeit, Ersatz leisten zu können, setzt somit voraus, dass der Täter aus eigenen Mitteln zum maßgeblichen Zeitpunkt leisten kann. Das verneint die Rechtsprechung,[584] wenn der Täter dafür einen Kredit bei einer Bank aufnehmen muss (auch wenn sich ihm die Möglichkeit bietet, dafür Sicherheiten zu stellen). Ebenso wenig darf eine Zustimmung eines Dritten (etwa des Vormunds) erforderlich sein. Allerdings gibt es in der Schweizerischen Obergerichtlichen Rechtsprechung auch weniger strenge Entscheidungen, in denen die Ersatzbereitschaft bejaht wurde, weil die Ehefrau ersatzfähig und auch -bereit war, wobei sie keinerlei Verpflichtung dazu traf.[585] Es genügt den Anforderungen auch, wenn der Ersatz in Form der Verrechnung erfolgt.[586]

bb) Unterschiede / Gemeinsamkeiten zu § 266 StGB

Bevor auf die offensichtliche Gemeinsamkeit einer Berücksichtigung des Umstands, Ersatz leisten zu können und zu wollen, und die damit einhergehenden Folgeaspekte eingegangen werden kann, ist zu klären, ob Art. 138 Ziff. 1 Abs. 2 SchwStGB und § 266 StGB überhaupt vergleichbar sind. Das Vermögen ist das

---

579 BGE 118 IV 27, 30; *Trechsel/Crameri,* PK-Schweizerisches Strafgesetzbuch, Art. 138 Rn. 19.

580 *Niggli/Riedo,* BSK-StGB, § 138 Rn. 112 m.w.N.

581 Nur *Trechsel/Crameri,* PK-Schweizerisches Strafgesetzbuch, Art. 138 Rn. 19 darauf verweisend, dass es sich weitgehend um eine Beweisfrage handele.

582 BGE 91 IV 130, 133 f.

583 *Niggli/Riedo,* BSK-StGB, § 138 Rn. 113, wo im Folgenden noch weitere Negativ-Beispiele aufgeführt sind.

584 Siehe dazu die Nachweise und weitere Beispiele bei *Trechsel/Crameri,* PK-Schweizerisches Strafgesetzbuch, Art. 138 Rn. 19; *Niggli/Riedo,* BSK-StGB, § 138 Rn. 120 ff.

585 Siehe dafür LGVE 1988 I 76 Nr. 44.

586 *Niggli/Riedo,* BSK-StGB, § 138 Rn. 126, weitergehend mit den dafür erforderlichen Voraussetzungen.

von beiden Normen geschützte Rechtsgut[587] und beide stellen ein Sonderdelikt dar.[588] Jedoch haben sich darin die Gemeinsamkeiten bereits erschöpft. So weichen schon die Tatobjekte teilweise voneinander ab. Weiterhin ist die Vermögensbetreuungspflicht im Sinne des § 266 StGB nicht mit dem Anvertrautsein des Art. 138 Ziff. 1 Abs. 2 SchwStGB vergleichbar. Im deutschen Recht ist ein über die Vermögensbetreuungspflicht hinausgehendes besonderes Vertrauensverhältnis zwischen Täter und Treugeber nicht erforderlich.[589] Nach der Rechtsprechungspraxis der Schweizer Gerichte ist „anvertraut", was jemand mit der Verpflichtung empfängt, es in bestimmter Weise im Interesse eines anderen zu verwenden, insbesondere es zu verwahren, zu verwalten oder abzuliefern.[590] Dies entspricht nicht der Definition der untreuespezifischen Vermögensbetreuungspflicht. Allerdings findet sich der Ausdruck des Anvertrautseins an anderer Stelle im deutschen Strafgesetzbuch, nämlich in § 246 Abs. 2 StGB. Charakteristisch für Art. 138 SchwStGB ist wiederum, dass der Treugeber (durch das dem Täter Anvertrauen) seine Kontrolle über den jeweiligen Vermögenswert aufgibt. Das begründet die bereits oben erwähnte Pflicht des Täters zur Rück- oder Weitergabe. Diese Pflicht besteht üblicherweise bei der Untreue nicht, da der Treugeber seine Verfügungsmacht nicht, zumindest nicht zwangsläufig, aufgibt. Im Ergebnis ist keine Vergleichbarkeit des schweizerischen Tatbestands der Veruntreuung gemäß Art. 138 SchwStGB zu § 266 StGB gegeben. Von daher ist insoweit auch nicht auf die Berücksichtigungsfähigkeit der Ersatzbereitschaft einzugehen. Der Tatbestand des Art. 138 SchwStGB entspricht vielmehr der veruntreuenden Unterschlagung gemäß § 246 Abs. 1, 2 StGB.[591]

cc) Weiterführender Hinweis zu § 246 Abs. 1, 2 StGB

(1) Allgemein

§ 246 StGB schützt das Eigentum[592] und setzt keine Bereicherungsabsicht[593] voraus. Zudem sind Tatobjekt ausschließlich fremde bewegliche Sachen, was

587 Für die Schweiz: *Niggli/Riedo,* BSK-StGB, § 138 Rn. 7.
588 Für die Schweiz: *Niggli/Riedo,* BSK-StGB, § 138 Rn. 8.
589 Dazu Für die Schweiz: *Niggli/Riedo,* BSK-StGB, § 138 Rn. 80, 93.
590 Statt vieler BGE 120 IV 117, 119; BGE 120 IV 276, 278. Zu Modifikationen i.d.Lit. siehe für die Schweiz: *Niggli/Riedo,* BSK-StGB, § 138 Rn. 37 ff., 40 m.u.N.
591 So auch *Niggli/Riedo,* BSK-StGB, § 138 Rn. 1, wobei Tatobjekt der deutschen Norm ausschließlich Sachen sind; umfassend zu § 246 StGB statt vieler *Vogel,* LK-StGB, § 246 Rn. 1 ff.
592 Statt aller *Kudlich,* S/S/W-StGB, § 246 Rn. 2.
593 Auch keine Bereicherung RGSt 61, 228, 233.

bedeutet, dass Forderungen nicht unterschlagen werden können.[594] Aber § 246 Abs. 2 StGB regelt mit der Veruntreuung einen qualifizierten Fall der Unterschlagung.[595] Dieser ist gegeben, wenn die Sache gerade dem Täter anvertraut ist, sei es durch einen Dritten oder den Eigentümer selbst. Dabei darf das Anvertrauen nicht dem Recht des Eigentümers zuwiderlaufen. Dieses Anvertrauen ist weniger als das Treueverhältnis im Sine des § 266 StGB.[596] Es verlangt lediglich die Hingabe oder das Belassen in dem Vertrauen, dass der Besitzer mit der Sache allein im Sinne des Anvertrauenden verfahren wird,[597] mit anderen Worten, die Sache nur zu einem bestimmten Zweck zu verwenden, aufzubewahren oder auch zurückzugeben.[598]

(2) Verhältnis zu § 266 StGB

Es ist noch das Verhältnis von § 266 StGB zu einer möglichen Strafbarkeit wegen Unterschlagung gemäß § 246 StGB zu erörtern. Grundsätzlich tritt die Unterschlagung gegenüber der Untreue zurück. Allerdings steht der Tatbestand der Untreue in Tatmehrheit (§ 53 StGB) mit dem Tatbestand der Unterschlagung einer Sache oder ihres Erlöses gemäß § 246 StGB, wenn der Zueignungsvorsatz erst später, also nach Vollendung der Untreue, gefasst wird.[599] Der Unterschlagungstatbestand verlangt keine Zueignungsabsicht wie der Diebstahlstatbestand des § 242 StGB. Aber der Vorsatz bezüglich der Zueignung muss sich auch auf die Rechtswidrigkeit der Zueignung erstrecken, die hier Tatbestandsmerkmal ist.[600] Lässt die Ausgleichsfähigkeit und -bereitschaft den Tatbestand des § 266 StGB entfallen, so ist fraglich, welche Bedeutung diese Umstände für eine Strafbarkeit aus § 246 StGB haben. Die Ausgleichsfähigkeit und -bereitschaft kann in bestimmten Konstellationen über das Konstrukt der mutmaßlichen Einwilligung die Rechtswidrigkeit der Zueignung ausschließen.[601] Verwiesen sei auf das von *Vogel* angeführte Beispiel, dass jemand aus einem von ihm verwalteten

---

594 RGSt 21, 364, 367 ff.; OLG Düsseldorf NJW 1987, 853, 854; allgemein zum Tatobjekt nur *Kudlich*, S/S/W-StGB, § 246 Rn. 4 ff.; *Fischer*, StGB, § 246 Rn. 3 ff.

595 *Fischer*, StGB, § 246 Rn. 16.

596 BGHSt 9, 90, 92; dazu nur *Vogel*, LK-StGB, § 246 Rn. 61 m.w.N.

597 Statt aller *Vogel*, LK-StGB, § 246 Rn. 61.

598 BGHSt 9, 90, 91; BGHSt 16, 280, 282.

599 BGHSt 13, 315, 319 f.; dazu *Fischer*, StGB, § 246 Rn. 23; die Subsidiaritätsklausel (§ 246 Abs. 1 a.E. StGB) erfasst nur Fälle der Gleichzeitigkeit, also solche materieller Tateinheit, BGHSt 6, 314, 316; BGHSt 47, 253.

600 Die Zueignung muss nach ganz h.M. in die Tat umgesetzt werden, nur *Fischer*, StGB, § 246 Rn. 6 ff., 20.

601 Dazu *Vogel*, LK-StGB, § 246 Rn. 58 mit w.N.a.d.Rspr.

Kassenbestand Gelder zu eigenen Zwecken entnimmt und dabei willens und in der Lage ist, das Geld aus unmittelbar zur Verfügung stehenden Mitteln jederzeit zurückzuerstatten.[602] Das gilt nicht bei einem entgegenstehenden Willen des Eigentümers, oder wenn es möglich und zumutbar ist, die Einwilligung des Eigentümers einzuholen. Stellt § 266 StGB die Vermögensschädigung unter Strafe, so richtet sich § 246 StGB gegen Eigentumsverletzungen. Die Untreue verlangt als Erfolg einen Vermögensnachteil, hingegen setzt die veruntreuende Unterschlagung weder eine Wegnahme (wie § 242 StGB) noch einen Nachteil voraus. Damit haben die Delikte unterschiedliche Tatbestandsstrukturen. Mangels Vergleichbarkeit können keine weitergehenden Rückschlüsse aus der Berücksichtigungsfähigkeit von Ausgleichsfähigkeit und -bereitschaft im Rahmen von § 246 StGB über die mutmaßliche Einwilligung gezogen werden. Für das deliktstypische Unrecht der Unterschlagung ist die (tatbestandsmäßige) Rechtswidrigkeit der Zueignung elementar und auch konstitutiv. Denn es ist in unserem heutigen Wirtschaftsleben nicht wegzudenken, dass sich jemand fremde Sachen mit Einwilligung und im Bewusstsein dieser Einwilligung zueignet.[603] Hingegen ist die Rechtswidrigkeit bei der Untreue nur ein objektives Unrechtsmerkmal. Die Einwilligungslösung kann somit nicht als Vorbild herangezogen werden.

dd) Zwischenergebnis

Es bleibt festzuhalten, dass Art. 138 Ziff. 1 Abs. 2 SchwStGB nicht mit § 266 StGB, sondern mit § 246 Abs. 1, 2 StGB vergleichbar ist. Insoweit besteht auch eine Parallele bei der Berücksichtigungsfähigkeit von Ausgleichsfähigkeit und -bereitschaft in der Rechtswidrigkeit der Zueignung (§ 246 Abs. 1, 2 StGB) beziehungsweise im Rahmen der Absicht unrechtmäßiger Bereicherung (Art. 138 Ziff. 1 Abs. 2 SchwStGB).

b) Ungetreue Geschäftsbesorgung gemäß Art. 158 SchwStGB

Möglicherweise könnte aber für einen Vergleich zu § 266 StGB ein anderer, mit dem § 138 SchwStGB eng verwandter Tatbestand, weiterhelfen. Dem deutschen § 266 StGB könnte der schweizerische Art. 158 SchwStGB[604] möglicherweise ähnlicher sein. Dieser stellt die ungetreue Geschäftsbesorgung unter Strafe,

---

602 *Vogel*, LK-StGB, § 246 Rn. 58.

603 Vgl. *Kudlich*, S/S/W-StGB, § 246 Rn. 22.

604 Zur geschichtlichen Entwicklung, insbesondere zur Revision des schweizerischen Vermögensstrafrechts im Jahr 1995, *Niggli*, BSK-StGB, § 158 Rn. 5 f.

wobei Ziff. 1 den Treubruch und Ziff. 2 den Missbrauch zum Gegenstand hat, und es sich somit, wie auch bei § 266 StGB, um zwei Tatbestände handelt.[605]

Art. 158 SchwStGB

1. Wer aufgrund des Gesetzes, eines behördlichen Auftrages oder eines Rechtsgeschäfts damit betraut ist, Vermögen eines andern zu verwalten oder eine solche Vermögensverwaltung zu beaufsichtigen, und dabei unter Verletzung seiner Pflichten bewirkt oder zulässt, dass der andere am Vermögen geschädigt wird, wird mit Freiheitsstrafe bis zu drei Jahren oder Geldstrafe bestraft.
   Wer als Geschäftsführer ohne Auftrag gleich handelt, wird mit der gleichen Strafe belegt.
   Handelt der Täter in der Absicht, sich oder einen andern unrechtmässig zu bereichern, so kann auf Freiheitsstrafe von einem Jahr bis zu fünf Jahren erkannt werden.
2. Wer in der Absicht, sich oder einen andern unrechtmässig zu bereichern, die ihm durch das Gesetz, einen behördlichen Auftrag oder ein Rechtsgeschäft eingeräumte Ermächtigung, jemanden zu vertreten, missbraucht und dadurch den Vertretenen am Vermögen schädigt, wird mit Freiheitsstrafe bis zu fünf Jahren oder Geldstrafe bestraft.
3. Die ungetreue Geschäftsbesorgung zum Nachteil eines Angehörigen oder Familiengenossen wird nur auf Antrag verfolgt.

aa) Treubruch gemäß Art. 158 Ziff. 1 SchwStGB

(1) Objektiver Tatbestand

Der objektive Tatbestand hat vier Voraussetzungen: Tätereigenschaft als Geschäftsführer, Verletzung einer damit zusammenhängenden Pflicht, daraus folgender Vermögensnachteil und Kausalität.[606] Als tauglicher Täter kommt nur derjenige in Betracht, der vermögensbetreuungspflichtig ist.[607] Die Tathandlung wird nicht weitergehend vom Gesetz beschrieben. Sie liegt nach einhelliger Meinung der Rechtsprechung und der Literatur darin, dass der Täter unter Verletzung seiner Pflichten bewirkt oder zulässt, dass der Geschäftsherr als

605 Dazu *Niggli,* BSK-StGB, § 158 Rn. 6.

606 Siehe für die Schweiz: *Niggli,* BSK-StGB, § 158 Rn. 8 m.w.N. aus der Rechtsprechung; wegen der tatbestandlichen Weite werden für die Bestimmung primär die schon zur Vorgängernorm getroffenen Feststellungen des Schweizerischen Bundesgerichts herangezogen.

607 Die Vermögensbetreuungspflicht des Geschäftsführers wird – wie auch in Deutschland – anhand eines Indizienkatalogs geprüft, dazu ausführlich mit z.Bsp.u.N., auch zum jeweils zugrunde liegenden Rechtsgrund der Treupflicht, *Niggli,* BSK-StGB, § 158 Rn. 8 ff.

Vermögensträger geschädigt wird.[608] Es ist unerheblich, ob eine bloß tatsächliche oder eine rechtliche Verfügung / Unterlassung vorliegt. Die Tat ist mit Entstehung des Schadens am Vermögen des Treugebers vollendet.[609] Zudem muss ein Kausalzusammenhang gegeben sein.

(2) Subjektiver Tatbestand

Wie auch § 266 StGB verlangt der schweizerische Treubruchstatbestand subjektiv lediglich Vorsatz bezüglich sämtlicher Merkmale des objektiven Tatbestands.[610] Es sind keine weiteren Absichten notwendig. Zu beachten ist allerdings, dass gemäß Art. 158 Ziff. 1 Abs. 3 SchwStGB eine Qualifikation gegeben sein kann, wenn der Täter mit Bereicherungsabsicht handelt. Die Betonung liegt hier auf dem Wort *kann*.

bb) Missbrauch gemäß Art. 158 Ziff. 2 SchwStGB

(1) Objektiver Tatbestand

Der Missbrauchstatbestand ist in Abgrenzung zum Treubruchstatbestand nur auf Personen zugeschnitten, die über wesentliche Vermögenswerte verfügungsberechtigt, aber nicht zur Vermögensverwaltung berechtigt sind. Es ist also nicht erforderlich, dass der Täter über wesentliche Teile des Vermögens verfügen darf, sondern es genügt die einmalige Ermächtigung des Vermögensinhabers zur Vertretung in einem einzigen Rechtsgeschäft.[611] Der Täter muss nicht zwingend die Geschäftsführereigenschaft aufweisen. Die Tathandlung liegt im Missbrauch der erteilten Ermächtigung,[612] wobei eine rechtliche Bindung des Vertretenen erforderlich ist.[613] Erforderlich ist demnach die Vornahme einer im Außenverhältnis rechtsgültigen Handlung, die der im Innenverhältnis bestehenden Ermächtigung

---

608 Statt aller *Niggli*, BSK-StGB, § 158 Rn. 107 ff. m.w.N. auch aus der Rechtsprechung.

609 Dazu BGE 122 IV 279, 281; ausführlich *Niggli*, BSK-StGB, § 158 Rn. 110 ff.; interessanterweise orientiert sich dessen Bestimmung auch im schweizerischen Recht an den zum Betrug (Art. 146 SchwStGB) entwickelten Regeln.

610 Vgl. BGE 105 IV 189, 191 f. BGE 105 IV 307, 311. Eventualvorsatz reicht aus, dafür statt vieler BGE 123 IV 17, 23.

611 *Niggli*, BSK-StGB, § 158 Rn. 123 f.

612 Deren Umfang richtet sich primär nach dem Zivilrecht oder dem Öffentlichen Recht, siehe *Niggli*, BSK-StGB, § 158 Rn. 125 ff. mit zahlreichen, auch umstrittenen, Beispielen, auch zur indirekten Stellvertretung, bejahend Rn. 128; a.A. *Cappel*, Grenzen auf dem Weg zu einem europäischen Untreuestrafrecht, 190.

613 Solche rechtlich wirksamen Bindungen können auch aus gesetzlichen Bestimmungen, etwa dem Gutglaubensschutz Dritter, fließen, *Niggli*, BSK-StGB, § 158 Rn. 144.

zuwiderläuft.[614] Für die Treuepflicht, deren Inhalt sich auch hier nach dem Grundgeschäft richtet, gilt das Gleiche wie beim Treubruchstatbestand. Durch die Handlung muss ein Schaden am Vermögen des Vertretenen eintreten. Wiederum ist ein Kausalzusammenhang erforderlich.

(2) Subjektiver Tatbestand

Der subjektive Tatbestand verlangt Vorsatz bezüglich sämtlicher Merkmale des objektiven Tatbestands. Im Gegensatz zur Treubruchsvariante ist darüber hinaus in der Missbrauchsvariante immer die Absicht unrechtmäßiger Bereicherung erforderlich.

cc) Die Bereicherungsabsicht im Besonderen

Der qualifizierte Treubruchstatbestand gemäß Art. 158 Ziff. 1 Abs. 1, 3 SchwStGB und der Missbrauchstatbestand gemäß Art. 158 Ziff. 2 SchwStGB setzen beide eine Absicht unrechtmäßiger Bereicherung voraus. Diese umschreibt das eigentliche Handlungsziel und verlangt damit dolus directus ersten Grades.[615] Die beim Täter vorhandene Ersatzbereitschaft kann sowohl beim qualifizierten Treubruchstatbestand als auch beim Grundtatbestand des Missbrauchs die Absicht unrechtmäßiger Bereicherung ausschließen.[616] Insoweit gelten die Ausführungen zu Art. 138 SchwStGB.

dd) Vergleichbarkeit und Fazit

(1) Vergleichbarkeit der Tatbestände allgemein

Wie auch die deutsche Untreueregelung enthält § 158 SchwStGB also zwei Tatbestände. Hervorzuheben ist die in der Schweiz vorhandene ausdrückliche gesetzliche Normierung des Geschäftsführers ohne Auftrag (Art. 158 Ziff. 1 Abs. 2 SchwStGB). Das in der Treubruchsalternative gemäß Art. 158 Ziff. 1 SchwStGB verlangte Treueverhältnis entspricht evident der Vermögensbetreuungspflicht in Sinne des § 266 StGB und ist gleichfalls von einer starken Kasuistik geprägt. Interessanterweise ist bei den zwei Tatbeständen der schweizerischen Norm eine andere Rollenverteilung vorzufinden. Im deutschen Recht ist der Missbrauchstatbestand ein Spezialfall des Treubruchstatbestands mit seinem weiter gefassten Anwendungsbereich, letzterem wird daher eine

614 Dazu *Niggli,* BSK-StGB, § 158 Rn. 125 ff.

615 *Niggli,* BSK-StGB, § 158 Rn. 117, 119, 149.

616 BGE 121 IV 104, 108 f.; das Bundesgericht nahm ohne weiteres diese Anwendbarkeit auf § 158 SchwStGB an; *Niggli,* BSK-StGB, § 158 Rn. 120, 149 mit Verweis auf § 138 Rn. 109 ff.; siehe auch BGE 107 IV 166, 167 f.

Auffangfunktion zugesprochen.[617] Hingegen kommen den Tatbeständen in der Schweiz durchaus unterschiedliche Anwendungsbereiche zu. Der Gesetzgeber beabsichtigte, dass der Treubruchstatbestand eine Komplementärfunktion zum Missbrauchstatbestand einnimmt.[618] Sind beide Tatbestandsvarianten erfüllt, dann kommt nur der Treubruchstatbestand gemäß Art. 158 Ziff. 1 SchwStGB zur Anwendung.[619] Zu den Konkurrenzen sei erwähnt, dass Art. 158 SchwStGB hinter Art. 138 SchwStGB zurücktritt.[620] Trotzdem zeigt sich eine sehr große Ähnlichkeit zwischen § 266 StGB und Art. 158 SchwStGB.[621] In beiden Fällen ist das tatbestandlich geschützte Rechtsgut das Vermögen.[622] Die Tatbestände stellen in allen Alternativen echte Sonderdelikte dar, können mithin nur von demjenigen erfüllt werden, der diese Sondereigenschaft aufweist.[623] Das hat weitere Auswirkungen für die Regeln der Teilnahme.[624] Der Unrechtsgehalt beider Normen liegt in der vorsätzlichen und nachteilsauslösenden Verletzung einer dem Treupflichtigen obliegenden Treuepflicht. Weiterhin besteht eine Parallele bei der Privilegierung der Tat zum Nachteil eines Angehörigen,[625] vgl. Art. 158 Ziff. 3 SchwStGB und §§ 266 Abs. 2, 247 StGB. Mit dem deutschen Untreueregelungskonzept und der sukzessiven Abschaffung der deutschen Sondertatbestände vergleichbar, gibt es über den allgemeinen Untreuetatbestand in Art. 158 SchwStGB hinaus keine weiteren Sondertatbestände im schweizerischen Handels- und Gesellschaftsrecht. Demnach findet § 266 StGB eine Entsprechung im schweizerischen Art. 158 StGB.

617 Der Missbrauchstatbestand verdrängt den Treubruchstatbestand in Bezug auf ein und denselben Vermögensnachteil als lex specialis, BGHSt 50, 331, 342; BGH JR 1983, 515; OLG Hamm NJW 1968, 1940; *Saliger,* S/S/W-StGB, § 266 Rn. 7, 109.

618 So *Foffani,* FS-Tiedemann, 767, 772 m.w.N.

619 Vgl. *Niggli,* BSK-StGB, § 158 Rn. 122.

620 BGE 111 IV 92, 22 f.

621 Wobei die Rechtspraxis in der Schweiz mit Atz. 158 SchwStGB deutlich zurückhaltender vorgeht, dazu *Cappel,* Grenzen auf dem Weg zu einem europäischen Untreuestrafrecht, 190 m.w.N.

622 Für die Schweiz: BGE 81 IV 228, 232; BGE 81 IV 276, 278.

623 Für die Schweiz: *Niggli,* BSK-StGB, § 158 Rn. 8.

624 Für die Schweiz: *Niggli,* BSK-StGB, § 158 Rn. 8.

625 Schweiz: erfasst sind auch Familiengenossen, Legaldefinition in Art. 110 Ziff. 1, 2; Deutschland: Beachte den Kreis der aufgezählten Personen in § 247 StGB, die Legaldefinition „Angehöriger“ findet sich in § 11 Abs. 1 Nr. 1 StGB.

(2) *Vergleichbarkeit der Berücksichtigung von Ausgleichsfähigkeit und Ausgleichsbereitschaft*

Die subjektive Bereitschaft des Treupflichtigen und seine objektive Ausgleichsfähigkeit lassen sowohl in der Schweiz als auch in Deutschland den Tatbestand der ungetreuen Geschäftsbesorgung zum Teil beziehungsweise der Untreue in Gänze entfallen. Ist nach bisheriger Rechtsprechung des Bundesgerichtshofs schon der objektive Tatbestand des § 266 StGB mangels Vermögensnachteils nicht erfüllt, so findet die Ersatzfähigkeit in der Schweiz als ein die Absicht der unrechtmäßigen Bereicherung zu verneinendes Element im subjektiven Tatbestand des § 158 SchwStGB Berücksichtigung. Das hat in der Schweiz zur Folge, dass der Missbrauchstatbestand gemäß Art. 158 Ziff. 2 SchwStGB nicht einschlägig ist und auch kein Fall des qualifizierten Treubruchs gegeben ist, Art. 158 Ziff. 1 Abs. 1, 3 SchwStGB (ebenso wenig ist Art. 138 SchwStGB einschlägig). Im Grundtatbestand des Treubruchs gemäß Art. 158 Ziff. 1 SchwStGB, der lediglich Vorsatz verlangt, ist insoweit keine anderweitige Berücksichtigungsfähigkeit erkennbar, was bedeutet, dass es dann bei der Strafbarkeit vorbehaltlich der übrigen Voraussetzungen bleiben würde.[626] Demnach ist der deutsche Ansatz der Berücksichtigungsfähigkeit mit dem Ergebnis der Straflosigkeit deutlich weitergehend. Auffällig sind gewisse Parallelen bei den Anforderungen, die an die Ersatzfähigkeit beziehungsweise Ausgleichsfähigkeit seitens der Judikatur gestellt werden.[627] Die von den Schweizer Gerichten praktizierte Verortung steht in einem gesamtsystematischen Zusammenhang mit Prüfung der Absicht unrechtmäßiger Bereicherung bei Art. 138 SchwStGB, was dort wiederum aus der Parallele zur Aneignung fremder Sachen unter Wertersatz gemäß Art. 137 SchwStGB gezogen wird.[628] Hingegen kennt das deutsche Strafgesetzbuch keine Bereicherungsabsicht im Bereich der Untreue und der veruntreuenden Unterschlagung. Auch wenn die schweizerische Norm in ihrer historischen Entwicklung die deutsche

---

626 Dazu *Donatsch*, Kommentar-SchwStGB, Art. 158 Rn. 11.

627 Als ein positives Beispiel sei die Möglichkeit der Verrechnung genannt, *Niggli/Riedo*, BSK-StGB, § 138 Rn. 126; für Deutschlandbeachte den Umkehrschluss aus BGH NStZ-RR 1997, 298, 299; als negatives Beispiel sei die Notwendigkeit, sich das Geld erst durch Kreditaufnahme besorgen zu müssen, genannt, *Niggli/Riedo*, BSK-StGB, § 138 Rn. 122; für Deutschland: nur BGH NStZ 1982, 331, 331; vertieft B.II.4.a) w.m.N.

628 Beachte insoweit auch die Handhabung der Wertsummentheorie in „Geldwechsel-Fällen" im Rahmen von § 242 StGB (Entfallen der Enteignungskomponente), dazu nur *Kudlich*, S/S/W-StGB, § 242 Rn. 50.

Norm zum Vorbild hatte, so hat die jeweilige Judikatur zur Berücksichtigung von Ausgleichsfähigkeit und -bereitschaft unterschiedliche Wege eingeschlagen.

c) Zwischenergebnis

Dem deutschen Untreuetatbestand entspricht in der Schweiz der Tatbestand der ungetreuen Geschäftsbesorgung gemäß Art. 158 SchwStGB, hingegen ist Art. 138 SchwStGB dem deutschen Unterschlagungstatbestand gemäß § 246 StGB ähnlich. Die Ausgleichsfähigkeit und -bereitschaft des Handelnden findet im schweizerischen Strafrecht in der Absicht unrechtmäßiger Bereicherung Berücksichtigung. Als sogenannte Ersatzfähigkeit vermag sie diese auszuschließen.

2. Österreich

a) Untreue gemäß § 153 ÖStGB

Das Österreichische Strafgesetzbuch stellt die Untreue gemäß § 153 Österreichisches Strafgesetzbuch (ÖStGB) unter Strafe.

§ 153 ÖStGB Untreue

(1) Wer die ihm durch Gesetz, behördlichen Auftrag oder Rechtsgeschäft eingeräumte Befugnis, über fremdes Vermögen zu verfügen oder einen anderen zu verpflichten, wissentlich mißbraucht und dadurch dem anderen einen Vermögensnachteil zufügt, ist mit Freiheitsstrafe bis zu sechs Monaten oder mit Geldstrafe bis zu 360 Tagessätzen zu bestrafen.

(2) Wer durch die Tat einen 3 000 Euro übersteigenden Schaden herbeiführt, ist mit Freiheitsstrafe bis zu drei Jahren, wer einen 50 000 Euro übersteigenden Schaden herbeiführt, mit Freiheitsstrafe von einem bis zu zehn Jahren zu bestrafen.

aa) Voraussetzungen und Besonderheiten

Der österreichischen Norm liegt im Vergleich zur deutschen und zur schweizerischen Vorschrift eine normativ verengte tatbestandliche Umschreibung der Untreue zugrunde.[629] Typisiert ist allein der Missbrauchstatbestand.[630] Erforderlich ist die Vornahme von rechtsgeschäftlichen Handlungen, zumindest einer solchen mit rechtlichem Charakter.[631] Untreue begeht damit nach dem österreichischen

---

629 Dazu aus rechtsvergleichender Perspektive auch *Foffani,* FS-Tiedemann, 767, 772 ff.

630 Das war schon 1931 so, als der Tatbestand in das österreichische Strafgesetzbuch eingeführt wurde (§ 205c ÖStGB aF), siehe dazu und auch den Abdruck des Wortlauts etwa *Foffani,* FS-Tiedemann, 767, 770; es gilt also die Missbrauchstheorie: SSt 58 / 28 = JBl 1988, 125.

631 *Foffani,* FS-Tiedemann, 767, 773 mit weiterführendem Nachweis.

Recht, wer die unmittelbar oder mittelbar eingeräumte Befugnis, über fremdes Vermögen zu verfügen, wissentlich missbraucht und dadurch dem anderen einen zumindest vorübergehenden Vermögensnachteil zufügt. Der Missbrauch muss wissentlich erfolgen.[632] In Ansehung der Nachteilszufügung reicht Eventualvorsatz.[633] Eine weitergehende Bereicherungsabsicht ist nicht erforderlich.[634] Ansprüche gegen den Täter, die aus der Tat selbst entstehen, vermögen den Nachteil nicht zu hindern.[635] Es besteht jedoch die Möglichkeit der strafbarkeitsaufhebenden tätigen Reue gemäß § 167 ÖStGB.

§ 167 ÖStGB Tätige Reue

(1) Die Strafbarkeit wegen Sachbeschädigung, Datenbeschädigung, Störung der Funktionsfähigkeit eines Computersystems, Diebstahls, Entziehung von Energie, Veruntreuung, Unterschlagung, dauernder Sachentziehung, Eingriffs in fremdes Jagd- oder Fischereirecht, Entwendung, Betrugs, betrügerischen Datenverarbeitungsmißbrauchs, Erschleichung einer Leistung, Notbetrugs, Untreue, Geschenkannahme durch Machthaber, Förderungsmißbrauchs, betrügerischen Vorenthaltens von Sozialversicherungsbeiträgen und Zuschlägen nach dem Bauarbeiter- Urlaubs- und Abfertigungsgesetz, Wuchers, betrügerischer Krida, Schädigung fremder Gläubiger, Begünstigung eines Gläubigers, grob fahrlässiger Beeinträchtigung von Gläubigerinteressen, Vollstreckungsvereitelung und Hehlerei wird durch tätige Reue aufgehoben.

(2) Dem Täter kommt tätige Reue zustatten, wenn er, bevor die Behörde (§ 151 Abs. 3) von seinem Verschulden erfahren hat, wenngleich auf Andringen des Verletzten, so doch ohne hiezu gezwungen zu sein, den ganzen aus seiner Tat entstandenen Schaden gutmacht oder sich vertraglich verpflichtet, dem Verletzten binnen einer bestimmten Zeit solche Schadensgutmachung zu leisten. In letzterem Fall lebt die Strafbarkeit wieder auf, wenn der Täter seine Verpflichtung nicht einhält.

(3) Der Täter ist auch nicht zu bestrafen, wenn er den ganzen aus seiner Tat entstandenen Schaden im Zug einer Selbstanzeige, die der Behörde (§ 151 Abs. 3) sein Verschulden offenbart, durch Erlag bei dieser Behörde gutmacht.

(4) Der Täter, der sich um die Schadensgutmachung ernstlich bemüht hat, ist auch dann nicht zu bestrafen, wenn ein Dritter in seinem Namen oder wenn ein anderer an der Tat Mitwirkender den ganzen aus der Tat entstandenen Schaden unter den im Abs. 2 genannten Voraussetzungen gutmacht.

---

632 Beachte die Legaldefinition in § 5 Abs. 3 ÖStGB.

633 *Fabrizi,* Ö-StGB, § 153 Rn. 7 m.w.N.

634 *Fabrizi,* Ö-StGB, § 153 Rn. 7.

635 *Fabrizi,* Ö-StGB, § 153 Rn. 7.

bb) Vergleichbarkeit

(1) Vergleichbarkeit der Tatbestände allgemein

Es ist unschwer zu erkennen, dass für den § 153 ÖStGB die deutsche Regelung Pate stand.[636] Mit Blick auf den deutschen Missbrauchstatbestand (§ 266 Abs. 1 Alt. 1 StGB) wurde eine fast wörtliche Übertragung vorgenommen.[637] Wie in Deutschland und der Schweiz handelt es sich auch in Österreich um ein Sonderpflichtdelikt.[638] Im Gegensatz zur schweizerischen Norm kommt mangels Verfügungsmacht der *falsus procurator* nicht als tauglicher Täter in Betracht.[639] Tathandlung ist immer eine Rechtshandlung.[640] Bei der Ermittlung des Vermögensschadens bleiben Ansprüche gegen den Täter außer Betracht. Wie auch in den anderen beiden Rechtsordnungen kann eine nachträgliche Genehmigung durch den Treumachtgeber die Rechtswidrigkeit des Missbrauchs nicht beseitigen.[641] Eine Bereicherungsabsicht ist nicht erforderlich.[642]

(2) Vergleichbarkeit der Berücksichtigung von Ausgleichsfähigkeit und -bereitschaft

Die Berücksichtigungsfähigkeit von Ausgleichsfähigkeit und -bereitschaft und deren die Untreuestrafbarkeit einschränkende oder ausschließende Wirkung sind in der österreichischen Strafgerichtspraxis, soweit ersichtlich, in vergleichbarer Form nicht bekannt. Interessant ist jedoch die bestehende Möglichkeit zur tätigen Reue gemäß § 167 ÖStGB.[643] Stellvertretend für die verschiedenen dort geregelten Konstellationen soll hier nur der § 167 Abs. 2 ÖStGB genauer betrachtet werden. Die Ausübung der tätigen Reue wirkt strafaufhebend. Der Strafaufhebungsgrund der tätigen Reue nach beendetem Delikt ist eine ausgeprägte Besonderheit der Rechtstradition in Österreich.[644] Erforderlich ist die sofortige Schadenswiedergutmachung oder die vertragliche und damit einklagbare

---

636 *Foffani,* FS-Maiwald, 83, 84 spricht in anderem Zusammenhang gar von der Untreue als einem wichtigen deutschen Exportartikel im 20. Jahrhundert.

637 *Foffani,* FS-Tiedemann, 767, 772 f.

638 Dazu die aufgelisteten Beispiele tauglicher Täter bei *Fabrizi,* Ö-StGB, § 153 Rn. 2.

639 *Fabrizi,* Ö-StGB, § 153 Rn. 3.

640 LSK 1976/364, 365.

641 *Fabrizi,* Ö-StGB, § 153 Rn. 4.

642 Dazu *Fabrizi,* Ö-StGB, § 153 Rn. 7.

643 *Eder-Rieder,* Der Opferschutz in Österreich, *passim*; beachte den Ansatz von *Frees,* Die steuerrechtliche Selbstanzeige, 121 ff.; auch zur positiven Bewertung in Praxis und Lehre *Löffler,* Grund und Grenzen, 127 m.w.N.

644 *Frees,* Die steuerrechtliche Selbstanzeige, 123, Fn. 82; zur Geschichte der Vorschrift siehe die umfassenden Nachweise bei *Löffler,* Grund und Grenzen, 127 Fn. 91.

Verpflichtung zur Schadenswiedergutmachung, vgl. § 167 Abs. 2 ÖStGB. Weitere Voraussetzungen sind die Freiwilligkeit, Rechtzeitigkeit und Vollständigkeit der Wiedergutmachung,[645] obgleich eine innere Umkehr nicht erforderlich ist. Ist einerseits in Österreich die Berücksichtigungsfähigkeit von Ausgleichsfähigkeit und -bereitschaft auf Tatbestandsebene unbekannt, muss andererseits festgestellt werden, dass die im österreichischen Strafrecht vorgesehene Regelung der tätigen Reue keine Entsprechung im deutschen Vermögensstrafrecht findet. Deshalb ist zu untersuchen, wie tätige Reue und Ausgleichsfähigkeit und -bereitschaft sich zueinander verhalten und ob sie einen gemeinsamen Nenner haben. Primär unterscheiden sich beide in den spezifischen Eigenarten und ihrer jeweiligen Wirkung: Ist die tätige Reue ein Strafaufhebungsgrund, der den Strafanspruch zum Erlöschen bringt,[646] so führen Ausgleichsfähigkeit und -bereitschaft schon zum Entfallen des Tatbestands mit der Folge, das ein Strafanspruch gar nicht erst entsteht. Zudem unterscheiden sich beide elementar durch den relevanten Zeitpunkt, in dem ihre Voraussetzungen vorliegen müssen. Besteht die Möglichkeit zur tätigen Reue nach materieller Vollendung der Tat, so müssen Ausgleichsfähigkeit und -bereitschaft beim Treupflichtigen nach deutscher Rechtsprechung im Zeitpunkt der Tathandlung gegeben sein. Aber beide wirken sich, unabhängig von ihren positiven Konsequenzen für den Treupflichtigen, auch extrem positiv auf die Situation des Treugebers aus: Es wird ein starker Anreiz dafür gesetzt, den pflichtwidrig eingesetzten Vermögensbestandteil auszugleichen, also dem Treugeber zu erstatten.

In diesem Zusammenhang sei noch auf § 167 Abs. 2 Nr. 2 ÖStGB hingewiesen. Dieser befasst sich mit einer Variante des Verhaltens des Täters gegenüber dem Opfer und schafft die besondere Möglichkeit einer vertraglichen Vereinbarung über die Modalitäten der Schadenswiedergutmachung. Diese Regelung bringt im Besonderen zum Ausdruck, dass die Opferinteressen denen der staatlichen Strafverfolgung vorrangig sind. § 167 ÖStGB schafft mit der Aussicht auf Straflosigkeit einen gezielten Anreiz, die Folgen der Tat nach dem Eintritt der materiellen Vollendung wieder zu beseitigen und damit zur Widergutmachung.[647] Aber auch die Berücksichtigungsfähigkeit von Ausgleichsfähigkeit und -bereitschaft schafft einen auf den Rechtsgüterschutz zielenden Anreiz, der auf den Rechtsgüterschutz gerichtet ist, und damit beim Individualrechtsgut Vermögen primär auf die Interessen des Treugebers abzielt, wobei natürlich nicht

645 Weitergehend *Fabrizi*, Ö-StGB, § 167 Rn. 8 ff.

646 *Eder-Rieder*, Der Opferschutz in Österreich, 18.

647 Die Wirkung von Tätiger Reue und Rücktritt vom Versuch ist mit der deutschen Regel vergleichbar.

von Wiedergutmachung im rechtlichen Sinne gesprochen werden kann, da die Voraussetzungen im Zeitpunkt der Handlung vorliegen. Aber vergleichbar ist die primäre Ausrichtung auf den Rechtsgüterschutz. Für die Ausübung der tätigen Reue ist letztlich die Fähigkeit, Ersatz leisten zu können, erforderlich. Dabei handelt es sich um eine objektive Voraussetzung, die mit der Ausgleichsfähigkeit vergleichbar ist. Eine Teilwiedergutmachung wird in Österreich nur als Milderungsgrund angesehen.[648] Und die subjektive Ausgleichsbereitschaft findet sich im Erfordernis der Freiwilligkeit wieder. Befindet sich der Treugeber in der Situation, dass sein Treupflichtiger dem Anreiz zur Straflosigkeit gefolgt ist, dann gebieten zudem weder General- noch Spezialprävention den Einsatz staatlicher Strafe.[649]

Hervorzuheben ist jedoch die Regelung des § 167 Abs. 4 ÖStGB. Bemerkenswerterweise ist danach der Täter auch dann nicht strafbar, wenn ihm die erstrebte Schadenswiedergutmachung nicht möglich ist, aber sein Bemühen darum ernstlich war, und ein Dritter in seinem Namen oder ein anderer an der Tat Mitwirkender den ganzen Schaden gutmachen. Als Dritter kommt eine Versicherungsgesellschaft nicht in Betracht, bei der das Opfer sich entsprechend selbst versichert hat. Sehr wohl kommen als Dritter jedoch der Ehegatte oder die Eltern des Täters in Betracht.[650] Dieser Dritte muss jedenfalls konkludent erklären, dass er den Schaden für den Täter wiedergutmacht. Zudem muss der Täter damit einverstanden sein und er muss dies auch wenigstens konkludent zu erkennen geben.[651] Hierin liegt ein großer Unterschied gegenüber der Situation in Deutschland. Für das Entfallen des deutschen Untreuetatbestands genügt die Ersatzbereitschaft Dritter gerade nicht. § 167 ÖStGB ist also insofern weiter, als dass er Straflosigkeit auch für den Fall anordnet, in dem ein Dritter (unter weiteren Voraussetzungen natürlich) den Schaden wiedergutmacht.

In der gesetzlich vorgesehenen Möglichkeit zur tätigen Reue kommt zum Ausdruck, dass das staatliche Interesse an der Strafverfolgung hinter das der Wiedergutmachung des erlittenen Schadens zurücktritt.[652] Davon profitieren sowohl Täter als auch Tatopfer. Denn für den Täter bedeutet es die Möglichkeit, durch tätige Reue den Strafanspruch nach Vollendung seiner Tat wieder zum Erlöschen zu bringen. Die Ausübung der tätigen Reue ist bildlich gesprochen ein

648 *Fabrizi,* Ö-StGB, § 167 Rn. 11.
649 Für Österreich: *Eder-Rieder,* Der Opferschutz in Österreich, 19 m.w.N.
650 *Fabrizi,* Ö-StGB, § 167 Rn. 15.
651 *Fabrizi,* Ö-StGB, § 167 Rn. 15.
652 *Eder-Rieder,* Der Opferschutz in Österreich, 19.

Brückenschlag zurück in die Legalität.[653] Auch aus der Perspektive des Opfers ist die Strafe wegen der Wiedergutmachung nicht geboten.[654] Seinem Interesse an Schadensersatz wird einfacher, schneller und unkomplizierter zur Durchsetzung verholfen.[655] Interessant ist zudem, dass die gesetzlich vorgesehene tätige Reue gemäß § 167 ÖStGB nicht nur für die Untreue gemäß § 153 ÖStGB gilt, sondern für eine beträchtliche Anzahl weiterer Straftaten und daher einen sehr weiten Anwendungsbereich umfasst.[656] Insoweit ist § 167 ÖStGB „Ausdruck einer modernen kriminalpolitischen Tendenz."[657]

b) Zwischenergebnis

Auch in Österreich findet sich eine dem deutschen Untreuetatbestand vergleichbare Regelung, welche in § 153 ÖStGB seine gesetzliche Verankerung gefunden hat. Es bestehen Gemeinsamkeiten aber auch Unterschiede, sowohl dogmatisch als auch in den Voraussetzungen. Eine österreichische Besonderheit ist der vorgesehene Strafaufhebungsgrund der tätigen Reue gemäß § 167 ÖStGB. Dieser wurde mit Blick auf den Umstand geschaffen, dass die Rechtsgutsverletzung einer Vermögensschädigung vollständig reparabel sei. Vergleichbar sind insoweit die Motive und Interessen, die hinter der Berücksichtigung von Ausgleichsfähigkeit und -bereitschaft stehen. Es bleibt die Erkenntnis, dass der Treupflichtige, der ausgleichsbereit und -fähig ist, nicht in einem Atemzug mit den unter dem Topos der Wiedergutmachung geführten Regelungen genannt werden kann, da er diese Voraussetzungen schon im Zeitpunkt der Handlung aufweist. Dennoch bleibt festzuhalten, dass im Bereich der Untreuestrafbarkeit beide Länder Anreize für den Täter mit dem Ergebnis der Straflosigkeit setzen. Dabei gelangt der Strafanspruch gar nicht erst zur Entstehung, beziehungsweise entfällt wieder. Für den Treugeber bedeutet dies in beiden Fällen den Schutz seiner Vermögensinteressen.

---

653 Siehe statt aller zur „Theorie der goldenen Brücke" nur Roxin, Strafrecht AT/II, § 30 Rn. 14 m.w.N.; zu den unterschiedlichen Ansätzen in Deutschland *ders.,* Strafrecht AT/II, § 30 Rn. 1 ff. m.w.N.

654 Das schlichte Vergeltungsbedürfnis sei zu vernachlässigen und die Strafe weder aus Gerechtigkeitsbedürfnissen noch aus spezial- oder generalpräventiven Gründen geboten, so *Eder-Rieder,* Der Opferschutz in Österreich, 19 m.w.N.

655 *Rainer,* Triffterer Komm, § 167 Rn. 2, zitiert in *Eder-Rieder,* Der Opferschutz in Österreich, 18.

656 Siehe *Fabrizi,* Ö-StGB, § 167 Rn. 1.

657 Das jedenfalls attestiert *Eder-Rieder,* Der Opferschutz in Österreich, 19.

3. Zwischenergebnis

Ein Blick in das schweizerische und das österreichische Strafgesetz hat gezeigt, dass es in beiden Ländern der deutschen Untreuenorm vergleichbare Regelungen gibt, welche allerdings in ihrer tatbestandlichen Umschreibung teilweise voneinander abweichen. Geschütztes Rechtsgut von § 266 StGB, Art. 158 SchwStGB und § 153 ÖStGB ist jeweils allein das Vermögen des Treugebers. Eine Ausgleichsfähigkeit und -bereitschaft des Treupflichtigen finden jeweils an unterschiedlichen Stellen Berücksichtigung. Führt die Ausgleichsfähigkeit und -bereitschaft nach der Rechtsprechung im Rahmen von § 266 StGB zur Verneinung des untreuerelevanten Vermögensnachteils, bewirkt die Ersatzfähigkeit, dass die jeweils von Art. 158 Ziff. 1 Abs. 1 und Abs. 3 SchwStGB geforderte Bereicherungsabsicht nicht gegeben ist, und im österreichischen Recht ist eine Berücksichtigung über die tätige Reue gemäß § 167 ÖStGB als persönlicher Strafaufhebungsgrund möglich. Es bleibt zunächst festzuhalten, dass die Auswirkungen auf die Strafbarkeit mithin unterschiedlich sind. Jedoch sollte mit Blick auf die vorangegangenen Überlegungen zum Steuerstrafrecht im Sinne eines Erst-Recht-Schlusses die Ausgleichsfähigkeit und -bereitschaft, welche schon im Handlungszeitpunkt vorliegt und nicht erst nach Vollendung der Tat mit der Ausübung tätiger Reue gegeben ist, unbedingt im Rahmen der Prüfung der Strafbarkeit gemäß § 266 StGB berücksichtigt werden.

X. Ergebnis zur Legitimation der Berücksichtigung von Ausgleichsfähigkeit und Ausgleichsbereitschaft

Es bleibt zusammenzufassen, dass die im Zeitpunkt der Handlung beim Treupflichtigen vorhandene Ausgleichsfähigkeit und -bereitschaft im Einklang mit der Rechtsprechung im Rahmen der Untreue zu berücksichtigen sind. Allgemein bedarf der Untreuetatbestand wegen seiner tatbestandlichen Weite einer normativen Untersuchung dahingehend, welche Konstellationen des über eine reine Tätigkeitsbeschreibung hinausgehenden (grundsätzlich tatbestandlich) einschlägigen Handelns strafwürdig sind und welche nicht.[658] Eine restriktive Auslegung ist insofern geboten. Nach der hier vertretenen Ansicht erreicht eine Handlung bei vorhandener Ausgleichsfähigkeit und -bereitschaft keinen Grad der Strafwürdigkeit, der eine Bekämpfung mit den Mitteln des Strafrechts rechtfertigen könnte.

658 *Englisch*, NJW 2005, 2974, 2974 sieht auch einen gesteigerten Bedarf dafür beim Betrug und beim Diebstahl.

Demnach wurde eine normative Eigenschaft[659] des pflichtwidrigen, nachteilsauslösenden Einsatzes fremder Mittel bei Ausgleichsfähigkeit und -bereitschaft identifiziert: Das Verhalten ist nicht strafwürdig. Das Strafrecht ist und bleibt kein beliebiges gesellschaftliches Lenkungsinstrument zur Steuerung, sondern *ultima ratio* staatlicher Aktivität. Vor dem Hintergrund einer maßgeblichen rechtsgutsbezogenen Argumentation hat die Untersuchung gezeigt, dass das Verhalten noch als sozialerträglich zu charakterisieren ist. Infolge der Ausgleichsfähigkeit und -bereitschaft wird der Rechtsfrieden durch die Handlung nicht erschüttert. Bei einer Vielzahl der wesentlichen Argumente, die für die Berücksichtigungsfähigkeit von Ausgleichsfähigkeit und -bereitschaft sprechen, sind untreuespezifische Besonderheiten von zentraler Bedeutung. Der fragmentarische Charakter des Strafrechts findet bei § 266 StGB seine Ausprägung darin, dass das Rechtsgut nicht gegen jeden Angriff vollumfänglich geschützt ist.[660] Die spezifische Angriffsmodalität, nämlich der Angriff auf das fremde Vermögen von innen, ist von besonderer Bedeutung. Bei vorhandener Fähigkeit und Bereitschaft zum Ausgleich gegenüber dem Treugeber wird die dem Treupflichtigen eingeräumte Machtposition aber nicht von ihm pervertiert. Hingegen sind das Vertrauen des Treugebers und ein damit durch die Handlung eventuell eintretender Vertrauensbruch gerade nicht von § 266 StGB geschützt. Das geschützte Rechtsgut ist ausschließlich das Vermögen des Treugebers. So ist es der Rechtsgüterschutz selbst, der für eine Berücksichtigung von Ausgleichsfähigkeit und -bereitschaft spricht. Wären diese Umstände in der Person des Treupflichtigen im Zeitpunkt seiner Handlung nicht berücksichtigungsfähig, bestünde auch keinerlei Anreiz für den Treupflichtigen, sein Augenmerk auf die eigene Ausgleichsfähigkeit und -bereitschaft zu lenken und zu legen. Folglich würde der Gedanke des Rechtsgüterschutzes in sein Gegenteil verkehrt. Blieben Ausgleichsfähigkeit und -bereitschaft bei der Prüfung der Entstehung des Strafanspruchs gänzlich unberücksichtigt, dann käme – wie auch bei einer bloß nachträglichen Schadenswiedergutmachung – allein eine fakultative Strafmilderung in Betracht. Eine solche Gleichstellung in der rechtlichen Beurteilung verbietet ein dazwischen klaffender qualitativer Wertungsunterschied.

Ein Vergleich mit dem österreichischen Strafrecht hat gezeigt, dass dort die Möglichkeit zur tätigen Reue gemäß § 167 ÖStGB besteht. Dabei handelt es

---

659 Dazu *Hassemer*, AK-StGB, Vor § 1 Rn. 184.

660 Keine sog. Rundumverteidigung; § 266 StGB ist insoweit in sich lückenhaft; zu den einzelnen Ausprägungen des fragmentarischen Charakters *Maiwald*, FS-Maurach, 9, 9 ff.

sich, wie auch bei § 371 AO, um einen Strafaufhebungsgrund. Für diese ist die Reparabilität des Rechtsguts von besonderer Bedeutung. Wenn im deutschen Strafrecht eine nachträgliche Schadenswiedergutmachung wenigstens fakultativ zu berücksichtigen ist, dann sollte erst Recht die im Zeitpunkt der Tathandlung vorliegende Ausgleichsfähigkeit und -bereitschaft zu berücksichtigen sein, und das schon bei der Prüfung der Entstehung des staatlichen Strafanspruchs. Unabhängig von der strafrechtlichen Beurteilung kann ein Einzelner oder auch eine Gruppe das Verhalten als unmoralisch beziehungsweise verwerflich empfinden oder sogar subjektiv als strafwürdig erachten. Diese Wertungen sind jedoch sauber von der strafrechtlichen Beurteilung zu trennen und zu unterscheiden. Der Blick auf das von einem Straftatbestand geschützte Rechtsgut muss klar und unverstellt bleiben. Er darf nicht verwischt oder gar überlagert werden. Es ist einzig und allein der Rechtsgüterschutz, der sich aus dem staatlichen Schutzauftrag des Strafrechts ableitet. Straftheoretische Gründe, die gegen die Berücksichtigung von Ausgleichsfähigkeit und -bereitschaft sprechen, sind insoweit nicht ersichtlich. Der Blickwinkel wurde in der Untersuchung nicht nur auf die für den Treupflichtigen in Aussicht gestellte Straflosigkeit verkürzt, sondern bezog auch die Interessen des Treugebers mit ein. Dessen primärem Interesse an einem schnellen, effizienten und ressourcenschonenden Ausgleich wird genügt. Insoweit schließt sich wiederum der Kreis zum Rechtsgüterschutz. Auch praktische Erwägungen, primär drohende Beweisschwierigkeiten und mögliche Schutzbehauptungen, können einer Berücksichtigung nicht entgegenstehen. Sie gebieten jedoch die Einordnung der Berücksichtigungsfähigkeit als einen engen Ausnahmefall sowie die Ausarbeitung eines sauberen Anforderungskatalogs. Ein rechtsvergleichender Blick in die Schweiz hat gezeigt, dass die Ausgleichsfähigkeit und -bereitschaft dort, wenn auch auf unterschiedliche Art und Weise, zu berücksichtigen sind. Die im Grundsatz dahinter stehende Wirkung ist insoweit zu übertragen, was ebenfalls für die Berücksichtigung im Rahmen der Prüfung des § 266 StGB spricht.

Neben der dogmatischen Begründung einer Berücksichtigungsfähigkeit und -notwendigkeit kommt eine „kriminalpolitische Stimmigkeitskontrolle“[661] zum gleichen Ergebnis. Eine Berücksichtigung der Ausgleichsfähigkeit und -bereitschaft des Treupflichtigen ist damit kein „Freifahrtschein“ für Vermögende, sondern dem Schutz des von § 266 StGB geschützten Rechtsguts Vermögen dienlich.

661 Diesen Begriff verwendet *Simon*, Gesetzesauslegung im Strafrecht, 526.

Dieser mittlerweile schon Jahrzehnte lang praktizierten Rechtsprechung muss letztlich eine moderne kriminalpolitische Tendenz zugesprochen werden. Das Entstehen des staatlichen Strafanspruchs wird verhindert, dem Vermögen als geschütztem Rechtsgut schnellster und einfachster Schutz ermöglicht. Der Berücksichtigung von Ausgleichsfähigkeit und -bereitschaft im Rahmen der Untreue ist damit die Legitimation zu erteilen, und es ist ausdrücklich an ihr festzuhalten.

D. Ausgestaltung der Berücksichtigung von Ausgleichsfähigkeit und Ausgleichsbereitschaft

Mit der Bejahung der Legitimation der Berücksichtigungsfähigkeit von Ausgleichsfähigkeit und -bereitschaft drängen sich nunmehr zwei wichtige Fragenkomplexe auf.

Zunächst ist die schwierige Frage zu beantworten, wo und wie die beim Treupflichtigen vorhandene Ausgleichsfähigkeit und -bereitschaft im Tatbestandsaufbau der Untreue gemäß § 266 StGB zu verorten sind. Das soeben festgehaltene Ergebnis Legitimation ist in der Verortung auf dogmatisch konsistenten Grund zu stellen.

Anschließend ist zu klären, welche Anforderungen, sowohl positive als auch negative, an die Ausgleichsfähigkeit und Ausgleichsbereitschaft zu stellen sind. Dabei wird auch auf Besonderheiten einzugehen sein, die sich gerade aus der systematischen Verortung ergeben.

I. Systematische Verortung im Untreuetatbestand

Gegenstand der folgenden Untersuchung ist die Verortung von Ausgleichsfähigkeit und -bereitschaft im Tatbestand der Untreue mit der Konsequenz der Straflosigkeit einer in Anbetracht dieser Umstände vorgenommenen Handlung. Erforderlich ist dafür eine ergebnisoffene Suche nach der vorzugswürdigen dogmatischen Konstruktion und Interpretation mit dem Ziel der Systemgerechtigkeit. Im Rahmen dieser Untersuchung wird selbstverständlich auch die von der Rechtsprechung vorgenommene Verortung diskutiert. Der ganz überwiegende Teil der Literatur schließt sich der Rechtsprechung ohne nähere Begründung an und verneint demnach das Vorliegen eines Vermögensnachteils bei vorhandener Ausgleichsfähigkeit und Ausgleichsbereitschaft des pflichtwidrig Handelnden.[662]

---

662 Zustimmend *Dierlamm*, MüKo-StGB, § 266 Rn. 184; *Kühl*, Lackner/Kühl-StGB, § 266 Rn. 17; *Schünemann*, Leipziger Kommentar-StGB, § 266 Rn. 139; *Böttger/Brockhaus*, WiPra, Kapitel 3 Rn. 55; *Köhler*, Handbuch des Wirtschafts- und Steuerstrafrechts, 7. Kapitel, Rn. 213; *Köhler*, Praxis in der Insolvenz, § 37 Rn. 120; *Otto*, Bankentätigkeit, 97; *Otto*, Strafrecht, § 54 Rn. 34; *Rengier*, Strafrecht BT I, § 18 Rn. 56; *Wessels/Hillenkamp*, Strafrecht BT 2, Rn. 776; *Zieschang*, Kapitalmarktstrafrecht, § 266 Rn. 20; *Rübenstahl*, HRRS 2004, 60; *Schröder*, JR 1961, 267, 269; so

Sofern man nicht bloß das Zitieren der einschlägigen Rechtsprechung des Bundesgerichtshofs als Begründung gelten lassen will, sind die Argumente meist recht dünn und erschöpfen sich überwiegend in einem knappen Verweis auf die besondere Täter-Opfer-Beziehung bei der Untreue im Gegensatz zum Betrug. Die von einigen wenigen Stimmen geübte Kritik an der Berücksichtigung von Ausgleichsfähigkeit und Ausgleichsbereitschaft im Rahmen der Prüfung eines untreuerelevanten Vermögensnachteils, genauer auf der Vorteilsseite im Rahmen der Kompensationsprüfung, soll im Folgenden den Ausgangspunkt der Untersuchung bilden. So wird diese Rechtsprechung „zweifelhaft"[663] genannt, die systematische Verortung als „nicht befriedigend"[664] bezeichnet und die Konstruktion als „ein logischer Bruch"[665], „nicht in jedem Fall überzeugend"[666] oder als „dogmatisch mehr als problematisch"[667] beschrieben. Die im Zusammenhang mit der geübten Kritik vereinzelt vorgebrachten Vorschläge zu einer alternativen Verortung im Untreuetatbestand sollen im Folgenden aufgegriffen, dargestellt und vertieft werden. Die Untersuchung wird sich dafür am Deliktsaufbau des § 266 StGB orientieren, umfassend die diskutierten Ansatzpunkte untersuchen und einer eigenen Lösung zuführen.[668]

1. Verortung in der Pflichtverletzung

Es ist zu erwägen, die Ausgleichsfähigkeit und Ausgleichsbereitschaft des Treupflichtigen in einem anderen Merkmal des objektiven Tatbestandes, nämlich der Pflichtverletzung zu verorten.[669] Das ist letztlich die Prüfung eines tatbestandausschließenden Einverständnisses. Ein Missbrauch im Sinne des § 266 Abs. 1

---

spricht *Wittig*, FS-Imme Roxin, 375, 380 von breiter Zustimmung i.d.Lit. zum Ergebnis der Verneinung der Untreuestrafbarkeit; wohl auch *Kindhäuser*, NK-StGB, § 266 Rn. 107; *ders.*, Strafrecht BT II, § 34 Rn. 44; von *in der Regel* sprechend *Weber*, Arzt/Weber-BT, § 22 Rn. 77; offen lassend *Wittig*, Beck-StGB, § 266 Rn. 41.

663 *Fischer*, StGB, § 266 Rn. 169.

664 *Saliger*, S/S/W-StGB, § 266 Rn. 80; *Saliger*, HRRS 2006, 10, 21.

665 *Seier*, HWSt, V 2 Rn. 176.

666 *Esser*, AnwK-StGB, § 266 Rn. 181.

667 Bezüglich der Aussage, dass zivilrechtliche Schadensersatzansprüche unter Umständen tatbestandsausschließend wirken, *Labsch*, Untreue, 322.

668 Der methodische Ansatz erfordert eine strikt getrennte, vollständige und saubere Prüfung der einzelnen Voraussetzungen für die Untersuchung einer Untreuestrafbarkeit; ähnlich, wenn auch mit Blick auf die einzeln zu prüfenden Handlungen, *Wolf*, KJ 2000, 531, 532; beachte auch die Darstellung bei *Wittig*, FS-Imme Roxin, 375, 380 ff.

669 Beachte dazu *Seier*, HWSt, V 2 Rn. 178 m.w.N. auf BGH NStZ-RR 2004, 54 f. weder Pflichtverletzung noch Vermögensnachteil seien gegeben; auch BGH NStZ 1982, 331.

Alt. 1 StGB definiert sich in der Kurzform als ein Ausnutzen des rechtlichen Könnens[670] unter bewusster Überschreitung des rechtlichen Dürfens.[671] Für die Beurteilung des internen Dürfens ist die zwischen Treugeber und Treupflichtigem geschlossene Treuabrede die wichtigste Quelle, aus welcher die Art und Weise für den Umgang mit dem anvertrauten Vermögen hervorgehen.[672] Im Vordergrund steht der Wille des Vermögensinhabers. Begrenzt wird die Treuabrede durch zwingende gesetzliche Bestimmungen. Wenn die Treuabrede nunmehr durch Erklärung des Treugebers erweitert wird, so erweitern sich die Befugnisse des Treupflichtigen und damit das rechtliche Dürfen im Innenverhältnis. Die in Rede stehende zukünftige rechtsgeschäftlich wirksame Handlung stellt dann gerade keine Überschreitung des Innenverhältnisses mehr dar, sondern ist von eben diesem Innenverhältnis gedeckt. Der subsidiäre Treubruch im Sinne des § 266 Abs. 1 Alt. 2 StGB erfasst Pflichtverletzungen durch rein tatsächliches Verhalten[673] und fungiert als Auffangtatbestand gegenüber dem Missbrauchstatbestand.[674] Auch bei dieser Alternative ist eine vorherige tatbefürwortende Stellungnahme des Treugebers denkbar.[675] In beiden Fällen liegt dann keine Pflichtverletzung vor. Konstruktiv handelt es sich in den genannten Situationen aber um ein tatbestandsausschließendes Einverständnis. Dieses ist Gegenstand der Ausführungen unter D.I.4.a). Den Vertretern einer Verortung in der Pflichtverletzung und den Befürwortern eines tatbestandsauschließenden Einverständnisses ist daher Ergebnisgleichheit zu bescheinigen.

2. Verortung im Vermögensnachteil

Die Ausgleichsfähigkeit und Ausgleichsbereitschaft könnten möglicherweise im Vermögensnachteil zutreffend zu verorten sein. Diese Zuordnung wird in der überwiegenden Zahl der Fälle von der Rechtsprechung vorgenommen.[676]

---

670 Dies richtet sich streng nach dem Zivilrecht oder dem Öffentlichen Recht; BGH NJW 2006, 1682, 1682 ff.

671 So die h.M.; statt vieler *Esser*, AnwK-StGB, § 266 Rn. 102: Die Bestimmung erfolgt objektiv anhand des äußeren Erscheinungsbildes, Ablauf und Folgen der Tat sowie der Treuabrede.

672 *Esser*, AnwK-StGB, § 266 Rn. 110.

673 Sog. faktisches Einwirken, *Esser*, AnwK-StGB, § 266 Rn. 139.

674 Bei einem Verstoß gegen die Vermögensbetreuungspflicht, wenn aber der Missbrauchstatbestand aufgrund der Unwirksamkeit der Verpflichtung / Verfügung im Außenverhältnis ausscheidet, *Esser*, AnwK-StGB, § 266 Rn. 107.

675 *Esser*, AnwK-StGB, § 266 Rn. 151.

676 Dazu die vollständigen Nachweise unter B.I.

Zunächst bedarf es einer Einordnung in den systematischen Kontext der Ermittlung des untreuerelevanten Vermögensnachteils. Dafür werden überblicksartig die generellen Voraussetzungen und Anforderungen der Nachteilsbestimmung dargestellt, um sodann eine dortige Verortung von Ausgleichsfähigkeit und -bereitschaft auf ihre dogmatische Stimmigkeit hin zu untersuchen.

a) Grundlagen des Vermögensnachteils im Sinne von § 266 StGB

Durch seine Pflichtverletzung muss der Treupflichtige demjenigen, dessen Vermögensinteressen er zu betreuen hat, einen Nachteil zufügen, vgl. § 266 Abs. 1 StGB. Aus dem Satzteil „dessen Vermögensinteressen er zu betreuen hat" lässt sich das potentielle Untreueopfer ableiten: Das Opfer ist eine natürliche oder juristische Person oder Personengemeinschaft („demjenigen, dessen") die als Treugeber fungiert.[677] Zu betreuendes und geschädigtes Vermögen müssen folglich identisch sein.[678] Es bedarf einer zweifachen begrifflichen Klärung. Der Vermögensbegriff betrifft das von § 266 StGB geschützte Rechtsgut Vermögen und der Nachteilsbegriff beantwortet, wann beziehungsweise nach welchen Kriterien dieses in relevanter Weise verletzt wird. Die Systemgerechtigkeit verlangt einen einheitlichen Begriff[679] und daher lassen sich die für die Feststellung des Schadens im Rahmen von § 263 StGB geltenden Regeln,[680] einschließlich der Lehre vom individuellen Schadenseinschlag,[681] grundsätzlich entsprechend für die Nachteilsermittlung bei § 266 StGB heranziehen.[682]

aa) Vermögensbegriff

Die vorgelagerte Streitfrage um den Inhalt und den Umfang des Vermögensbegriffs im Rahmen des § 263 StGB ist gleichermaßen für den Untreuetatbestand

---

677 Dazu *Esser,* AnwK-StGB, § 266 Rn. 158.

678 BGHSt 47, 295, 297; BGH NJW 1983, 461, 462; BGH NJW 2002, 2801, 2802; OLG Hamm NJW 1973, 1809, 1810 f.

679 So *Seier,* HWSt, V 2 Rn. 23, der die Parallelisierung als nicht ganz zweifelsfrei sieht, weil dadurch der ohnehin schon weite Tatbestand der Untreue noch weiter ausgedehnt wird; *ders.*, Geilen Symposion, 145, 151; vgl. auch *Saliger,* HRRS 2006, 10, 14; ausführlich zu den systematischen Erwägungen schon unter C. II. 4.

680 Auch der Erpressung gemäß § 253 StGB liegt dieser Nachteil- und Vermögensbegriff zugrunde, vgl. statt vieler *Hoyer,* SK-StGB, § 266 Rn. 93 ff.; *Seier,* HWSt, V 2 Rn. 23.

681 BGHSt 16, 321, 325 f.; BGH NStZ 2010, 330, 332; *Saliger,* S/S/W-StGB, § 266 Rn. 63.

682 *Kindhäuser,* NK-StGB, § 266 Rn. 94; *Saliger,* S/S/W-StGB, § 266 Rn. 53 findet die Gleichbehandlung nur im Grundsatz überzeugend.

relevant.[683] Der Begriff des Vermögens ist bis heute umstritten.[684] Einigkeit besteht nur insoweit, als dass unter dem Handlungsobjekt Vermögen im Sinne von § 263 StGB und § 266 StGB das Gleiche zu verstehen ist.[685] Die Bestimmung dieses Vermögensbegriffs erfolgt daher inhaltsgleich. Die ständige Rechtsprechung vertritt heute (mit kleinen Einschränkungen) eine extrem wirtschaftliche Position und versteht unter Vermögen die Summe aller geldwerten Güter nach Abzug aller Verbindlichkeiten, über die eine Person faktisch verfügen kann.[686] Mithin ist eine rechtliche Zuordnung des Vermögensgegenstandes ebenso unerheblich wie die Frage, ob die Rechtsordnung die Art und Weise des Erwerbs der Position anerkennt. Es bestimmt sich nach rein objektiv wirtschaftlichen Maßstäben, was zum Vermögen gezählt wird und welcher Wert einem Vermögensbestandteil zugemessen wird.[687] So zählen subjektive Rechte nicht zum geschützten Vermögen.[688] Dieser Vermögensbegriff ist der liberalste Ansatz,[689] auch wenn die heutige Rechtsprechung immer stärker einer normativen Komponente Beachtung schenkt.[690]

683 Ausführlich zu den einzelnen Lehren *Hoyer,* SK-StGB, § 263 Rn. 88 ff.; *Kindhäuser,* NK-StGB, § 263 Rn. 16 ff.; *Hefendehl,* Vermögensgefährdung, 99 ff. j.m.u.N.; für einen Überblick *Arzt,* Arzt/Weber-BT § 20 Rn. 15 ff.; *Maurach/Schroeder/Maiwald,* Strafrecht BT/I, § 41 Rn. 86 ff.

684 Zu der Entwicklung der Lehren zum Vermögens- und Schadensbegriff *Gallas,* FS-Schmidt, 401. 401 ff.; *Cramer,* Vermögensbegriff, 33 ff.; *Franzheim,* GA 96 (1960), 269, 269 f.; siehe auch *Naucke,* Zur Lehre vom strafbaren Betruge, 116 ff.; Überblicksartig statt vieler *Wahl,* Schadensbestimmung, 15 ff.; *Cramer/Perrron,* MüKo-StGB § 263 Rn. 78b ff. m.w.N. und *Nelles,* Untreue, 347 ff.

685 Vgl. BGHSt 15, 342, 344; so *Cramer,* Vermögensbegriff, 22, 114 ff.; *Maurach/Schroeder/Maiwald,* Strafrecht BT/I, § 41 Rn. 86; *Hoyer,* SK-StGB, § 266 Rn. 93 f.; *Saliger,* S/S/W-StGB, § 266 Rn. 51; *Satzger,* S/S/W-StGB, § 263 Rn. 90.

686 Plenarentscheidung RGSt 44, 230, 230 ff.; RGSt 66, 281, 285; BGHSt 1, 262, 264; BGHSt 2, 364, 365; BGHSt 3, 99, 102; BGHSt 14, 386, 388; BGHSt 15, 342, 344; BGHSt 16, 220, 221 f.; unter anderem *Satzger,* S/S/W-StGB, § 263 Rn. 92 f. und *Fischer,* StraFo 2008, 269, 270 attestieren der Rechtsprechung auch heute einen primär wirtschaftlichen Vermögensbegriff, nach *Maurach/Schroeder/Maiwald,* Strafrecht BT/I, § 41 Rn. 94 wenigstens im Wortsinne.

687 Vgl. *Satzger,* S/S/W-StGB, § 263 Rn. 92.

688 Sogar, wenn diese im konkreten Fall wertlos sind.

689 *Seiler,* Die Untreuestrafbarkeit des Wirtschaftsprüfers, 161.

690 So die Einschätzung von *Gaede,* AnwK-StGB, § 263 Rn. 67, der von einer fallentscheidenden normativen Abwertung existenter Wirtschaftsgüter oder dem Entzug des Schutzes aus normativen Gründen spricht; zur Subjektivierung, die der wirtschaftliche Vermögensbegriff bis dato in der Rechtsprechung erfahren hatte, siehe

In der Lehre ist demgegenüber ein juristisch-ökonomischer Vermögensbegriff[691] vorherrschend. Demnach ist das Vermögen die Summe aller geldwerten Güter und Positionen einer Person. Es wird jedoch eine normative Korrektur aus Gründen der Einheit der Rechtsordnung vorgenommen, um zu verhindern, dass ein Tatbestand im Strafrecht Positionen schützt, die von der übrigen Rechtsordnung missbilligt werden. Die Kriterien und einzelne Feinheiten dieser normativen Korrektur sind nicht einheitlich formuliert.[692] So wird zum Teil verlangt, dass der in Rede stehende Vermögensbestandteil mit Billigung der Rechtsordnung[693] oder unter dem Schutz dieser dem Vermögensinhaber zur Verfügung steht.[694] Daneben wird noch die Ansicht vertreten, zum Vermögen nur solche Positionen zu zählen, die nicht von der Rechtsordnung missbilligt werden.[695] Der juristisch-ökonomische Vermögensbegriff begrenzt das Vermögen damit auf die Summe aller Güter mit Marktwert, die einer Person in rechtlich schutzwürdiger Weise zugeordnet sind.

Da die unterschiedlichen Ansätze keinen Einfluss auf die Beantwortung der Fragestellung haben, wird den folgenden Ausführungen der von der Rechtsprechung vertretene wirtschaftliche Vermögensbegriff zugrunde gelegt.

bb) Objektiv-individueller Nachteilsbegriff

Auch wenn eine normative Wechselwirkung zwischen der Pflichtwidrigkeit und dem bewirkten Nachteil gegeben ist,[696] handelt es sich um sorgfältig zu trennende Tatbestandsmerkmale[697] und einzelne Prüfungspunkte. Der Vermögensnachteil

---

Naucke, Zur Lehre vom strafbaren Betruge, 121 f. mit Verweis auf *Bockelmann,* FS-Kohlrausch, 226 ff.; zur Normativierung des Schadensbegriffs bei Betrug und Untreue siehe *Saliger,* FS-Samson, 445 ff.; *Fischer,* StGB, § 263 Rn. 89 sieht den rein wirtschaftlichen Vermögensbegriff zunehmend eingeschränkt. *Satzger,* S/S/W-StGB, § 263 Rn. 94 sieht in der Entwicklung aber keine generelle Abkehr vom wirtschaftlichen Vermögensbegriff.

691 Den Begriff prägend und grundlegend *Nagler,* ZakDR 1941, 294 ff.

692 Vgl. *Satzger,* S/S/W-StGB, § 263 Rn. 95; *Wahl,* Schadensbestimmung, 17.

693 *Cramer,* Vermögensbegriff, 100; *ders.,* JuS 1966, 472, 475.

694 *Welzel,* Das Deutsche Strafrecht, 368, 373; *Foth,* GA 102 (1966), 33, 42 f.; *Franzheim,* GA 96 (1960), 269, 277; *Gallas,* FS-Schmidt, 401, 408 spricht aber von einem wirtschaftlichen Vermögensbegriff; beachte RGSt 66, 281, 285.

695 *Lackner,* Leipziger Kommentar-StGB, 10. Auflg., § 263 Rn. 123; *Tiedemann,* Leipziger Kommentar-StGB, 11. Auflg., § 263 Rn. 132; *Lenckner,* JZ 1967, 105, 107.

696 Dazu die Ausführungen von BVerfGE 126, 170 = BVerfG NJW 2010, 3209, 3214 Rn. 104.

697 Siehe dazu BGHSt 43, 293, 297; BGHR StGB § 266 Abs. I Nachteil 48; BGHSt 46, 30, 34.

ist mit anderen Worten losgelöst von der Pflichtverletzung zu prüfen.[698] Die Wahl des Vermögensbegriffs wirkt sich zwangsläufig auf den Nachteilsbegriff aus.[699] Zieht man wiederum die für den Betrug im Sinne von § 263 StGB geltenden Regeln mit der herrschenden Meinung entsprechend heran, so ist ein Vermögensnachteil gegeben, wenn sich der Gesamtwert des Vermögens infolge der Vermögensverfügung gemindert hat.[700] Die objektive Komponente des Wertmaßstabs legt eine Beurteilung des Nachteils auf die im Wirtschaftsverkehr tatsächlich maßgeblichen Wertüberzeugungen unter Beachtung der konkreten Umstände fest.[701] In gewissen Grenzen sind zudem die konkreten wirtschaftlichen Verhältnisse des Betroffenen zu berücksichtigen.[702] Die heute ganz herrschende Meinung vertritt einen objektiv-individuellen Nachteilsbegriff.[703]

cc) Gefährdungsschaden

Das Tatbestandsmerkmal des Vermögensnachteils kennzeichnet die Untreue als Erfolgsdelikt in Form eines Verletzungsdelikts.[704] Nach ständiger Rechtsprechung und herrschender Lehre genügt für den Untreueerfolg im Sinne eines Vermögensnachteils, in Anlehnung an den Begriff des Vermögensschadens in § 263 Abs. 1 StGB, auch der Eintritt eines Gefährdungsschadens.[705] Allerdings treten hier mit Blick auf die strukturellen Unterschiede von § 263 StGB und

---

698 *Saliger*, S/S/W-StGB, § 266 Rn. 50 m.w.N.

699 *Gallas*, FS-Schmidt, 401, 401 spricht davon, dass der Schadensbegriff als bloßes Derivat des jeweils gewählten Vermögensbegriffs erscheint. Bei näherer Betrachtung bestünde jedoch ein wechselseitiges Abhängigkeitsverhältnis. Überblicksartig *Waßmer*, Risikogeschäft, 103 ff.; *Hoyer*, SK-StGB, § 263 Rn. 182 ff.

700 BGHSt 23, 300, 303; BGHR StGB § 263 Abs. 1 Vermögensschaden 54; *Hoyer*, SK-StGB, § 263 Rn. 193 m.w.N.

701 *Kühl*, Lackner/Kühl-StGB, § 263 Rn. 38.

702 Vgl. *Kühl*, Lackner/Kühl-StGB, § 263 Rn. 38.

703 Vgl. *Hoyer*, SK-StGB, § 263 Rn. 193.

704 So die eindeutige gesetzliche Regelung; BVerfGE 126, 170 = BVerfG NJW 2010, 3209, 3214.

705 Exemplarisch BVerfG NJW 126, 170, 211; BGHSt 3, 370, 372; BGHSt 6, 115, 116 ff.; BGHSt 20, 304, 305; BGHSt 34, 394, 395; BGHSt 44, 376, 384; BGHSt 46, 30, 34; BGHSt 47, 8, 11; OLG Stuttgart NJW 1999, 1564, 1565; Kritisch *Dierlamm*, MüKo-StGB, § 266 Rn. 195 ff.; zum Gefährdungsschaden in der Rechtsprechung des BGH ausführlich und m.w.N. *Fischer*, StraFo 2008, 269, 269 ff.; ebenso *Hefendehl*, Vermögensgefährdung, 49 ff.; zu typischen Fallgruppen siehe etwa *Saliger*, S/S/W-StGB, § 266 Rn. 66, wozu auch die unordentliche Buchführung von Mandantengeldern durch einen Rechtsanwalt oder Notar zählt; dogmatisch liegt diesbezüglich noch vieles im Unklaren.

§ 266 StGB einige Besonderheiten auf. Ein Gefährdungsschaden, auch als konkrete schadensgleiche Vermögensgefährdung bezeichnet,[706] liegt in der Terminologie des Bundesgerichtshofs vor, „(…) wenn bereits die Gefahr des Verlustes das Vermögen mindert (…). Dabei kommt es entscheidend darauf an, ob (…) das Vermögen konkret gefährdet, also mit wirtschaftlichen Nachteilen ernstlich zu rechnen ist."[707] Die Rechtsprechung begründet diese Rechtsfigur folglich mit der zugrunde zu legenden wirtschaftlichen Betrachtungsweise.[708] Für die im ersten Schritt festzustellende Vermögensminderung genügt damit neben dem effektiven Güterverlust auch die konkrete Vermögensverlustgefahr, wobei nach wirtschaftlicher Betrachtungsweise durch die Gefährdung schon gegenwärtig eine Minderung des Vermögens eingetreten sein muss.[709] Das gilt auch dann, wenn es letztlich nicht zu einem endgültigen Eintritt des Schadens kommt.[710] Entscheidend ist, dass die Gefahr für das Vermögen konkret sein muss.[711] Die Rechtsprechung formuliert das so: Wenn nach den Einzelfallumständen mit „wirtschaftlichen Nachteilen ernstlich zu rechnen ist"[712] oder wenn „der Vermögensverlust nahe liegt."[713] Weiter sind Fälle denkbar, wenn „mit dem alsbaldigen Eintritt eines entsprechenden endgültigen Schadens zu rechnen"[714] ist oder die Gefahr des endgültigen Verlusts eines Vermögensbestandteils so groß ist, „dass sie schon jetzt die Minderung des Gesamtvermögens zur Folge hat."[715] Die Bestimmung erfolgt in wertender Betrachtung, wobei auch rein faktische Gesichtspunkte und die wirtschaftliche Situation aller Beteiligten Berücksichtigung finden.[716]

---

706 Vgl. *Schünemann*, NStZ 2008, 430, 430; zur Terminologie und der daraus folgenden Irreführung *Fischer*, StraFo 2008, 269, 271. Der Begriff habe sich seit Jahrzehnten eingebürgert, so *ders.*, StGB, § 266 Rn. 150.

707 BGHSt 34, 394, 395, auch m.w.N.

708 BVerfGE 126, 170 = BVerfG NJW 2010, 3209, 3214.

709 *Saliger*, S/S/W-StGB, § 266 Rn. 66 m.w.N. und zu den Einzelheiten der Voraussetzungen.

710 Vgl. BGH NStZ-RR 2005, 343, 344.

711 Abstrakte Vermögensgefahren reichen nicht aus, statt vieler nur BGHSt 47, 8, 11; BGHSt 52, 182, 188.

712 BGHSt 34, 394, 395.

713 BGHSt 48, 354, 356.

714 BGHSt 40, 287, 296 unter Verweis auf BGHSt 21, 112 f.

715 BGHSt 52, 182, 189 mit Verweis auf BGHSt 51, 165, 177; BGHSt 21, 112 ff.; BGHR StGB § 266 Abs. 1 Nachteil 32.

716 BGH NStZ-RR 2005, 343, 344; BGH NStZ-RR 2006, 175, 176; so statt vieler *Saliger*, S/S/W-StGB, § 266 Rn. 66.

dd) Die Berechnungsmethode: Das Prinzip der Gesamtsaldierung und die nachteilsverhindernde Kompensation

Das Reichsgericht formulierte, dass der Vermögensnachteil festzustellen sei durch einen „Vergleich des Vermögens, daß der Geschädigte ohne den Befugnismißbrauch oder ohne die Pflichtverletzung des Täters hätte, mit dem Vermögen, daß er infolge einer dieser Handlung oder Unterlassung hat.“[717] Hingegen spricht der Bundesgerichtshof davon, dass die Feststellung des Vermögensnachteils im Wege einer objektiven Gesamtsaldierung[718] durch einen Vergleich des gesamten Vermögens vor und nach der beanstandeten Verfügung unter wirtschaftlichen Gesichtspunkten erfolgt.[719] Anzustellen ist damit ein Vorher-Nachher-Vergleich.[720] Nach herrschender Meinung liegt ein Vermögensnachteil im Sinne von § 266 Abs. 1 StGB vor, wenn die durch die Untreuehandlung verursachte Wertminderung nicht gleichzeitig durch eine durch dieselbe Handlung bewirkte Werterhöhung voll kompensiert wird.[721] Die erforderliche Wertminderung wird durch eine umfassende Gesamtsaldierung ermittelt. Nur eine vollständige Kompensation[722] wirkt nachteilsverhindernd. Die Ermittlung erfolgt in zwei Schritten.[723]

(1) Erster Schritt

Im ersten Schritt ist zunächst festzustellen, ob und wie weit das zu betreuende Vermögen durch die pflichtwidrige Handlung gemindert wurde. Es ist die Feststellung einer Vermögensverringerung erforderlich, die auch als „Minus“ bezeichnet wird.[724] Das „Minus“ ist durch einen Vergleich der Vermögenslage

---

717 RGSt 73, 283, 285.

718 Prinzip der Gesamtsaldierung; BGHSt 3, 99, 102; BGHSt 15, 342, 343; BGHSt 16, 220, 221; BGHSt 34, 199, 201 f.; BVerfG Beschluss vom 23.06.2010 – 2 BvR 2559/08 = BVerfGE 126, 170 = BVerfG NJW 2010, 3209, 3209 ff.

719 Heutige Rspr. und h.L., statt vieler BGHSt 47, 295, 301 f.; mit den Worten von *Weber*, FS-Seebode, 437, 443: „Pfeiler des wirtschaftlichen Vermögensbegriffs ist die Saldierung“.

720 Vgl. BGHSt 15, 342, 343; BGH NJW 1975, 1234, 1235; Bremen NStZ 1989, 228, 228.

721 *Saliger*, S/S/W StGB, § 266 Rn. 55 m.w.N. a.d.Rspr.; vgl. auch *Kindhäuser*, NK StGB, § 266 Rn. 100.

722 Abgeleitet vom lateinischen *compensatio* = Ausgleich.

723 *Kindhäuser*, NK-StGB, § 266 Rn. 100; ähnlich *Seier*, HWSt, V 2, Rn. 165 ff.; für § 263 StGB etwa *Hefendehl*, MüKo-StGB, § 263 Rn. 456; *Saliger*, S/S/W-StGB, § 266 Rn. 56 sowie *Dierlamm*, MüKo-StGB, § 266 Rn. 178 sprechen von drei Schritten und ziehen den Pflichtwidrigkeitszusammenhang als dritte Stufe der Nachteilsprüfung hinzu.

724 *Seier*, HWSt, V 2, Rn. 164.

vor und nach der Pflichtverletzung unter wirtschaftlichen Gesichtspunkten zu ermitteln.[725] Ein solches „Minus“ kann sowohl in Form eines effektiven Güterverlustes als auch in Form einer Vermögensgefährdung eintreten.

(2) Zweiter Schritt

Im zweiten Schritt ist zu ermitteln, ob die eingetretene Minderung eine Kompensation erfährt. Es ist umstritten, unter welchen Voraussetzungen eine Vermögensminderung kompensiert werden kann.[726] Der Blick ist auf die Vorteilsseite zu lenken und auf diejenige Position, die die Kompensation herbeiführen soll. Diese zu bestimmende Position wird auch als „Plus“ bezeichnet. Die Posten „Plus“ und „Minus“ sind sodann zu saldieren. Ergibt sich ein Negativsaldo zu Lasten des Gesamtvermögens des Vermögensinhabers, so ist ein Vermögensnachteil zu bejahen.

(a) Kompensationsgeeigneter Vorteil

Zunächst bedarf es der Identifizierung eines kompensationsgeeigneten Vorteils. Für die Bestimmung dieses kompensationsgeeigneten Vorteils ist nach der Rechtsprechung wiederum der wirtschaftliche Vermögensbegriff maßgeblich. Damit sind als „Plus“ lediglich solche Aspekte von Belang und damit berücksichtigungsfähig, die einen konkretisierbaren Vermögenswert haben. Das ist der Fall, wenn sie bei wirtschaftlicher Betrachtung in Geld messbar sind.[727] Der grundsätzlich objektive Maßstab erfährt wiederum eine Ausnahme durch den individuellen Schadenseinschlag, so dass ein objektiv-individueller Maßstab Anwendung findet.[728] Natürlich werden auch Ansprüche als Vermögenswerte

---

725 Vgl. BGHSt 47, 295, 301 f.; BGH NStZ-RR 2006, 378, 379; BGH wistra, 2000, 284, 386; BVerfGE 126, 170, 170 ff.

726 Nicht nur bei § 266 StGB, sondern bei den Vermögensdelikten generell, *Kindhäuser,* NK-StGB, § 266, Rn. 102 und § 263 Rn. 248 ff. m.w.N. Die Zweckverfehlungslehre geht davon aus, dass eine Vermögensminderung ausgeglichen wird, wenn der mit ihr verfolgte Zweck erreicht wird. Ein wirtschaftlicher Ansatz erkennt dies nur bei eiseitigen Leistungen an. Bei Austauschgeschäften wird die Vermögensminderung nach der wirtschaftlichen Lehre grundsätzlich nach Maßgabe des Saldierungsprinzips errechnet. Eine Ausnahme davon wird gemacht, wenn sich die Vermögensminderung trotz wirtschaftlichen Äquivalentes aufgrund individueller Gegebenheiten als Fehlinvestition darstellt. Die Unterschiede im Ergebnis der beiden Modelle sind jedoch marginal, *Ransiek* ZStW 116 (2004), 634, 648 ff.

727 Vgl. dazu BGH NJW 1975, 1234, 1235; BGH NStZ 1986, 455, 456; BGHSt 16, 220, 220 ff.

728 BGH NStZ 2010, 30, 332; *Hoyer,* SK-StGB, § 266 Rn. 110; *Perron,* S/S-StGB, § 266 Rn. 43; kritisch *Saliger,* S/S/W-StGB, § 266 Rn. 63.

anerkannt. Fraglich ist allerdings die Berücksichtigungsfähigkeit von Ersatzansprüchen. Nach herrschender Meinung sind Ersatzansprüche grundsätzlich nicht auf der Vorteilsseite in die Berechnung einzustellen und sind damit, wie auch bei § 263 StGB, kompensationsuntauglich.[729] Dies gilt insbesondere für gesetzliche Schadensersatzansprüche aus §§ 823 Abs. 2, 826 BGB oder Bereicherungsansprüche aus §§ 812 ff. BGB sowie für Ansprüche des Geschädigten aus vertraglicher Versicherungsleistung.[730]

(b) Vollwertigkeit

Für eine vollständige Kompensation der eingetretenen Minderung muss dem zu betreuenden Vermögen ein wirtschaftlich gleichwertiger Vorteil zufließen, um einen wirtschaftlich vollen Ausgleich herbeizuführen.[731] Sofern der vermögenswerte Vorteil hinter der Vermögensminderung zurückbleibt, liegt jedenfalls ein untreuerelevanter Nachteil in Höhe der Differenz vor.[732]

(c) Unmittelbarkeit auf der Vorteilsseite

Das Prinzip der Gesamtsaldierung erfährt eine erhebliche Einschränkung durch das Kriterium der Unmittelbarkeit (sog. Unmittelbarkeitsprinzip).[733] Dieses Kriterium leistet überdies die erforderliche Abgrenzung zur bloß nachträglichen Schadenswiedergutmachung.[734] Für die Saldierung werden nach ganz herrschender Meinung[735] nur die unmittelbar durch die pflichtwidrige Handlung erzielten

---

729 Zustimmend *Dierlamm,* MüKo-StGB, § 266 Rn. 184; *Fischer,* StGB, § 266 Rn. 168; *Perron,* S/S-StGB, § 266 Rn. 42; *Saliger,* S/S/W-StGB, § 266 Rn. 57.

730 Vgl. *Saliger,* S/S/W-StGB, § 266 Rn. 57.

731 Dies ist einhellige Meinung, exemplarisch: BGH NStZ 1986, 455, 456; *Schünemann,* Leipziger Kommentar-StGB, § 266 Rn. 137; *Saliger,* Parteiengesetz, 123, 140.

732 Statt vieler *Schünemann,* Leipziger Kommentar-StGB, § 266 Rn. 136; zu § 263 StGB *Fischer,* StGB, § 263 Rn. 119.

733 Beim Begriff der Unmittelbarkeit ist Vorsicht geboten, da er mehrfach verwendet wird; zu den unterschiedlichen Bedeutungen in den unterschiedlichen Bereichen *Saliger,* S/S/W-StGB, § 266 Rn. 84; zum Unmittelbarkeitserfordernis zwischen Pflichtverletzung und Nachteil *Mosiek,* HRRS 2009, 565 ff.

734 *Saliger,* S/S/W-StGB, § 266 Rn. 57.

735 Es handelt sich um den sog. Grundsatz der Einzelbetrachtung, welcher von der Rechtsprechung nur modifiziert wird, wenn ein Bündel von Handlungen nach einem wirtschaftlich vernünftigen Gesamtplan auf einen einheitlichen Erfolg gerichtet ist und dieser Erfolg nur über einen zunächst eintretenden Nachteil als zwangsläufiges Durchgangsstadium erreicht werden kann, vgl. nur RGSt 65, 422, 430 und BGH NJW 1975, 1234, 1235. Anders *Schreiber/Beulke,* JuS 1977, 656, 659,

Vorteile berücksichtigt,[736] welche freilich dem betroffenen Vermögensträger selbst zufließen müssen.[737] Daher bleiben lediglich mittelbar durch die Tathandlung veranlasste Vorteile bei der Kompensation unberücksichtigt. Selbst die bloße Zeitgleichheit des Eintritts einer Minderung und eines Vorteils schließt für sich allein gesehen nicht den untreuerelevanten Nachteil aus.[738] Es genügt nicht, dass zwar Minderung und Vorteil zufälligerweise zur gleichen Zeit vorliegen, und damit Gleichzeitigkeit, aber kein innerer Zusammenhang gegeben ist.[739] Für die Kompensation ist damit erforderlich, dass die treuwidrige Handlung, welche die Minderung herbeiführt, zugleich selbst den Vorteil hervorruft.[740] So scheidet ein Vermögensaspekt als Position auf der Vorteilsseite aus, der sich nicht aus der ungetreuen Handlung selbst, sondern vielmehr durch eine andere, rechtlich selbstständige Handlung des Täters oder eines Dritten ergibt.[741] Es bleibt festzuhalten, dass die Unmittelbarkeit zwischen der Tathandlung und dem erlangten

---

die strikt an der Einzelbetrachtung festhalten und die der Rechtsprechung die Durchbrechung eines verbindlichen Grundsatzes vorwerfen. Hingegen verlangt *Nelles,* Untreue, 575 eine noch über die Rechtsprechung hinausgehende Berücksichtigung von Vor- und Nachteilen.

736 Seit RGSt 44, 230, 237; RGSt 65, 422, 430; RGSt 75, 227, 230; BGHSt 17, 147, 149; BGH NJW 1975, 1234, 1235; BGH NStZ 1986, 455, 456; BGH NStZ 1999, 354, 355; BGH wistra 1999, 263, 265 f.; BGH wistra 2006, 307, 308; BGH NStZ-RR 2002, 237, 238; *Schünemann,* Leipziger Kommentar-StGB, § 266 Rn. 138 m.w.N., 91; zustimmend etwa *Hoyer,* SK-StGB, § 266 Rn. 197; *Seier,* HWSt, V 2, Rn. 169; kritisch zur Verwendung des Kriteriums der Unmittelbarkeit *Küper,* JZ 2009, 800, 801. Ob auch auf der Nachteilsseite Unmittelbarkeit zu verlangen ist, ist streitig. Von dem Gleichzeitigkeitserfordernis macht die Rechtsprechung eine Ausnahme, wenn „nach einem vernünftigen Gesamtplan mehrere Verfügungen erforderlich sind, um den ausgleichenden Erfolg zu erreichen und eine konkrete, schadensgleiche Gefährdung des zu betreuenden Vermögens ausscheidet" BGHSt 47, 295, 302.

737 *Seier,* HWSt, V 2, Rn. 169.

738 *Saliger,* S/S/W-StGB, § 266 Rn. 55; *Waßmer,* Risikogeschäft, 112 f. m.w.N.; vgl. aber BayObLG JZ 1973, 325, 325.

739 Vgl. *Schünemann,* Leipziger Kommentar-StGB, § 266 Rn. 137; *Waßmer,* Risikogeschäft, 112 f.

740 Vgl. *Schünemann,* Leipziger Kommentar-StGB, § 266 Rn. 137; zur Ausnahme bei einem wirtschaftlich vernünftigen Gesamtplan BGHSt 47, 25, 302.

741 Angelehnt an *Saliger,* S/S/W-StGB, § 266 Rn. 56; vgl. auch BGH NStZ 1986, 455, 456 mit Verweis auf *Hübner,* Leipziger Kommentar-StGB, 10. Auflg., Rn. 91 mit dortigen Verweis a.d.Rspr.; *Seier,* HWSt, V 2, Rn. 169; *Fischer,* StraFo 2008, 269, 270; die unterinstanzliche Rspr. verfährt teilweise großzügiger: LG Mainz NJW 2001, 906, 907.

Vorteil zwingende Voraussetzung für die Kompensationsfähigkeit des Vorteils und damit für die Saldierung ist.

(d) Zeitliche Perspektive

Maßgeblicher Zeitpunkt für die Nachteilsbestimmung und damit auch für die Gesamtsaldierung ist die Perspektive *ex-ante* bei Vollendung der einzelnen ungetreuen Handlung, namentlich der Pflichtverletzung als Tathandlung.[742] Eine spätere Entwicklung ist nicht zu beachten, so dass eine nachträgliche Schadenskompensation keine Auswirkung mehr auf die Erfüllung des Tatbestands hat.

(e) Maßgebliche Saldierungsregeln

Die maßgebliche Saldierungsregel lässt sich mit dem von § 266 StGB zu schützenden Rechtsgut, dem Vermögen, begründen und folgt aus dem Charakter der Untreue als reinem Vermögensdelikt. Ein Vermögensnachteil liegt vor, wenn der werterhöhende Faktor dem wertmindernden Faktor nicht der Höhe nach entspricht und das Ergebnis der Saldierung der beiden Summen einen Negativsaldo ergibt. Ist hingegen der Vorteil vollwertig, so beträgt das Ergebnis der Saldierung gleich null, und mangels Negativsaldos liegt kein Vermögensnachteil vor. Diese Saldierungsregel greift jedenfalls für die Fälle effektiver Güterverschiebungen. Trifft der effektive Güterverlust auf eine bloße Erwerbschance auf der Vorteilsseite, so muss letztere zumindest größer sein als der wirtschaftliche Nachteil.[743] Treffen konkrete Vermögensgefahr und effektiver Güterzuwachs aufeinander, so setzt das Vorliegen eines Nachteils voraus, dass der wertmindernde Faktor erheblich größer ist als der werterhöhende Faktor.[744]

ee) Zwischenergebnis

Es bleibt festzuhalten, dass nur im Ausgangspunkt weitgehende Einigkeit über den Begriff des Vermögensnachteils besteht, welcher dem betrugsrelevanten Vermögensschaden im Sinne des § 263 StGB entspricht. Der heute vorherrschend vertretene wirtschaftliche Nachteilsbegriff verlangt eine Wertminderung des Vermögens. Die Ermittlung erfolgt im Wege der Gesamtsaldierung. Bei dieser wird der Wert der Bestandteile des Endvermögens nach Vornahme der pflichtwidrigen

742 BGH NStZ 1997, 543, 543; BGH wistra 2000, 60, 60 f.; BGH NStZ 2001, 248, 251; BGH NStZ-RR 2006, 378, 379; *Saliger*, S/S/W-StGB, § 266 Rn. 55; *Waßmer*, Risikogeschäft, 103, 112; parallel zu § 263 StGB: Zeitpunkt der irrtumsbedingten Verfügung, statt vieler BGH wistra 1993, 265, 265; *Fischer*, StGB, § 263 Rn. 111.

743 Vgl. *Saliger*, Parteiengesetz, 152.

744 Vgl. *Saliger*, Parteiengesetz, 152 f.

Handlung mit dem Wert der Bestandteile des Ausgangsvermögens vor der in Rede stehenden Handlung verglichen.[745]

b) Berücksichtigung von Ausgleichsfähigkeit und Ausgleichsbereitschaft

Bereits im Rahmen der Analyse der Rechtsprechung unter B.I. wurde dargelegt, dass die Berücksichtigung von Ausgleichsfähigkeit und -bereitschaft in der höchstrichterlichen Rechtsprechung im Tatbestand nicht einheitlich vorgenommen wird. Mit Blick auf die vorgenommene Verortung im Rahmen des Tatbestandsmerkmals des Vermögensnachteils ist sowohl eine Berücksichtigung der Umstände bei den Restriktionsansätzen zum Gefährdungsschaden als auch eine Berücksichtigung als vollwertiger Ausgleichsanspruch in der Kompensation bei der Gesamtsaldierung zu untersuchen. Damit stehen im Folgenden zwei Ansätze zur Überprüfung.

aa) Über die Restriktionsansätze des Gefährdungsschadens

Es könnte erwogen werden, dass die Rechtsprechung die Straflosigkeit des ausgleichsbereiten und -fähigen Treupflichtigen auf die Restriktionsansätze zum Gefährdungsschaden stützt, welchen sie als untreuerelevanten Vermögensnachteil anerkennt. Möglicherweise könnte die Rechtsprechung, indem sie die Anforderungen eines solchen Gefährdungsschadens in Fällen von Ausgleichsbereitschaft und -fähigkeit verneint, dann logischerweise auch den Vermögensnachteil verneinen. So ist durchaus fraglich, ob die Vermögensgefährdung auch konkret ist[746] und nicht bloß eine abstrakte Gefährdungslage gegeben sei. An dieser Stelle ist stets eine präzise Untersuchung im Einzelfall erforderlich. Die beim Treupflichtigen vorhandene Ausgleichsbereitschaft gepaart mit der Ausgleichsfähigkeit könnte gegen die Annahme der Konkretheit sprechen. Denn üblicherweise deutet eine fehlende Zahlungsbereitschaft, und damit das Gegenteil der subjektiv beim Treupflichtigen vorhandenen Ausgleichsbereitschaft, in Richtung Annahme eines Gefährdungsnachteils. Praktisch und daher ganz grundsätzlich dürfte aber mit Blick auf die eingesetzten Gelder in der ganz überwiegenden Zahl der Fälle ein effektiver Güterverlust eingetreten sein. Demnach verfangen hier die restriktiven Anforderungen nicht.[747] Überdies sind

745 *Wahl*, Schadensbestimmung, 15.

746 Vgl. den Ansatz von *Fischer*, StGB, § 266 Rn. 169, es handele sich nicht „um eine Frage des Nachteils*ausgleichs*, sondern und eine der „Konkretheit“ einer Nachteils*gefahr* (…)“. (Hervorhebung im Original); auch *Rönnau*, FS-Tiedemann, 713, 733.

747 Siehe dazu *Saliger*, S/S/W-StGB, § 266 Rn. 80; *Wittig*, FS-Imme Roxin, 375, 383.

auch andere Einzelfallfaktoren relevant. Als Beispiel sei nur genannt, dass die Gelder nicht gesondert angelegt und damit dem Zugriff Dritter ausgesetzt sind.

bb) Über einen eventuellen Ausgleichsanspruch im Wege der Kompensation

Dass die Richter in den einzelnen Urteils- und Beschlussbegründungen, soweit ersichtlich, überwiegend nicht klar zum Ausdruck bringen, dass eine Gesamtsaldierung und insbesondere eine Kompensation untersucht worden sei, klang in der Bearbeitung bereits mehrfach an. Die Rechtsprechung spricht nicht ausdrücklich von einer Kompensation der Vermögensminderung, sondern sie spricht direkt davon, dass ein Nachteil gar nicht entsteht.[748] Letztendlich lässt die Rechtsprechung den sich aus der ungetreuen Handlung ergebenden zivilrechtlichen Schadensersatzanspruch unter den Voraussetzungen von Ausgleichsfähigkeit und -bereitschaft als kompensationsfähigen Vorteil zu und verneint einen Vermögensnachteil.

Vor dem Hintergrund der in den Grundlagen unter D.I.2.a) aufgezeigten Zwei-Schritt-Prüfung einer Gesamtsaldierung zur Ermittlung des untreuerelevanten Vermögensnachteils wird im ersten Schritt natürlich eine Vermögensminderung durch die pflichtwidrige Handlung auch bei Ausgleichsfähigkeit und -bereitschaft feststellbar sein. Der konkret aufgegebene Vermögensbestandteil und damit das „Minus" sind der Höhe nach genau in Geld zu beziffern. Im zweiten Schritt ist im Hinblick auf die Vorteilsseite also zunächst zu untersuchen ob, was und wie viel unmittelbar an die Stelle des aufgegebenen Vermögensbestandteils getreten ist. Nur wenn im konkreten Fall überhaupt ein berücksichtigungsfähiges „Plus" auf der Vorteilsseite gegeben ist, kann dieses in die Kompensation eingestellt werden. An die Stelle des aufgegebenen Vermögensstücks tritt nach Meinung der Rechtsprechung als „anderweiter Vermögenszuwachs, (…) eine gleich hohe Ausgleichsforderung."[749] Hält der Treupflichtige zum Ersatz des aufgegebenen Vermögensbestandteils, über den er pflichtwidrig verfügt hat, eigene Mittel bereit, dann *entsteht* aus Sicht der Rechtsprechung kein Nachteil, weil der wirtschaftliche Wert des Ausgleichsanspruchs gegen den Täter dem Wert des weggefallenen Vermögensstücks entspricht.[750] Auf das Kriterium der Unmittelbarkeit gehen die Gerichte in den Urteilen, soweit ersichtlich, nicht ein. Zu beachten ist jedoch, dass das Bereithalten von Mitteln durch eine selbstständige

748 Vgl. BGHSt 15, 342, 344.

749 BGHSt 15, 342, 344.

750 Vgl. BGHSt 15, 342, 344; KG NJW 1972, 218, 218; OLG Karlsruhe NStZ 1990, 82, 84.

Handlung erfolgt, welche von der treuwidrigen Pflichtverletzung unabhängig ist.[751] Erst recht ist ein nachfolgender, effektiver Mittelausgleich unabhängig von der Pflichtverletzung.[752]

Es ist nun zu überprüfen, ob die von der Rechtsprechung vorgenommene Gesamtsaldierung und deren Ergebnis einer systematischen Überprüfung standhalten. Diese Überprüfung soll in zwei Punkten erfolgen.[753] Mit Blick auf die Zwei-Schritt-Prüfung der Gesamtsaldierung bewegt sich die Untersuchung allein auf der Ebene des zweiten Schritts (Kompensationsgeeigneter Vorteil und Saldierung). Zunächst wird untersucht, zu welchem Ergebnis eine Gesamtsaldierung unter der Prämisse führt, dass ihre Durchführung möglich und erforderlich ist. Dafür ist von der generellen Kompensationstauglichkeit der Vorteile auszugehen, hierzu unter D.I.2.b)bb))(1). Anschließend wird der Vorteil einer rechtlichen Würdigung unterzogen und damit hinterfragt, ob der zunächst als kompensationsgeeignet behandelte Vorteil überhaupt den Anforderungen entspricht, hierzu unter D.I.2.b) bb))(2).

(1) Überprüfung bei Erforderlichkeit einer Gesamtsaldierung

Unter der Prämisse der Erforderlichkeit einer Gesamtsaldierung ist im Folgenden zunächst festzustellen, was als Vermögensvorteil auf der Vorteilsseite für die Gesamtsaldierung in Betracht zu ziehen ist. Dessen Tauglichkeit ist in diesem ersten Punkt zu unterstellen. Dafür ist das Kriterium der Unmittelbarkeit auf der Vorteilsseite auszublenden. Ziel dieser Untersuchung ist es, den Wert des Vorteils und möglicherweise die Vollwertigkeit für die Saldierung feststellen und beziffern zu können. Sodann soll der Vorteil in die Saldierung eingestellt werden.

(a) Vollwertiger Vorteil

Bedarf es für die Gesamtsaldierung eines konkretisierbaren Vermögenswertes, kommt als Vorteil für die Saldierung allein der *zivilrechtliche Ausgleichsanspruch* des Treugebers gegen seinen ausgleichsbereiten und ausgleichsfähigen Treupflichtigen in Betracht.[754] Dabei kann es sich sowohl um einen vertraglichen

751 *Saliger*, S/S/W-StGB, § 266 Rn. 80.

752 Vgl. *Saliger*, S/S/W-StGB, § 266 Rn. 80.

753 Diese sind ausdrücklich nicht mit den zwei Schritten der Gesamtsaldierung zu verwechseln.

754 Vgl. *Schmitz*, Unrecht und Zeit, 194: Der inneren Absicht, Ersatz leisten zu wollen gepaart mit der objektiv vorhandenen Fähigkeit dazu, kommt kein Vermögenswert zu, da eine positive wirtschaftliche Bewertung unmöglich sei; mit Verweis auf *Suhr*, Steuerhinterziehung.

als auch um einen deliktischen Schadensersatzanspruch handeln.[755] Unter der Prämisse der Kompensationstauglichkeit dieses Anspruches ist nunmehr dessen wirtschaftliche Bewertung vorzunehmen.

(aa) Generelle Berücksichtigungsfähigkeit von Ansprüchen

Wird der Nachteilsbewertung in ständiger Rechtsprechung eine wirtschaftliche Sichtweise zugrunde gelegt, so zieht auch genau diese die Grenzen dessen und bestimmt den Maßstab nicht nur dafür, was überhaupt, sondern insbesondere auch in welcher Höhe etwas als berücksichtigungsfähiger Vorteil in die Gesamtsaldierung eingestellt werden kann.[756] Dies gilt gleichermaßen für Sachen wie auch für Rechte, und damit auch für jeden Anspruch. Man könnte zunächst daran denken, dass ein Anspruch (auf Schadensersatz) unter keinen Umständen als relevanter Vorteil auch vollwertig sei. Möglicherweise ergeben aber die konkreten Umstände des Einzelfalls eine gesteigerte Wertigkeit des Vorteils, die diesem zur Vollwertigkeit gereicht. Dazu bedürfen zwei Fragen der Beantwortung: Erstens, welche konkreten Faktoren sind für die Wertbestimmung eines Anspruchs relevant und zweitens, wie sind diese Faktoren zu bewerten?

(bb) Bedeutung der Realisierbarkeit

Die objektive Komponente des Wertmaßstabs zur Bestimmung der Wertigkeit eines Anspruchs richtet sich nach der tatsächlichen Beurteilung im Wirtschaftsverkehr.[757] Zu berücksichtigen sind dabei jeweils die konkreten Umstände.[758] Tritt an die Stelle des aufgegebenen Vermögenswertes ein Anspruch, so ist folglich zu prüfen, ob und welcher Wert diesem bei wirtschaftlicher Betrachtung beigemessen werden kann. Die Notwendigkeit einer solchen Prüfung ist dem Umstand geschuldet, dass die Erfüllung eines Anspruchs aus verschiedenen tatsächlichen und rechtlichen Gründen naturgemäß unsicher ist. Da eine Schadensparallelisierung von der ganz herrschenden Meinung im Rahmen von Betrug und Untreue befürwortet wird, ist zunächst ein Blick auf die zu § 263 Abs. 1 StGB ergangene Rechtsprechung zu werfen.[759]

---

755 Daneben bestünden Schadensersatzansprüche aus dem zwischen Treupflichtigem und Treugeber bestehenden Dienstvertrag, vgl. bzgl. der Verursachung von straf- und bußgeldrechtlichen Sanktionen *Weber*, FS-Seebode, 437, 446 Fn. 33.

756 *Arzt*, Arzt/Weber-BT, § 20 Rn. 89.

757 Vgl. *Kühl*, Lackner/Kühl-StGB, § 263 Rn. 38.

758 Statt vieler für § 263 StGB: OLG München NJW 1978, 435, 435 f.; *Kühl*, Lackner/Kühl-StGB, § 263 Rn. 38.

759 Das Material der Rechtsprechung ist an dieser Stelle insgesamt sehr umfangreich. Daher werden die Entscheidungen nur exemplarisch zitiert.

(i) Vergleichbare Rechtsprechung zu § 263 StGB

Im Mittelpunkt stehen an dieser Stelle die Bewertung der konkreten Umstände und deren Einfluss auf die Realisierbarkeit einer Forderung. Bei dieser Forderung kann es sich logischerweise nicht um einen Anspruch auf Schadensersatz handeln, denn ein solcher fände bei der Schadensermittlung im Rahmen von § 263 StGB keinerlei Berücksichtigung.[760] Zunächst einmal machte das Bayerische Oberste Landesgericht im Rahmen eines Urteils zu § 266 StGB auch Ausführungen zu § 263 StGB und nahm jedenfalls bei sofortiger Realisierbarkeit einer Forderung das Vorliegen eines ausreichenden Äquivalents an.[761] Dabei ging das Gericht davon aus, dass die sofortige Realisierbarkeit aus der vorhandenen Ersatzbereitschaft und Ersatzfähigkeit folgt.[762]

Es bietet sich an, die Konstellation des Forderungsbetrugs (ein Eingehungsbetrug im Rahmen von Austauschverhältnissen) zu beleuchten. Dabei kommt als tatbestandsmäßige Handlung im Sinne von § 263 Abs. 1 StGB auch das bloße Vorspiegeln vorhandener Zahlungsbereitschaft und / oder -fähigkeit in Betracht.[763] In der Konstellation des Eingehungsbetrugs kommt es für die Schadensbestimmung nicht darauf an, dass das durch die jeweilige Täuschungshandlung angegriffene Vermögen nach Abwicklung des Geschäftes geschädigt ist. Entscheidend ist, dass das Vermögen durch den Abschluss des Geschäftes selbst einen Schaden erlitten hat.[764] Fallentscheidend ist damit das Wertverhältnis der (gewährten oder versprochenen) Leistungen.[765] Exemplarisch sei an dieser Stelle der Darlehensrückzahlungsanspruch des Gläubigers genannt. Dessen Wert richtet sich nach der Bonität der Forderung und nicht primär nach deren Verität.[766] Die Verität bezeichnet den rechtlichen Bestand einer Forderung, ohne die Bonität zu beinhalten. Die Bonität betrifft die Aussicht eines Anspruchsinhabers, die zu beanspruchende Leistung auch tatsächlich zu erhalten. Über die

---

760 Eindeutig RGSt 41, 27, 29 für Schadensersatzansprüche; BGH vom 16.07.1970 – 4 Str 505/69; *Fischer*, StGB, § 263 Rn. 155; kritisch *Hefendehl*, MüKo-StGB, § 263 Rn. 462.

761 Vgl. BayObLG JZ 1973, 325, 325.

762 Vgl. BayObLG JZ 1973, 325, 325 verweisend auf *Schönke/Schröder*, 16. Auflg., Rdnr. 43 zu § 266 m.w.N.

763 Statt vieler BGHSt 15, 24, 26 und BGH NStZ 1982, 70, 70. Es handelt sich dabei um die praktisch wohl häufigste Konstellation, *Gaede*, AnwK-StGB, § 263 Rn. 31.

764 Siehe nur RGSt 74, 129, 130.

765 Vgl. *Gaede*, AnwK-StGB, § 263 Rn. 103 f.

766 *Bockelmann*, NJW 1961, 145, 145; *ders.*, ZStW 79 (1967), 28, 37; *Tenckhoff*, FS-Lackner, 677, 684.

Bonität entscheiden wiederum drei Faktoren, welche zueinander in unterschiedlichem Verhältnis stehen: Zahlungsfähigkeit, Zahlungswilligkeit und gestellte Sicherheiten.[767]

Die Minderwertigkeit des Anspruchs kann aus dem Umstand resultieren, dass dem jeweiligen Schuldner aufgrund seiner Zahlungsunwilligkeit und Zahlungsunfähigkeit die Bonität fehlt.[768] So hatte der Bundesgerichtshof einen Fall zu entscheiden, in dem ein Darlehensgläubiger über seinen Rückzahlungswillen täuschte, und die Verwertung der Sicherheiten von der Mitwirkung des zahlungsunwilligen Schuldners abhing.[769] Der Rückzahlungsanspruch wurde auf der Vorteilsseite bei der Gesamtsaldierung in Ansatz gebracht.[770] Der Bundesgerichtshof nahm jedoch an, dass der Anspruch minderwertig war[771] und führte aus: „Wo der Zahlungswille des Schuldners fehlt, ist die Darlehensforderung gewöhnlich gefährdet, weil der – rechtzeitige und vollständige – Eingang der Darlehenssumme fast immer durch den schlechten Willen des Schuldners beeinträchtigt wird."[772] Es lag daher ein betrugsrelevanter Schaden vor.[773] Wenn also die gestellten Sicherheiten solcher Natur sind, dass der Gläubiger für eine Befriedigung aus ihnen von der Mitwirkung des Schuldners abhängig ist und damit von dessen gutem Willen, dann sind diese Sicherheiten bei fehlendem Zahlungswillen kein ausreichendes Äquivalent.[774] Dies gilt sogar dann, wenn der Wert dieser Sicherheit dem Wert der Rückzahlungsforderung entspricht beziehungsweise diesen übertrifft.[775] Andererseits ist anzumerken, dass im Rahmen von § 263 StGB sogar unwirksamen Ansprüchen gerade wegen der Erfüllungsbereitschaft des Schuldners ein wirtschaftlicher Wert beigemessen werden kann.[776]

767 Vgl. RGSt 74, 129, 130 m.w.N.; *Bockelmann,* NJW 1961, 145, 145; *ders.,* ZStW 79 (1967), 28, 37; vgl. auch *Wahl,* Schadensbestimmung, 47; *Maurach/Schroeder/Maiwald,* Strafrecht BT/I, § 41 Rn. 111.

768 *Kühl,* Lackner/Kühl-StGB, § 263 Rn. 41 m.w.N. a.d. Rpsr.; speziell zur Zahlungsunwilligkeit *Baumanns,* JR 2005, 227, 230 ff.

769 BGHSt 15, 24, 24 ff.

770 Vgl. BGHSt 15, 24, 26 f.

771 Vgl. BGHSt 15, 24, 26 f.

772 BGHSt 15, 24, 27.

773 BGHSt 15, 24, 27.

774 Vgl. BGHSt 15, 24, 27 f.; *Cramer/Perron,* S/S-StGB, § 263 Rn. 162.

775 *Bockelmann,* NJW 1961, 145, 145; ist der Rückzahlungsanspruch aber aufgrund sonstiger Umstände sicher, führt die Täuschung über das Bestehen von Sicherheiten nicht zu einem Schaden, *Cramer/Perron,* S/S-StGB, § 263 Rn. 162.

776 Dazu mehr bei *Cramer/Perron,* S/S-StGB, § 263 Rn. 92 m.w.N.

(ii) Ausgleichsfähigkeit und -bereitschaft als wirtschaftlicher Wert

Die Rechtsprechung verlangt im Rahmen der erforderlichen jederzeitigen Ausgleichsfähigkeit, dass der Treupflichtige „*ausreichend Geld in seiner Kasse oder in gleich sicherer Weise bei seiner Bank oder sonst wo bereit*“[777] halten muss. Aufgrund der gebotenen Betrachtung im Zeitpunkt der Handlung müssen nachträgliche Veränderungen der Zahlungsfähigkeit und Zahlungswilligkeit und damit sich ändernde Verhältnisse der Bonität strikt außer Betracht bleiben.[778] Entscheidend ist damit keinesfalls die tatsächliche Realisierung, sondern allein die zu bewertende Realisierbarkeit des Anspruchs. So lässt sich allgemein die folgende Prämisse aufstellen: Je gefährdeter die Realisierbarkeit eines Anspruchs, desto weniger wert ist dieser.[779] Das ist allein der Tatsache geschuldet, dass ein Anspruch und dessen Realisierung mit Risiken behaftet sind. *Walter* formuliert treffend im Kontext von § 263 StGB: „Wenn den Ansprüchen und Rechten des Getäuschten die Bonität fehlt, hat er wirtschaftlich verloren.“[780] Hingegen verkörpert ein Anspruch gegen einen solventen Schuldner im Wirtschaftsverkehr einen Wert, da „jeder Kaufmann diesen Anspruch als Aktivum in seine Bilanz einstellen“[781] würde. Jedoch spielen auch rechtliche Wahrscheinlichkeiten, unter anderem die Verjährung, eine Rolle. Eine Forderung, deren Realisierung unsicher ist, hat einen geringeren Wert als eine solche, deren Realisierung vollständig ungefährdet ist.[782] Aber auch eine ungesicherte Forderung ist nur dann völlig wertlos und mit 0 € zu bemessen, wenn der Schuldner nicht willens beziehungsweise nicht in der Lage ist, sie auch nur teilweise zu bedienen.[783] Ist eine Forderung wegen der Vermögenslage des Schuldners auf Dauer uneinbringlich, so hat sie keinen Geldwert.[784] Die rechtliche Beurteilung des wirtschaftlichen Wertes hängt damit von der tatsächlichen Realisierbarkeit der Forderung ab, wobei den Faktoren Zahlungsfähigkeit, Zahlungswilligkeit und Sicherheiten eine entscheidende Rolle zukommt.

---

777 RGSt 73, 283, 285.

778 Zu § 263 StGB: „Wie sich die Dinge später entwickeln, ist für die strafrechtliche Wertung ohne Belang“, BGHSt 30, 388, 389 f.; BGHSt 53, 199, 202; exemplarisch für die ältere Rechtsprechung RGSt 74, 129, 130.

779 Vgl. *Cramer,* Vermögensbegriff, 118 ff., 125, 143; *Riemann,* Vermögensgefährdung, 13; *Wahl,* Schadensbestimmung, 47.

780 *Walter,* FS-Herzberg, 763, 768.

781 *Schröder,* JR 1961, 267, 269.

782 *Cramer,* Vermögensbegriff, 125; *Wahl,* Schadensbestimmung, 47; als aktuelles Beispiel für den ungesicherten Rückzahlungsanspruch bei Risikogeschäften BGH wistra 2011, 22 ff.

783 BGH Beschluss NStZ 2010, 329, 330.

784 Zur Realisierbarkeit eines Schadensersatzanspruchs BGH NJW 1986, 246, 247.

Sodann ist zu fragen, welchen wirtschaftlichen Wert der Anspruch hat. Juristisch sind der real vorhandene Vermögenswert und der Anspruch auf einen solchen etwas anderes,[785] daher kann nicht, gleich einem Automatismus, letzterem ein identischer Wert zugemessen werden. Eine vollständige Kompensation kann (abhängig von der konkret maßgeblichen Saldierungsregel) jedoch nur eintreten, wenn der Wert des Anspruchs mit dem Wert des aufgegebenen realen Vermögensstücks der Höhe nach mindestens identisch ist. Hier zeigt sich deutlich die Perspektive auf den Gesamtwert des Vermögens. Bloße Veränderungen der Vermögensbestandteile sind nicht ausreichend,[786] da ein solcher Integritätsschutz auf einen Schutz der Dispositionsfreiheit des Vermögensinhabers hinauslaufen würde.[787] Aber gerade diese ist kein von § 266 StGB geschütztes Rechtsgut. Der Charakter der Untreue als Vermögensdelikt wird durch das Abstellen auf den Gesamtwert des Vermögens sichergestellt. Grundsätzlich und damit bei lediglich objektiver Betrachtung ist ein Anspruch auf Geld weniger Wert als das reale Vorhandensein von Geld.[788] Es lässt sich zusammenfassen: Ist ein Anspruch mithin auch nur irgendwie gefährdet, so misst der Wirtschaftsverkehr diesem einen Wert in Höhe des Nominalwertes abzüglich eines bestimmten Risikoabschlags bei.[789] Allerdings können die oben genannten Einzelfallumstände dazu führen, dass es auch gänzlich ungefährdete Ansprüche geben kann. Alles andere würde an den Gegebenheiten der Realität vorbeigehen und unser Wirtschaftssystem würde sich als funktionsuntüchtig erweisen. Zudem hätte es zur Konsequenz, dass ein Anspruch infolge eines automatischen Risikoabschlags niemals als vollwertiger Vorteil erachtet werden würde.

(iii) Folgerung und Saldierung

Die Solvenz, als die objektive Fähigkeit zum Ausgleich und damit die Liquidität des Treupflichtigen, wirkt sich aus den genannten Gründen positiv auf die

---

785 Vgl. *Wolf,* KJ 2000, 532, 535.

786 BGHSt 40, 287, 295 f.; zu § 263 StGB: BGHSt 16, 220, 221 f.

787 Vgl. *Saliger,* S/S/W-StGB, § 266 Rn. 54.

788 Das ist eine stets zu findende Prämisse, die sich schlagwortartig mit den Worten beschreiben ließe, dass „das Haben von Geld wertvoller als der Anspruch darauf ist“, siehe *Schmitz*, Unrecht und Zeit, 184; *Bockelmann*, ZStW 79 (1967), 28, 37; *Seelmann,* JuS 1982, 914, 918; *Maurach/Schroeder/Maiwald,* Strafrecht BT/I, § 41 Rn. 111 m.w.N.; *Saliger,* Parteiengesetz, 152.

789 Vgl. *Gaede,* AnwK-StGB, § 263 Rn. 108 m.V.a. die ständige Rechtsprechung; § 253 StGB: BGH NStZ 2007, 95 f. mit kritischer Besprechung *Grabow,* NStZ 2010, 371, 371 ff.

Realisierbarkeit und damit werterhöhend auf den Anspruch aus. Weiterhin ist auch die Ausgleichsbereitschaft als subjektives Merkmal für die Bemessung des Wertes einer Forderung von wesentlicher Bedeutung. Dieses subjektive Merkmal ist daher auf objektiver Tatbestandsebene zu prüfen. Die Ausgleichsfähigkeit und -bereitschaft des Treupflichtigen wirken sich somit durchaus positiv auf den wirtschaftlichen Wert aus.

Die konkreten Umstände des Einzelfalls ergeben eine gesteigerte Wertigkeit des Vorteils. Der Umstand, dass der Treupflichtige als Anspruchsgegner ausgleichsfähig und ausgleichsbereit ist, sorgt dafür, dass der Anspruch in keiner Weise gefährdet wäre. Bei wirtschaftlicher Betrachtungsweise würde kein Risikoabschlag vorgenommen und der Vorteil wäre als vollwertig anzusehen. Daher könnte man annehmen, dass die subjektive Ausgleichsbereitschaft zusammen mit der objektiven Ausgleichsfähigkeit des Treupflichtigen dem Anspruch gerade zur fallentscheidenden Bonität verhelfe. Im Umkehrschluss zu den Fällen, in denen eine vollwertige Kompensation an der Minderwertigkeit des Anspruchs infolge Zahlungsunwilligkeit und Zahlungsunfähigkeit scheitert, könnte man bei Ausgleichsfähigkeit und -bereitschaft zu dem Ergebnis kommen, dass es sich um einen vollwertigen Vorteil handelt. Zu diesem Ergebnis muss letztlich die Rechtsprechung kommen. Der zivilrechtliche Anspruch des Treugebers gegen seinen ausgleichsfähigen und ausgleichsbereiten Treupflichtigen wird als vollwertig eingestuft, und es wird angenommen, dass der Anspruch daher *a priori* voll kompensationsgeeignet sei. Die Gesamtsaldierung würde zu keinem negativen Saldo führen und demnach wäre ein Vermögensnachteil zu verneinen.

Im Konkreten ist zu ergänzen, dass der Anspruch sich zwar gegen einen ausgleichsbereiten und ausgleichsfähigen Treupflichtigen richtet, was aufgrund der gegebenen Bonität eine positive Auswirkung auf die Wertigkeit hat, aber es sich noch lange nicht um einen in zivilrechtlicher Hinsicht gesicherten Anspruch handelt. Zudem soll an dieser Stelle noch einmal der Aspekt der Kenntnis (-erlangung) ins Spiel gebracht werden, denn es ist zu berücksichtigen, dass es sich bei den obigen Ausführungen zu § 263 Abs. 1 StGB nicht um zivilrechtliche Schadensersatzansprüche handelt, sondern vielmehr um einen vertraglichen Darlehensrückzahlungsanspruch. Bei einem vertraglich begründeten Darlehensrückzahlungsanspruch hat der Gläubiger sichere Kenntnis von seinem Rückzahlungsanspruch. Im Gegensatz dazu ist fraglich, ob der Gläubiger eines zivilrechtlichen Schadensersatzanspruchs wegen Untreue von seinem Schadensersatzanspruch Kenntnis erlangt. Im Zweifel kennt der Treugeber seinen Schadensersatzanspruch gar nicht,[790] was

790 So *Fischer*, StGB, § 266 Rn. 168.

wiederum ein faktisches Problem für die Realisierbarkeit darstellt. Denn ohne die Kenntnis des Anspruchs kann der Gläubiger auch keinerlei Maßnahmen zur Durchsetzung der Forderung, mithin zur Befriedigung treffen.[791] Es ist also dem Treugeber zu wünschen, dass ihm sein Anspruch entweder aktuell bewusst oder leicht erkennbar ist,[792] auch wenn der Treupflichtige unbedingt zahlungsbereit ist.

Zu klären bleibt nun die Frage, ob die Wertigkeit auch mit der Nähe zwischen Treugeber und Treupflichtigem, geschaffen durch das Band der Vermögensbetreuungspflicht, zu begründen ist. Dies ist zu verneinen. Die Bestimmung dieser Wertigkeit des Anspruchs folgt ausschließlich allgemeinen Grundsätzen und folgt daher aus dem Umstand der Ausgleichsbereitschaft und -fähigkeit heraus. Die skizzierte Nähebeziehung mag zwar das die subjektive Ausgleichsbereitschaft prägende oder auch hervorrufende Motiv sein, aber das ist bei wirtschaftlicher Betrachtungsweise irrelevant.

(b) Zwischenergebnis

Bei der Erforderlichkeit einer Gesamtsaldierung bleibt festzuhalten, dass nach der maßgeblichen wirtschaftlichen Betrachtungsweise Ansprüche generell berücksichtigungsfähig sind. Die rechtliche Beurteilung ihres wirtschaftlichen Wertes hängt entscheidend von der tatsächlichen Realisierbarkeit ab. Diese wiederum hängt von drei relevanten und sich gegenseitig ergänzenden Faktoren ab, die da wären Zahlungsfähigkeit, Zahlungswilligkeit und gestellte Sicherheiten. Dabei sind die jeweiligen Umstände des Einzelfalls zu berücksichtigen. Die bei der Untreue in Rede stehenden zivilrechtlichen Ansprüche richten sich gegen einen ausgleichsfähigen und -bereiten Treupflichtigen. Dennoch handelt es sich nicht um gesicherte Ansprüche, welche ohne jegliche Mitwirkung des Treupflichtigen realisierbar sind. Daher ist für die Vollwertigkeit der Ausgleichsansprüche als Vorteil die Ausgleichsfähigkeit und -bereitschaft entscheidend. Es mag so sein, dass das Motiv des Treupflichtigen für seine Ausgleichsbereitschaft die Nähebeziehung zwischen Treugeber und Treupflichtigem ist, welche er nicht zerstören mag. Sein Motiv ist insoweit aber belanglos, da sein Wille zu leisten, schon nach allgemeinen Grundsätzen von Bedeutung für die Bestimmung der Wertigkeit eines Anspruchs ist. Inwieweit besondere Motive eine Voraussetzung für die Bejahung von Ausgleichsfähigkeit und -bereitschaft spielen sollten und können, ist unter anderem Gegenstand der Untersuchung unter D.II.

791 So BayObLG JZ 1973, 325, 325.

792 *Schmitz,* Unrecht und Zeit, 104 mit Verweis auf *Suhr,* Steuerhinterziehung, 116 ff. geht davon aus, dass dies bei den Fallkonstellationen stets der Fall sei, auch wenn die Rechtsprechung nicht darauf abstelle.

(c) Exkurs

Abschließend ist zu untersuchen, ob in bestimmten Fallgruppen möglicherweise aufgrund zusätzlicher einzelner Umstände eine andere rechtliche Beurteilung geboten ist.

(aa) Fallgruppe: Aufrechnung

Die Anspruchsdurchsetzung verläuft für den Treugeber ohne Schwierigkeiten, wenn auch dem Treupflichtigen gegen den Treugeber eine Geldforderung mindestens in gleicher Höhe wie der herbeigeführte untreuerelevante Nachteil zusteht.[793] Denn dann könnte der Treugeber seinen Anspruch gegen den Anspruch des Täters aufrechnen.[794] Die Aufrechnung richtet sich nach den §§ 387 ff. BGB.[795] Sie bewirkt die wechselseitige Tilgung zweier sich gegenüberstehender Forderungen durch einseitiges Rechtsgeschäft.[796] Die Möglichkeit der Aufrechnung hat für den Aufrechnungsberechtigten zwei bedeutende Vorteile. Neben der Tilgungsfunktion[797] erleichtert die Aufrechnung die Durchsetzung der eigenen Forderung (Sicherungs- / Vollstreckungsfunktion).[798] Ohne Klage- und Vollstreckungsverfahren kann der Berechtigte den wirtschaftlichen Wert der Forderung realisieren. Mithin stellt die Aufrechnung die Möglichkeit eines „außergerichtlichen Selbsthilfezugriffs“[799] dar. Allerdings dürfte einer Aufrechnung durch den Treugeber kein Aufrechnungsverbot entgegenstehen. Gemäß § 393 BGB kann nicht gegen eine Forderung aus vorsätzlicher unerlaubter Handlung aufgerechnet werden. Die Norm hat eine Straffunktion[800] und soll die Ausübung von sanktionsloser, vorsätzlicher Privatrache verhindern.[801] Das Verbot der Aufrechnung soll den Schuldner nicht dadurch rechtlos stellen, dass

---

793 So BayObLG JZ 1973, 325, 325 verweisend auf BayObLG Urteil vom 7.6.1966 – 3a St 51/1966.

794 Vgl. BayObLG JZ 1973, 325, 325 verweisend auf BayObLG Urteil vom 7.6.1966 – 3a St 51/1966.

795 Dazu und allgemein zu den Voraussetzungen statt vieler *Gursky,* Staudinger-BGB, Vorb. zu §§ 387 ff. Rn. 1 ff.; *Grüneberg,* Palandt-BGB, §§ 387 ff.

796 *Grüneberg,* Palandt-BGB, § 387 Rn. 1.

797 Die Aufrechnung ist damit Erfüllungssurrogat, *Grüneberg,* Palandt-BGB, § 387 Rn. 1.

798 *Grüneberg,* Palandt-BGB, § 387 Rn. 1 m.w.N.

799 Auch in Anführungszeichen bei *Gursky,* Staudinger-BGB, Vorb. zu §§ 387 ff. Rn. 6; vgl. auch *Grüneberg,* Palandt-BGB, § 387 Rn. 1 m.w.N. auch aus der Rechtsprechung.

800 Dazu *Gursky,* Staudinger-BGB, § 393 Rn. 1 m.w.N.

801 Vgl. *Gursky,* Staudinger-BGB, § 387 Rn. 159; *Deutsch,* NJW 1981, 735, 735.

er sich vorsätzlichen Schadenszufügungen seines Gläubigers bis zur Höhe der Schuld ausgesetzt sieht.[802] Gäbe es die Vorschrift des § 393 BGB nicht, könnte der Gläubiger einer nicht beitreibbaren Forderung dem Schuldner bis zur Höhe der Schuld eben dieser Forderung vorsätzlich einen Schaden zufügen, ohne zivilrechtliche Nachteile befürchten zu müssen.[803] Eine strafbare Handlung setzt § 393 BGB nicht voraus, der Begriff der „unerlaubten Handlung" erfasst vielmehr die zivilrechtlichen Delikte im Sinne von §§ 823 ff. BGB.[804] Zu betonen ist, dass selbstverständlich mit einer Forderung aus einer unerlaubten Handlung aufgerechnet werden kann.[805] Demnach kann der einziehungsberechtigte Treupflichtige nicht mit Vergütungsansprüchen gegen den Treugeber aufrechnen, soweit dieser gegen ihn Ansprüche wegen Untreue hat.[806] Sehr wohl hat jedoch der Treugeber die Möglichkeit zur Aufrechnung.

Die Aufrechnung als Gestaltungsrecht setzt eine Willenserklärung voraus, vgl. § 388 S. 1 BGB. Dabei handelt es sich um eine rechtlich selbstständige Handlung.[807] Dieser Umstand steht im Widerspruch zum „Grundsatz der tathandlungsvermittelten Gleichzeitigkeit von Wertminderung und Werterhöhung."[808] Die strafrechtliche Beurteilung, ob ein untreuerelevanter Nachteil vorliegt, kann und darf nicht von dem Verhalten des Opfers abhängen. Es spräche zudem eklatant gegen das Wohl des Opfers, hätte das Opfer die Entstehung selbst und allein in der Hand: Entweder der Treugeber erklärt die Aufrechnung und ist wirtschaftlich schadlos gestellt oder er unterlässt die Aufrechnungserklärung und hat dann bloß eine Forderung gegen seinen Treupflichtigen, der sich zudem strafbar gemacht hätte. Für die strafrechtliche Beurteilung der Handlung des Treupflichtigen ist vielmehr ausschließlich eine durch seine Handlung unmittelbar herbeigeführte Kompensation tatbestandlich beachtlich.

802 *Deutsch,* NJW 1981, 735, 735.

803 *Grüneberg,* Palandt-BGB, § 393 Rn. 1.

804 Und die privatrechtlichen Sondergesetzte, dazu *Grüneberg,* Palandt-BGB, § 393 Rn. 3.

805 Siehe nur *Gursky,* Staudinger-BGB, § 393 Rn. 30; *Grüneberg,* Palandt-BGB, § 393 Rn. 2.

806 Eventuell zwischen Treugeber und Treupflichtigem vereinbarte vertragliche Aufrechnungsverbote sind dann in der Regel unbeachtlich, *Grüneberg,* Palandt-BGB, § 393 Rn. 2.

807 Dazu *Grüneberg,* Palandt-BGB, § 388 Rn. 1; allgemein zur Willenserklärung statt vieler *Ellenberger,* Palandt-BGB, Einf v § 116 Rn. 1 ff. m.w.N.

808 *Saliger,* S/S/W-StGB, § 266 Rn. 57.

Möglicherweise könnte jedoch allein die tatsächliche Möglichkeit der Aufrechnung die Forderung bei wirtschaftlicher Betrachtung aufwerten. Es ist also fraglich, ob die Möglichkeit der Aufrechnung die Realisierbarkeit des Anspruchs positiv beeinflusst. Dafür sprechen die Funktionen der Aufrechnung. Durch die Aufrechnung erlöschen Haupt- und Gegenforderung, soweit sie sich der Höhe nach decken. Die Tilgung erfolgt mit Rückwirkung auf den Zeitpunkt, in dem sich die Forderungen erstmals aufrechenbar gegenüberstanden. Insbesondere die Sicherungsfunktion (also die Funktion, mit der Aufrechnung die Forderung im Wege der Selbsthilfe und ohne Mitwirkung des Schuldners durchsetzen zu können) hat den positiven Effekt, dass die Realisierung der Forderung vom Schuldnerwillen unabhängig erfolgt. Dem kann ein positiver Effekt auf die Realisierbarkeit zugemessen werden. An dieser Stelle sei jedoch angemerkt, dass das Bayerische Oberste Landesgericht, welches von diesem Effekt ausgeht, soweit ersichtlich, das einzige Gericht war, welches für den Schadensausgleich eine alsbaldige Kenntniserlangung des Geschädigten verlangt.[809] Es ist davon auszugehen, dass es sich in dieser Fallgruppe um einen Fall des vollwertigen Vorteils handelt, der eine vollständige Kompensation herbeizuführen vermag. Ein untreuerelevanter Vermögensnachteil liegt damit nicht vor.

(bb) Fallgruppe: Eigenmächtige Kreditaufnahme

Weiterhin könnte die Anspruchsdurchsetzung ohne Schwierigkeiten verlaufen, wenn der Treupflichtige gleichzeitig mit der pflichtwidrigen Handlung beim Treugeber eine ausreichende Kaution oder eine Schuldurkunde, in der er sich zur Rückzahlung verpflichtet, hinterlegt.[810] So könnte sich der Betroffene aus dieser befriedigen.[811] *Schmitz* sieht in dieser Konstellation im Prinzip einen Fall der eigenmächtigen Kreditaufnahme.[812] In diesem Fall ist ein positiver Effekt auf die Realisierbarkeit der Forderung gegeben, da die konkreten Umstände „dem Vermögensinhaber eine gewisse Sicherheit dafür bieten, sein Geld vom Täter zurückzuerhalten."[813]

(d) Zwischenergebnis bei Erforderlichkeit einer Gesamtsaldierung

Die vorhandene Ausgleichsfähigkeit und -bereitschaft des Treupflichtigen wirken sich positiv auf die Wertigkeit des Anspruchs aus. Die Argumentation kann

809 BayObLG JZ 1973, 325, 325.
810 Vgl. BayObLG JZ 1973, 325, 325.
811 Vgl. BayObLG JZ 1973, 325, 325.
812 *Schmitz,* Unrecht und Zeit, 183 f.
813 *Schmitz,* Unrecht und Zeit, 184.

aber nicht ausschließlich mit dem Innenverhältnis zwischen Treugeber und Treupflichtigen begründet werden. Vor dem Hintergrund einer maßgeblichen wirtschaftlichen Betrachtungsweise entspricht das Ergebnis vielmehr allgemeinen Grundsätzen. Es sei an dieser Stelle noch einmal betont, dass dieses Zwischenergebnis zunächst unter Vorbehalt zu sehen ist. Denn es steht unter der Prämisse, dass der zivilrechtliche Ausgleichsanspruch als Vorteil berücksichtigungsfähig ist. Damit wurde bisher die rechtlich entscheidende Frage ausgeblendet, ob es sich bei dem Schadensersatzanspruch des Treugebers gegen seinen Treupflichtigen überhaupt um einen berücksichtigungsfähigen Vorteil handelt, der in die Kompensation eingestellt werden darf. Das gilt auch für die Fallgruppen der Aufrechnung und der eigenmächtigen Kreditaufnahme.

(2) Berücksichtigungsfähigkeit von Schadensersatzansprüchen auf der Vorteilsseite für die Kompensation

Es ist nunmehr zu prüfen, ob eine Gesamtsaldierung (unter Zugrundelegung der wirtschaftlichen Schadenslehre) in den Fällen von vorliegender Ausgleichsbereitschaft und Ausgleichsfähigkeit überhaupt möglich ist, und damit auch erst erforderlich wird. Wie bereits festgestellt und zunächst als kompensationsgeeignet behandelt, kommt als vermögenswerter Vorteil, wenn überhaupt, ein Ausgleichsanspruch in Form eines Schadensersatzanspruchs gegen den Treupflichtigen in Betracht. Die Kompensationstauglichkeit dieses Ausgleichsanspruchs und damit die Frage des „Ob" ist Gegenstand der folgenden Prüfung.

(a) Die Judikatur zur Berücksichtigungsfähigkeit von Schadensersatzansprüchen im Rahmen von § 266 StGB

Die von der Rechtsprechung als Ausgleichsforderung[814] bezeichneten Ansprüche sind juristisch formal als zivilrechtliche Schadensersatzansprüche zu klassifizieren und können sowohl vertraglicher als auch gesetzlicher Natur sein.[815]

In der Rechtsprechung herrscht der folgende Grundsatz: Gesetzliche Ersatzansprüche gegen den Treupflichtigen, die durch die Tat entstehen, führen generell, selbst wenn sie Befriedigung versprechen, nicht zum Tatbestandsausschluss.[816] An dem Dogma, dass schadensersatzrechtliche Ausgleichsansprüche

814 Statt vieler BGHSt 15, 342, 344.

815 In Betracht kommen zudem bereicherungsrechtliche Ansprüche aus §§ 812 ff. BGB.

816 Vgl. RGSt 38, 266, 267; zu § 46 GenG (mittlerweile aufgehoben) RGSt 53, 194, 195; KG NJW 1965, 265, 265 f. für § 263 StGB; *Saliger*, S/S/W-StGB, § 266 Rn. 57: nach h.M. gilt dies auch für Anfechtungs-, Rücktritts- und Gewährleistungsrechte.

keinen der Schadensentstehung entgegenstehenden Vorteil darstellen, hält die Rechtsprechung auch grundsätzlich fest.[817] Das hat im Wesentlichen drei Gründe. Zum einen entspricht die Nichtberücksichtigung von Ausgleichsansprüchen der Regelungskonzeption des § 266 StGB.[818] Weiterhin entspricht sie dem Willen des Gesetzgebers.[819] Und zudem wäre auch aus Sicht der Rechtsprechung eine Berücksichtigung in sich widersprüchlich.[820] Folglich sind Schadensersatzansprüche ebenso wie bereicherungsrechtliche Ansprüche kompensationsuntauglich.

Liegt der Schadensberechnung im Strafrecht nach herrschender Meinung eine wirtschaftliche Sichtweise zugrunde, so begründet der Umstand, dass manche Vorteile von vornherein als kompensationsuntauglich behandelt werden, eine Ausnahme vom wirtschaftlichen Schadensbegriff.[821] Davon macht die Rechtsprechung nun wiederum eine Gegenausnahme, wenn sie in der zu untersuchenden Konstellation den Ausgleichsanspruch gegen einen ausgleichsbereiten und -fähigen Täter im Rahmen von § 266 StGB berücksichtigt. Man könnte meinen, dass durch die Ausnahme von der Ausnahme die wirtschaftliche Betrachtungsweise wiederhergestellt sei.[822] Es ist jedoch fraglich, ob für dieses Vorgehen und damit für eine oder sogar für beide Ausnahmen überzeugende Gründe bestehen.

Die Frage, ob ein Vermögensvorteil als solcher als kompensationstauglich erachtet wird, hängt wesentlich von zwei Kriterien ab. Zum einen muss es sich bei dem Aspekt um einen dem Vermögen zugehörigen Wert handeln. Geboten ist dabei eine wirtschaftliche Betrachtungsweise unter Berücksichtigung normativer Erwägungen. Grundsätzlich, und wie bereits oben bejaht, verkörpert jeder Ausgleichsanspruch gegen den Treupflichtigen einen Vermögenswert. Zum anderen muss dem Unmittelbarkeitsprinzip auf der Vorteilsseite Genüge getan werden. Schließlich sind nur die unmittelbar durch die pflichtwidrige Handlung erzielten Vorteile zu berücksichtigen. Es ist nun entscheidend, ob ein

---

817 Deutlich BVErfGE 126, 170 = BVerfG NJW 2010, 3209, 3217 Rn. 126; BGHSt 52, 332, 337; *Schröder*, JR 1961, 267, 268.

818 So BVerfGE 126, 170 = BVerfG NJW 2010, 3209, 3217, Rn. 126.

819 So BVerfG NJW 2010, 3209, 3217, Rn. 126.

820 BVerfGE 126, 170 = BVerfG NJW 2010, 3209, 3217, Rn. 125, aufgreifend *Ransiek*, ZStW 116 (2004), 634, 663.

821 Bzgl. der Ersatzansprüche gegen den Täter selbst etwa BVerfGE 126, 170 = BVerfG NJW 2010, 3209, 3217, Rn. 126.

822 Dies bejahend und fordernd etwa *Wahl*, Schadensbestimmung, 40 ff.; *Schröder*, JR 1961, 268, 269.

Schadensersatzanspruch die Kriterien des Unmittelbarkeitsprinzips erfüllt. Zur Beantwortung dieser Frage hilft ein Blick auf die Entstehungsvoraussetzungen des Schadensersatzanspruchs und sodann konkret auf den gesetzlichen Anspruch aus § 823 Abs. 2 BGB i.V.m. § 266 Abs. 1 StGB.

(aa) Entstehen eines zivilrechtlichen Schadensersatzanspruchs

Die (gesetzlichen) Schadensersatzansprüche entstehen aufgrund der pflichtwidrigen Handlung kraft Gesetzes. Hervorzuheben ist die wechselseitige Unabhängigkeit von zivilrechtlichem und strafrechtlichem Schadensbegriff.[823] So ist ein zivilrechtlicher Schaden für den strafrechtlichen Schadens- / Nachteilsbegriff weder notwendig noch hinreichend. Aber dennoch vermag dieser Umstand nicht den Einwand zu entkräften, dass zivilrechtliche Ersatzansprüche tatbestandlich den Eintritt eines Schadens voraussetzen und daher schon begrifflich nur zu einer nachträglichen Beseitigung dieses Schadens dienen könnten.

Auch wenn der Schaden, dessen Berechnung sich nach den §§ 249 ff. BGB richtet, nicht zum haftungsbegründenden, sondern zum haftungsausfüllenden Tatbestand gehört,[824] zählt die Frage, ob zivilrechtlich überhaupt ein ersatzfähiger Schaden vorliegt, zum Tatbestand der jeweiligen Anspruchsnorm.[825] Bloß der Umfang des zu ersetzenden Schadens steht auf der Rechtsfolgenseite.[826] Die §§ 249 ff. BGB ergänzen daher die Normen, die Schadensersatzansprüche vorsehen, indem sie Art, Inhalt und Umfang des zu leistenden Schadensersatzes bestimmen.[827] Das deliktische Verhalten selbst ist gerade der Anknüpfungspunkt für einen zivilrechtlichen Schadensersatzanspruch. Das führt zu der Aussage, dass der zivilrechtliche Schadensersatzanspruch den Eintritt eines untreuerelevanten Nachteils nicht verhindere, sondern selbst eine Folge dessen sei.[828]

(bb) Anspruch aus § 823 Abs. 2 BGB i.V.m. § 266 Abs. 1 StGB

Ein Anspruch aus § 823 Abs. 1 BGB wird in den meisten Fällen an der Verletzung eines der dort aufgezählten und damit geschützten Rechtsgüter scheitern. Das Vermögen als solches ist kein *sonstiges Recht* im Sinne der Norm, und so ist

823 Dazu *Wahl*, Schadensbestimmung, 41; zum Verhältnis der §§ 823 ff. zu anderen Ansprüchen *Sprau*, Palandt-BGB, Einf v § 823 Rn. 4 ff.

824 Siehe dafür *Grüneberg*, Palandt-BGB, Vorb. § 249 Rn. 1.

825 *Medicus/Petersen*, Bürgerliches Recht, Rn. 815.

826 *Medicus/Petersen*, Bürgerliches Recht, Rn. 816.

827 So *Grüneberg*, Palandt-BGB, Vorb. § 249 Rn. 1.

828 Vgl. *Otto*, Strafrecht, § 51 Rn. 69.

die bloße Schädigung des Vermögens nicht von § 823 Abs. 1 BGB erfasst.[829] In diesem Fall kommt § 823 Abs. 2 BGB i.V.m. § 266 Abs. 1 StGB eine eigenständige Bedeutung zu.[830] Es handelt sich dabei um eine Haftung für die Verletzung objektiven Rechts. Den gesetzlichen Schadensersatzanspruch aus § 823 Abs. 2 BGB erwirbt das Opfer zugleich, aber auch erst mit der Verwirklichung des Schutzgesetzes. Haftungsvoraussetzung des § 823 Abs. 2 BGB ist der rechtswidrige und schuldhafte Verstoß gegen ein Schutzgesetz. § 266 StGB ist eine Rechtsnorm, die zumindest auch dazu dient, den Einzelnen gegen die Verletzung eines bestimmten Rechtsgutes zu schützen.[831] Damit ist § 266 StGB ein Schutzgesetz im Sinne von § 823 Abs. 2 BGB.[832] Zwar verlangt der Tatbestand von § 823 Abs. 2 BGB selbst nur die verschuldete Verletzung des Schutzgesetzes, was grundsätzlich dazu führt, dass der überdies tatbestandlich erforderliche Schaden außerhalb des Verschuldens steht.[833] Wenn jedoch das betroffene Schutzgesetz, in diesem Fall die Untreue gemäß § 266 StGB, wiederum einen Vermögensnachteil tatbestandlich selbst voraussetzt, so ist dieser Vermögensnachteil zwingend im Sinne des Strafrechts erforderlich.[834] Denn der Tatbestand des zivilrechtlichen Schadensersatzanspruchs verlangt die vollständige Erfüllung des objektiven Tatbestands des Schutzgesetzes. Ob ein Anspruch aus § 823 Abs. 2 BGB i.V.m. § 266 Abs. 1 StGB besteht, kann daher erst dann beurteilt werden, wenn das Ergebnis der (strafrechtlichen) Gesamtsaldierung feststeht.[835]

Der Anspruch aus § 823 Abs. 2 BGB ist darauf gerichtet, einen bereits eingetretenen Schaden im Sinne des § 266 StGB zu ersetzen.[836] Wenn gesetzliche Schadensersatzansprüche kompensationsfähig wären, so würde der Anspruch aus § 823 Abs. 2 BGB i.V.m. § 266 StGB gar nicht zur Entstehung gelangen. Denn der Tatbestand von § 823 Abs. 2 BGB i.V.m. § 266 StGB verlangt einen eingetretenen Schaden. Bei Berücksichtigung des Schadensersatzanspruchs für

829 BGHZ 41, 127 Rn. 11; *Sprau*, Palandt-BGB, Einf v § 823 Rn. 1, § 823 Rn. 11.

830 So *Fuchs*, Deliktsrecht, 127; zu einem Beispiel aus der Rechtsprechung BGHZ 8, 276, 284; BGHZ 149, 10, 10 ff.; für § 263 StGB ausführend *Hoyer*, SK-StGB, § 263 Rn. 196; in Betracht kommen zudem §§ 824, 826, 839 BGB, vgl. *Sprau*, Palandt-BGB, § 823 Rn. 11.

831 Für die Definition und weitere Einzelheiten statt vieler *Sprau*, Palandt-BGB, § 823 Rn. 56a f.

832 BGH NJW 1999, 2817, 2817 ff.; BGH NJW 2001, 3622, 3622 ff.; BGHZ 8, 276, 284.

833 *Medicus/Petersen*, Bürgerliches Recht, Rn. 623.

834 Vgl. für § 263 StGB *Medicus/Petersen*, Bürgerliches Recht, Rn. 623.

835 Für § 263 StGB *Wahl*, Schadensbestimmung, 41.

836 Für § 263 StGB *Wahl*, Schadensbestimmung, 41.

die strafrechtliche Nachteilsbewertung würde der Zirkel drohen, dass auch der zivilrechtliche Schadensersatzanspruch entfiele, welcher einen Schaden gerade voraussetzt.[837] Damit wäre das Opfer (der Treugeber) schutzlos gestellt. Die Beweislastregelung verschärft diese Situation. Beim Anspruch aus § 823 Abs. 2 BGB muss der Geschädigte den Verstoß, also die Verwirklichung aller tatbestandlichen Merkmale des Schutzgesetzes, beweisen.[838] Ist dieser Beweis geführt, folgt daraus nach ständiger Rechtsprechung eine Vermutung für das Verschulden.[839]

(cc) Folgerung

Aus den Entstehungsvoraussetzungen der zivilrechtlichen Schadensersatzansprüche ergibt sich neben dem Willen des Gesetzgebers und der Regelungskonzeption[840] ein weiteres Argument gegen die Berücksichtigung eben dieser Schadensersatzansprüche auf der Vorteilsseite bei der Gesamtsaldierung. Die Berücksichtigung von Schadensersatzansprüchen ist unzulässig, weil sie die Entstehung eines Schadens selbst voraussetzt, daher dem Betroffenen gegenüber dem Täter gerade aufgrund der treuwidrigen Handlung erwachsen und ja gerade dazu dienen, einen Schadensausgleich herbeizuführen.[841] Es wäre widersinnig, wegen des Bestehens eines Schadensersatzanspruchs einen Vermögensnachteil zu verneinen.[842] Andernfalls droht ein argumentativer Zirkelschluss.[843] Der Ersatzanspruch könnte seine eigenen Voraussetzungen selbst beseitigen[844] und daher nie zur Entstehung gelangen. Es bestünde die Gefahr, dass ein untreuerelevanter Vermögensnachteil praktisch kaum feststellbar wäre. Der Täter könnte das Opfer stets darauf verweisen, dass der jeweilige zivilrechtliche Anspruch noch nicht rechtskräftig von einem Zivilgericht abgewiesen beziehungsweise dessen Nichtvollstreckbarkeit noch nicht

837 So *Saliger*, Parteiengesetz, 142.

838 Die Zivilgericht sind nicht an Strafurteile gebunden (vgl. § 14 Abs. 1 Nr. 1 EGZPO), auch wenn das angewendete Strafgesetz Tatbestandsmerkmale einer zivilrechtlichen Anspruchsgrundlage ist (OLG Koblenz BGH NJW-RR 1995, 727, 727 ff.). Jedoch können die dort getroffenen Feststellungen als Beweismittel verwendet werden, a.a.O. Ein Abweichung wird nur vorgenommen, wenn gewichtige Gründe für die Unrichtigkeit des Strafurteils sprechen, dazu *Rauscher*, MüKo-ZPO, Einleitung Rn. 4; siehe auch *Sprau*, Palandt-BGB, § 823 Rn. 81.

839 Dazu und m.w.N. *Kötz/Wagner*, Deliktsrecht, 102.

840 BVerfGE 126, 170 = BVerfG NJW 2010, 3209, 3217, Rn. 126.

841 *Hoyer*, SK-StGB, § 263 Rn. 196; *Cramer/Perron*, S/S-StGB, § 263 Rn. 120; zustimmend *Wittig*, FS-Imme Roxin, 375, 384.

842 So BVerfGE 126, 170 = BVerfG NJW 2010, 3209, 3217, Rn. 126.

843 *Ransiek*, ZStW 116 (2004), 634, 664.

844 *Waßmer*, Risikogeschäft, 127.

definitiv festgestellt worden sei.[845] Der zivilrechtliche Schadensersatzanspruch kann nicht der Grund dafür sein, dass der strafrechtliche Vermögensnachteil entfällt.[846] Es ist vielmehr eine zirkelfreie Abgrenzung zu den zivilrechtlichen Ansprüchen geboten, die einen Schaden im strafrechtlichen Sinne voraussetzen. Folglich ist der Ausgleichsanspruch unabhängig von seiner Wertigkeit nicht kompensationsfähig. Schon aus diesem Grund vermag die Konstruktion der Rechtsprechung nicht zu überzeugen.[847]

(b) Widerspruch zur Argumentation bei § 263 Abs. 1 StGB

Überdies ist auch die generelle These, dass die für die Feststellung des Schadens im Rahmen von § 263 Abs. 1 StGB geltenden Regeln sich grundsätzlich entsprechend für § 266 StGB heranziehen lassen,[848] mit dieser Rechtsprechung im Grunde unvereinbar[849] und daher zu relativieren. Es ist schlichtweg festzustellen, dass die allgemein gebräuchliche Parallelisierung „Vermögensnachteil im Sinne von § 266 Abs. 1 StGB gleich Vermögensschaden im Sinne von § 263 Abs. 1 StGB“ so nicht zutrifft.[850] Denn die herrschende Meinung knüpft im Rahmen von § 263 StGB die Kompensationstauglichkeit an den rechtlichen Entstehungsgrund der Ausgleichsansprüche an.[851] Für die Ermittlung des Vermögensschadens beim Betrug bleiben gesetzliche (zivilrechtliche) Schadensersatzansprüche als bloße Sekundäransprüche auf der Vorteilsseite strikt außer Betracht.[852] Sie sind mithin kompensationsunfähig. In der Literatur wird vereinzelt versucht,

---

845 Angelehnt an *Saliger*, FS-Samson, 455, 472.

846 *Ransiek*, ZStW 116 (2004), 634, 665.

847 So *Labsch*, Untreue, 323; *Labsch*, wistra 1987, 411, 417; *Fischer*, StGB, § 266 Rn. 168; *Perron*, S/S-StGB, § 266 Rn. 42; vgl. *Seier*, HWSt, V 2 Rn. 174; *Otto*, Strafrecht, § 51 Rn. 69; Schadensersatzansprüche generell als Gegenwert ausschließend *Welzel*, Das Deutsche Strafrecht, 384.

848 *Kindhäuser*, NK-StGB, § 266 Rn. 94.

849 *Matt/Saliger*, Straflosigkeit der versuchten Untreue, 231.

850 Angelehnt an *Labsch*, wistra 1987, 411, 417; *Bockelmann*, Strafrecht BT/1, 146 spricht schlicht von einer Differenz in einem wichtigen Punkt.

851 RGSt 28, 63, 65; RGSt 41, 24, 29; BGHSt 21, 384, 386 für die Anfechtbarkeit.

852 Vgl. KG NJW 1965, 703, 705; *Fischer*, StGB, § 263 Rn. 155; *Kühl*, Lackner/Kühl-StGB, § 263 Rn. 36a; *Janssen*, HWSt, V 2 Rn. 131; *Hefendehl*, MüKo-StGB, § 263 Rn. 462 m.w.N.; *Bockelmann*, Strafrecht BT/1, 78; für den gesetzlichen Schadensersatzanspruch aus § 823 Abs. 2 BGB i.V.m. § 263 StGB RGSt 41, 27, 29 und *Hoyer*, SK-StGB, § 263 Rn. 196; für § 823 Abs. 2 und § 826 BGB *Saliger*, S/S/W-StGB, § 266 Rn. 57; von ganz einhelliger Auffassung sprechend *Seelmann*, JuS 1982, 509, 511; insb. zum Anfechtungsrecht BGHSt 21, 384, 386; BGHSt 23, 300, 302.

die von der Rechtsprechung vorgenommene unterschiedliche Behandlung der Ausgleichsansprüche im Rahmen von Betrug und Untreue nicht als prinzipiellen Unterschied erscheinen zu lassen, sondern dies ausschließlich mit der unterschiedlichen Wertigkeit zu begründen.[853] Die Tatbestandsunterschiede zwischen § 263 StGB und § 266 StGB werden als Legitimationsansatz für die unterschiedliche Behandlung herangezogen,[854] und es wird angenommen, dass Ausgleichsansprüche gegen Betrüger weniger wert seien. Dies ist jedoch ein statistischer und kein dogmatischer Befund. Daher ist es ein systematischer Bruch bei § 266 Abs. 1 StGB von der höheren Wertigkeit (Vollwertigkeit) *a priori* auf die Kompensationsgeeignetheit zu schließen, wenn bei § 263 Abs. 1 StGB die Ansprüche unabhängig vom konkreten Wert gar nicht eingezogen werden. Einige wenige Stimmen in der Literatur[855] lehnen daher die pauschale Nichtberücksichtigung ab und plädieren für eine umfassende Gesamtsaldierung im wörtlichen Sinne. Diese Meinung berücksichtigt daher die Ausgleichsansprüche des Getäuschten gegen den Täuschenden dem Grunde nach.[856] Entscheidend ist sodann, welcher Wert bei Kompensationsbereitschaft dem Ausgleichsanspruch des Getäuschten gegen den Täuschenden beizumessen sei. Für den Schaden sei demnach eine konkrete Feststellung der Minderwertigkeit dieser Ansprüche erforderlich.[857] Dies sei typischerweise aber nicht zwingend der Fall.[858] Grund zu dieser Annahme liefert der Umstand, dass erst durch das Moment der Kontrolle die Ausgleichsbereitschaft aktiviert werden kann, und an eben diesem Moment

---

853 So *Schünemann,* Leipziger Kommentar-StGB, § 266 Rn. 132 mit Verweis auf *Lackner,* Leipziger Kommentar-StGB, 10. Auflg., § 263 Rn. 188; dazu *Luipold,* Anfechtungsrechte, 129 ff., 180 f.; auch *Waßmer,* Risikogeschäft, 129; überblicksartig *Wahl,* Schadensbestimmung, 39 m.w.N.; vgl. auch für gesetzliche Ausgleichsrechte, die ihren Ursprung im Vertrag haben *Tenckhoff,* FS-Lackner, 677, 683.

854 So *Lackner,* Leipziger Kommentar-StGB, 10. Auflg., § 263 Rn. 188; zustimmend *Schünemann,* Leipziger Kommentar-StGB, § 266 Rn. 132; *Seelmann,* JuS 1982, 914, 918; auch *Schmitz,* Unrecht und Zeit, 182 f.; *Ungern-Sternberg,* ZStW 88 (1976), 687, 687 f. m.w.N.

855 *Schröder,* JR 1961, 268, 269; sich anschließend *Luipold,* Anfechtungsrechte, 128 ff., 179 f.; mit Einschränkungen *Eser,* Strafrecht IV, § 13 Rn. 20 ff.

856 Die von wenigen Stimmen vertretene andere Meinung beruft sich gerade auf die hier untersuchte Rspr. zu § 266 StGB, vgl. etwa *Eser,* Strafrecht IV, § 13 Rn. 20 ff., 23.

857 *Schröder,* JR 1961, 268, 269; *Lackner,* Leipziger Kommentar-StGB, 10. Auflg., § 263 Rn. 188.

858 *Wahl,* Schadensbestimmung, 43; *Schröder,* JR 1961, 268, 269; *Luipold,* Anfechtungsrechte, 181.

wird es bei § 263 StGB regelmäßig fehlen.[859] Da der Getäuschte die Voraussetzungen des Anspruchs zu beweisen habe, seien die Rechte überdies meist wertlos.[860]

Diese Ansicht führt für ihre Seite den wirtschaftlichen Schadensbegriff als Argument ins Feld und wirft der Rechtsprechung einen Bruch mit eben diesem vor.[861] Die Vorschläge werden um die Aussage ergänzt, dass sich die Frage einer Berücksichtigungsfähigkeit von Ausgleichsfähigkeit und -bereitschaft praktisch kaum im Rahmen von § 263 StGB stellen würde,[862] da der Täter seine deliktischen (betrügerischen) Absichten durch die Tat schon bewiesen habe und er es darauf anlegt habe, die dem Opfer erwachsenden Ansprüche zu vereiteln.[863] Vor dem Hintergrund der von § 263 Abs. 1 StGB vorausgesetzten Bereicherungsabsicht ergibt diese Annahme wiederum Sinn.[864] Dennoch führt auch diese Ansicht wieder zu einer Schadensparallelisierung von Betrug und Untreue.[865] Ihre Argumentation steht im Widerspruch zu der klaren Aussage der Rechtsprechung und auch der herrschenden Meinung in der Literatur, dass gesetzliche Ansprüche, die dem Getäuschten gerade als Rechtsfolge der Täuschung zuwachsen oder dem Schadenausgleich dienen, kompensationsuntauglich seien[866] und es auf den konkreten Fall und auch die im Rahmen des Betrugs mögliche besondere Wertigkeit des Schadensersatzanspruchs gerade nicht ankomme.[867] Dafür spricht, dass die strikte Nichtbeachtung sicherstellt, dass das Vorliegen eines strafrechtlichen Vermögensschadens überhaupt praktisch feststellbar ist und nicht von unterschiedlichen Wahrscheinlichkeiten abhängt, innerhalb derer der verwendete Vermögenswert in das Opfervermögen zurückfließen kann.[868] Solche Wahrscheinlichkeiten können zum einen rechtlicher Natur sein, zum

859 *Hefendehl,* Vermögensgefährdung, 286; dies aufgreifend *Luipold,* Anfechtungsrechte, 129.

860 Vgl. *Lackner,* Leipziger Kommentar-StGB, 10. Auflg., § 263 Rn. 188.

861 *Schröder,* JR 1961, 268, 269.

862 *Seelmann,* JuS 1982, 509, 511.

863 *Bockelmann,* Strafrecht BT/I, 146; *Schröder,* JR 1961, 268, 269; *Luipold,* Anfechtungsrechte, 129, 181; beachte auch *Matt/Saliger,* Straflosigkeit der versuchten Untreue, 217, 231; *Waßmer,* Risikogeschäft, 129 m.w.N.; in anderem Zusammenhang *Roxin,* Strafrecht AT/I, § 2 Rn. 98.

864 So *Waßmer,* Risikogeschäft, 129.

865 Für den Gleichlauf von Betrug und Untreue plädierend und die Ausgleichsansprüche berücksichtigend *Schröder,* JR 1961, 268, 269.

866 *Wahl,* Schadensbestimmung, 37.

867 Vgl. *Wahl,* Schadensbestimmung, 38; *Hefendehl,* MüKo-StGB, § 263 Rn. 458.

868 *Saliger,* FS-Samson, 472.

Beispiel die Verjährung der Ansprüche nach §§ 194 ff. BGB.[869] Zum anderen können sie mit Blick auf die tatsächliche Solvenz des Täters faktischer Natur sein.[870] Damit begründet der wirtschaftliche Vermögensbegriff die Ablehnung von Ersatzansprüchen auf der Vorteilsseite. Zudem setzt jeder Schadensersatzanspruch zunächst einen Schaden voraus.[871] Schadensersatzansprüche könnten daher nicht zum Schadensausschluss führen, da diese den Schadensausgleich gerade erst ermöglichen sollen,[872] und sie können den eingetretenen Schaden nur nachträglich wieder beseitigen.[873] Zudem würde § 263 StGB bei der Berücksichtigung von den Ausgleichsansprüchen fast gänzlich leer laufen.[874] Und der Schutz vor einem Betrug wäre „aus den Angeln gehoben."[875] Weiterhin wird argumentiert, dass sich andernfalls nicht wegen Betruges strafbar machen kann, wer vermögend genug sei um einen Schadensersatzanspruch befriedigen zu können.[876] Soweit die Argumentation zu § 263 StGB.

Es bleibt festzuhalten, dass dies zwar im Grunde auch für § 266 Abs. 1 StGB anerkannt wird. Dennoch macht die Rechtsprechung mit der Berücksichtigung von Ausgleichsansprüchen bei vorhandener Ausgleichsfähigkeit und Ausgleichsbereitschaft eine Ausnahme.[877] Durch diese Auslegung entstehen systematische Wertungswidersprüche. Überdies ist anzumerken, dass zwar eine nachträgliche Schadenswiedergutmachung, wie auch bei § 266 StGB, bei § 263 StGB tatbestandlich unbeachtlich ist und den Eintritt eines Schadens nicht zu verhindern vermag. Der für § 263 StGB erforderliche Schädigungsvorsatz entfällt damit nicht, wenn der Täter hofft oder glaubt, den endgültigen Schaden abwenden zu können.[878] Begründet wird dies mit dem Bezugspunkt solcher Hoffnungen, Erwartungen und Absichten, der in der bloß nachträglichen,

---

869 Vgl. *Saliger*, FS-Samson, 472.

870 *Saliger*, FS-Samson, 472.

871 S.o.; für § 263 Abs. 1 StGB explizit *Arzt*, Arzt/Weber-BT, § 20 Rn. 89.

872 Siehe nur *Fischer*, StGB, § 263 Rn. 155; *Tiedemann*, Leipziger Kommentar-StGB, § 263 Rn. 158, 166; vgl. auch *Kühl*, Lackner/Kühl-StGB, § 263 Rn. 36a; *Rübenstahl*, HRRS 2004, 60 spricht insofern von Inkonsequenz, als dass die Ausnahme d.Rspr. nicht auch beim Eingehungsbetrug im Sinne von § 263 Abs. 1 StGB greift.

873 *Tenckhoff*, FS-Lackner, 677, 683.

874 So BGHSt 21, 384, 386 mit dem Argument, dass es bei Berücksichtigung den Eingehungsbetrug gar nicht gäbe; dazu auch *Tenckhoff*, FS-Lackner, 677, 682; *Seelmann*, JuS 1982, 509, 511.

875 *Eser*, Strafrecht IV, § 13 Rn. 19.

876 So *Bockelmann*, Strafrecht BT/1, 78.

877 *Saliger*, S/S/W-StGB, § 266 Rn. 57.

878 BGH wistra 1993, 265, 266.

insoweit unbeachtlichen Wiedergutmachung eines Schadens zu sehen ist. Eine Berücksichtigung dessen ist folgerichtig allein auf der Strafzumessungsebene möglich. Demnach hält die herrschende Meinung nicht konsequent an ihrem Ausgangspunkt fest.

(c) Vergleich zu § 266b StGB

§ 266b StGB stellt den Missbrauch von Scheck- und Kreditkarten unter Strafe.[879] Dieser 1986 eingeführte Tatbestand[880] ähnelt in seiner Struktur derjenigen der Untreue.[881] Sie setzt einen Vermögensschaden[882] voraus und ist damit ein Erfolgsdelikt.[883] Überdies engt dieses Tatbestandsmerkmal den tatbestandlichen Missbrauch ein.[884] Der 6. Rechtsausschuss des Bundestages verneinte in seinem *Bericht und Beschlussempfehlung*[885] einen Vermögensschaden dann, wenn „der Täter anderweitig bereit und in der Lage (ist), die Überziehung sofort oder jedenfalls unverzüglich auszugleichen."[886,887] Als Beispiel für einen solchen Fall wird derjenige Täter genannt, der „gelegentlich sein Konto durch Begebung von Scheckes über die ihm eingeräumte Kreditgrenze hinaus belastet."[888] Die

---

879 Zu diesem Tatbestand statt vieler *Hilgendorf*, S/S/W-StGB, § 266b Rn. 1 ff.; *Esser*, AnwK-StGB, § 266b Rn. 1 ff.

880 Art. 1 Nr. 11 des 2. WiKG vom 18.8.1986 (BGBl. I, 721); vgl. auch. BT-Drucks. 10//5058, 33: Die Einführung diente dazu eine, allerdings umstrittene, Gesetzeslücke zu schließen. Zum Streitstand ausführlich *Otto*, wistra 1986, 150, 150 ff.; weder der vorangegangene Entwurf der Bundesregierung, BT-Drucks. 10/ 318, noch der von der SPD-Fraktion zusammen mit verschiedenen Abgeordneten eingebrachte Entwurf, BT-Drucks. 10/119, zum 2. WiKG sahen die Einführung von § 266b StGB vor.

881 So *Hefendehl*, Vermögensgefährdung, 285. § 266b StGB ist ebenfalls ein Sonderdelikt. Täter kann nur derjenige sein, an den die Karte überlassen wurde, vgl. BGH NStZ 1992, 278, 278 ff. Allerdings ist keine Vermögensbetreuungspflicht erforderlich. Unter Strafe steht nach *Esser*, AnwK-StGB, § 266b Rn. 4, daher ein untreueartiges Unrecht wobei auf die Vermögensbetreuungspflicht verzichtet wird.

882 Beachte den Wortlaut von § 266b Abs. 1 StGB: „und diesem dadurch schädigt".

883 BT-Drucks. 10/5058, 33; *Hilgendorf*, S/S/W-StGB, § 266b Rn. 20.

884 So BT-Drucks. 10/5058, 33; dazu auch *Otto*, wistra 1986, 150, 152.

885 BT-Drucks. 10/5058, 1–43.

886 BT-Drucks. 10/5058, 33.

887 Sich dem anschließend *Hilgendorf*, S/S/W-StGB, § 266b Rn. 20; *Hefendehl*, Vermögensgefährdung, 285; *Perron*, Schönke/Schröder, § 266b Rn. 10; *Esser*, AnwK-StGB, § 266b Rn. 19; *Fischer*, StGB, § 266b Rn. 18; *Kühl*, Lackner/Kühl-StGB, § 266 StGB § 266b Rn. 6; mit Beispiel *Eisele/Fad*, Jura 2002, 305, 310 f.

888 BT-Drucks. 10/5058, 33.

Ablehnung des Vermögensschadens ergibt sich entsprechend der Bestimmung des Vermögensnachteils beim Untreuetatbestand.[889] Aber schon der Umstand, dass es sich bei § 266b StGB im Vergleich zu § 266 StGB um die weitaus jüngere Vorschrift handelt und ersterer eine Lückenfüllungsfunktion zukommt, zeugt davon, dass die Vorschrift des § 266b StGB dem Tatbestand der Untreue in diesem Punkt entspricht,[890] sodass für die Ermittlung des Vermögensschadens die zu §§ 263, 266 StGB entwickelten Grundsätze heranzuziehen sind.[891] Auf den ersten Blick scheint sich eine Entscheidung des Landgerichts Dresden[892] darauf zu stützen und für einen Vergleich heranziehbar zu sein. In dem zugrunde liegenden Sachverhalt betankte der Täter absprachewidrig seinen Privatwagen und zahlte mit einer ihm von seinem Dienstherrn zur Verfügung gestellten Kreditkarte. Dadurch veranlasste er eine Geldauszahlung des Kartenausstellers an die Tankstelle (als Dritten). Unmittelbarerer Vertragspartner des kartenausgebenden Instituts war der Dienstherr. Es handelte sich daher bei der Kreditkarte um eine Universalkarte im Dreipartnersystem.[893] Ein tatbestandlicher Missbrauch ist durch das Veranlassen der Zahlung zwar gegeben, das Landgericht Dresden verneinte aber eine Strafbarkeit aus § 266b StGB mangels Vermögensschadens mit folgender Begründung: „Eine anderweitig problemlos zu realisierende Ausgleichsmöglichkeit des Kartenausstellers lässt seinen Schaden entfallen. So ist es hier.“[894] Denn das Karten ausgebende Institut wurde durch seinen unmittelbaren Vertragspartner, den Dienstherrn, schadlos gestellt und gerade nicht durch den, wie vom Rechtsausschuss gefordert,[895] Täter selbst. Die Schadloshaltung erfolgte vorliegend durch einen Dritten. Dabei ist zu beachten, dass dieser Anspruch der Karten ausgebenden Bank gemäß §§ 670, 675 BGB[896] zusteht. Dies ist im Dreipartnersystem aufgrund der zivilrechtlichen Konstruktion regelmäßig der Fall. Der Karteninhaber ist ja berechtigt, durch Vorlage der Karte, zusammen mit der

---

889 *Otto,* wistra 1986, 150, 152.

890 BT-Drucks. 10/5058, 33.

891 Vgl. *Hilgendorf,* S/S/W-StGB, § 266b Rn. 20; BT-Drucks. 10//5058, 32 spricht davon, dass sich § 266b Abs. 1 StGB „in seiner Einzelausgestaltung eng an den Mißbrauchstatbestand des § 266 StGB (Untreue)“ anlehnt.

892 LG Dresden, NStZ 2006, 633, 633–634.

893 Ob Kreditkarten (Kundenkarten) im Zweiparteiensystem taugliche Tatobjekte sein können, ist umstr., dazu *Esser,* AnwK-StGB, § 266b Rn. 8. Die Rspr. verneint dies BGHSt 47, 160, 165 f.; BGHSt 38, 281, 281.

894 LG Dresden, NStZ 2006, 633, 633.

895 BT-Drucks. 10//5058, 33.

896 Zur Anwendung des § 670 BGB auf § 675 BGB statt vieler *Sprau,* Palandt-BGB § 670 Rn. 1, § 675 Rn. 7.

Unterschrift auf dem Abrechnungsbeleg, das Karten ausgebende Kreditinstitut gegenüber Dritten zu verpflichten. Der Dritte als Vertragsunternehmer erhält so einen eigenen Anspruch auf Zahlung gegenüber dem Kreditunternehmer. Zwischen Kreditunternehmer und dem berechtigten Inhaber der Karte besteht ein Geschäftsbesorgungsvertrag,[897] welcher Grundlage für den Aufwendungsersatzanspruch aus §§ 670, 675 BGB ist.[898] Ein Vermögensschaden im Sinne von § 266b StGB ist nunmehr gerade dann gegeben, wenn der Kartenaussteller eben diesen Aufwendungsersatzanspruch nicht realisieren kann, weil der Täter zahlungsunfähig und / oder zahlungsunwillig ist.[899] In diesem Zusammenhang ist noch einmal auf die Möglichkeit der *anderweitigen* Ausgleichung einzugehen. Dies meint nicht die Befriedigung anderer Ansprüche, sondern ist wohl so zu verstehen, dass zwar ein Ausgleich des Aufwendungsersatzanspruchs der Bank gegen den Karteninhaber über das Abwicklungskonto mangels Deckung (Guthaben oder Dispokredit) ausscheidet, aber der Karteninhaber als Schuldner bereit und in der Lage ist, den Aufwendungsersatzanspruch anders auszugleichen.[900] Dieser Aufwendungsersatzanspruch ist aber in seinem Wesen etwas anderes als die im Rahmen der Untreue diskutierten Schadensersatzansprüche. Bei §§ 670, 675 BGB handelt es sich eben nicht um einen Schadensersatzanspruch, sondern um einen Anspruch auf Wertersatz.[901] Es lässt sich daher keine hilfreiche Parallele ziehen.

(d) Kriminalpolitische Argumentation

Weiterhin wird gegen die Berücksichtigung von zivilrechtlichen Schadensersatzsprüchen im Allgemeinen das kriminalpolitische Argument angeführt, dass durch die Verletzung der Vermögensbetreuungspflicht Handlungsunrecht verwirklicht worden ist, welches auch strafwürdig sei.[902] Andernfalls würde strafwürdiges Handlungsunrecht in „kriminalpolitisch unvertretbarem Umfang nicht

897 So die h.M., siehe nur BGHZ 91, 221, 223 f.; BGHZ 125, 343, 349.

898 *Sprau,* Palandt-BGB, § 675 Rn. 13; siehe auch *Perron,* Schönke/Schröder-StGB, § 266b Rn. 10, der noch darauf verweist, dass auch die Zinsen erfasst sind. Alternativ können ausreichend bestehende Sicherheiten einem Vermögensschaden entgegenstehen, wenn die Bank ohne weiteres auf diese zurückgreifen kann.

899 *Esser,* AnwK-StGB, § 266b Rn. 19.

900 So *Esser,* AnwK-StGB, § 266b Rn. 19; *Hilgendorf,* S/S/W-StGB, § 266b Rn. 20; *Otto,* wistra 1986, 150, 152; auch *Hefendehl,* Vermögensgefährdung, 285.

901 Vgl. *Sprau,* Palandt-BGB, § 670 Rn. 1.

902 Vgl. *Saliger,* Parteiengesetz, 142.

mehr strafrechtlich sanktioniert."[903] Auch die Erwägung im Rahmen von § 263 StGB, dass bei Kompensationsgeeignetheit von gesetzlichen Sekundärrechten ein Eingehungsbetrug praktisch kaum feststellbar wäre, ist ein kriminalpolitischer Gedanke. Davon zu unterscheiden ist die Frage, ob konkret auch bei Ausgleichsfähigkeit und -bereitschaft von einer Strafwürdigkeit des Verhaltens des Treupflichtigen auszugehen ist. Das wurde bereits mit ausführlicher Begründung verneint.[904]

(e) Gesamtbetrachtungslehre statt Einzelbetrachtung des Nachteilsausgleichs
Möglicherweise könnte eine Gesamtbetrachtung geboten sein. Dann wäre der Vorteil berücksichtigungsfähig und eine Saldierung möglich. Die Gesamtbetrachtung bei der Saldierung ist eine Ausnahme von der Einzelbetrachtung und dem mit ihr verbundenen Grundsatz der Unmittelbarkeit auf der Vorteilsseite.[905] Anerkannt ist diese Ausnahme im Bereich der Risikogeschäfte, trotz der Gefahren für die Rechtssicherheit.[906] Fraglich ist die Anwendung auch außerhalb der Fallgruppe Risikogeschäfte in einem Bereich, der von langfristiger Vermögensverwaltung geprägt ist. Im Unterschied zum Betrug ist der Gegenstand der Untreue üblicherweise eine Tätigkeit, die im Rahmen einer längerfristigen Vermögensverwaltung erbracht wird.[907] Die längerfristige Vermögensverwaltung erfordert zum Teil die Erbringung von Vermögensleistungen aus dem Grund, spätere Gewinne zu erzielen.[908] Die wirtschaftliche Geschäftslogik dort zu berücksichtigen, erscheint grundsätzlich sachgerecht.[909] So wird die Gesamtbetrachtung befürwortet, „wenn – bei wirtschaftlicher Betrachtung – nach einem vernünftigen Gesamtplan mehrere Verfügungen erforderlich sind, um den ausgleichenden Erfolg zu erreichen."[910] Die Ausnahme ist von der Gestalt, dass auf der Vorteilsseite auch solche Vermögensvorteile berücksichtigungsfähig sind,

---

903 *Saliger,* Parteiengesetz, 142 m.w.N.

904 Siehe Teil C.

905 Dazu allgemein *Saliger*, S/S/W-StGB, § 266 Rn. 59; *ders.*, Parteiengesetz, 144 ff.

906 Zu den Risiken *Saliger,* S/S/W-StGB, § 266 Rn. 59; *ders.*, Parteiengesetz, 144 ff.

907 Dies ist schon in der Rspr. des Reichsgerichts mit Blick auf die Chancen eines Vermögensgewinns angeklungen, siehe nur RG JW 1936, 882, 882 f.; dazu *Saliger,* Parteiengesetz, 143.

908 Vgl. RGSt 65, 422, 430 f.; RG JW 1936, 882, 882 f.; *Seelmann,* JuS 1982, 914, 918.

909 *Saliger*, S/S/W-StGB, § 266 Rn. 59; *ders.*, HRRS 2006, 21; *ders.*, JA 2007, 326, 332; *Dierlamm,* MüKo-StGB, § 266 Rn. 183; *Schünemann,* Leipziger Kommentar-StGB, § 266 Rn. 137 m.w.N.

910 BGHSt 47, 295, 302.

die nur mittelbar auf der Tathandlung beruhen.[911] Die Perspektive auf ein wirtschaftlich vernünftiges Gesamtverhalten erlaubt diese Ausnahme.[912] Die das Vermögen schädigende pflichtwidrige Handlung und die Ausgleichsbereitschaft und Ausgleichsfähigkeit sind völlig selbstständig und voneinander losgelöst.[913] Sie sind noch nicht einmal mittelbar verbunden.[914] Mithin sind die Voraussetzungen der Gesamtbetrachtungslehre nicht gegeben. Eine Berücksichtigung auf der Vorteilsseite ist damit auch auf Basis der Gesamtbetrachtungslehre nicht statthaft. Ein kompensationsgeeigneter Vorteil liegt damit schon dem Grunde nach nicht vor und eine Kompensation der festgestellten Vermögensminderung ist nicht möglich.

cc) Zwischenergebnis

Eine Berücksichtigung von Ausgleichsfähigkeit und -bereitschaft im Rahmen des Vermögensnachteils verfängt nach der hier vertretenen Ansicht nicht.

c) Vorliegen eines Verspätungsschadens

Abschließend ist noch zu fragen, ob überdies der Rechtsprechung nicht grundsätzlich entgegenzuhalten ist, dass trotz einer Berücksichtigung von Ausgleichsfähigkeit und -bereitschaft in der Prüfung des Vermögensnachteils ein Verspätungsschaden eintreten kann.[915] Selbst wenn der Treupflichtige ausgleichsfähig und ausgleichsbereit ist und sogar tatsächlich eine entsprechende Rückzahlung leistet, so „bedeutet dies nicht zwangsläufig, dass der Vermögensinhaber zwischenzeitlich keinen Schaden erleidet."[916] Die wirtschaftliche Argumentation führte zu der Aussage, dass das Haben von Geld wertvoller sei als der Anspruch darauf.[917] Das führt *Schmitz* zu der Überlegung, dass die Verzinsung eines Anspruchs als zusätzlicher Vorteil dessen Minderwertigkeit mit aufwerte.[918] Erforderlich sei dafür ein objektives, für den Vermögensinhaber erkennbares Verhalten, durch welches sich der Treupflichtige selbst auch zur Verzinsung verpflichte und so dafür Sorge trage, dass ein vollständiger Ersatz

911 Vgl. RGSt 75, 227, 229 f.
912 RGSt 75, 227, 230.
913 *Saliger,* JA 2007, 326, 333.
914 *Saliger,* JA 2007, 326, 333.
915 Dies bejahend *Schmitz,* Unrecht und Zeit, 184.
916 *Schmitz,* Unrecht und Zeit, 184.
917 Vgl. *Schmitz,* Unrecht und Zeit, 184; *Wolf,* KJ 2000, 531, 535.
918 *Schmitz,* Unrecht und Zeit, 184.

des Nachteils herbeigeführt werde.[919] Ist diese Voraussetzung im Einzelfall erfüllt, so trete auch bei wirtschaftlicher Betrachtung kein Vermögensnachteil ein.[920] Der Tatbestand des § 266 StGB sei nicht erfüllt und der Treupflichtige sei straffrei. Ist diese Voraussetzung nicht erfüllt und verpflichtet sich der Treupflichtige mithin nicht selbst zum Ausgleich des Zinsanspruchs, so läge der Vermögensnachteil gerade in der unterbliebenen Verzinsung.[921] Es läge der Entzug einer Vermögensposition auf Zeit vor.[922] Der Nachteil sei daher ein zeitabhängiger Zinsschaden.[923] Folge dessen ist nicht die Straflosigkeit, sondern eine Strafbarkeit wegen Untreue (sofern auch die übrigen Voraussetzungen erfüllt wären). Den Nachteil als Zinsschaden zu beziffern, ist von essentieller Bedeutung für das Strafmaß. Denn gemäß § 46 Abs. 1 S. 1 StGB ist die Schuld des Täters Grundlage für die Zumessung der Strafe. Das Strafmaß orientiert sich u.a. auch am Erfolgsunwert.[924] Damit ist das Gewicht der Rechtsgutsverletzung einer der wesentlichen Faktoren für die Bewertung des Strafmaßes.[925] Bei der Untreue im Sinne von § 266 StGB als Vermögensdelikt ist die Höhe des Nachteils relevant. Ist dieser „nur" ein Zinsschaden und damit deutlich geringer in der Höhe, so würde auch das Strafmaß deutlich geringer ausfallen, als wenn der Nachteil in der ursprünglich vom Treupflichtigen verwendeten Vermögensposition liegen würde. Dabei sei noch auf die prozessuale Privilegierung der §§ 266 Abs. 2, 248a StGB hingewiesen. Demnach ist die Verfolgung einer Bagatelleuntreue[926] von einem Strafantrag abhängig.[927]

---

919 *Schmitz,* Unrecht und Zeit, 184.

920 *Schmitz,* Unrecht und Zeit, 184.

921 *Schmitz,* Unrecht und Zeit, 184.

922 *Schmitz,* Unrecht und Zeit, 184.

923 *Schmitz,* Unrecht und Zeit, 184 f. mit der Feststellung, dass auch der Fall denkbar sei, bei dem sogar ohne Verzinsung ein Nachteil nicht vorläge, weil der Entzug zu einer Zeit stattfindet, in der der Vermögensinhaber die Vermögensposition selbst wirtschaftlich nicht nutzen kann. Dies gilt vor allem bei einem bloß kurzfristigen Entzug.

924 *Seebode,* AnwK-StGB, § 46 Rn. 57 ff.

925 Vgl. *Seebode,* AnwK-StGB, § 46 Rn. 57; ausführlich *Stree/Kinzig,* S/S-StGB, § 46 Rn. 4.

926 Maßgeblich ist der Verkehrswert zur Tatzeit, vgl. BGH NJW 1977, 1460, 1460 f.; die Grenze der Geringwertigkeit wird nicht einheitlich festgesetzt, nach Sicht des BGH liegt sie bei 25,00 €, vgl. BGH BeckRS 2004, 07428; nach anderer Sicht bei 30,00 €, vgl. OLG Oldenburg NStZ-RR 2005, 111; oder bei 50,00 €, vgl. OLG Zweibrücken NStZ 2000, 536; OLG Hamm NJW 2003, 3145, 3145; OLG Frankfurt NStZ-RR 2008, 311; auch schon Fn. 469.

927 Es handelt sich um ein relatives Antragsdelikt. Hingegen ist die Haus- und Familienuntreue ein absolutes Antragsdelikt gemäß §§ 266 Abs. 2, 247 StGB.

d) *Zwischenergebnis zur Verortung im Vermögensnachteil*

Die Verortung der Ausgleichsfähigkeit und -bereitschaft im Vermögensnachteil, wie es die Rechtsprechung handhabt, beinhaltet nach Ansicht des Verfassers einen logischen Bruch und findet sich schwerer systematischer Kritik ausgesetzt. So widersetzt sich die Rechtsprechung dem Grundsatz, dass Schadensersatzansprüche nicht kompensationsfähig sind. An diesem allgemeinen und von der Ausgleichsfähigkeit und -bereitschaft loszulösenden Grundsatz der Nichtberücksichtigungsfähigkeit von Schadensersatzansprüchen bei der Kompensation ist ausdrücklich festzuhalten. Dafür spricht eine Vielzahl von Erwägungen. Zusammenfassend sind die rechtliche Beurteilung von sonstigen Sekundäransprüchen im Rahmen von § 266 StGB, die Parallele zu § 263 StGB und die Verwirklichung strafwürdigen Handlungsunrechts zu nennen. Durch die Berücksichtigung der Ausgleichsfähigkeit und -bereitschaft bricht die Rechtsprechung mit der Parallele zu § 263 StGB und dem dortigen Schadensbegriff. Dies begründet einen Wertungswiderspruch und daher auch einen Verstoß gegen die Einheit der Rechtsordnung. Indem die Rechtsprechung dem Bereithalten von Mitteln einen wirtschaftlichen Wert beimisst und dieses überhaupt berücksichtigt, umgeht sie das Erfordernis der Unmittelbarkeit für die Vorteilsseite der Kompensation. Das Bereithalten von Mitteln ändert nichts an der Tatsache, dass sich das Opfer vor die vollendete Tatsache gestellt sieht, dass ein zum eigenen Vermögen zählender, realer Vermögenswert pflichtwidrig vom Treupflichtigen verwendet wurde. Das Opfer findet sich nun zwar einem ausgleichsbereiten und -fähigen Treupflichtigem gegenüber, aber dennoch muss es sich mit einem Anspruch begnügen. Damit ist festzuhalten, dass wohl Vollwertigkeit des Ersatzanspruchs gegeben ist, jedoch dieser Ersatzanspruch keinen kompensationstauglichen Vorteil darstellt. Eine Kompensation der Vermögensminderung kann damit nicht eintreten. In Höhe der Minderung ist somit ein Vermögensnachteil zu bejahen. Zudem verkennt die Rechtsprechung, in bestimmten Fällen, das Vorliegen eines Verspätungsschadens.

Mit diesem Ergebnis ist noch nicht abschließend über Strafbarkeit oder Straflosigkeit des Verhaltens entschieden. Lediglich bei der Ermittlung des Vermögensnachteils ist die Ausgleichsfähigkeit und -bereitschaft nicht zu berücksichtigen. Von Stimmen aus der Literatur wurde und wird immer wieder kritisiert, dass die Interpretation des Tatbestandsmerkmals Vermögensnachteil in der Rechtsprechung zu extensiv sei.[928] Diese Kritik bezieht sich vor allem auf die Einbeziehung des konkreten Gefährdungsschadens in den Untreuetatbestand mit der Folge, dass die Norm entgegen dem Wortlaut zu einem

928 Beachte dazu nur die Übersicht bei *Fischer*, StGB, § 266 Rn. 150.

bloßen Gefährdungsdelikt verwandelt wird. Im Laufe der Zeit verfestigte die Rechtsprechung die Anerkennung der Ersatzansprüche als vermögensrelevante Vorteile im Rahmen der Untreue stetig weiter und baute den Anwendungsbereich sogar aus. So kam es 1965, und damit fünf Jahre nach dem grundlegenden Urteil des Bundesgerichtshofs von 1960, zu der Erweiterung auf Aktien als flüssige Mittel und 34 Jahre später im Jahr 1994 zu der Erweiterung auf sonstige Mittel.[929] Prinzipiell sind Ansätze zur Begrenzung der Anwendbarkeit des § 266 StGB zu begrüßen. Die bisherige tatbestandliche Begrenzung der Fälle von Ausgleichsbereitschaft und -fähigkeit ist jedoch abzulehnen. Vielmehr ist die Suche nach einer alternativen systematischen Verortung fortzusetzen.

3. Verortung im subjektiven Tatbestand

Möglicherweise könnte eine Berücksichtigung im subjektiven Tatbestand erfolgen. Dieser wäre bei gegebener Ausgleichsbereitschaft und -fähigkeit dann nicht erfüllt, und folglich wäre der Tatbestand zu verneinen. Den folgenden Überlegungen liegt die Idee von einigen Stimmen aus der Literatur zugrunde, ein neues, im subjektiven Tatbestand noch nicht vorhandenes Merkmal einzufügen. Vorgeschlagen wird dabei eine innere Absicht in Form einer Schädigungsabsicht des Treupflichtigen zu fordern.[930] Das würde die Erweiterung des subjektiven Tatbestands um ein weiteres Merkmal bedeuten, denn der subjektive Tatbestand der aktuellen Untreuevorschrift verlangt ausschließlich Vorsatz.[931] Im Unterschied zu § 263 StGB ist bisher keine überschießende Innentendenz erforderlich,[932] was für die Praxis zur Folge hat, dass eine vorhandene Bereicherungsabsicht strafschärfend in Ansatz gebracht werden darf.[933] Auch wenn bislang keine weiteren Anforderungen über den Vorsatz hinaus gestellt wurden, finden sich dennoch zahlreiche Restriktionsansätze im subjektiven Tatbestand.

---

929 BGHSt 15, 342, 344 BayObLG NJW 1966, 116; BGHR Nachteil 34 zu § 266.

930 Zu den Voraussetzungen der schweizerischen Norm und der dort erforderlichen Bereicherungsabsicht siehe die Ausführungen unter C.IX.1.b.

931 Vgl. § 15 StGB; zu Restriktionen des Tatbestands mittels strengerer Anforderungen an den Vorsatz siehe nur BGHSt 46, 30, 35, BGHSt 47, 295, 302 und die Entscheidungen im Fall Kanther BGH NJW 2007, 1760, 1766; zur Kritik aus dem Schrifttum siehe etwa die Nachweise bei *Herrmann*, Begrenzung der Untreuestrafbarkeit, 115 Fn. 634 ff.

932 Klarstellend BVerfGE 126, 170 = BVerfG NJW 2010, 3209, 3214, Rn. 104; folglich ist die Untreue nicht den Bereicherungsdelikten bzw. Vermögensverschiebungsdelikten zuzuordnen.

933 BGH wistra 1987, 27.

Zu nennen ist insbesondere die von der Rechtsprechung seit jeher geforderte Notwendigkeit einer besonders sorgfältigen Vorsatzfeststellung aufgrund der außerordentlichen Weite des Treubruchtatbestands.[934] Dass Restriktionen aus verschiedenen Gründen begrüßenswert sind, soll an dieser Stelle dahingestellt bleiben. Über gesteigerte Beweisanforderungen an den Vorsatz kann jedenfalls keine rechtliche Einschränkung von objektiven Merkmalen eines Straftatbestands erzielt werden, handelt es sich doch um Rechts- und keine Tatfragen.[935] Erforderlich ist vielmehr eine Einschränkung im objektiven Tatbestand und der Vorsatz ist wie bei allen Vorsatzdelikten zu prüfen.[936]

Wenn aber nun der Gesetzgeber das zusätzliche subjektive Merkmal der Schädigungsabsicht in den Tatbestand des § 266 StGB einfügt, dann würde der Treupflichtige, der ausgleichsfähig und -bereit ist, diese, unabhängig von der Frage des Vorsatzes, in der Regel nicht aufweisen.[937] Denn eine solche Absicht würde ein zielgerichtetes Handeln des Treupflichtigen verlangen, der Vermögensnachteil beim Treugeber müsste das Ziel seines Handelns sein. Demnach würde der Treupflichtige nur dann in Schädigungsabsicht handeln, wenn er dem Treugeber einen Vermögensnachteil zufügen will. Jedoch würde die Einführung einer überschießenden Innentendenz bewirken, dass viele andere Fallgestaltungen aus dem Untreuetatbestand herausfielen und es so zu erheblichen Strafbarkeitslücken käme. Zudem hat der Gesetzgeber auf weitere Merkmale im subjektiven Tatbestand verzichtet. Es ist anzunehmen, dass es sich dabei um einen bewussten Verzicht handelt. Denn es gab allgemeine Rufe, die – zwar nicht mit Blick auf diese Konstellation, sondern wegen der Parallele zu § 263 StGB – nach einer gesetzlichen Einengung des subjektiven Untreuetatbestands durch die Einführung einer inneren Schädigungsabsicht begehrten. Der Gesetzgeber hat seinen Willen jedoch klar zum Ausdruck gebracht, indem er den subjektiven Untreuetatbestand

---

934 Das gilt insbesondere für Fälle des *dolus eventualis* und Handeln durch Unterlassen, wenn der Treupflichtige nicht eigennützig handelt. BGHSt 3, 23, 25; BGHSt 46, 30, 35; BGHSt 47, 295, 302 f.; BGH NJW 1975, 1234, 1236; BGH NJW 1983, 461; BGH wistra 1987, 137; BGH wistra 1988, 352; BGH wistra 2000, 463, 463 f.; siehe schon RGSt 68, 374; RGS 69, 17; RGSt 71, 92; RGSt 76, 116; RGSt 77, 228.

935 Ausdrücklich *Fischer*, StGB, § 266 Rn. 176 m.z.N.

936 Siehe dazu *Seier*, HWSt, V 2 Rn. 86; *Fischer*, StGB, § 266 Rn. 176 m.w.N.

937 Beachte für die Frage der Bereicherungsabsicht bei Kompensationsfähigkeit und -bereitschaft im Rahmen von § 263 StGB *Maurach/Schroeder/Maiwald*, Strafrecht BT/I, § 41 Rn. 111.

(bisher) eben nicht erweiterte.[938] Gleiches gilt für eine Bereicherungsabsicht. Das hat auch Konsequenzen für den Deliktstypus: Die Untreue ist und bleibt ein reines Fremdschädigungsdelikt und kein Vermögensverschiebungsdelikt.[939]

4. Verortung als Einverständnis oder als mutmaßliche Einwilligung

Möglicherweise könnte eine Beachtung von Ausgleichsfähigkeit und -bereitschaft des Treupflichtigen dergestalt erfolgen, dass die Grundlage ein tatsächlicher oder gemutmaßter Konsens[940] zwischen Treupflichtigem und Treugeber ist. Dabei ist an ein tatbestandsausschließendes Einverständnis oder an eine rechtfertigende mutmaßliche Einwilligung seitens des Vermögensinhabers[941] zu denken. Zunächst sollen abstrakt deren Voraussetzungen dargestellt werden, sodann wird ihre Anwendbarkeit geprüft und abschließend untersucht, ob es sich um eine taugliche alternative Verortung handelt. Zudem finden der Vollständigkeit halber das nachträgliche Einverständnis und die Verzeihung eine kurze Erwähnung.

a) Tatbestandsausschließendes Einverständnis

aa) Grundlagen

Ein Verstoß gegen die Vermögensbetreuungspflicht stellt nicht in jedem Fall eine Pflichtverletzung im Sinne des § 266 Abs. 1 StGB dar.[942] Es liegt dann keine untreuerelevante Pflichtverletzung vor, wenn der Vermögensbetreuungspflichtige im Einverständnis mit dem Vermögensinhaber handelt. Da § 266 StGB ausschließlich das Vermögen schützt, richten sich die Pflichten des Treupflichtigen nach dem Willen des dispositionsbefugten Vermögensträgers, welcher darüber grundsätzlich frei bestimmen kann. Der Vermögensinhaber kann seine rechtlich geschützten Interessen preisgeben, was eine Ausübung des in Art. 2 Abs. 1 GG verankerten Selbstbestimmungsrechts darstellt.[943] Demnach führt

---

938 Generell kritisch zu diesem Argumentationsschluss, *Simon,* Gesetzesauslegung im Strafrecht, 73 ff., 345 ff.

939 *Saliger,* S/S/W-StGB, § 266 Rn. 1.

940 Diesen weiten Oberbegriff bringt *Schramm,* Untreue und Konsens, 1 ff. auf.

941 Der Einfachheit halber wird bei der Bearbeitung in diesem Kapitel davon ausgegangen, dass der Vermögensinhaber auch dispositionsbefugt ist.

942 Zum Einverständnis statt vieler *Hoyer,* SK-StGB, § 266 Rn. 58 ff. m.w.N.

943 Dazu *Kühl,* Strafrecht AT, § 9 Rn. 20.

das Einverständnis des Vermögensinhabers zu einer Erweiterung der Handlungsbefugnisse seines Treupflichtigen.[944] Mangels Pflichtwidrigkeit entfällt dann bereits die Tatbestandsmäßigkeit der Handlung[945] und eine tatsächlich erteilte Einwilligung kommt nicht erst als Rechtfertigungsgrund auf Ebene der Rechtswidrigkeit in Betracht.[946,947] Bei § 266 Abs. 1 StGB besteht die Besonderheit, dass, abweichend von der sonst herrschenden allgemeinen Unterscheidung zwischen dem tatbestandsausschließenden Einverständnis und der rechtfertigenden Einwilligung,[948] bei der Untreue dem Einverständnis zwar die Funktion des allgemeinen Einverständnisses zukommt, es aber ansonsten die Voraussetzungen der Einwilligung teilt.[949] Dies wird mit dem Umstand begründet, dass

---

944 *Saliger*, S/S/W-StGB, § 266 Rn. 45; *Esser*, AnwK-StGB, § 266 Rn. 112, 151.

945 Heute h.M.: BGHSt, 3, 23, 25 zu § 81 a GmbHG a.F.; BGHSt 34, 379, 384 ff.; BGHSt 49, 147, 157 ff.; BGHSt 50, 331, 342; BGH NJW 2000, 154, 155; BGH NJW 2009, 89, 91 von Einwilligung sprechend; OLG Hamm 1986, 119, 119; *Perron*, S/S-StGB, § 266 Rn. 21, 38; *Saliger/Gaede*, HRRS 2008, 57, 69; *Weber*, FS-Seebode, 437, 440 f.

946 So noch BGHSt 3, 32, 39 f. zu § 81a GmbHG a.F.; BGHSt 9, 203, 216; offen lassend BGHSt 30, 247, 249.

947 Eine umfangreiche verbrechenssystematische Einordnung nehmen *Sternberg-Lieben*, Objektive Schranken, 59 ff. und *Schramm*, Untreue und Konsens, 46 ff. vor; siehe auch die Ausführungen bei *Kühl*, Strafrecht AT, § 9 Rn. 20; *Mitsch*, Strafrecht BT/2 Tb.1, § 8 Rn. 29; zurückzuführen auf den Satz „*volenti non fit iniuria*" nach einer Ausführung von Ulpian (D. Ulpianus, 170–228 n.Chr.) in den Digesten: „*nulla inuria est, quae in volentem fiat*", D. 47.10.1.5., wörtlich: „Dem Wollenden geschieht kein Unrecht"; *Honig*, Die Einwilligung des Verletzen, 1 ff.; darauf verweisen *Schramm*, Untreue und Konsens, 23 in Fußnote 6; *Mitsch*, Baumann/Weber/Mitsch AT, § 17 Rn. 92; *Roxin* AT/I, § 13 Rn. 1.

948 Diese Gegenüberstellung wurde 1953 herausgearbeitet von *Geerds*, Einwilligung und Einverständnis, *passim*; *Geerds*, GA 90 (1954), 262 ff.; ihm folgen grds. Rspr. und Schrifttum, statt vieler BGHSt 17, 359 ff.; *Mitsch*, Baumann/Weber/Mitsch AT, § 17 Rn. 92 ff.; *Lenckner/Sternberg-Lieben*, S/S-StGB, vor §§ 32 ff. Rn. 29 m.w.N.; Überblick bei *Paeffgen*, NK-StGB, Vor §§ 32 ff. Rn. 156; zur neueren Diskussion *Roxin*, Strafrecht AT/I, § 13 Rn. 11, sowie *Schramm*, Untreue und Konsens, 47, j.m.z.N. aus der Lit., die teilweise eine ausschließliche Verortung auf Tatbestandsebene befürworten.

949 So *Saliger*, S/S/W-StGB, § 266 Rn. 46; *Esser*, AnwK-StGB, § 266 Rn. 112, 151; *Fischer*, StGB, § 266 Rn. 90, 92; *Weber*, FS-Seebode, 437, 441; zu den Wirksamkeitsvoraussetzungen des Einverständnisses ausführlich: *Roxin*, Strafrecht AT/I, § 13 Rn. 71 ff.; *Lenckner/Sternberg-Lieben*, S/S-StGB, vor §§ 32 ff. Rn. 32; kritisch *Ebert*, Strafrecht AT, 88; zu den Wirksamkeitsvoraussetzzungen der rechtfertigenden Einwilligung etwa *Kühl*, Strafrecht AT, § 9 Rn. 27 ff. m.z.N.; *Lenckner/Sternberg-Lieben*, S/S-StGB, vor §§ 32 ff. Rn. 33 ff.; *Perron*, S/S-StGB, § 266 Rn. 21, 38; *Mitsch*, Baumann/Weber/Mitsch AT, § 17 Rn. 98 ff.

der Dispositionsbefugte ein Rechtsgut (das Vermögen) preisgibt und daher eine normative Entscheidung notwendig sei.[950] Fraglich ist folglich, welche Anforderungen ein Einverständnis erfüllen muss.[951] Jedenfalls muss der Dispositionsbefugte, das ist regelmäßig der Vermögensinhaber,[952] seine Zustimmung als Einverständnis manifestiert haben.[953] Rechtsprechung und Literatur befürworten beim Einverständnis grundsätzlich, dass eine bloß innere Zustimmung genüge.[954] Im Rahmen von § 266 Abs. 1 StGB hingegen spricht einiges dafür, dass das Einverständnis in Anlehnung an die Einwilligung irgendwie nach außen hervorgetreten sein und damit ausdrücklich oder konkludent[955] kundgetan werden muss.[956] Dieses Erfordernis muss nach herrschender Meinung im Zeitpunkt der Tat vorliegen[957] und hat zur Folge, dass eine nachträgliche Genehmigung nicht zum Tatbestandsausschluss führt.[958]

---

950 So *Esser,* AnwK-StGB, § 266 Rn. 112, 151; vgl. auch *Schramm,* Untreue und Konsens, 178; und *Wessels/Beulke,* Die Straftat, Rn. 365; *Weber,* FS-Seebode, 437, 441; *Burger,* Untreue durch Auslösen von Sanktionen, 109.

951 Dazu BGHSt 34, 379, 384 f.; *Saliger,* S/SW-StGB, § 266 Rn. 45 f.; sehr knapp *Burger,* Untreue durch Auslösen von Sanktionen, 109 f.

952 Dies ergibt sich aus den jeweils einschlägigen zivilrechtlichen und öffentlich-rechtlichen Normen, dazu *Schramm,* Untreue und Konsens, 74 ff.; *Hoyer,* SK-StGB, § 266 Rn. 60.

953 Vgl. *Schramm,* Untreue und Konsens, 175 ff.; zur Willenserklärung siehe etwa *Lenckner/Sternberg-Lieben,* S/S-StGB, vor §§ 32 ff. Rn. 43 m.z.N.

954 *Roxin,* Strafrecht AT/I, § 13 Rn. 5, 76 m.w.N., der allerdings selbst keinen Grund dafür sieht und für eine gleiche Behandlung wie bei der Einwilligung plädiert.

955 Dazu *Roxin,* Strafrecht AT/I, § 13 Rn. 74.

956 So die heute von der h.M. vertretene sog. vermittelnde Theorie, anders die Willensrichtungstheorie, die eine innere Zustimmung genügen lassen möchte und sich der Kritik ausgesetzt findet, dass ein in keiner Form nach außen tretender Gedanke kein Ausdruck des Willens sein kann. Zudem ist die Feststellbarkeit dieses Willens schier unmöglich und daher nicht geeignet, daran Rechtsfolgen zu knüpfen; heute nicht mehr vertreten wird die Willenserklärungstheorie; dazu *Rönnau,* Jura 2002, 665, 666 m.z.N.; vgl. *Lenckner/Sternberg-Lieben,* S/S-StGB, vor §§ 32 ff. Rn. 43; *Saliger/Gaede,* HRRS 2008, 57, 69; ausführlicher *Schramm,* Untreue und Konsens, 175 ff.; a.A. *Hoyer,* SK-StGB, § 266 Rn. 58; *Waßmer,* Risikogeschäft, 43.

957 BGHSt 17, 359, 359 f. (Einwilligung); BGHSt 7, 294, 295 (Genehmigung); vgl. *Hoyer,* SK-StGB, § 266 Rn. 58; *Schünemann,* Leipziger Kommentar-StGB, § 266 Rn. 100, 157; dazu auch *Schramm,* Untreue und Konsens, 187 ff.

958 Statt vieler RG JW 1938, 739; BGHSt 17, 359 (Einwilligung); BGHSt 7, 294, 295 (Genehmigung); BGHSt 50, 331, 343; OLG Hamm NStZ 1986, 119, 119; *Saliger,* S/S/W-StGB, § 266 Rn. 45; aber *Schramm,* Untreue und Konsens, 189 ff.

bb) Berücksichtigung von Ausgleichsfähigkeit und Ausgleichsbereitschaft

Von dem Vorliegen eines tatsächlich wirksam erteilten Einverständnisses des dispositionsbefugten Vermögensinhabers, welches den Treupflichtigen bei Ausgleichsfähigkeit und -bereitschaft zu Handlungen berechtigt, die im Widerspruch zur Vermögensbetreuungspflicht stehen und somit grundsätzlich eine untreuerelevante Pflichtverletzung darstellen, ist in aller Regel nicht auszugehen. Darin liegt ja der entscheidende Punkt: Hätte der Vermögensinhaber seine ausdrückliche oder konkludente Einwilligungserklärung abgegeben, so wäre der Pflichtenkreis seines Treupflichtigen genau dadurch erweitert, die Handlung wäre vom Innenverhältnis gedeckt gewesen und es würde schon an der Pflichtwidrigkeit der Handlung fehlen. Fehlt es aber an einem tatsächlich erteilten Einverständnis, dann ist der Tatbestand des § 266 Abs. 1 StGB, vorbehaltlich der übrigen Voraussetzungen, erfüllt.

cc) Zwischenergebnis

Eine Berücksichtigung von Ausgleichsfähigkeit und -bereitschaft im Rahmen eines tatbestandausschließenden Einverständnisses kommt vorbehaltlich der Überprüfung im Einzelfall nicht in Betracht. Es ist zu ergänzen, dass der Treupflichtige einem vorsatzausschließenden Irrtum unterliegt, wenn er irrig ein Einverständnis des Treugebers annimmt.[959] Hingegen schließt es gerade nicht den Vorsatz aus, wenn der Treupflichtige der Ansicht ist, zwar gegen den Willen des Treugebers, aber letztlich in dessen Interesse zu handeln.[960]

b) Rechtfertigende mutmaßliche Einwilligung

Zu untersuchen ist sodann die mutmaßliche Einwilligung auf Rechtswidrigkeitsebene als eine normative Konstruktion, welche allein dann relevant werden kann, wenn der Tatbestand der Untreue verwirklicht ist.[961] Deren Voraussetzungen sollen einzeln und voneinander losgelöst untersucht werden.

---

959 BGHSt 3, 25; *Fischer*, StGB, § 266 Rn. 90, 171.

960 BGH NStZ 1986, 455, 456; *Fischer*, StGB, § 266 Rn. 171; zur insoweit bedeutungslosen guten Gesinnung im Fall Siemens BGHSt 52, 323, Rn. 48.

961 Befürworter dieser Lösung müssen also u.a. mangels kompensatorischer Wirkung der Ersatzansprüche einen Vermögensnachteil und die objektive Zurechnung (sofern sie diese prüfen) bejahen.

aa) Grundlagen

Liegt kein Einverständnis vor, so könnte eine mutmaßliche Einwilligung als Rechtfertigungsgrund in Betracht kommen.[962] Eine solche ist, nicht allgemein, aber von der Rechtsprechung und herrschenden Lehre in den Fällen anerkannt,[963] in denen eine Zustimmung des Dispositionsbefugten zwar rechtlich zulässig wäre, aber aus tatsächlichen Gründen nicht vorhanden ist.[964] Daraus folgt das Prinzip der strengen Subsidiarität[965] gegenüber der Einwilligung, welches besagt, dass eine mutmaßliche Einwilligung nur dann relevant werden kann, wenn die Zustimmung uneinholbar beziehungsweise nicht rechtzeitig einholbar ist.[966] Auf den ersten Blick liegt insofern ein Widerspruch zu einer der Tatbestandsvoraussetzungen des § 266 Abs. 1 StGB vor, nämlich der Vermögensbetreuungspflicht.[967]

---

962 Beachte im Zusammenhang mit der Ersatzbereitschaft *Tiedemann,* JuS 1970, 108, 110; allgemein *Hoyer,* SK-StGB § 266 Rn. 121; *Esser,* AnwK-StGB, § 266 Rn. 116 spricht von einem mutmaßlichen Einverständnis nach den Regeln der rechtfertigenden Einwilligung; ebenfalls für eine Verortung im Tatbestand plädierend *Ludwig/Lange,* JuS 2000, 446, 446 ff. (für willensbezogene Delikte); für § 266 StGB *Schünemann,* Leipziger Kommentar-StGB, § 266 Rn. 100, 157 und *Mitsch,* Strafrecht BT/2 Tb.1, § 8 Rn. 31, 47; *Fischer,* StGB, § 266 Rn. 29, 90; beide Formen anerkennend *Schlehofer,* MüKo-StGB, Vor §§ 32 ff. Rn. 124 ff.; ebenso *Schramm,* Untreue und Konsens, 226 ff., 234, wobei das mutmaßliche Einverständnis in der Prüfung des Missbrauchs/Treubruchs enthalten sei; das mutmaßliche Einverständnis ablehnend etwa *Sternberg-Lieben,* Objektive Schranken, 206; siehe auch *Rönnau,* Leipziger Kommentar-StGB, Vor § 32 Rn. 216.

963 RGSt 61, 242, 256; BGHSt 16, 309, 312; BGHSt 40, 257, 263; BGH NJW 2000, 885, 886; OLG Köln, NJW 1968, 2348, 2348 f.; *Ebert,* Strafrecht AT, 86; *Paeffgen,* NK-StGB, Vor §§ 32 ff. Rn. 157; *Tiedemann,* JuS 1970, 108, 109; *Sternberg-Lieben,* Objektive Schranken, 206; *Roxin,* Strafrecht AT/I, § 18 Rn. 3 ff. nimmt eine Zuordnung zur Gruppe der Rechtfertigungsgründe aus erlaubtem Risiko vor; wie bei der Einwilligung handelt es sich um einen eigenständigen, ungeschriebenen aber gewohnheitsrechtlich anerkannten Rechtfertigungsgrund, BVerfG NJW 2002, 2164, 2165; BGHSt 35, 246, 249; BGHSt 45, 219, 221; *Kühl,* Strafrecht AT, § 9 Rn. 46; *Roxin,* Strafrecht AT/I, § 18 Rn. 8 m.w.N.; *ders.,* FS-Welzel, 447, 447 ff.; zum aufgehobenen § 81a GmbHG BGH 2 StR 485/63 vom 29.1.1964.

964 *Rönnau,* Leipziger Kommentar-StGB, vor § 32 Rn. 214; *Esser,* AnwK-StGB, § 266 Rn. 117; *Wessels/Beulke,* Die Straftat, Rn. 380.

965 Dazu *Rönnau,* Leipziger Kommentar-StGB, vor § 32 Rn. 222 m.w.N.

966 *Kühl,* Strafrecht AT, § 9 Rn. 46; ausführlich *Roxin,* Strafrecht AT/I, § 18 Rn. 10 ff.; ob auch die Fallgruppe erfasst wird, in der der Betroffene auf seine Befragung mit Sicherheit verzichtet hätte, ist umstritten, bejahend *Lenckner/Sternberg-Lieben,* S/S-StGB, Vor §§ 32 ff. Rn. 54 ff. mit Nachweisen der Gegenmeinung.

967 Dazu und im Folgenden die Argumentation bei *Esser,* AnwK-StGB, § 266 Rn. 117.

Deren elementarer und konstitutioneller Bestandteil ist gerade das selbstständige und eigenverantwortliche Handeln des Treupflichtigen, eben ohne Rücksprache mit dem Treugeber. Dieser Widerspruch lässt sich jedoch lösen, da die Zustimmung nicht generell, sondern ausnahmsweise erforderlich sein muss. Da die mutmaßliche Einwilligung als ein Einwilligungssurrogat[968] angesehen wird, sind die Merkmale mit Ausnahme der fehlenden tatbefürwortenden Stellungnahme des Dispositionsgefugten (der Einwilligungserklärung) identisch.[969] Die weiteren Voraussetzungen sind folglich, dass es sich um ein einwilligungsfähiges Individualrechtsgut handelt[970] und der Dispositionsbefugte einsichts- und steuerungsfähig ist. Zu berücksichtigen ist der Wille, der ohne Irrtum oder Zwang mutmaßlich gebildet worden wäre.[971] Teilweise wird noch ein subjektives Rechtfertigungselement verlangt.[972]

bb) Berücksichtigung von Ausgleichsfähigkeit und Ausgleichsbereitschaft

Zunächst sei festgestellt, dass in keinem der eingangs wiedergegebenen Fälle zur Ausgleichsfähigkeit und Ausgleichsbereitschaft der Treupflichtige den Treugeber um Zustimmung bat, wobei er dies tatsächlich doch hätte tun können. Daher wird regelmäßig davon auszugehen sein, dass mangels Befragung des Treugebers über dessen Willen, obgleich die Möglichkeit dazu bestand, das Verhalten nicht über das Konstrukt der mutmaßlichen Einwilligung gerechtfertigt werden kann.[973] Ein anderes Ergebnis ließe sich nur dann erzielen, wenn in solch einem Fall die Notwendigkeit der Nichteinholbarkeit der tatsächlichen Einwilligung entfiele, mit anderen Worten, auf eine Befragung verzichtet werden könnte. Das

---

968 Diese geläufige Formulierung findet sich u.a. bei *Mitsch*, Baumann/Weber/Mitsch AT, § 17 Rn. 92; *Lenckner/Sternberg-Lieben*, S/S-StGB, Vor §§ 32 ff. Rn. 54; *Paeffgen*, NK-StGB, Vor §§ 32 ff. Rn. 160; *Sternberg-Lieben*, Objektive Schranken, 212; dem Begriff kritisch gegenüberstehend *Tiedemann*, JuS 1970, 108, 109 (zu „pauschal").

969 Siehe nur *Mitsch*, Baumann/Weber/Mitsch AT, § 17 Rn. 115, 92; *Rönnau*, Leipziger Kommentar-StGB, Vor § 32 Rn. 220; *Paeffgen*, NK-StGB, Vor §§ 32 ff. Rn. 160; zu den Voraussetzungen der Einwilligung ausführlich *Rönnau*, Leipziger Kommentar-StGB, Vor § 32 Rn. 157 ff. m.w.N.

970 *Rönnau*, Leipziger Kommentar-StGB, Vor § 32 Rn. 220.

971 Ausführlich *Mitsch*, Baumann/Weber/Mitsch AT, § 17 Rn. 123 m.w.N.

972 Dazu *Kühl*, Strafrecht AT, § 9 Rn. 47 m.w.N.

973 Als schlichte Folge der Anwendung des Subsidiaritätsprinzips; so die wohl h.M., dazu: *Rönnau*, Leipziger Kommentar-StGB, Vor § 32 Rn. 222; zustimmend *Schmitz*, Unrecht und Zeit, 183; siehe aber *Tiedemann*, JuS 1970, 108, 110.

wird vereinzelt vertreten.[974] Hier wird deutlich, dass die mutmaßliche Einwilligung zwar grundsätzlich anerkannt, in den Einzelheiten aber stark umstritten ist.[975] Zwei Ausprägungsformen werden ihr zugeschrieben, das *Handeln im Interesse des Betroffenen* und das *mangelnde Interesse.*[976] Die erste, altruistisch geprägte Form ist im Fall des Treupflichtigen, der zweckwidrig fremdes Geld verbraucht, offensichtlich nicht einschlägig und daher vorliegend bedeutungslos.[977] Relevant könnte jedoch letztere Form, das mangelnde Interesse, sein. Grundlage dessen ist die Annahme, dass der nicht kontaktierte Rechtsgutsträger auf die vorherige Einholung seiner Zustimmung im konkreten Fall keinen Wert gelegt hätte.[978] Dies sei zu bejahen, wenn die vom Täter herbeigeführte Beeinträchtigung für das Opfer lediglich geringfügig oder nur von kurzer Dauer (sog. vorübergehenden Beeinträchtigung) ist.[979] Es geht in dieser Ausprägungsform gar nicht um das Interesse des Opfers, sondern vielmehr darum, dass dessen Interessen der Handlung des Täters schlichtweg nicht entgegenstehen.[980] Unter

974 Etwa *Tiedemann,* JuS 1970, 108, 109; *Lenckner/Sternberg-Lieben,* S/S-StGB, vor § 32 Rn. 54; *Kühl,* Strafrecht AT, § 9 Rn. 47; starke Kritik an *Tiedemann* übt *Roxin,* Strafrecht AT/I, § 18 Rn. 11; *ders.,* FS-Mayer, 467, 470; wie dort *Hirsch,* Leipziger Kommentar-StGB, 11. Auflg., Vor § 32 Rn. 136; *Rönnau,* Leipziger Kommentar-StGB, Vor § 32 Rn. 222.

975 Dazu *Kühl,* Strafrecht AT, § 9 Rn. 46 ff.

976 Eingehend *Kühl,* Strafrecht AT, § 9 Rn. 46; *Rönnau,* Leipziger Kommentar-StGB, Vor § 32 Rn. 218; knapper bei *Wessels/Beulke,* Die Straftat, Rn. 380 ff.; *Krey/Esser,* Deutsches Strafrecht, § 18 Rn. 679; Überblick über die verschiedenen Meinungen *Schlehofer,* MüKo-StGB, Vor §§ 32 ff. Rn. 162 ff., der dafür plädiert, dass Grundlage nicht das Prinzip des mangelnden Interesses, sondern das Prinzip des überwiegenden Interesses sei, Rn. 163.

977 Ein Beispiel für einen Fall des Handelns im Interesse des Betroffenen findet sich bei *Hoyer,* SK-StGB, § 266 Rn. 121: der Vermögensinhaber untersagte dem Treupflichtigen intern jedes auch nur entfernt riskante Verhalten. Der Vermögensinhaber wird entführt und der Treupflichtige tätigt eine Lösegeldzahlung an dessen Entführer. Es ist anzumerken, dass dieser Fall arg konstruiert erscheint, dennoch macht er deutlich, dass eine solche Handlung sich nunmehr unvermutet als notwendig erweist.

978 Vgl. *Schramm,* Untreue und Konsens, 235 f., der in diesem Rahmen von hypothetische Einwilligung spricht und u.a. auf *Tiedemann,* JuS 1970, 108, 108 f. verweist; auch *Rönnau,* Leipziger Kommentar-StGB, Vor § 32 Rn. 222, der OLG Koblenz, VRS 57 (1979), 13; OLG Hamburg NJW 1960, 1482; *Kühl,* Strafrecht AT, § 9 Rn. 46 zitiert.

979 *Tiedemann,* JuS 1970, 108, 109; *Krey/Esser,* Deutsches Strafrecht, § 18 Rn. 679, der auch die persönliche Verbundenheit mit dem Täter erwähnt.

980 So *Tiedemann,* JuS 1970, 108, 109.

Berücksichtigung der persönlichen Einstellung des Betroffenen fehle es an einem schutzwürdigen Erhaltungsinteresse.[981] Liegt ein Fall des mangelnden Interesses vor, so setzt die mutmaßliche Einwilligung die Nichteinholbarkeit der Einwilligungserklärung nicht voraus, um rechtfertigende Wirkung zu erzielen.[982] Dies ist jedoch umstritten und wird von der wohl herrschenden Meinung abgelehnt, die eine mutmaßliche Einwilligung stets verneint, wenn die tatsächliche Möglichkeit bestand, die Einwilligung vorher einzuholen.[983]

Davon abgesehen, hängt die rechtfertigende Wirkung der mutmaßlichen Einwilligung weiterhin von der Beantwortung der Frage ab, ob der Treupflichtige davon ausgehen konnte, dass sein Treugeber mit der jeweiligen Handlung einverstanden gewesen wäre, für den Fall vorhandener Ausgleichsfähigkeit und -bereitschaft seitens des Treupflichtigen.[984] Dies und damit eine Anwendung der mutmaßlichen Einwilligung in den Fällen von Ausgleichsbereitschaft und -fähigkeit bejahen *Schramm,*[985] *Jäger,*[986] *Maurach/Schroeder/Maiwald,*[987] *Schröder,*[988] *Perron*[989] und *Tiedemann.*[990]

---

981 Vgl. *Wessels/Beulke,* Die Straftat, Rn. 384.

982 Vgl. *Schramm,* Untreue und Konsens, 235.

983 BGHSt 16, 309, 312; LSG Celle, NJW 1980, 1352 zu § 203 StGB; *Roxin,* Strafrecht AT/I, § 18 Rn. 10 ff.; *ders.,* FS-Welzel, 447, 461; Überblick über die Diskussion verschafft *Rönnau,* Leipziger Kommentar-StGB, Vor § 32 Rn. 222; das OLG Köln NJW 1968, 2348 f. führt in einem *obiter dictum,* dass für § 246 StGB als Eigentumsdelikt, eine „vermutete" Einwilligung rechtfertigende Kraft entfalten könne, wenn eine vertretbare Sache von einem willigen und bereiten Täter ersetzt werden könne. Dies wird mit dem mangelnden Schutzbedürfnis begründet und führt zu der Überlegung, dass, wenn vertretbare Sachen ersetzt werden können, der Wert des Vermögens an sich doch erst recht ersetzt werden können muss; dazu die kritischen Ausführungen bei *Tiedemann,* JuS 1970, 108 ff.

984 Erforderlich ist die Ermittlung des hypothetischen Willens des Betroffenen, wobei individuelle Interessen, Wünsche, Bedürfnisse und Wertvorstellungen zu berücksichtigen sind, BGHSt, 35, 246, 249; im Anschluss daran BGHSt 45, 219, 221; *Lenckner/Sternberg-Lieben,* S/S-StGB, vor § 32 Rn. 54; *Paeffgen,* NK-StGB, Vor §§ 32 ff. Rn. 161.

985 *Schramm,* Untreue und Konsens, 236.

986 *Jäger,* Strafrecht BT, Rn. 391 Fn 14.

987 *Maurach/Schroeder/Maiwald,* Strafrecht BT/I, § 45 Rn. 45.

988 *Schröder,* JR1961, 267, 269 für den Fall, dass konsequent am Dogma der Nichtberücksichtigung von Schadensersatzansprüchen festgehalten wird.

989 *Perron,* S/S-StGB § 266 Rn. 42, 48.

990 *Tiedemann,* JuS 1970, 108, 110, sieht einen Zusammenhang zwischen der Reichsgerichtlichen Rspr. zur Ersatzbereitschaft des Treupflichtigen und der mutmaßlichen

cc) Kritik

Zur weiteren Untersuchung ergeben sich daher vor allem zwei Fragenkomplexe. Erstens, kann auf die vorherige Befragung des Treugebers verzichtet werden? Und zweitens, ist der mutmaßliche Wille zu bejahen?

(1) Vorheringe Befragung

Zunächst ist zu überlegen, zu welchem Ergebnis die Meinung, die auf die Befragung in Ausnahmefällen verzichtet, bei vorhandener Ausgleichsbereitschaft und -fähigkeit des Treupflichtigen kommt. Voraussetzung ist, dass der Treugeber auf eine solche vorherige Befragung keinen Wert gelegt hätte. Denn davon müssen die Befürworter einer Lösung über das Konstrukt der mutmaßlichen Einwilligung ausgehen.[991] Ein oft zitierter Beispielsfall des mangelnden Interesses ist das kurzfristige eigenmächtige Benutzen des Fahrrads eines Freundes, um noch rechtzeitig zum Bahnhof zu gelangen.[992] Die Vergleichbarkeit dieses Falles mit einem ausgleichsbereiten und -fähigen Treupflichtigen, der treuwidrig Gelder verwendet, lässt mit Blick auf die Interessenlage zu wünschen übrig. Ob der Treugeber auf die vorherige Befragung keinen Wert gelegt haben würde, ist eine zu prüfende Vorstufe.[993]

Dafür könnte sprechen, dass der Treugeber sich seiner Vermögenssorge entledigen wollte, deshalb den Treupflichtigen einsetzte und ihm diese Aufgabe übertrug. Das Treuverhältnis sei insofern von einer solch starken persönlichen Bindung geprägt, dass dem Treugeber eine Rücksprache gleichgültig sei. Es kann jedoch nicht regelmäßig von der bestehenden Vermögensbetreuungspflicht auf einen Verzicht der Befragung hinsichtlich des konkreten Umgangs mit dem anvertrauten Vermögen geschlossen werden. Denn dann käme die herrschende Meinung niemals zu einer Anwendung der mutmaßlichen Einwilligung im

---

Einwilligung und verweist auf RGSt 73, 283, 285 sowie auf *Schröder*, JR 1961, 267, 269. Jedoch reißt diese Entscheidung allein in einer Betrachtung zur inneren Tatseite an, dass der Täter das Einverständnis des Berechtigten vorausgesetzt hätte. *Tiedemann* selbst verneint schon die Vermögensgefährdung und befürwortet daher eine Berücksichtigung auf Tatbestandsebene im Vermögensnachteil.

991 Auch wenn dazu keine vertieften Auseinandersetzungen ersichtlich sind; allenfalls *Schramm*, Untreue und Konsens, 236.

992 Natürlich nicht im Rahmen von § 266 StGB; vgl. OLG Düsseldorf, NZV 1991, 77, etwa bei *Rönnau*, Leipziger Kommentar-StGB, Vor § 32 Rn. 218; *Kühl*, Strafrecht AT, § 9 Rn. 46 m.w.N.; beachte auch die Erwägungen bei *Roxin*, FS-Welzel, 447, 474.

993 *Geppert*, JZ 1988, 1024, 1027 spricht davon, dass die Uneinholbarkeit denklogisch vor der Frage zu prüfen ist, ob das Handeln dem mutmaßlichen Willen entspricht. Tritt an erstgenannte Stelle die Verzichtbarkeit, so soll dies zuerst untersucht werden.

Rahmen von § 266 Abs. 1 StGB, da sie die Nichteinholbarkeit einer vorherigen Zustimmung für unabdingbar hält. Die Anwendbarkeit der mutmaßlichen Einwilligung im Rahmen der Untreue ist jedoch unbestritten.[994] Der Verzicht auf die Voraussetzung der Nichteinholbarkeit der vorherigen Zustimmung würde einer unvertretbaren Bevormundung des Vermögensinhabers gleichkommen. Es kann nicht angenommen werden, dass er sein aus Art. 2 Abs. 1 GG fließendes Selbstbestimmungsrecht mit der Treuabrede aufgibt.[995] Dagegen spricht auch, dass nicht lediglich von einer Bagatelleeinbuße die Rede sein kann. Mit Blick auf den Einwilligungssachverhalt ist festzustellen, dass an die Stelle des konkreten Vermögenswertes ein Anspruch tritt. Wie bereits festgestellt, ist das Haben von Geld wertvoller als der bloße Anspruch darauf. Die Beeinträchtigung ist möglicherweise nur vorübergehender Natur, weil der Treupflichtige Ersatz leisten will und kann. Über die Geringfügigkeit ließe sich aber durchaus streiten. Fraglich ist schon der Anknüpfungspunkt der Bemessung. Um Zahlen zu nennen, sei an dieser Stelle allein erwähnt, dass nur im vielzitierten ersten Urteil des Bundesgerichtshofs[996] im Anschluss an die Reichsgerichtsrechtsprechung die Höhe der konkursfremden Verfügungen 10.000 DM[997] betrug. Das war wohlgemerkt im Jahr 1956.[998]

Daher ist davon auszugehen, dass schon die Voraussetzungen für einen Verzicht der vorherigen Befragung aus mangelndem Interesse nicht erfüllt sind. Abgesehen davon ist kein hinreichender Grund ersichtlich, den Rechtsgutsträger zu übergehen.[999] Allgemein ist kein Interesse vorhanden, die Tat auf das Risiko hin zu erlauben, dass der Dispositionsbefugte doch nicht zustimmen würde.[1000] Ein solches Risiko kann nie ausgeschlossen werden. Andernfalls würde das unserer Rechtsordnung zugrunde liegende Selbstbestimmungsrecht ausgehebelt.[1001] Generell sollte das auch in den Fällen der nur geringfügigen und vorübergehenden Beeinträchtigung gelten. Immerhin wird ein Eingriff in die Rechtssphäre des Betroffenen vorgenommen und die Rechte anderer sind

994 Statt vieler BGH NStZ 2009, 95, 98; OLG Thüringen, wistra 2011, 315, 320.

995 Dazu *Geppert*, JZ 1988, 1024, 1027.

996 BGHSt 15, 342, 342 ff.

997 Es lagen zwei Verfügungen vor, eine über 5.200 und eine über 4.800 DM; demgegenüber verfügte der Angeklagte über 30.000 DM, BGHSt 15, 342, 343.

998 Der BGH hatte über den Fall im Jahr 1960 zu entscheiden.

999 So *Schlehofer*, MüKo-StGB, Vor §§ 32 ff. Rn. 163.

1000 *Schlehofer*, MüKo-StGB, Vor §§ 32 ff. Rn. 163 m.w.N.; *Roxin*, FS-Welzel, 447, 461.

1001 *Roxin*, Welzel-FS, 447, 451 gebraucht diese Formulierung im Zusammenhang mit Überlegungen zur Rechtsnatur.

generell eine Tabuzone.[1002] Beansprucht das Subsidiaritätsprinzip volle Geltung, dann kommt schon aus Rechtsgründen eine mutmaßliche Einwilligung nicht in Betracht.[1003] Ist der Untreuetatbestand erfüllt, so „ist nicht einzusehen, warum man heimlich und ohne Befragen sollte tun dürfen, was gegen den erklärten Willen des Berechtigten unzulässig und strafbar gewesen wäre."[1004]

Eine zusätzliche Erwägung bringt *Roxin* ins Spiel, der der von wenigen Autoren vertretenen Auffassung zugestehen möchte, dass auf die Notwendigkeit der Nichteinholbarkeit allenfalls dann verzichtet werden kann, wenn und soweit es auf den Willen des Betroffenen gar nicht ankomme.[1005] Das sei nicht bei mangelndem Interesse, sondern bei absoluter Geringfügigkeit der Fall. Die Irrelevanz des Willens des Betroffenen ergäbe sich dann etwa aus der Sozialadäquanz. Dogmatische Konsequenz dieses Ansatzes ist jedoch, dass es sich dann aber nicht mehr um einen Fall der mutmaßlichen Einwilligung handeln würde.[1006] Erst recht kann von einer absoluten Geringfügigkeit nicht ausgegangen werden. Bleibt der Wille des Betroffenen maßgeblich, wie es nicht nur bei der Einwilligung, sondern auch bei der mutmaßlichen Einwilligung der Fall ist (darin sind sich alle Ansichten einig), dann ist es nicht einzusehen, warum dieser Wille übergangen werden darf, und dann kann auf die Notwendigkeit der Nichteinholbarkeit einer vorherigen Zustimmung nicht verzichtet werden.

Zudem handelt der Täter nicht um des Treugebers willen, sondern in eigenem beziehungsweise Drittinteresse. Daher würde, wie zum Teil vertreten, die mutmaßliche Einwilligung mangels Interesse hier zu dem Ergebnis kommen, dass dem Treugeber eine Interessenspreisgabe ohne eigenen Vorteil zugemutet würde. Dies ist gerade im Rahmen der Untreue problematisch, wo doch die Vermögensbetreuungspflicht den erlaubten Rahmen definiert und andernfalls konterkariert werden würde. Der Treupflichtige handelte eindeutig pflichtwidrig.[1007] Generell sollte daher auf die vorherige Befragung, gerade wenn die tatsächliche Möglichkeit dazu bestand, nicht verzichtet werden. Der herrschenden Meinung,

---

1002 *Roxin*, Strafrecht AT/I, § 18 Rn. 17, 27, darauf verweisend *Rönnau*, Leipziger Kommentar-StGB, Vor § 32 Rn. 223.

1003 Vgl. in diesem Rahmen die Argumentation von *Geppert*, JZ 1988, 1024, 1027; *Wittig*, FS-Imme Roxin, 375, 384.

1004 *Roxin*, Strafrecht AT/I, § 18 Rn. 11; *ders.*, FS-Welzel, 447, 461.

1005 *Roxin*, Welzel-FS, 447, 461.

1006 Insoweit stimmen dann *Tiedemann*, JuS 1970, 109 und *Roxin*, FS-Welzel, 447, 461 überein.

1007 So *Schramm*, Untreue und Konsens, 236.

die unter allen Umständen die Nichteinholbarkeit der Erklärung des Dispositionsbefugten verlangt, ist damit zu folgen.[1008]

Rönnau erkennt allerdings in diesem Zusammenhang ein Scheinproblem,[1009] was dazu führt, dass die aufgerissene Kluft zwischen herrschender Meinung (keine Rechtfertigung bei vorheriger Möglichkeit der Befragung) und Gegenmeinung (keine Notwendigkeit der Befragung in Fällen mangelnden Interesses) wieder näher aneinander gebracht werden. Denn letztere verlangt für die Anwendbarkeit, dass der Betroffene keinerlei Wert auf eine vorherige Befragung legt. Dies kann auch als Desinteresse des Tatopfers beschrieben werden. Wenn sich dieses Desinteresse, etwa durch ein entsprechendes Vorverhalten, nach außen offenbart hat, liegt schon eine konkludente Einwilligung vor. Dann ist, vorbehaltlich der weiteren Voraussetzungen, bei der Untreue schon ein den Tatbestand ausschließendes Einverständnis gegeben.[1010] Von einer manifestierten konkludenten Erklärung, sich bei Ausgleichsfähigkeit und Ausgleichbereitschaft treuredewidrig verhalten zu dürfen, kann aber nicht in jedem Fall ausgegangen werden. Hierfür bedarf es vielmehr einer tatsächlichen Feststellung im konkreten Einzelfall. Es sei die Prognose gewagt, dass es daran aber in den allermeisten Fällen fehlen dürfte. Daher scheitert eine mutmaßliche Einwilligung grundsätzlich schon an der Einholbarkeit einer vorherigen Zustimmung.

(2) Entgegenstehender Wille

Neben dem Fehlen der vorherigen Befragung, ist eine weitere Voraussetzung das Handeln im Sinne des Einwilligungsberechtigten.[1011] Im Rahmen der mutmaßlichen Einwilligung hat die Erforschung des wirklichen Willens des Rechtsgutsinhabers unbedingten Vorrang vor der Befolgung eines nur mutmaßlichen Willens.[1012]

1008 BVerfG NJW 2002, 2164, 2165; BGHSt 16, 309, 312 erfasst sind „nur notstandsähnliche Fälle, in denen die Einwilligung entweder unmöglich oder zwecklos ist.“; OLG Frankfurt a.M., MDR 1970, 694, 695; *Schlehofer,* MüKo-StGB, Vor §§ 32 ff. Rn. 163; *Geppert,* JZ 1988, 1024, 1025 f. (der in seinem Beitrag allerdings nur fremdnütziges Verhalten untersucht); *Kühl,* Strafrecht AT, § 9 Rn. 46; siehe auch *Rönnau,* Leipziger Kommentar-StGB, Vor § 32 Rn. 222; *Wittig,* FS-Imme Roxin, 375, 384.

1009 *Rönnau,* Leipziger Kommentar-StGB, Vor § 32 Rn. 222 (219) mit Verweis auch auf *Hirsch,* Leipziger Kommentar-StGB, 11. Auflg., Vor § 32 Rn. 136, und *Roxin,* Strafrecht AT/I, § 18 Rn. 13.

1010 Auch *Schramm,* Untreue und Konsens, 232, der von einem Bewegen innerhalb vorgegebenen Risikogrenzen spricht.

1011 So *Rönnau,* Leipziger Kommentar-StGB, Vor § 32 Rn. 223.

1012 Dazu *Mitsch,* Baumann/Weber/Mitsch AT, § 17 Rn. 118, 121.

Ein geäußerter Wille[1013] ist allein maßgebend für Gebot, aber auch für Verbot einer Handlung.[1014] Daraus folgt, dass die mutmaßliche Einwilligung nicht nur subsidiär gegenüber der Einwilligung ist, sondern weitergehend, dass ein tatsächlich erklärter Wille keinen Platz mehr für eine mutmaßliche Einwilligung lässt.[1015] Zu prüfen ist daher, ob ein tatsächlich erklärter Wille vorliegt, der auf das Verbot, über die Gelder auch bei Ausgleichsfähigkeit und -bereitschaft zu verfügen, gerichtet ist. Ist das der Fall, dann kann die treuwidrige Handlung, die der ausgleichsfähige und ausgleichsbereite Treupflichtige tätigt, unter keinen Umständen über das Konstrukt der mutmaßlichen Einwilligung gerechtfertigt sein. Simpler Grund ist das Entgegenstehen des vorher erklärten maßgeblichen Willens des Treugebers.

Es ist also zu erwägen, ob die (rechtsgeschäftliche) Treuabrede im Innenverhältnis, welche das *rechtliche Dürfen* absteckt, als eine abschließende Erklärung zu betrachten ist, mit der Aussage, dass alles nicht Aufgenommene untersagt sei und dem erklärten Willen des Treugebers widerspräche. Dem steht eine nachträgliche Erweiterung der Befugnisse durch ein Einverständnis, nur bezogen auf wiederum zukünftige Handlungen, natürlich nicht entgegen. Die Abrede ist schließlich nicht unendlich durch eine einmalige Erklärung determiniert. Das würde bedeuten, dass alles, was nicht in der Treuabrede als erlaubt (rechtliches Dürfen im Innenverhältnis) erfasst ist, *per se* durch eben diese Nichtaufnahme verboten sei. Folge könnte sein, dass jede nicht von der Treuabrede explizit umfasste Handlung stets einen Verstoß gegen die Treuabrede darstellen würde. Das würde jedoch bedeuten, dass es in diesen Fällen niemals Raum für eine mutmaßliche Einwilligung gäbe. Daher ist nicht davon auszugehen, dass ein entgegenstehender erklärter Wille gegeben ist.

(3) Mutmaßlicher Wille

Der entscheidende Punkt ist materieller Art und bei dem mutmaßlichen Willen verortet. Kann also eine mutmaßliche Einwilligung für den Fall angenommen werden, in dem der Täter ausgleichsfähig und -bereit ist?

1013 Es ist bis heute umstritten, welcher tatsächliche Vorgang als Einwilligung rechtliche Bedeutung erlangt. Überwiegend wird mittlerweile die eingeschränkte Willenstheorie vertreten, wonach der Wille irgendwie nach außen kundgetan worden sein muss, ohne dass es sich aber um eine rechtsgeschäftliche Erklärung im Sinne des BGB handeln muss. Statt vieler *Rönnau,* Leipziger Kommentar-StGB, Vor § 32 Rn. 161, Fn. 633 m.u.N. a.Rspr. u. Lit.

1014 *Mitsch,* Baumann/Weber/Mitsch AT, § 17 Rn. 121.

1015 Vgl. BGHSt 45, 219, 224 f.; Fall Siemens BGH NStZ 2009, 95, 98 für § 266 StGB; *Matzky,* NStZ 2002, 458, 462 im Rahmen von § 214a BGB.

Das scheint auf den ersten Blick nicht recht zu passen. Der Normalfall der mutmaßlichen Einwilligung ist das fremdnützige Handeln, bei dem jemand zugunsten eines anderen in dessen Rechtssphäre eingreift und dabei auf dessen Zustimmung vertraut.[1016] Verbraucht der Treupflichtige fremde Gelder für sich oder einen Dritten, liegt aber gerade kein fremdnütziges Handeln (zugunsten des Treugebers, sondern allenfalls Fremdnützigkeit zugunsten des Dritten, was insoweit irrelevant ist) vor. Gegeben ist in den meisten Fällen vielmehr das Gegenteil, nämlich *eigennütziges Handeln* des Treupflichtigen,[1017] wobei sich der Handelnde auch in diesem Fall darauf verlässt, dass der Treugeber schon einverstanden sei. Ob dieses eigennützige Handeln überhaupt durch eine mutmaßliche Einwilligung gerechtfertigt werden kann, ist umstritten.[1018] Es hängt maßgeblich von der, ebenso umstrittenen, strukturellen Einordnung dieses Rechtfertigungsgrundes ab.[1019] Folgt man der Meinung, die die mutmaßliche Einwilligung als einen Unterfall des rechtfertigenden Notstandes im Sinne des § 34 StGB sieht,[1020] oder jedenfalls einer Abwägung der Interessen des betroffenen Rechtsgutsinhabers, so kommt man zu dem Ergebnis, dass eigennütziges Handeln niemals über die mutmaßliche Einwilligung gerechtfertigt werden kann.[1021] Demgegenüber hält eine andere Ansicht auch bei eigennützigem Handeln eine Rechtfertigung durch mutmaßliche Einwilligung grundsätzlich für möglich.[1022] Dafür sprechen insbesondere kriminalpolitische Erwägungen.[1023] Die strukturelle Verortung ist vor allem dadurch geprägt, einen Unterschied zum rechtfertigenden Notstand aufzuzeigen: Es kommt bei der mutmaßlichen Einwilligung schließlich nicht auf eine objektive Interessenabwägung an, sondern auf den mutmaßlichen Willen des Rechtsgutsträgers (und sei dieser auch noch so unvernünftig).[1024] Eine Rechtfertigung bei eigennützigem Verhalten ist

---

1016 Vgl. *Roxin*, Strafrecht AT/I, § 18 Rn. 15.

1017 *Schlehofer*, MüKo-StGB, Vor §§ 32 ff. Rn. 162 bezeichnet diese Fallgruppe aus der gegenteiligen Opferperspektive als mutmaßliche fremdnützige Zustimmung.

1018 Dazu *Roxin*, Strafrecht AT/I, § 18 Rn. 15 ff.

1019 Dazu *Roxin*, Strafrecht AT/I, § 18 Rn. 3 ff., 15 ff.; *Rönnau*, Leipziger Kommentar-StGB, Vor § 32 Rn. 214 f.

1020 Vgl. BGHSt 16, 309, 312: „notstandsähnliche Fälle"; davon hat sich der BGH gelöst, deutlich und statt vieler BGHSt 35, 246, 249; einen Überblick zum rechtfertigenden Notstand gibt etwa *Günther*, SK-StGB, § 34 Rn. 1 ff. m.w.N.

1021 Vgl. *Schmidhäuser*, Studienbuch, 6 / 92; folgend *Yoshida*, FS-Roxin, 401, 403 ff. 419.

1022 Das ist wohl die h.M., *Roxin*, Strafrecht AT/I, § 18 Rn. 17 m.z.N.

1023 *Roxin*, Strafrecht AT/I, § 18 Rn. 17.

1024 Nach *Roxin*, Strafrecht AT/I, § 18 Rn. 5, sieht das wohl auch die h.M. mittlerweile so, m.z.N.; *Schramm*, Untreue und Konsens, 239; die meisten Berührungspunkte

damit zwar nicht gänzlich ausgeschlossen, aber es gebietet sich besondere Vorsicht. Der Eingreifende, hier der Treupflichtige, muss primär den individuellen Willen in Bezug auf seine konkrete Handlung erforschen.[1025] Das ist Ausfluss des Selbstbestimmungsrechts des Rechtsgutsträgers.[1026] Hilfe geben dabei folgende Indizien: Frühere Erklärungen, Äußerungen, Stellungnahmen, Wertvorstellungen, sonstige Verhaltensweisen, die zur Tat in einem sachlichen Zusammenhang stehen etc.[1027] Zu fragen ist sodann, ob aus objektiver Sicht *ex-ante* das Verhalten im Interesse des Betroffenen und daher dessen Einwilligung zu erwarten gewesen wäre.[1028] Im Rahmen von § 266 Abs. 1 StGB ist damit der individuelle Umgang des Dispositionsbefugten mit seinem Vermögen der Maßstab für die Erforschung des mutmaßlichen Willens.[1029] Dafür bedarf es stets einer Überprüfung im Einzelfall. Wenn keine individuellen Anhaltspunkte vorliegen, dann ist darauf abzustellen, was gemeinhin als normal und vernünftig anzusehen ist,[1030] wobei dem wahren Wohl des Betroffenen und damit seiner individuellen Interessenlage eine elementare Bedeutung zukommt.[1031] In der Ausprägung der mutmaßlichen Einwilligung mangelnden Interesses liegt der Fokus hingegen stärker auf der persönlichen Bereitschaft des Rechtsgutsträges zu eben dieser Interessenaufgabe.[1032] Wenn eine solche nicht gegeben ist, kann niemals von seiner Zustimmung ausgegangen werden.[1033] Dies zu erforschen, ist die Pflicht

---

sind wohl mit der Einwilligung vorhanden, so statt vieler *Mitsch*, Baumann/Weber/Mitsch AT, § 17 Rn. 114, 121.

1025 *Rönnau,* Leipziger Kommentar-StGB, Vor § 32 Rn. 223; *Geppert,* JZ 1988, 1024, 1026 spricht von einem hypothetischen Wahrscheinlichkeitsurteil.

1026 Vgl. BGHSt 35, 246, 249; BGHSt 45, 219, 221 jeweils zu §§ 223 StGB.

1027 BGHSt 45, 219, 221; *Mitsch*, Baumann/Weber/Mitsch AT, § 17 Rn. 121; Kühl, Strafrecht AT, § 9 Rn. 47; für § 266 StGB: *Schramm*, Untreue und Konsens, 233, 241; *Schlehofer,* MüKo-StGB, Vor §§ 32 ff. Rn. 165 ff.

1028 Wie hätte der Betroffene entschieden, wenn man ihn befragt haben könnte?

1029 *Schramm*, Untreue und Konsens, 241 f.

1030 BGHSt 35, 246, 249 f.; BGHSt 45, 219, 221; *Geppert* JZ 1988, 1024, 1026.

1031 Vgl. *Rönnau,* Leipziger Kommentar-StGB, Vor § 32 Rn. 223; BGHSt 45, 219, 221; *Roxin,* Strafrecht AT/I, § 18 Rn. 5; *ders.*, FS-Welzel, 447, 451. Im Schrifttum finden sich zahlreiche Kriterien für den dann anzulegenden Maßstab; eine Übersicht liefert *Schramm*, Untreue und Konsens, 242.

1032 So *Rönnau,* Leipziger Kommentar-StGB, Vor § 32 Rn. 223; *Jeschek/Weigend* Lehrbuch des Strafrechts, 385 ff.

1033 *Roxin,* Strafrecht AT/I, § 18 Rn. 17.

des Täters.[1034] Dabei handelt es sich um tatsächliche Feststellungen. Gegen die Lösung im Wege einer rechtfertigenden mutmaßlichen Einwilligung spricht generell, dass die Gefahr einer Bevormundung des Rechtsgutsträgers[1035] in diesen Fällen sehr groß ist. Rechte anderer sind schlichtweg eine Tabuzone.[1036] Gerade bei Verhalten, welches nicht im Interesse des Betroffenen ist, sondern vielmehr von Eigennutz geprägt ist, müssen konkrete Indizien für die Annahme einer Zustimmung sprechen.[1037] Es grenzt schon an Künstelei, eine Rechtfertigung über die mutmaßliche Einwilligung zu erreichen. Denn der Treugeber wird wohl in der Praxis kaum ein Interesse, dazu kein überwiegendes Interesse, daran haben, dass sein Vermögen erst über den Umweg der Pflicht zum Ersatz seitens des Treupflichtigen letztlich verschont bleibt. Dazu müsste der vermutete Wille des Treugebers schon von außergewöhnlichem Altruismus geprägt sein, wovon in Angelegenheiten der Vermögenssorge wohl allgemein nicht ausgegangen werden kann. Es bleibt an dieser Stelle festzuhalten, dass eine solche Lösung an den Willensgegebenheiten des Treugebers vorbeigehen würde.[1038]

(4) Praktische Erwägungen

Auch praktische Erwägungen sprechen gegen eine Lösung des Problems erst auf Ebene der Rechtswidrigkeit. So würde eine Verschiebung der Frage von der Tatbestands- auf die Rechtswidrigkeitsebene herbeigeführt werden, was bedeuten würde, dass dem handelnden Treupflichtigen zunächst einmal tatbestandsmäßiges Handeln bescheinigt werden müsste.[1039] Nach allgemeiner Systematik indiziert

---

1034 Das ist strittig; die h.M. nimmt eine Pflicht zur Prüfung an; a.A.: *Mitsch*, Baumann/Weber/Mitsch AT, § 17 Rn. 124, der allenfalls von einer Obliegenheit spricht, mit der Konsequenz, dass keine Pflicht zur Prüfung besteht, sondern die Pflicht zum Unterlassen, wenn und solange der mutmaßliche wahre Wille des Betroffenen nicht gewissenhaft erforscht sei.

1035 *Sternberg-Lieben,* Objektive Schranken, 207, 212 m.w.N.

1036 *Roxin,* Strafrecht AT/I, § 18 Rn. 17, 27; darauf verweisend *Rönnau,* Leipziger Kommentar-StGB, Vor § 32 Rn. 223.

1037 Das verlangt *Rönnau,* Leipziger Kommentar-StGB, Vor § 32 Rn. 223; siehe auch *Wittig,* FS-Imme Roxin, 375, 384 die im Rahmen von eigennützigem Verhalten für eine besonders sorgfältige Untersuchung plädiert.

1038 *Seier,* HWSt, V 2 Rn. 176; siehe auch *Schmitz,* Unrecht und Zeit, 183.

1039 *Hillenkamp,* NStZ 1981, 161, 164 spricht bei der Diskussion im Rahmen von Risikogeschäften davon, dass diese Lösung den Täter zu spät rehabilitiert und so zu einer Bemakelung ehrbarer Geschäftsleute führt, so schon *Klug,* FS-Schmidt, 249, 257.

die Tatbestandsmäßigkeit eines Verhaltens die Rechtswidrigkeit.[1040] Daher läge ein Indiz vor, welches wiederum nur durch das Eingreifen eines Rechtfertigungsgrundes widerlegt werden könnte. Die Folge in der Praxis wäre, dass Entscheidungsträger vor einer Handlung zurückschrecken würden, um sich nicht der Gefahr eines Ermittlungsverfahrens auszusetzen, dessen Einstellung allein durch die überzeugende Darstellung einer rechtfertigenden Situation zu erreichen wäre.[1041] Für den Handelnden ist es daher durchaus wichtig zu wissen, ob er rechtens oder nicht rechtens handelt.[1042]

dd) Zwischenergebnis

Es ist festzuhalten, dass die mutmaßliche Einwilligung grundsätzlich anerkannt, aber in ihren Einzelheiten stark umstritten ist. Nur die Vertreter der Ansicht, die auf eine vorherige Zustimmung des Betroffenen aus mangelndem Interesse verzichten und dann die Bereitschaft zur Interessenaufgabe und damit den mutmaßlichen tatbefürwortenden Willen bejahen, können im Ergebnis eine Rechtfertigung durch mutmaßliche Einwilligung erzielen. Folgt man, wie hier vertreten, der herrschenden Meinung, dann kommt vorbehaltlich einer Prüfung im Einzelfall, eine Rechtfertigung in den Fällen des eigennützig handelnden, ausgleichsbereiten und -fähigen Treupflichtigen nicht in Betracht. Sie scheitert jedenfalls an zwei Punkten, erstens an der Notwendigkeit der Nichteinholbarkeit einer vorherigen Zustimmung und zweitens daran, dass ein mutmaßlicher Wille nicht tatbefürwortend zu erwarten ist. Eine Lösung über den Umweg auf Rechtswidrigkeitsebene ist daher zu Recht dem Vorwurf von Künstelei und mangelnder Plausibilität[1043] ausgesetzt. Weiterhin sprechen praktische Erwägungen dagegen. Eine mutmaßliche Einwilligung kommt daher, außer in besonders gelagerten Einzelfällen, nicht in Betracht. Andernfalls würden diesem Rechtfertigungsgrund gerade im Bereich der Untreue Tür und

---

1040 Zur Indizwirkung der Tatbestandsmäßigkeit für die Rechtswidrigkeit BGHSt 35, 270, 275; anders bei den sog. offenen Tatbeständen wie etwa der Nötigung gemäß § 24o StGB, dazu statt aller *Eser/Eisele*, S/S-StGB, § 240 Rn. 15 ff.

1041 So *Wußmer*, Risikogeschäft, 29, mit Blick auf die im Rahmen von Risikogeschäften geführte Diskussion; zur Situation, dass Ärzte immerzu einen Straftatbestand erfüllen *Hillenkamp*, NStZ 1981, 161, 164; *Fischer*, StGB, § 223 Rn. 16 ff.; *Roxin*, FS-Welzel, 447, 447 Fn. 3 verweist darauf, dass in den Fällen in denen eine mutmaßliche Einwilligung fehlt, eine Einstellung wegen Geringfügigkeit geboten ist bzw. teilweise gar keine Anzeige erfolgt.

1042 So die Formulierung bei *Roxin*, FS-Welzel, 447, 447 Fußnote 3.

1043 *Seier*, HWSt, V 2 Rn. 176; sich dem anschließend *Matt/Saliger*, Straflosigkeit der versuchten Untreue, 217, 239.

Tor geöffnet.[1044] Abschließend sei noch darauf hingewiesen, dass folgerichtig auch in den Fällen der mutmaßlichen Einwilligung eine nachträgliche Genehmigung für die Beurteilung der Strafbarkeit unbeachtlich ist.[1045]

c) *Nachträgliches Einverständnis*

Aus einem ganzen Bündel von Motiven kann sich der einzelne Treugeber dazu veranlasst sehen, sich im Nachhinein mit dem Verhalten seines Treupflichtigen einverstanden zu erklären. Rechtsprechung und der überwiegende Teil der Literatur sind der Ansicht, dass eine nachträgliche Zustimmung (Genehmigung) für die Strafbarkeit des Täterverhaltens bedeutungslos ist.[1046] Dieses Dogma wird nur von sehr wenigen Stimmen angefochten.[1047] So plädiert *Schramm* für die Notwendigkeit der strafrechtlichen Berücksichtigung einer nachträglichen Genehmigung des Treugebers unter zwei Voraussetzungen: Zum einen muss die Genehmigung *ex-tunc*-Wirkung haben und zum anderen muss das Innenverhältnis zwischen Treugeber und Treupflichtigem die Möglichkeit einer Genehmigung vorsehen.[1048] Das wiederum setzt überhaupt voraus, dass das Innenverhältnis rechtsgeschäftlich ausgestaltet und nicht gesetzlich determiniert ist.[1049] Zudem konzediert auch *Schramm*, dass eine solche, den eben aufgezeigten Voraussetzungen entsprechende Genehmigung selbst nicht zum Unrechtsausschluss führen könne.[1050] Er befürwortet daher, in einer differenzierten Betrachtung, die nachträgliche Genehmigung[1051] als sachlichen Strafaufhebungsgrund anzusehen, welcher auf

---

1044 *Tiedemann,* JuS 1970, 108, 109 sprach schon damals davon, dass die mutmaßliche Einwilligung mit Vorliebe in Wirtschaftsstrafprozessen vorgebracht würde.

1045 Aus dem gleichen Grund wie beim Einverständnis und auch der Einwilligung: Beurteilungszeitpunkt für die Strafbarkeit ist der Zeitpunkt der Tat; explizit für die mutmaßliche Einwilligung *Lenckner/Sternberg-Lieben,* S/S-StGB, Vor §§ 32 ff. Rn. 54.; *Mitsch*, Baumann/Weber/Mitsch AT, § 17 Rn. 122; Kehrseite der Medaille ist, dass auch ein nachträglich festgestellter entgegenstehender Wille unbeachtlich ist.

1046 Siehe nur a.d.Rspr. RG JW 1938, 739; BGHSt 17, 359, 360; BGHSt 50, 331, 343.

1047 Eine Übersicht dieser Stimmen liefert *Schramm,* Untreue und Konsens, 189 ff.; siehe auch *Weber,* GS-Schlüchter, 243, 243 ff.

1048 *Schramm,* Untreue und Konsens, 191 ff., 197 ff.

1049 Zu den Entstehungsgründen der Vermögensbetreuungspflicht (Gesetz, behördlicher Auftrag, Rechtsgeschäft für § 266 Abs. 1 Alt. I StGB, sonstige Treueverhältnisse für § 266 Abs. 1 Alt. 2 StGB) nur *Hoyer,* SK-StGB, § 266 Rn. 38 ff.

1050 *Schramm,* Untreue und Konsens, 197 f.; vgl. auch *Maiwald,* GA 106 (1970), 33, 35.

1051 Sofern diese tatsächlich Billigungscharakter aufweist, *Schramm,* Untreue und Konsens, 201.

einer vierten Deliktsstufe[1052] anzusiedeln sei.[1053] Anders die ganz herrschende Meinung. Sie führt als Argument an, dass die nachträgliche Genehmigung als bloßes *Nachtatverhalten des Opfers* nichts am durch den Täter verwirklichten Unrecht zu ändern vermag. Der Beurteilungszeitpunkt für die Strafbarkeit sei allein der Tatzeitpunkt.[1054] Dieses Argument lehnt sich an das Dogma zum *Nachtatverhalten des Täters*[1055] an, wonach mit der Vollendung der Tat, Unrecht und Schuld feststehen und „sich später nicht mehr ändern können."[1056,1057] Zudem ist der Strafanspruch des Staates entstanden, der sich durch eine Genehmigung nun nicht mehr rückwirkend beseitigen lässt.[1058] Soweit liegt auch *Schramm* mit der herrschenden Meinung auf einer Linie, indem er zugesteht, dass dogmatisch kein Weg an dem verwirklichten Unrecht vorbeiführt. Allerdings kommt für die herrschende Meinung auch ein Strafausschließungsgrund auf vierter Deliktsstufe nicht in Betracht. Allenfalls ist eine Berücksichtigung im Rahmen der §§ 153 ff., 154 f. StPO oder bei der Strafzumessung möglich.[1059]

d) Verzeihung

Von einer nachträglichen Zustimmung zu unterschieden ist die Verzeihung.[1060] Das Opfer erklärt hierdurch lediglich seine Aussöhnung mit dem Täter, jedoch erklärt es sich nicht mit dem Handeln des Täters nachträglich einverstanden, wie es bei der Genehmigung der Fall wäre.[1061] Im Gegensatz zur tatbezogenen Genehmigung ist die Verzeihung daher täterbezogen.[1062] Gemeinsam ist beiden

---

1052 Nach Tatbestand, Rechtswidrigkeit und Schuld.

1053 *Schramm,* Untreue und Konsens, 201; in diesem Punkt stimmt er mit *Weber,* FS-Baur, 133, 140 ff. und *Weber,* GS-Schlüchter, 243, 250 f. (Strafaufhebungsgrund) überein, anders bei den einzelnen Differenzierungen.

1054 BGH 1 StR 248/60 vom 26.7.1960; BGH 1 StR 588/75 vom 18.11.1975.

1055 Der Wille des Gesetzebers für eine Bedeutung dessen zeigt sich in § 46 Abs. 2 StGB.

1056 *Kaufmann,* Schuldprinzip, 259 m.w.N. der sich auf *Gallas* und *Bockelmann* beruft.

1057 Vgl. *Schramm,* Untreue und Konsens, 191; kritisch *Hippel,* Rücktritt vom Versuch, 43.

1058 Interessant insoweit BGHSt 7, 294, 295 f. (Devisengeschäft); darauf verweisend BGHSt 17, 359, 359 f.; dazu auch *Hillenkamp,* Vorsatztat, 245.

1059 BGHSt 50, 331, 343; *Schünemann,* Leipziger Kommentar-StGB, § 266 Rn. 157; *Hillenkamp,* Vorsatztat, 245; zu § 153a StPO *Saliger/Sinner,* ZIS 2007, 476, 476 ff. im Mannesmann-Fall.

1060 Dazu *Hillenkamp,* Vorsatztat, 246, der die Verzeihung als Übersetzung des von *Bein,* Victimologoy, 63, geprägten Begriffs „*Forgiveness by the Victim*" gebraucht; verweisend *Schramm,* Untreue und Konsens, 194.

1061 *Hillenkamp,* Vorsatztat, 246.

1062 So die Unterscheidung bei *Schramm,* Untreue und Konsens, 194.

allein das zeitliche Moment des Nachträglichen. Es ist durchaus denkbar, dass der Treugeber im Nachhinein dem Treupflichtigen verzeiht. Fraglich ist daher zweierlei: Welche Bedeutung hat der Verzeihungsgedanke im Strafrecht generell und welche Bedeutung hat dieses Verhalten des Opfers für die strafrechtliche Beurteilung der Untreue im konkreten Fall? Dem deutschen Strafrecht ist der Gedanke der Versöhnung nicht gänzlich fremd.[1063] Den Antragsdelikten ist dieser Gedanke immanent. Denn die Nichtstellung des Strafantrags durch das Opfer hat den Verzicht des Staates auf die Strafverfolgung zur Konsequenz. Daher könnte eben dieses Nichtstellen des Strafantrags als eine Verzeihung in formalisierter Form angesehen werden.[1064] Jedoch ist die Untreue ein Offizialklagedelikt und nur in den Fällen des § 266 Abs. 2 i.V.m. § 247 StGB beziehungsweise § 248a StGB ein Antragsdelikt (Haus- und Familienuntreue, Geringwertigkeit).[1065] Zudem sei angemerkt, dass der Verzicht auf die Antragsstellung auch aus ganz anderen Gründen erfolgen kann.[1066] Es ist generell festzuhalten, dass die spätere Verzeihung ebenso wie die nachträgliche Genehmigung für die Frage der Tatbestandsmäßigkeit und auch der Rechtswidrigkeit bedeutungslos ist.[1067] Eine Berücksichtigung ist allenfalls auf Ebene der Strafzumessung möglich.[1068] Begründet wird dies wiederum damit, dass die Straffunktion der Genugtuung bereits gestillt sei und „die Rechtsgemeinschaft durch den Friedensschluss zumindest partiell beruhigt"[1069] sei. Aber auch diese strafmildernde Wirkung wird nur vereinzelt behauptet.[1070] Anzumerken ist, dass das Genugtuungsbedürfnis des Verletzten keinen von der herrschenden Meinung anerkannten Strafzweck darstellt.[1071]

5. Verortung in der Verbindung zwischen Pflichtverletzung und Vermögensnachteil

Die Ausgleichsfähigkeit und -bereitschaft des Treupflichtigen könnten möglicherweise Berücksichtigung in der objektiven Zurechnung finden. Die Verantwortlichkeit des Täters für einen rechtlich relevanten Erfolg ist ein grundlegendes

1063 Den Gedanken darlegend *Hillenkamp,* Vorsatztat, 246.
1064 So die von *Maiwald,* GA 106 (1970), 33, 35 ff. nachgewiesene historische Bedeutung.
1065 Zu deren Einzelheiten etwa *Saliger,* S/S/W-StGB, § 266 Rn. 113.
1066 So die Kritik bei *Schramm,* Untreue und Konsens, 194.
1067 *Maiwald,* GA 106 (1970), 33, 35.
1068 Vgl. *Hillenkamp,* Vorsatztat, 247.
1069 *Hillenkamp,* Vorsatztat, 247.
1070 *Zipf,* Strafmaßrevision, 105; *ders.,* Strafzumessung, 46.
1071 *Zipf,* Strafmaßrevision, 105; *ders.,* Strafzumessung, 46.

Rechtsprinzip.[1072] Die Verbindung von tatbestandsmäßiger Handlung und eben diesem Erfolg gehört damit zu den Kernstücken des objektiven Tatbestands.[1073] Für die Untreue gesprochen ist es die Verbindung zwischen der pflichtwidrigen Handlung des Treupflichtigen und dem eingetretenen Vermögensnachteil. Diese Verbindung zu definieren, zu präzisieren und zu begrenzen, leisten grundsätzlich Kausalität und objektive Zurechnung.[1074]

Zunächst sollen die Grundlagen untersucht werden, wobei der Fokus auf der Lehre von der objektiven Zurechnung liegt.[1075] Ob und welche Elemente dieser Lehre auf die Untreue angewendet werden sollten, ist Gegenstand der sich anschließenden Untersuchung. Es sei an dieser Stelle bereits das Ergebnis vorweggenommen, dass die Lehre von der objektiven Zurechnung sich durchaus gut dafür eignet, dem Untreuetatbestand Restriktionen zu verleihen. Es folgt sodann die Untersuchung der Frage, ob und wie Ausgleichsfähigkeit und -bereitschaft im Rahmen der objektiven Zurechnung berücksichtigt werden können. Abschließend werden die aus dieser Verortung resultierenden Konsequenzen und Vorteile beleuchtet.

a) Grundlagen

aa) Kausalität

Der Wortlaut der Untreuevorschrift gibt vor, dass der Vermögensnachteil durch die Handlung des Täters verursacht worden sein muss: „(...) und dadurch (...)". Aufgrund dieses Kausalitätserfordernisses ist im Rahmen des objektiven Tatbestands die Ursächlichkeit des pflichtwidrigen Verhaltens für den Vermögensnachteil als tatbestandsmäßigem Erfolg zu untersuchen.[1076] Dieses Merkmal ist unstrittig und wie bei allen Erfolgsdelikten[1077] anerkannt. Es gilt daher für § 266 StGB die allgemeine Regel, wonach eine Handlung dann kausal für den

1072 Das ist nicht nur im Strafrecht so, sondern auch im Zivilrecht und im Öffentlichen Recht, einen ersten Überblick darüber verschafft der Beitrag *Rönnau/Faust/Fehling*, JuS 2004, 113 ff.

1073 *Kühl*, Strafrecht AT, § 4 Rn. 1.

1074 Diese zweitstufige Prüfung bei den Erfolgsdelikten ist heute i. Allg. weitgehend i.d.Lit. anerkannt.

1075 Siehe dazu auch *Saliger*, HRRS 2006, 10, 21.

1076 Statt vieler BGHSt 46, 30, 34; *Saliger*, S/S/W-StGB, § 266 Rn. 78; *Seier*, HWSt, V 2 Rn. 202 f.

1077 Hierunter versteht man solche Delikte, bei denen das Gesetz neben der Tathandlung den Eintritt eines bestimmten und von der Handlung ablösbaren Erfolgs in der Außenwelt verlangt.

Vermögensnachteil ist, wenn sie nicht hinweggedacht werden kann, ohne dass der Vermögensnachteil in seiner konkreten Gestalt entfiele.[1078] Eine saubere Prüfung der Kausalität verhindert das Verschleifen der einzelnen Tatbestandsmerkmale, insbesondere von Pflichtverletzung und Vermögensnachteil, und blockiert das vorschnelle Schließen von einem Umstand auf den anderen.[1079] Letzteres liegt gerade bei der Untreue nahe, wo doch die beiden eben genannten Tatbestandsmerkmale oftmals zeitlich zusammenfallen.

bb) Objektive Zurechnung

Es ist unstrittig, dass die weite Kausalität eines Korrektivs bedarf.[1080] Daraus ergibt sich das zentrale Anliegen der Lehre von der objektiven Zurechnung: Die strafrechtliche Verantwortung soll auf jene Erfolge begrenzt werden, die sich wertungsmäßig als das Werk des Täters im strafrechtlichen Sinne darstellen.[1081]

Zunächst sollen in einem allgemeinen Teil zum Vorsatzdelikt die Positionen von Rechtsprechung und Literatur aufgezeigt und kurz die historische Entwicklung dargestellt werden. Im Anschluss daran wird die Relevanz der objektiven Zurechnung für den Untreuetatbestand erörtert, um sodann, mit Blick auf einzelne Elemente, zu untersuchen, wie die Lehre der objektiven Zurechnung für die Untreue fruchtbar gemacht werden kann und vor allem welche Elemente der allgemeinen Lehre von der objektiven Zurechnung auf den Tatbestand der Untreue angewendet werden sollten.

1078 St. Rspr. seit RGSt 44, 137, 139; zur grundlegenden *conditio-sine-qua-non-Formel* siehe nur BGHSt 1, 332, 332 ff.; BGHSt 2, 20, 24; BGHSt 45, 270, 294 f.; BGHSt 49, 1, 3; *Roxin,* Strafrecht AT/1, § 11 Rn. 6 ff.; *Fischer,* StGB, Vor § 13 Rn. 21 ff.; ausführlich dazu *Rudolphi,* LK-StGB, Vor § 1 Rn. 39 ff.; im Rahmen von § 266 StGB: *Martin,* Bankuntreue, 134; Mitursächlichkeit ist ausreichend, etwa BGHSt 39, 195, 197; die Kausalität ist nicht erfüllt, wenn der Vermögensnachteil ausschließlich auf anderen Ursachen beruht, *Saliger,* S/S/W-StGB, § 266 Rn. 78; bei Unterlassen ist *quasi-Kausalität* erforderlich, *Kühl,* Lackner/Kühl-StGB, Vor § 13 Rn. 12 m.z.N. a.d.Rspr. und *Kudlich,* S/S/W-StGB, § 13 Rn. 10; zu weiteren Einzelheiten statt vieler *Kühl,* Strafrecht AT, § 4 Rn. 6 ff. m.w.N.; zur in der zivilrechtlichen Rspr. vorherrschenden Adäquanztheorie BGHZ 7, 198, 204.

1079 BVerfGE 46, 170, 211 sog. „Verschleifungsverbot“; dazu auch *Herrmann,* Begrenzung der Untreuestrafbarkeit, 121.

1080 Statt vieler nur *Wessels/Beulke,* Die Straftat, Rn. 178 der so formuliert: „Gesicherter Bestand der Strafrechtsdogmatik“; *Kühl,* Strafrecht AT, § 4 Rn. 36 m.w.N.; *Lenckner/Eisele,* S/S-StGB, Vorbem. §§ 13 ff. Rn. 84 ff. m.z.N.; *Rudolphi,* LK-StGB, Vor § 1 Rn. 52; siehe auch *Rönnau,* JuS 2004, 113, 114 f.

1081 Vgl. *Kudlich,* S/S/W-StGB, Vor §§ 13 ff. Rn. 50.

(1) Grundsätzliche Bedeutung für das Vorsatzdelikt

So unbestritten wie der Bedarf nach haftungsbeschränkender Korrektur ist, so umstritten ist noch heute die Frage, wie und an welcher Stelle im Deliktsaufbau diese Korrektur angebracht sei.[1082]

(a) Rechtsprechung

Es ist an dieser Stelle vorwegzunehmen, dass die Rechtsprechung neben dem Erfordernis der Kausalität keine weiteren allgemeinen Voraussetzungen für vorsätzliche Begehungsdelikte aufstellt.[1083] Auftretende einzelne Probleme werden bei Bedarf überwiegend auf Ebene des subjektiven Tatbestands als Irrtum über den Kausalverlauf (als sog. Vorsatzlösung),[1084] als normativ verstandene Kausalität im objektiven Tatbestand[1085] oder im Übrigen in der Rechtswidrigkeit[1086] gelöst. In wenigen Fallgruppen erkennt aber auch die Rechtsprechung, wenn auch nicht ausdrücklich,[1087] die Lehre von der objektiven Zurechnung als Institut an.[1088]

1082 Einen ausführlichen Überblick m.z.N. verschafft *Rudolphi,* LK-StGB, Vor § 1 Rn. 52 ff.; siehe auch *Lenckner/Eisele,* S/S-StGB, Vorbem. §§ 13 ff. Rn. 84 ff. m.z.N.

1083 Dem zustimmend *Hirsch,* FS-Köln, 399, 404; differenzierend u.a. *ders.*, FS-Lenckner, 119, 122 ff.; *Kaufmann,* FS-Jeschek, 251, 251 ff.; anders beim Fahrlässigkeitsdelikt; grundlegende Fälle zu § 222 StGB: RGSt 15, 151, 151 ff.; RG HHR 1926, 1636; BGHSt 11, 1, 1 ff.; dazu und zum Folgenden vgl. die Ausführungen bei *Kudlich,* S/S/W-StGB, Vor §§ 13 ff. Rn. 48; siehe auch *Lenckner/Eisele,* S/S-StGB, Vorbem. §§ 13 ff. Rn. 85 ff. m.z.N.

1084 Dazu etwa BGHSt 4, 182, 183 ff. zu § 222 StGB; BGHSt 7, 326, 329 zu § 221 StGB; BGHSt 12, 75, 78 zu § 222 StGB; gerade in Fällen atypischer Kausalverläufe (fehlende Realisierung der Gefahr): BGHSt 7, 325, 329; BGHSt 38, 32, 34; die Grundlage dafür bildet die finale Handlungslehre, dazu *Greco,* ZStW 117 (2005), 519, 522 ff.; *Welzel,* Das Deutsche Strafrecht, 61 f.; wohl auch *Krey/Esser,* Deutsches Strafrecht, § 11 Rn. 327; *Lampe,* GS-Kaufmann, 189, 189 ff.; *Hirsch,* FS-Lenckner, 119, 119; *ders.*, FS-Lampe, 523, 523 ff. die Regeln der objektiven Zurechnung bei den Fahrlässigkeitsdelikten akzeptierend.

1085 So eher die neuere Rspr. BGHSt 11, 1, 2 ff., 7 zu § 222 StGB; BGHSt 33, 61, 64 f.

1086 Dafür und grundlegend *Hilgendorf,* FS-Weber, 33, 35.

1087 BGHSt 37, 106, 127; *Hilgendorf,* FS-Weber, 33, 35 Fn. 12; vgl. auch *Fischer,* StGB, Vor § 13 Rn. 26, 31.

1088 Insbesondere die Fallgruppe der eigenverantwortlichen Selbstgefährdung, welche große Bedeutung hat, OLG Stuttgart NJW 2008, 1971, 1971 f.; BGH StV 2000, 27 zu § 135b StGB; ferner zu diesem Komplex z.B. BGHSt 32, 262, 262 ff.; BGHSt 37, 179, 182; offen lassend BGHSt 38, 32, 34.

(b) Schrifttum

Gegen die Position der Rechtsprechung hat das Schrifttum im Laufe der Zeit[1089] zahlreiche, vielseitige, teilweise eng gelagerte, aber auch teilweise stark divergierende Aspekte entwickelt.[1090] Diese reichen von terminologischen Unterschieden bis zur Begründung des Erfordernisses der objektiven Zurechnung überhaupt. Es ist leicht festzustellen, dass es auch im Schrifttum noch keinen allgemein gültigen umfassenden Konsens gibt,[1091] dennoch leistet die Lehre von der objektiven Zurechnung einen wesentlichen Beitrag zur Einschränkung von Tatbeständen.[1092] Die Bandbreite der hier vertretenen Ansichten mit ihren jeweiligen Anforderungen allgemein darzustellen, würde den Umfang dieser Arbeit bei weitem sprengen.[1093] Stattdessen soll kurz die historische Entwicklung der Begründungsansätze nachvollzogen werden.[1094] Anschließend wird der Fokus konkret auf die objektive Zurechnung im Rahmen von § 266 StGB gelegt.

(c) Historische Entwicklung und Begründungsansätze

Wurde früher das Erfordernis der objektiven Zurechnung aus dem sozialen Handlungsbegriff abgeleitet, so wird die objektive Zurechnung heute von dem überwiegenden Schrifttum als selbstständige Kategorie neben der Kausalität

---

1089 Zu dem Vorschlag aus jüngerer Zeit die Lehre von der objektiven Zurechnung auf die Rechtswidrigkeitsebene zu übertragen *Kuhlen,* FS-Roxin, 331, 331 ff.; *Kuhlen,* FS-Müller-Dietz, 431, 431 ff.

1090 Siehe nur für das Vorsatzdelikt *Kühl,* Lackner/Kühl-StGB, Vor § 13 Rn. 14; *Puppe,* Spiegel der Rechtsprechung, § 7 Rn. 1; *Rudolphi,* SK-StGB, Vor § 1 Rn. 57 m.z.w.N.; dabei ist anzumerken, dass die objektive Zurechnung auch und gerade in Bezug auf einzelne Deliktstypen unterschiedliche Begehungsformen und hinsichtlich spezieller Ausrichtung von einzelnen Tatbeständen weiterentwickelt, angepasst und verfeinert hat, vgl. *Gerkau,* Untreue und objektive Zurechnung, 140.

1091 So *Kühl,* Strafrecht AT, § 4 Rn. 42 verweisend auf *Lackner*; auch *ders.,* Lackner/Kühl-StGB, Vor § 13 Rn. 14; *Schünemann,* GA 135 (1999), 207 spricht von einer riesigen Krake mit zahllosen Tentakeln; *Hilgendorf,* FS-Weber, 33, 33 ff.

1092 *Roxin,* GS-Kaufmann, 237, 242.

1093 Zudem bleiben gänzlich außer Betracht die Problemkreise, welche sich bei der Zurechnung im Rahmen der a.l.i.c. und der Zurechnung fremden Verhaltens bei Mittäterschaft und mittelbarer Täterschaft offenbaren sowie das Problem der Zurechnung der schweren Folgen beim erfolgsqualifizierten Delikt.

1094 Zur Entwicklung der Doktrin: *Hübner,* Entwicklung der objektiven Zurechnung, 1 ff.; *Schünemann,* GA 135 (1999), 207, 208 ff.; einen guten Überblick verschafft *Kühl,* Lackner/Kühl-StGB, Vor § 13 Rn. 14; umfassend *Puppe,* Erfolgszurechnung, *passim.*

eingestuft.[1095] Ausgangspunkt ist die Überlegung, dass die Kausalität zwar eine notwendige, aber keine hinreichende Bedingung für die Zurechnung sei. Denn die den strafrechtlichen Tatbeständen zugrunde liegenden Verhaltensnormen können schlichtweg keine reinen Verursachungsverbote sein.[1096] Das heute herrschende Schrifttum hat die Lehre der objektiven Zurechnung, so wie *Roxin* sie erstmals im Jahr 1970[1097] aus den Ansätzen von *Honig*,[1098] *Engisch*[1099] und *von Welzel*[1100] zu einem geschlossenen Konzept zusammenfügte, mittlerweile angenommen.[1101] Ursprünglich wurde die Lehre ausschließlich im Rahmen von Fahrlässigkeitsdelikten diskutiert.[1102] Nach wie vor liegt dort der Schwerpunkt ihrer Anwendung. Nach und nach wurde diese Lehre auch auf die Vorsatzdelikte übertragen und ist inzwischen weitgehend auch für diesen Deliktstypus anerkannt. Demnach liegt das Wesen von vorsätzlichen Erfolgsdelikten (aber übergreifend auch von Fahrlässigkeitsdelikten) in der Schaffung eines unerlaubten Risikos.[1103] Grundlage ist nunmehr die personale Unrechtslehre, nach der ein tatbestandlicher Erfolg nur dann vorliegen kann, wenn er auf ein spezifisches Handlungsunrecht rückführbar ist.[1104] Im Rahmen von vorsätzlichen Körperverletzungs- und Tötungsdelikten (§§ 223 ff., §§ 211 ff. StGB) ist die objektive Zurechnung regelmäßig ein zu problematisierender Prüfungsgegenstand und hat die Restriktion des objektiven Tatbestands eben dieser Delikte zur Folge.[1105]

Gegenüber der (von der Rechtsprechung befürworteten) Vorsatzlösung hat die Lehre von der objektiven Zurechnung den entscheidenden Vorteil, dass es

---

1095 Anders: an dessen Stelle *Schmidhäuser*, Studienbuch, 5 / 57 ff.; wieder anders *Puppe*, ZStW 99 (1987), 595–616; sowie *Lampe*, GS-Kaufmann, 189–212.

1096 *Lenckner/Eisele*, S/S-StGB, Vorbem. §§ 13 ff. Rn. 92 m.w.N.

1097 *Roxin*, FS-Honig, 133–150.

1098 *Honig*, FG-Frank, 174, 182 ff., 188.

1099 *Engisch*, Kausalität, 61.

1100 *Welzel*, ZStW 58 (1939), 491–566.

1101 *Schünemann*, GA 135 (1999), 207, 212 m.u.N. in Fn. 31; zu den wenigen Kritikern („überflüssig/nichtssagend") gehören etwa *Hirsch*, FS-Köln, 399, 404; differenzierend dann *ders.*, FS Lenckner, 119, 122 ff., *Kaufmann*, FS-Jeschek, 251, 251 ff.; *Puppe*, ZStW 99 (1987), 595, 595 ff.; zusf. *Schroeder*, FS-Szwarc, 273–278.

1102 Etwa bei den §§ 222, 229 StGB.

1103 Im Ausgangspunkt zustimmend, aber noch enger *Schünemann*, GA 135 (1999), 207, 219 f.; gegen die Bedeutung der objektiven Zurechnung für Vorsatzdelikte sprechen sich vor allem *Kaufmann*, FS-Jeschek, 251, 251 ff. und *Hirsch*, FS-Köln, 399, 404 aus.

1104 Ganz h.M. heute; *Roxin*, Strafrecht AT/I, § 11 Rn. 47 ff.

1105 Vgl. dazu *Herrmann*, Begrenzung der Untreuestrafbarkeit, 123.

nicht zu einer Verschiebung von objektiven Gegebenheiten in den subjektiven Tatbestand kommt.[1106] Dennoch hat die Lehre von der objektiven Zurechnung auch Kritik erfahren, sowohl im Detail als auch in grundsätzlicher Hinsicht.[1107] Einer der von den Gegnern der objektiven Zurechnung vorgebrachten Hauptkritikpunkte ist die angeblich bewirkte Einschränkung des Zweifelssatzes *in dubio pro reo.*[1108] Allerdings greift dieser erst dann, wenn es offen bleibt, ob das pflichtwidrige Verhalten tatsächlich zu einem Gefährdungserfolg geführt hat, der das erlaubte Maß überschreitet.[1109] Der Einwand verfängt daher nicht. Zudem wird gegen die objektive Zurechnung vorgebracht, dass sie Erfolgsdelikte *contra legem* in Gefährdungsdelikte verwandeln würde.[1110] Im Rahmen von § 266 StGB wäre dieser Vorwurf, sofern er nicht schon generell entkräftet werden kann, von besonderer Brisanz. Denn, wie bereits mehrfach erwähnt, steht die versuchte Untreue nicht unter Strafe. Würde aber eine Verwandlung in ein Gefährdungsdelikt erfolgen, dann würde die Grenze der Strafbarkeit im Rahmen der Untreue nach vorne verlagert. Auch dieser Einwand der Kritiker vermag nicht zu überzeugen, denn er verkennt, dass ein jeder Verletzungserfolg nur in der Weise von einem Menschen zu bewirken ist, wie der Mensch durch die Vornahme einer *ex-ante* gefährlichen Handlung die Gefahr des Erfolgseintritts schafft.[1111]

(2) Bedeutung für § 266 StGB

Im Gegensatz zur Kausalität steckt die Beantwortung der Fragen, die sich um die objektive Zurechnung im Tatbestand von § 266 StGB ranken, noch in den Kinderschuhen.[1112] Allein der Umstand, dass der objektiven Zurechnung überhaupt

1106 Zustimmend *Roxin,* GS-Kaufmann, 237, 247; *Puppe,* Erfolgszurechnung, 1; *Kudlich,* S/S/W-StGB, Vor §§ 13 ff. Rn. 49.

1107 So *Frisch,* FS-Roxin, 213, 219.

1108 Eine Übersicht über die kritischen Stimmen findet sich bei *Rudolphi,* SK-StGB, Vor § 1 Rn. 69; *Frisch,* FS-Roxin, 213, 219 Fn. 30 f.

1109 Beispielswiese, wenn ein für eben diese Feststellung notwendiger Umstand nicht ohne Zweifel ausgeklärt werden kann, vgl. *Rudolphi,* SK-StGB, Vor § 1 Rn. 69.

1110 Dieser Einwand richtet sich insb. gegen die Risikoerhöhungslehre; dazu nur Weber, Baumann/Weber/Mitsch AT, § 14 Rn. 87.

1111 Für das Unterlassen gilt soweit das Gegenteil: bei *ex-ante* Betrachtung durch das Unterlassen eine Rettungschance nicht abwendet. Für eine vertiefte argumentative Auseinandersetzung siehe *Frisch,* FS-Roxin, 213, 219 ff.; siehe auch die Auseinandersetzung bei *Kühl,* Strafrecht AT, § 4 Rn. 38 ff.

1112 So *Schünemann,* NStZ 2005, 473, 476, der von einem weißen Fleck auf der Landkarte spricht; vgl. auch *Saliger,* S/S/W-StGB, § 266 Rn. 79; *ders.,* HRRS 2006, 10, 21; *Lassmann,* Stiftungsuntreue, 178; *Rengier,* FS-Roxin, 811 ff.; *Herrmann,* Begrenzung

Bedeutung zuzumessen sei, kann daher als kleinster gemeinsamer Nenner begriffen werden. Die einfache und sehr weite Kausalität legt, wie bei allen Erfolgsdelikten, das Fundament für die Zurechnung.[1113] Praxisrelevante Einschränkungen könnten aber über eine Anwendung der objektiven Zurechnung erreicht werden,[1114] daher ist es durchaus als überraschend zu bezeichnen, dass die objektive Zurechnung bei § 266 StGB bisher so wenig Beachtung fand.[1115]

(a) Vorangegangene Entwicklung bei § 266 StGB

Wurde der Lehre von der objektiven Zurechnung im Rahmen der Vermögensdelikte im Besonderen Teil des Strafgesetzbuches lange Zeit keinerlei Beachtung geschenkt, so wird in jüngerer Zeit deren Anwendung auf den Betrugstatbestand teilweise befürwortet.[1116]

Der Beachtung und Befürwortung der Lehre der objektiven Zurechnung auf den Untreuetatbestand ging eine Entwicklung voraus (die teilweise noch anhält), in der jedenfalls die Übertragung und Anwendbarkeit einzelner Zurechnungselemente befürwortet wurde.[1117] Dabei wurde jedoch keine ausdrücklich systematische Verbindung zur Lehre von der objektiven Zurechnung und ihrer Gesamtkonzeption hergestellt. Es handelte sich vielmehr um eine eher unsystematische Anwendung einzelner Aspekte.[1118]

---

der Untreuestrafbarkeit, 119; hervorzuheben ist, dass die Bedeutung der objektiven Zurechnung im gesamten Besonderen Teil, insbesondere bei den Vermögensdelikten, noch in großen Teilen ungeklärt ist.

1113 Vgl. *Roxin,* Strafrecht AT/1, § 11 Rn. 1.

1114 So *Esser,* AnwK-StGB, § 266 Rn. 210; *Hirsch,* FS-Lenckner, 119, 121 spricht von einem Ausgleich der dogmatischen Defizite, die der reine Kausalitätsansatz bei Erfolgsdelikten mit sich bringt.

1115 So *Herrmann,* Begrenzung der Untreuestrafbarkeit, 119.

1116 *Rengier,* FS-Roxin, 811, 813 ff., 819 ff., der einen Schwerpunkt der Bearbeitung auf den Betrug legt; siehe auch *Herrmann,* Begrenzung der Untreuestrafbarkeit, 123.

1117 Dazu *Herrmann,* Begrenzung der Untreuestrafbarkeit, 123.

1118 Etwa *Hillenkamp,* NStZ 1981, 161, 166; für einzelne Ansätze findet sich eine Übersicht bei *Martin,* Bankenuntreue, 135; ebenfalls zitiert bei *Herrmann,* Begrenzung der Untreuestrafbarkeit, 123; zur objektiven Zurechnung im Rahmen der Berücksichtigungsfähigkeit von Vermögensverlusten, die durch das Verhalten Dritter herbeigeführt werden *Perron,* S/S-StGB, § 266 Rn. 45b m.w.N.; *Schünemann,* NStZ 2005, 473, 476 beschreibt die Lage im Zusammenhang mit dem Erfordernis der gravierenden Pflichtverletzung so: „Eine vom Ansatz her beachtliche, in der Formulierung aber noch unvollkommene Verweisung auf die Regeln der objektiven Zurechnung.“

(b) Anwendbarkeit auf den Untreuetatbestand

Erst seit jüngerer Zeit beschäftigen sich einige Stimmen in der Literatur mit der Anwendbarkeit der Lehre der objektiven Zurechnung konkret auf den Untreuetatbestand.[1119] Die Frage der Anwendbarkeit soll im Folgenden vertieft werden.

(aa) Wortlaut

Konkret spricht schon der Wortlaut des § 266 Abs. 1 StGB für eine Anwendbarkeit der Lehre der objektiven Zurechnung: „(...) und dadurch (...)" verlangt mehr als bloße Äquivalenzkausalität[1120] und deutet auf einen besonderen Zurechnungszusammenhang hin.[1121] Eine identische Formulierung findet sich bei den konkreten Gefährdungsdelikten, etwa § 306 f. Abs. 2, § 315b Abs. 1 oder § 315c Abs. 1 StGB, woraus dort auf das Erfordernis eines „Gefahrverwirklichungszusammenhangs" geschlossen wird.[1122] Dabei handelt es sich um ein besonderes Element der objektiven Zurechnung.[1123] Der Erfolg muss gerade auf dem unerlaubten Verhalten beruhen. Die Parallelität der Formulierungen kann damit als ein Verweis auf zumindest ein Element der Lehre der objektiven Zurechnung verstanden werden, und der Wortlaut selbst ist ein erstes Indiz für die Anwendbarkeit der objektiven Zurechnung.[1124]

(bb) Sinn und Zweck der Lehre der objektiven Zurechnung

Weiterhin liefert auch der Sinn und Zeck der objektiven Zurechnung selbst einen weiteren Grund für die Anwendbarkeit eben dieser auf den Untreuetatbestand.

1119 *Seier*, HWSt, V 2, Rn. 202 ff. nimmt eine Systematisierung unter dem Topos Zurechnungszusammenhänge vor; *Saliger*, HRRS 2006, 10, 21 ff.; ausführlich *ders.*, S/S/W-StGB, § 266 Rn. 79 ff.; *Matt/Saliger*, Straflosigkeit der versuchten Untreue, 217, 236 Fn. 115; *Lassmann*, Stiftungsuntreue, 178 ff.; *Perron*, S/S-StGB, § 266 Rn. 45b; *Burger*, Untreue durch das Auslösen von Sanktionen, 240 ff.; *Strelczyk*, Bildung schwarzer Kassen, 181 ff.; *Martin*, Bankuntreue, 134 ff.; *Doster*, WM 2001, 333, 337; *Schünemann*, NStZ 2005, 473, 475 f.; *Gerkau*, Untreue und objektive Zurechnung, *passim*; *Herrmann*, Begrenzung der Untreuestrafbarkeit, 122 ff.

1120 *Saliger*, S/S/W-StGB, § 266 Rn. 79.

1121 *Herrmann*, Begrenzung der Untreuestrafbarkeit, 127; *Gerkau*, Untreue und objektive Zurechnung, 120 ff.; *Martin*, Bankuntreue, 134.

1122 Zu § 315c Abs. 1 Nr. 2d StGB: BGH NStZ 2007, 222, 222 f.; statt vieler *Ernemann*, S/SW-StGB, § 315c Rn. 1, 23.

1123 Den Pflichtwidrigkeitszusammenhang.

1124 So auch die Sichtweise von *Gerkau*, Untreue und objektive Zurechnung, 121; *Herrmann*, Begrenzung der Untreuestrafbarkeit, 127; siehe auch *Seier*, HWSt, V 2 Rn. 204.

Die objektive Zurechnung bezweckt eine Begrenzung der allzu weiten Kausalität. Das grundsätzliche Bedürfnis nach einer einschränkenden Korrektivwirkung für den Untreuetatbestand ist, wie bereits gesagt, allgemein anerkannt.[1125] Diesen restriktiven Dienst vermag die objektive Zurechnung zu leisten,[1126] indem sie als ein normatives Korrektiv zu der reinen naturgesetzlichen Kausalhaftung wirkt. Statuiert wird eine rechtliche Verantwortung für ein Geschehen. Bei der Prüfung der Lehre der objektiven Zurechnung gibt es allerdings deliktsbezogene Unterschiede. So ist teilweise die Untersuchung des Aspekts, ob die Grenze von strafwürdigem Verhalten überschritten ist, bereits von der tatbestandsmäßigen Handlungsumschreibung miterfasst.[1127] In anderen Konstellationen ist das nicht der Fall und dann ist die objektive Zurechnung, als weiterer Prüfungspunkt im objektiven Tatbestand, gerade der Ort für die Selektion des strafwürdigen Verhaltens.[1128]

(cc) Struktureller Vergleich zum Fahrlässigkeitsdelikt

Der Tatbestand der vorsätzlichen Untreue soll in seiner Struktur mit der eines Fahrlässigkeitsdelikts verglichen werden. Möglicherweise ergibt sich auch daraus ein Argument für die Übertragbarkeit der Lehre von der objektiven Zurechnung, welche in der Fahrlässigkeitssystematik mittlerweile fest verankert ist. Die hohe Relevanz der Lehre von der objektiven Zurechnung im Rahmen der fahrlässigen Erfolgsdelikte hat einen entscheidenden Grund: Wegen ihrer Deliktsstruktur hängt der Erfolg mehr oder weniger zufällig von der tatbestandlichen Verhaltensmissbilligung ab. Die ausufernde Weite der Kausalhaftung wird daher bei den Fahrlässigkeitsdelikten besonders deutlich. Deren Tathandlung ist ein bloßer Pflichtenverstoß, welcher auch auf der Verletzung von außerstrafrechtlichen Pflichten beruhen kann. Mit anderen Worten kommt durchaus eine Vielzahl von Pflichten dafür in Betracht. Und zudem fehlt dem Fahrlässigkeitsdelikt logischerweise die Korrektivwirkung, die der Vorsatz zu leisten vermag. Ein Blick auf die Struktur der Untreue liefert das mehr oder weniger überraschende Ergebnis, dass die Tatbestandsstruktur derjenigen eines Fahrlässigkeitsdelikts in Teilen

1125 Zum Gebot einer restriktiven Auslegung C.II.5.

1126 *Herrmann,* Begrenzung der Untreuestrafbarkeit, 125 spricht davon, dass die objektive Zurechnung dort „gute Dienste" leisten kann (Hervorhebung im Original).

1127 An dieser Stelle haken Kritiker der Lehre von der objektiven Zurechnung ein und bemängeln, dass sie den richtigen Standort für eine Prüfung, nämlich die tatbestandsmäßige Handlung, vernachlässige. Siehe dafür nur die zahlreichen Nachweise bei *Kühl,* Strafrecht AT, § 4 Rn. 40 Fn. 92.

1128 Konkret geht es um die Frage des erlaubten Risikos.

nicht unähnlich ist. Denn § 266 Abs. 1 StGB setzt als Tathandlung eine Pflichtverletzung voraus. Und als solche kommen ebenfalls Verstöße gegen außerstrafrechtliche Pflichten in Betracht, es reicht jedes pflichtwidrige Verhalten, welches den Maßgaben des Innenverhältnisses zuwiderläuft. *Martin* formuliert: „Dieses Fehlverhalten im Innenverhältnis ist bei Licht besehen nichts anders, als ein – allerdings vorsätzlich begangener – Sorgfaltsverstoß."[1129] Überdies vermag die reine Kausalität Zufallsfälle nicht auszuschließen, die Haftung für Zufälle ist jedoch dem Strafrecht fremd.[1130] Diese Gefahr der strafrechtlichen Verantwortung für Zufälle im Rahmen von Erfolgsdelikten, welche in der Deliktsstruktur begründet ist und sich im Vergleich zu den Fahrlässigkeitsdelikten zeigt, spricht ebenfalls für eine Übertragung der objektiven Zurechnung.[1131] Die Weite des Untreuetatbestands gebiete eine Beachtung der objektiven Zurechnung als ein Korrektiv für die Selektion von strafwürdigem Verhalten. Zudem heißt es im Wortlaut des § 266 Abs. 1 StGB „und dadurch" und in den Fahrlässigkeitsdelikten (etwa § 222 StGB oder § 229 StGB) findet sich die ähnliche Formulierung „durch Fahrlässigkeit". Letzteres verlangt unter anderem das Bestehen eines Pflichtwidrigkeitszusammenhangs. Insoweit besteht eine weitere Parallele, welche die Anwendung der objektiven Zurechnung auch bei der Untreue nahelegt.[1132]

(c) Zwischenergebnis

Damit spricht der Wortlaut des § 266 StGB, seine Struktur sowie der Sinn und Zweck der objektiven Zurechnung für eine Übertragung eben dieser auf den Untreuetatbestand. Die Lehre von der objektiven Zurechnung kann und sollte daher auf den Untreuetatbestand angewendet werden. Fraglich ist nun, welche Elemente übertragen werden könnten und sollten.[1133]

1129 *Martin,* Bankuntreue, 135.

1130 Dazu *Martin,* Bankuntreue, 137 m.w.N.

1131 So *Herrmann,* Begrenzung der Untreuestrafbarkeit, 125 f.; siehe auch *Seier,* HWSt, V 2 Rn. 204.

1132 *Martin,* Bankuntreue, 134.

1133 Es kommt durchaus deliktsbezogen zu Unterschieden im Umfang der Anwendbarkeit der objektive Zurechnung, welche sich schlichtweg aus dem Deliktstypus, der Begehungsform und der Ausrichtung der einzelnen Tatbestände ergeben und ebenso wenig ist die regulierende Wirkung und deren Ergebnis bei unterschiedlichen Delikten das gleiche, dazu schon *Gerkau,* Untreue und objektive Zurechnung, 140, 143.

(3) Grundformel, Elemente und Umfang

Objektiv zurechenbar ist ein durch menschliches Verhalten verursachter Unrechtserfolg nur dann, wenn dieses Verhalten eine rechtlich relevante Gefahr für das verletzte Rechtsgut geschaffen hat, und gerade diese Gefahr sich im tatbestandsmäßigen Erfolg verwirklicht hat.[1134] Hinter den Strukturelementen der Grundformel (Gefahrschaffung und Realisierung), welche selbst noch der Präzisierung bedürfen, stehen verschiedene Untergruppen, welche sich zum Teil überschneiden.[1135] Als verschiedene Aspekte sind allgemein und unter anderem der Pflichtwidrigkeitszusammenhang, die Selbstverantwortung des Opfers,[1136] die Steuerbarkeit des Verhaltens und die Intensivierung,[1137] Gesichtspunkte der Adäquanz, die generelle Eignung der Sorgfaltsnorm, der Schutzzweckzusammenhang etc. zu nennen.[1138] Jedoch werden auch unter den Befürwortern der objektiven Zurechnung bei der Untreue durchaus unterschiedliche Meinungen vertreten, welche Elemente zu berücksichtigen sind und in welchem Umfang.[1139] Die Entscheidung darüber soll für die hier möglicherweise relevanten Aspekte der Gefahrschaffung und des Pflichtwidrigkeitszusammenhangs getroffen werden. Aus Gründen der Vollständigkeit wird zudem untersucht, ob auch ein Schutzzweckzusammenhang und ein Unmittelbarkeitszusammenhang für den Untreuetatbestand gefordert werden sollten.

1134 So die heute ganz herrschende Ansicht i.d.Lit., Inhalt und Formulierung gehen zurück auf *Roxin,* FS-Honig, 133, 135; siehe dazu auch BGHSt 11, 1, 7; BGHSt 21, 59, 61; statt vieler, die wörtlich oder inhaltlich mit *Roxin* übereinstimmen *Fischer,* StGB, Vor § 13 Rn. 24; *Freund,* MüKo-StGB, Vor §§ 13 ff. Rn. 181; siehe schon *Honig,* FG-Frank, 174, 182 ff., 188; *Engisch,* Kausalität, 61; *Welzel,* ZStW 58 (1939), 491, 491 ff.; einen historischen Überblick liefert *Schünemann,* GA 135 (1999), 207, 208 ff.

1135 *Kudlich,* S/S/W-StGB, Vor §§ 13 ff. Rn. 51.

1136 BGH NStZ 2009, 114 ff. zur fahrlässigen Tötung.

1137 Siehe nur *Otto,* Jura 1992, 90, 91 f.

1138 Dazu *Kühl,* Lackner/Kühl-StGB, Vor § 13 Rn. 14 m.z.N.

1139 Einen guten Überblick gibt *Saliger,* S/S/W-StGB, § 266 Rn. 79; *ders.,* HRRS 2006, 10, 21; eine allgemeine Darstellung der unterschiedlichen Anforderungen bei Vorsatz- und Fahrlässigkeitsdelikten und daher zum allgemeinen Stand findet sich etwa bei *Schild,* FS-Jakobs, 601, 601 ff.

(a) Schaffung einer rechtlich relevanten Gefahr

Zunächst bedarf die Gefahrschaffung[1140] als Kernstrukturelement einer Präzisierung. Man könnte denken, dass rechtliche Verhaltensnormen erst die Herbeiführung eines Erfolges zum Gegenstand haben.[1141] Dann wäre die Voraussetzung der Zurechnung eine Beherrschbarkeit beziehungsweise Steuerbarkeit bis hin zum Eintritt des tatbestandsmäßigen Erfolgs.[1142] Das kann nicht der Fall sein, denn die Möglichkeit der Beherrschbarkeit / Steuerbarkeit endet jedenfalls dort, wo der Kausalverlauf den Herrschaftsbereich des Täters verlässt, und sich damit verselbstständigt.[1143] Dazu sei angemerkt, dass jede Erfolgsherbeiführung das eben skizzierte Stadium der mangelnden Beherrschbarkeit / Steuerbarkeit einmal durchläuft. So ist vielmehr früher anzusetzen, und zwar schon bei der Schaffung der Erfolgsgefahr.[1144] Denn nur diese ist beherrschbar. Dabei handelt es sich um einen Zustand, bei dem objektiv voraussehbar ist, dass er selbstständig in den Verletzungserfolg (bei Erfolgsdelikten wie § 266 StGB eines ist) umschlagen kann. An eben diese Schaffung der Gefahr und deren Realisierung knüpft die objektive Zurechnung an.

Zum Merkmal der rechtlichen Relevanz sei gesagt, dass durch das Recht nicht jedes Verhalten verboten werden kann und soll, welches bereits mit einer festzustellenden Gefahr verknüpft ist. Rechtlich relevant ist nur das Schaffen einer solchen Gefahr, die die Grenzen von erlaubtem und damit sozialadäquatem Risiko[1145] übersteigt. Die terminologische Bezeichnung des Gefahrschaffungselementes variiert, wobei die entscheidende sachliche Qualifikation unberührt bleibt.[1146] Die Formulierung der „rechtlich relevanten" Gefahr ist dabei die mildeste. Es

---

1140 Beachte *Frisch*, Tatbestandsmäßiges Verhalten, 33 ff., der zwischen der unerlaubten Risikoschaffung als tatbestandsmäßiger Handlung und der Risikorealisierung als Erfordernis der objektiven Zurechnung unterscheidet; zustimmend *Rudolphi*, SK-StGB, Vor § 1 Rn. 57, 61.

1141 Vgl. dazu *Lenckner/Eisele*, S/S-StGB, Vorbem. §§ 13 ff. Rn. 92.

1142 Siehe aber *Otto*, FS-Maurach, 91, 92 ff.

1143 Und das ist immer, wenn auch nur für einen kurzen Augenblick der Fall.

1144 Terminologisch darf klargestellt werden, dass es bei dem Ausdruck der Gefahrschaffung als einer Voraussetzung für die Erfolgszurechnung nicht um den Eintritt einer konkreten Gefahr als Gefahrenerfolg geht, sondern vielmehr nur um das Schaffen einer Erfolgsgefahr, *Lenckner/Eisele*, S/S-StGB, Vorbem. §§ 13 ff. Rn. 92.

1145 Im Rahmen von § 266 StGB *Esser*, AnwK-StGB, § 266 Rn. 212; allgemein dazu *Kienapfel*, Das erlaubte Risiko, *passim*; *Preuß*, Untersuchungen zum erlaubten Risiko, *passim*; *Kudlich*, S/S/W-StGB, Vor §§ 13 ff. Rn. 53; *Roxin*, Strafrecht AT/1, § 11 Rn. 65 ff.

1146 Dazu *Kühl*, Strafrecht AT, § 4 Rn. 43.

finden sich aber auch Formulierungen wie die „rechtlich missbilligte Gefahr“,[1147] die „rechtlich verbotene“,[1148] die „unerlaubte“[1149] oder gar die „über das erlaubte Maß hinausgehende“[1150] Gefahr.[1151] Ziel der vorangegangenen Wiedergabe der rein terminologischen Variationen ist allein, die nachstehenden Ausführungen anschaulich zu vereinfachen.

Wenn also rechtlich relevant nur das Schaffen einer solchen Gefahr ist, die die Grenzen von erlaubtem und damit sozialadäquatem Risiko übersteigt, bedeutet das im Umkehrschluss, dass es sozialadäquate Minimalrisiken gibt, die vom Recht vernachlässigt werden.[1152] Dieses, nicht zu beachtende, aber dennoch vorhandene Minimalrisiko ist so gering, dass die Gefahr statistisch kaum messbar ist.[1153] Und darüber hinaus entfällt die Zurechnung auch dann, wenn das Risiko zwar signifikant, aber eben sozialadäquat ist.[1154] Das erlaubte Risiko – mit den Worten *Roxins* definiert als „ein Verhalten, das ein rechtlich relevantes Risiko schafft, aber generell (unabhängig vom Einzelfall!) erlaubt ist (...)“[1155] – ergibt sich aufgrund der Sozialadäquanz einer Handlung aus einer Abwägung von Handlungsfreiheit und Rechtsgüterschutz.[1156] Ein gesetztes Risiko ist immer dann noch erlaubt, wenn es allgemein noch als rechtlich billigenswert angesehen wird. Das ergibt sich wiederum aus dem sozialen Nutzen.[1157] Maßgeblich ist damit, welches Verhalten den Bereich der rechtlichen Irrelevanz verlässt.[1158] Mit anderen Worten bedarf es der Klärung der objektiven Sorgfaltswidrigkeit der Handlung in Beziehung zum verletzten Rechtsgut,[1159] oder noch anders gesprochen, ist eine

---

1147 Ausführlich *Rudolphi*, SK-StGB, Vor § 1 Rn. 57.
1148 *Jeschek/Weigend*, Lehrbuch des Strafrechts, 287.
1149 *Roxin*, GS-Kaufmann, 237, 239.
1150 *Otto*, Strafrecht, § 10 Rn. 18.
1151 Dazu *Kühl*, Strafrecht AT, § 4 Rn. 43.
1152 *Roxin*, Strafrecht AT/I, § 11 Rn. 55.
1153 *Heuchemer*, Beck-StGB, § 13 Rn. 24.
1154 Vgl. *Heuchemer*, Beck-StGB, § 13 Rn. 24; für § 266 StGB *Esser*, AnwK-StGB, § 266 Rn. 212.
1155 *Roxin*, Strafrecht AT/I, § 11 Rn. 66.
1156 Beachte den Unterschied zum gerechtfertigten und daher „erlaubten“ Risiko; *Lenckner/Eisele*, S/S-StGB, Vor § 13 Rn. 93, § 15 Rn. 127, 144 ff., 189 und Vor § 32 Rn. 94, 100; auch *Heuchemer*, Beck-StGB, § 13 Rn. 24; *Roxin*, Strafrecht AT/I, § 11 Rn. 66 Fn. 163.
1157 *Esser*, AnwK-StGB, § 266 Rn. 212.
1158 *Frisch*, Tatbestandsmäßiges Verhalten, 69.
1159 So *Lenckner/Eisele*, S/S-StGB, Vorbem. §§ 13 ff. Rn. 93 m.w.N.; die Anwendbarkeit nicht nur auf Fahrlässigkeitsdelikte, sondern auch auf Vorsatzdelikte, ergibt sich

Abschichtung von erlaubtem zu unerlaubtem Risiko notwendig.[1160] Die Herbeiführung von sozial normalem und / oder generell ungefährlichem Verhalten kann also nicht verboten werden.[1161] Allgemein gesprochen wird eine strafrechtlich relevante Gefahr dann geschaffen, wenn das Verhalten des Täters sinnvoller Weise verboten werden muss. Wann Letzteres der Fall ist, richtet sich nach der präventiv-verhaltenssteuernden Funktion des Strafrechts.[1162] Maßgeblich ist nicht die *ex-post* Betrachtung, sondern die Perspektive *ex-ante*. Es kommt darauf an, ob ein einsichtiger Beobachter vor der Tat das entsprechende Verhalten für riskant gehalten hätte?[1163] Mithin ist die Zurechnung trotz zu bejahender Kausalität dann zu verneinen, wenn die Handlung keine rechtlich relevante Gefahr geschaffen hat, weil sie im Hinblick auf das betroffene Rechtsgutsobjekt nicht verboten ist.[1164] Damit eine Zurechnung erfolgt, muss es vielmehr zu einer Überschreitung des erlaubten Risikos kommen.[1165]

Bei dieser rechtlich relevanten Gefahrschaffung, als einem der Kernaspekte der objektiven Zurechnung handelt es sich um ein Einfallstor für straftatsystematische Erwägungen. Gerade bei der Untreue ist aufgrund der Weite des Tatbestands und insbesondere wegen der zahlreichen in Betracht kommenden Pflichtverstöße eine Selektion von strafwürdigem Verhalten an dieser Stelle geboten. Die Untreuehandlung hat selbst eine ganz minimale Greifbarkeit.[1166] Hier

---

logisch aus dem Umstand, dass ein objektiv nicht verbotenes (also erlaubtes) Risiko nicht diese Eigenschaft verliert, weil der Täter den Erfolg will, dazu *Frisch,* Tatbestandsmäßiges Verhalten, 36 ff.

1160 *Freund,* MüKo-StGB, Vor §§ 13 ff. Rn. 181; so *Rönnau,* ZStW 119 (2007), 887, 889.

1161 *Roxin,* Strafrecht AT/I, § 11 Rn. 47; beachte *Rönnau,* ZStW 119 (2007), 887, 889.

1162 *Schünemann,* GA 135 (1999), 207, 215 f.; *Saliger,* S/S/W-StGB, § 266 Rn. 50.

1163 *Roxin,* Strafrecht AT/I, § 11 Rn. 56; *Lenckner/Eisele,* S/S-StGB, Vorbem. §§ 13 ff. Rn. 92; *ex-post* Betrachtung, *Burkhardt,* Straftat, Strafzumessung, Strafprozess, 99, 116, 133; dagegen aber *Frisch,* Tatbestandsmäßiges Verhalten, 171 ff.

1164 Hier zeigt sich die selbstständige Kategorie: eine Handlung kann für den Erfolg kausal, aber nicht objektiv zurechenbar sein; diskutiert werden hier insbesondere Fälle der Risikoverringerung (Stichwort: Ablenkung des fallenden Ziegelsteins, Abstiftung; OLG Stuttgart JZ 1979, 575, 575 f.; allgemein dazu *Lenckner/Eisele,* S/S-StGB, Vorbem. §§ 13 ff. Rn. 94; *Kudlich,* S/S/W-StGB, Vor §§ 13 ff. Rn. 52; *Murmann,* S/S/W-StGB, § 26 Rn. 6; *Roxin,* Strafrecht AT/I, § 11 Rn. 53 ff.) und Fälle des unbeherrschbaren Risikos (Stichwort: Flugreise-Fall, Erbonkelfall).

1165 *Roxin,* Strafrecht AT/I, § 11 Rn. 66.

1166 Dazu und zum Vergleich zu § 263 StGB *Matt/Saliger,* Straflosigkeit der versuchten Untreue, 217, 222 ff.

liegt ein weiterer Unterschied zum Tatbestand des Betruges.[1167] Dort hat insbesondere im Element der Täuschung das Maß des erlaubten Risikos schon eine besondere Ausprägung gefunden.[1168]

(b) Fehlende Gefahrrealisierung – Pflichtwidrigkeitszusammenhang

Selbst wenn eine an sich pflichtwidrige Erfolgsgefahr vom Täter geschaffen wurde, so ist der Erfolg nur dann objektiv zurechenbar, wenn sich in diesem gerade die Gefahr realisiert.[1169] Daran fehlt es insbesondere bei atypischen Kausalverläufen.[1170] Das Erfordernis eines Pflichtwidrigkeitszusammenhangs[1171] zwischen Pflichtverletzung und Untreue wird ebenfalls schon vom Wortlaut des § 266 Abs. 1 StGB eingefordert.[1172] Dem Pflichtwidrigkeitszusammenhang zufolge schlägt sich eine durch die Pflichtverletzung geschaffene rechtlich relevante Gefahr nicht im Erfolg nieder, wenn eben dieser Erfolg auch bei pflichtgemäßem Verhalten eingetreten wäre.[1173] Als wichtige Fallgruppe ist daher das rechtmäßige Alternativverhalten[1174] zu nennen. Auch wenn „das Kind nicht beim Namen genannt wurde", so hat selbst die Rechtsprechung diesen Pflichtwidrigkeitszusammenhang vereinzelt

---

1167 *Matt/Saliger,* Straflosigkeit der versuchten Untreue, 217, 223 spricht gar von einem „Greifbarkeits"-Gefälle.

1168 So *Gerkau,* Untreue und objektive Zurechnung, 142; *Gaede,* AnwK-StGB, § 263 Rn. 115 sieht die Prüfung von Kausalität und Zurechnung des Schadens praktisch schon in der Prüfung und Feststellung der Verfügung als geleistet an. Daher verblieben nur etwaige Kompensationen zu prüfen.

1169 Dazu *Roxin,* Strafrecht AT/I, § 11 Rn. 69.

1170 Geringfügige Abweichungen vom Kausalverlauf reichen nicht aus. Es muss sich vielmehr um wesentliche Abweichungen handeln, dazu BGHSt 3, 62, 63; *Kudlich,* S/S/W-StGB, Vor §§ 13 ff. Rn. 55.

1171 Allgemein dazu *Lenckner/Eisele,* S/S-StGB, Vorbem. §§ 13 ff. Rn. 99; dieser ist insbesondere im Fahrlässigkeitsdelikt beheimatet.

1172 So und zum Folgenden *Saliger,* HRRS 2006, 10, 22; *ders.,* S/S/W-StGB, § 266 Rn. 81; ebenfalls *Martin,* Bankuntreue, 134 ff.

1173 Die Grenzen sind umstritten. Nach h.M. gilt das auch, wenn sich dieses Ergebnis aufgrund erheblicher Tatsachen nach der Überzeugung des Tatrichters nicht ausschließen lässt bzw. der Taterfolg auch mit an Sicherheit grenzender Wahrscheinlichkeit eingetreten wäre: BGHSt 11, 1, 7; BGHSt 21, 59, 61; BGHSt 24, 31, 34; BGHSt 33, 61, 63; BGHSt 49, 1, 4; zur Vermeidbarkeitstheorie *versus* Risikoerhöhungstheorie *Sternberg-Lieben,* S/S-StGB, § 15 Rn. 77 ff. m.z.N.; mit Beispielen zur Untreue *Martin,* Bankuntreue, 136 ff.

1174 Interessant für den Bereich der Kredituntreue, daher von erheblicher Relevanz, *Gerkau,* Untreue und objektive Zurechnung, 140; siehe auch die vier Beispielsfälle bei *Martin,* Bankuntreue, 137 f.

als ein Erfordernis der Zurechnung für die Untreue zumindest der Sache nach erwähnt.[1175] Überdies ist die Erfolgsrealisierung in Fällen des eigenverantwortlichen Handelns Dritter zu verneinen.[1176] Demnach ist auch der Pflichtwidrigkeitszusammenhang im Rahmen der Untreue relevant.

(c) Schutzzweckzusammenhang

Die Grundformel der objektiven Zurechnung wird teilweise noch erweitert und es wird gefordert, dass es sich um einen vom Schutzzweck der verletzten Norm erfassten Erfolg handeln muss.[1177] Verwirklicht sich im eintretenden Erfolg nicht das verbotene, sondern ein ganz anderes Risiko, dann liegt der Erfolg außerhalb des Schutzbereichs der Norm. So wird im Rahmen von § 266 StGB von einigen Stimmen in der Literatur dafür plädiert, dass die Vermögensbetreuungspflicht auf solche Pflichten zu begrenzen sei, die primär und unmittelbar dem Vermögensschutz dienen beziehungsweise gerade auf den Vermögensschutz angelegt seien. Ihrer Ansicht nach sollten ausschließlich Pflichtverstöße gegen solche Normen sanktioniert werden, die darauf abzielten, Erfolge der eingetretenen Art zu verhindern.[1178]

Gegen die Berücksichtigung des Schutzzweckzusammenhangs im Untreuetatbestand spricht allerdings eine Vielzahl von Argumenten.[1179] Zunächst besteht schon kein sachliches Bedürfnis für die Berücksichtigung. Über das ohnehin schon bestehende Erfordernis des hinreichenden Fremdbezuges von den untreuerelevanten Pflichten werden solche Pflichten, die allein öffentlichen oder rein privaten oder nur moralischen Zwecken dienen, bereits ausgenommen. Weiterhin ist der Schutzzweckzusammenhang weder im Wortlaut noch im Strafgrund der Norm angelegt.[1180] Vielmehr würden sich bei einer Berücksichtigung

1175 *Saliger*, HRRS 2006, 10, 21 mit Verweis auf BGH NJW 1983, 1808 ff.

1176 Sehr umfangreich *Otto*, FS-Lampe, 491, 491 ff.

1177 Auch für § 266 StGB: *Martin*, Bankuntreue, 140 ff.; *Günther*, FS-Weber, 311, 316; siehe auch *Seier*, HWSt, V 2 Rn. 207 m.w.N.; in diese Richtung gehend *Kubiciel*, NStZ 2005, 353, 360; beachte *Schlösser/Dörfler*, wistra 2007, 326, 389 ff.; a.A. *Saliger*, S/S/W-StGB, § 266 Rn. 82 f.; *ders.*, HRRS 2006, 10, 23.

1178 *Seier*, HWSt, V 2 Rn. 207 ff., der etwa vom Schlüssel zur Lösung in Fällen der sog. Parteienuntreue spricht, Rn. 209; *Martin*, Bankuntreue, 140 ff. m.w.N. und mit umfangreicher Prüfung von Vorschriften aus dem KWG; *Gerkau*, Untreue und objektive Zurechnung, 145 ff., der allerdings aus systematischen Gründen die Untersuchung in die Prüfung der einzelnen Tatbestandsmerkmale eingliedern will.

1179 So und dazu *Saliger*, S/S/W-StGB, § 266 Rn. 83.

1180 *Saliger*, JA 2007, 236, 333 f.; *ders.*, HRRS 2006, 10, 22 f.

Strafbarkeitslücken öffnen.[1181] Ein Schutzzweckzusammenhang ist daher bei der Untreue nicht zu fordern.[1182]

(d) Unmittelbarkeitszusammenhang

Darüber hinaus wird von einigen Stimmen ein Unmittelbarkeitszusammenhang als Element der objektiven Zurechnung gefordert.[1183] Demnach sei erforderlich, dass der Vermögensnachteil unmittelbar herbeigeführt wird.[1184] Tatsächlich beinhaltet aber schon die allgemeine Lehre der objektiven Zurechnung kein solches Element.[1185] Und auch die aktuelle Deliktsstruktur der Untreue gebietet den Einsatz der Unmittelbarkeit nicht.[1186] Daher ist der Unmittelbarkeitszusammenhang als ein Element der objektiven Zurechnung im Rahmen von § 266 StGB abzulehnen.

Davon zu unterscheiden ist die umstrittene, aber vorliegend nicht zu vertiefende, Frage der Relevanz der Unmittelbarkeit für die Nachteilsseite der Saldierung – gleichsam als Spiegelbild zum allgemein anerkannten Erfordernis der Unmittelbarkeit auf Vorteilsseite der Kompensation.[1187]

(4) Zwischenergebnis zu den Voraussetzungen und dem Umfang der objektiven Zurechnung

Die Kausalität ist eine notwendige, aber keine hinreichende Bedingung für die Zurechnung im Untreuetatbestand. Eine Loslösung von ihr ist jedoch unmöglich, weil ein Vermögensnachteil dem Täter nicht als sein Werk zugerechnet werden kann, wenn er ohne sein Zutun eintritt. Weitergehend kann und sollte

---

1181 Es würde etwa die Untreuestrafbarkeit wegen unordentlicher Buchführung entfallen (nach ganz h.M. dienen die Bilanzvorschriften des HGB primär und unmittelbar dem Zweck der Information, Dokumentation und Kapitalerhaltung zum Schutz von aktuellen und potentiellen Gläubigern), vgl. *Saliger*, S/S/W-StGB, § 266 Rn. 83; dagegen *Seier*, HWSt, V 2 Rn. 210.

1182 So auch die ganz h.M.

1183 *Esser*, AnwK-StGB, § 266 Rn. 215 ff.; abgeleitet wird das Kriterium der Unmittelbarkeit aus Art. 103 Abs. 2 GG.; überwiegend jedoch abgelehnt, etwa *Martin*, Bankuntreue, 148 ff.; *Saliger*, S/S/W-StGB, § 266 Rn. 84.

1184 Beachte die Andeutung in BGH NJW 2009, 3173 Rn. 33 und die vom BGH zitierte Entscheidung BGHSt 51, 29, 33.

1185 Nur *Roxin*, Strafrecht AT/I, § 11 Rn. 44 ff.

1186 So und zu weiteren Argumenten, wie etwa der praktisch nicht gegebenen Notwendigkeit, *Saliger*, S/S/W-StGB, § 266 Rn. 84 m.w.N.

1187 Etwa *Seier*, HWSt, V 2 Rn. 204; zustimmend *Esser*, AnwK-StGB, § 266 Rn. 216; *Mosiek*, HRRS 2009, 565, 566; differenzierend *Saliger*, S/S/W-StGB, § 266 Rn. 62, 84.

die objektive Zurechnung als ein die Haftung sinnvoll beschränkendes Korrektiv im Rahmen von § 266 StGB herangezogen werden. Die Übertragung der Lehre von der objektiven Zurechnung ist insoweit auch erforderlich, da mit ihrer Hilfe einige der bekannten Problemfälle der Untreue auf überzeugende Weise gelöst werden können. Zu prüfen sind insbesondere die Schaffung einer rechtlich relevanten Gefahr, deren Realisierung und ein Pflichtwidrigkeitszusammenhang. Hingegen sollten der Schutzzweckzusammenhang und auch der Unmittelbarkeitszusammenhang keine Berücksichtigung finden.

b) Berücksichtigung von Ausgleichsfähigkeit und Ausgleichsbereitschaft

Es ist nunmehr zu untersuchen, ob Kausalität und objektive Zurechnung für die Berücksichtigung von Ausgleichsfähigkeit und -bereitschaft des Treupflichtigen fruchtbar gemacht werden können.

Die Pflichtverletzung des Treupflichtigen kann nicht hinweggedacht werden, ohne dass der Vermögensnachteil entfällt. Damit ist Kausalität gegeben. Fraglich ist sodann, ob das Verhalten auch objektiv zurechenbar ist. Dafür müsste der Treupflichtige durch sein pflichtwidriges Verhalten eine rechtlich relevante Gefahr für das von ihm zu betreuende Vermögen geschaffen haben, die sich dann im Vermögensnachteil als tatbestandsmäßigem Erfolg tatsächlich realisiert hat. Es kommt, wie oben gesagt, darauf an, ob ein einsichtiger Beobachter vor der Tat das entsprechende Verhalten für riskant gehalten hätte. Genauer formuliert: Hätte dieser Beobachter die pflichtwidrige (und unter Umständen auch eigennützige) Verwendung der Mittel bei bestehender Ausgleichsfähigkeit und -bereitschaft als riskant eingeschätzt? In Betracht kommt eine Zuordnung zur Risikoverringerung. Dem schließt sich die Untersuchung der Gefahrschaffung im eigentlichen Sinne an.

aa) Risikoverringerung

Es könnte möglicherweise ein Aspekt der Risikoverringerung gegeben sein. Diese Erwägung ist geleitet von dem Gedanken, dass die Ausgleichsfähigkeit und -bereitschaft eine Form der Abmilderung schadensbringender Ereignisse sein könnte. Dafür müsste der Täter einen von einem Dritten anderweitig in Gang gesetzten Kausalverlauf modifizieren[1188] und so die für das Untreueopfer bereits bestehende Gefahr des Vermögensnachteils verringern. Der Täter müsste die

1188 Beachte nur BGH JZ 1973, 173, 173 f.; zu den Voraussetzungen im Einzelnen statt vieler aus der Lit. *Roxin*, Strafrecht AT/I, § 11 Rn. 53 und *Kühl*, Strafrecht AT, § 4 Rn. 53 ff.

Situation des Opfers verbessern.[1189] Die Verneinung der objektiven Zurechnung trotz zu bejahender Kausalität in diesen Fällen ist die logische Schlussfolgerung aus dem sinnwidrigen Ergebnis, welches sich andernfalls ergeben würde, wenn man eine Handlung verbietet, die den Zustand eines jeweils geschützten Rechtgutes gerade verbessert, indem das Risiko eines Erfolgseintritts verringert, eine drohende Rechtsgutverletzungen abgemildert oder ihr Eintritt jedenfalls zeitlich hinausgezögert werden.[1190] In den zu untersuchenden Fällen sind aber schon die Voraussetzungen nicht gegeben. Eine Zuordnung zum Aspekt der Risikoverringerung scheitert an dem Umstand, dass der Treupflichtige den Kausalverlauf, den er modifiziert, selbst in Gang gesetzt hat.[1191] Demnach wird die Erfolgszurechnung bei Ausgleichsfähigkeit und -bereitschaft des Treupflichtigen nicht unter dem Aspekt der Risikoverringerung ausgeschlossen.

bb) Rechtlich relevante Gefahrschaffung und Realisierung im engeren Sinne

Wenn der Täter das Risiko der Rechtsgutsverletzung nicht verringert hat, könnte zu überlegen sein, ob er durch seine Handlung, bei Vorliegen von Ausgleichsfähigkeit und -bereitschaft, überhaupt das Risiko einer Rechtsgutsverletzung in beachtlicher Weise geschaffen hat.[1192]

Wie bereits gesagt, ist die Gefahrschaffung ein Zustand, bei dem objektiv voraussehbar ist, dass er selbstständig in den Erfolg (hier in einen Vermögensnachteil) umschlagen kann. Kurz gesagt, ist es entscheidend, ob der ausgleichsbereite und -fähige Treupflichtige die rechtlich relevante Erfolgsgefahr eines Vermögensnachteils schafft. Dafür soll der Verlauf des Geschehens in seinen einzelnen Stadien analysiert werden.[1193] Der pflichtwidrige Einsatz von Geldern des Treugebers durch den Treupflichtigen hat zur Folge, dass das treugeberische Vermögen geschädigt wird. In der Folge stehen ihm zivilrechtliche Schadensersatzansprüche gegen den Treupflichtigen zu. Durch den pflichtwidrigen Einsatz der Geldmittel wird eine Gefahr für das tatbestandlich geschützte Vermögen geschaffen. Fraglich ist, ob das pflichtwidrige und daher generell unerlaubte Verhalten eine

---

1189 Vgl. *Roxin*, Strafrecht AT/I, § 11 Rn. 53.

1190 Vgl. *Rudolphi*, SK-StGB, Vor § 1 Rn. 58; *Kühl*, Strafrecht AT, § 4 Rn. 54.

1191 So *Saliger*, HRRS 2006, 10, 21 Fn. 133; *ders.*, S/S/W-StGB, § 266 Rn. 80.

1192 Die Risikoerhöhungslehre würde ergänzen: oder deutlich erhöht; vgl. *Roxin*, ZStW 74 (1962), 411, 430 ff.; *ders.*, FS-Honig, 133, 138 f.; *ders.*, Strafrecht AT/I, § 11 Rn. 88 ff.; zustimmend *Rudolphi*, SK-StGB, Vor § 1 Rn. 65 f. m.z.N.; ablehnend BGHSt 37, 106, 127.

1193 Siehe dazu *Puppe*, Spiegel der Rechtsprechung, § 4 Rn. 3.

erlaubte oder eine unerlaubte Gefahr verursacht, die dann ihrerseits einen strafrechtlich relevanten Erfolg herbeiführt. Wenn die Gefahr ihrerseits erlaubt ist, dann findet keine Zurechnung statt, auch wenn der Erfolg durch unerlaubtes Verhalten verursacht wurde.[1194]

Auf den ersten Blick scheint für einen einsichtigen Beobachter aus der Perspektive *ex-ante* in dem Verhalten des Treupflichtigen, welcher fremdes, aber ihm anvertrautes Geld treuwidrig einsetzt und dadurch die Erfolgsgefahr eines Vermögensnachteils für den Treugeber schafft, eine rechtlich relevante, weil unerlaubte, Gefahrschaffung vorzuliegen. Den Treugeber durch den treuwidrigen Mitteleinsatz in eine Lage zu versetzten, in der er sich als Gläubiger von Schadensersatzansprüchen gegen den Treupflichtigen wiederfindet, würde eine unerlaubte Gefahrschaffung begründen. Das ist auf den ersten Blick anzunehmen, es ist aber zu kurz gedacht.

So ist doch Folgendes zu überlegen: Der einsichtige Beobachter hätte *ex-ante*, wenn er um das Vorliegen der Ausgleichsbereitschaft und -fähigkeit des Handelnden gewusst hätte, das entsprechende Verhalten (wohl immer noch), nicht aber die Gefahrschaffung für riskant gehalten. *Seier* formuliert: „Der Treupflichtige setzt durch sein Handeln unter dem Strich keine Verlustgefahr.“[1195] Auch wenn die Gelder des Treugebers treuwidrig durch den Treupflichtigen verbraucht werden, so schafft er dadurch keine rechtlich relevante Gefahr des tatsächlichen endgültigen Vermögensnachteils.[1196]

Es ist demnach zu klären, ob eben dieser fiktive objektive Beobachter von der Ausgleichsfähigkeit und -bereitschaft wusste, genauer wissen durfte? Dafür sei an dieser Stelle zunächst die Zwischenfrage erlaubt, ob Sonderwissen des Täters überhaupt zu berücksichtigen ist? Das ist zu bejahen.[1197] Es handelt sich dabei gerade um ein konstituierendes Element des Begriffs der unerlaubten Gefahrschaffung.[1198] Das folgt mit *Roxins* Worten schon daraus, dass „ein Rechtsgüterschutz nur durch das Verbot gefährlicher Handlungen erreicht werden kann, das Verbot sich aber nur auf eine Beurteilung *ex ante* stützen kann, muss das Wissen des Täters in das Urteil über die objektive Gefährlichkeit seiner

1194 *Puppe,* Spiegel der Rechtsprechung, § 4 Rn. 1 ff.

1195 *Seier,* HWSt, V 2 Rn. 178.

1196 Vgl. *Seier,* HWSt, V 2 Rn. 178; siehe auch *Saliger,* S/S/W-StGB, § 266 Rn. 80.

1197 H.M.; *Roxin,* Strafrecht AT/I, § 11 Rn. 56 f.; *Greco*, ZStW 117 (2005), 519, 519 ff.; das wird teilweise als systemwidrig kritisiert, insbesondere von den Finalisten, *Kaufmann*, FS-Jeschek, 251, 254 ff., 260 f.

1198 *Roxin,* Strafrecht AT/I, § 11 Rn. 57.

Handlung eingehen."[1199] Der einsichtige Beobachter *ex-ante* ist also mit dem speziellen Sonderwissen des konkreten Täters auszustatten.[1200] Die Ausgleichsfähigkeit stellt als objektives Element kein Sonderwissen dar, dafür ist das bei der Ausgleichsbereitschaft nicht auf den ersten Blick klar. Was überhaupt unter Sonderwissen zu verstehen sei, ist bisher wenig geklärt.[1201] Es handelt sich dabei jedenfalls um eine Fallgruppe, und zwar diejenige, in der der Täter mehr weiß als eine objektive Maßfigur. Die Maßfigur ist im Rahmen der objektiven Zurechnung ein einsichtiger Beobachter. Das Wissen bezieht sich allein auf Kenntnisse. Nicht erfasst sind hingegen andere psychische Faktoren wie etwa Absichten oder Motive.

Daher ist dem zu fällenden rechtlichen Missbilligungsurteil über das Verhalten nicht etwa die gute Gesinnung[1202] (keine Schädigungsabsicht des Treupflichtigen infolge seiner Ausgleichsbereitschaft) oder die subjektive Zwecksetzung zugrunde zu legen, sondern es ist für diese rechtliche Beurteilung vielmehr allein die Sachlage relevant, in Anbetracht derer gehandelt wurde.[1203] Je nachdem, in Anbetracht welcher Sachlage jemand handelt, kann ein „äußerlich" identisches Verhalten rechtlich unterschiedlich zu bewerten sein.[1204] Die Handlung nahm der Treupflichtige in Anbetracht seiner vorhandenen objektiven jederzeitigen Ausgleichsfähigkeit und subjektiven -bereitschaft vor. Dem Missbilligungsurteil des Beobachters sind somit sowohl die Ausgleichsfähigkeit als auch die Ausgleichsbereitschaft des Täters zugrunde zulegen. Aus diesem Grund soll noch einmal daran erinnert werden, was hinter diesen Schlagwörtern steht und was zu Beginn der Arbeit ausführlicher erläutert wurde. Der Treupflichtige muss ständig eigene Mittel zum Ersatz bereithalten und uneingeschränkt willens sein und sein Augenmerk darauf richten, die Mittel ständig zum Ausgleich nutzen zu können. Unter normalen Umständen kann und wird die Lage nicht in einen endgültigen

---

1199 *Roxin,* Strafrecht AT/I, § 11 Rn. 57.

1200 So *Roxin,* Strafrecht AT/I, § 11 Rn. 56; nur Sonderwissen, welches zur sozialen Rolle des Täters gehöre, sei zu berücksichtigen, *Jakobs,* GS-Kaufmann, 271, 271 ff., 278; sich ausführlich damit auseinandersetzend: *Greco,* ZStW 117 (2005), 519, 527; Gegenkritik zu den *Finalisten* und Jakobs kommt etwa von *Roxin,* GS-Kaufmann, 237, 250; *Frisch,* Straftat, Strafzumessung, Strafprozess, 153, 175; etwas anders noch *Frisch,* Tatbestandsmäßiges Verhalten, 41 Fn. 158; *Puppe,* NK-StGB, Vor § 13 Rn. 145.

1201 So und zu diesem Absatz *Greco,* ZStW 117 (2005), 519, 532.

1202 Beachte die für nicht relevant erklärte Gesinnung im Fall Siemens, BGHSt 52, 323 ff. Rn. 48.

1203 So *Freund,* MüKo-StGB, Vor §§ 13 ff. Rn. 191.

1204 So *Freund,* MüKo-StGB, Vor §§ 13 ff. Rn. 196.

Vermögensnachteil umschlagen.[1205] Das Wesen und die Besonderheit liegt gerade darin, dass der Treupflichtige *unabhängig* von eventuellen Schadensersatzansprüchen gegen ihn bereit und gewillt ist, Ersatz zu leisten. Ausgleichsfähigkeit und -bereitschaft des Treupflichtigen wirken sich insoweit gefahrmildernd aus. Das verbleibende Risiko ist zwar vorhanden, aber so gering, dass es unbeachtlich ist. Die Gefahr, dass der Treupflichtige trotz Ausgleichsfähigkeit und -bereitschaft im Zeitpunkt der Tathandlung den Ansprüchen nicht nachkommt, ist statistisch kaum messbar. Das Vermögen war daher *de facto* nie gefährdet.[1206]

Unter Berücksichtigung dieser Umstände liegt für das Vermögen nur eine „abgeschirmte Gefahrenlage" vor[1207] und keine rechtlich relevante Gefahrschaffung.[1208] An dieser Stelle tragen die objektive Ausgleichsfähigkeit und die subjektive Ausgleichsbereitschaft ihre Früchte und können dergestalt berücksichtigt werden: Unter normalen Umständen wird der Treupflichtige seiner Ausgleichspflicht nachkommen können und wollen. Das führt zu einer Nachteilsverhinderung und nicht bloß zu einer späteren Wiedergutmachung. Es handelt sich um eine generell ungefährliche Situation, und die damit verbundenen Risiken sind so minimal, dass sie vom (Straf-) Recht zu vernachlässigen sind. *Matt/Saliger* machen dieses Ergebnis am Beispiel von adäquaten Sicherheiten für etwaige Verluste noch deutlicher und sprechen gar von der Kompensation *ex-ante*, die den Schaden objektiv unmöglich macht.[1209]

Im Unterschied zum Betrug besteht bei der Untreue eine besondere Beziehung zwischen Täter und Opfer, die der Täter nicht abzubrechen gedenke. Dass eine Berücksichtigung in der objektiven Zurechnung nur im Untreuetatbestand und nicht im Betrugstatbestand vorgenommen wird, ist durchaus möglich und insoweit auch angebracht. Denn liegt das bereits erwähnte Wesen dieser Konstellation in der Bereitschaft und Fähigkeit unabhängig von der Schuldnerstellung zu leisten, dann ist doch in aller Regel diese Nähe der treibende Motor dahinter. Laufen der Vermögensbegriff und der Nachteils- beziehungsweise Schadensbegriff zwar parallel, so ist das bei der objektiven Zurechnung nicht der Fall. Die objektive Zurechnung selbst weist einen tatbestandsspezifischen Gehalt auf. Die Entscheidung über die Zurechnung wird in diesem Bereich vom Deliktszweck

1205 *Saliger*, S/S/W-StGB, § 266 Rn. 80; *ders.*, HRRS 2006, 11, 21 f.

1206 *Seier*, AnwK-StGB, § 266 Rn. 181.

1207 *Saliger*, HRRS 2006, 11, 21.

1208 *Saliger*, HRRS 2006, 11, 21 f.; *ders.*, S/S/W-StGB, § 266 Rn. 80; *Seier*, AnwK-StGB, § 266 Rn. 181; *ders.*, HWSt, V 2 Rn. 178.

1209 *Matt/Saliger*, Straflosigkeit der versuchten Untreue, 217, 239.

und der Deliktsbeschreibung determiniert.[1210] § 266 StGB bezweckt den individuellen Vermögensschutz vor Schädigungen von innen heraus. Zwar ermöglicht allein die Stellung des Treupflichtigen die Vornahme der Handlung von innen heraus, dennoch wird diese besondere Stellung nicht zur Schädigung eingesetzt. Auch weil der Tatbestand gerade keine Schädigungsabsicht vorsieht, wird hier deutlich, dass die Absicht zum Ersatz, gepaart mit der Fähigkeit dazu, die Erwägungen zum Strafgrund der Untreue weit unterschreiten. Das Vermögen bedarf an dieser Stelle nicht des strafrechtlichen Schutzes. Die Gefahrenlage ist damit (straf-) rechtlich nicht relevant. Das muss folglich auch dann gelten, wenn die Handlung ausnahmsweise für den Vermögensschaden ursächlich wird. Jedenfalls entsteht in diesen Fällen nur eine abgeschirmte Gefahrenlage, die aus dem Anwendungsbereich des § 266 StGB infolge des Zurechnungsausschlusses herausfällt und der besonderen Vertrauensstellung des Täters Rechnung trägt. Im Extremfall wäre der Eintritt eines Schadens sonst davon abhängig, in welcher Reihenfolge der Täter Tathandlung und Ersatzleistung vornimmt, was seiner besonderen Beziehung zum Vermögen nicht gerecht würde.[1211]

c) *Konsequenzen und Vorteile*

Abschließend sind die Konsequenzen und vor allem die Vorteile dieser Verortung in den Blick zu nehmen.

aa) Konsequenzen

Wenn keine objektive Zurechnung gegeben ist, dann ist der objektive Tatbestand des § 266 Abs. 1 StGB nicht erfüllt. Die Verneinung der objektiven Zurechenbarkeit hat das Ausscheiden der Vollendungsstrafbarkeit zur Folge, wobei sich gegebenenfalls die Prüfung der Versuchsstrafbarkeit anschließt.[1212] Der Versuch der Untreue steht jedoch nicht unter Strafe.[1213] Unabhängig von der Frage, ob ein unbedingter Tatentschluss vorläge, ist daher bei der Untreue in beiden Fällen

---

1210 *Roxin*, Strafrecht AT/I, § 11 Rn. 55.

1211 *Schuhr*, Medizinrecht, § 266 Rn. 71.

1212 *Roxin*, Strafrecht AT/I, § 11 Rn. 47 führt zu den einzelnen Aspekten und deren Nichterfüllung aus, dass grundsätzlich die fehlende Gefahrschaffung zur Straflosigkeit führt. Hingegen würde die mangelnde Realisierung der Gefahr in einer tatbestandsmäßigen Rechtsgutsverletzung zur Verneinung der Vollendungsstrafbarkeit führen, wobei sodann gegebenenfalls eine Versuchsstrafbarkeit in Rede stünde. *Kühl*, Strafrecht AT, § 15 Rn. 10 spricht davon, dass ein Versuch in Betracht kommt, wenn der Erfolg zwar eingetreten sei, aber nicht objektiv zurechenbar sei.

1213 Siehe B.II.5.a).

Straflosigkeit die Folge. Das ist das zwangsläufige Ergebnis dieser Lösung. Nach Meinung *Saligers* ist konstruktiv das objektive Moment des untauglichen Versuchs gegeben.[1214] Am Ende steht das gleiche Ergebnis, wie das offensichtlich von der (höchstrichterlichen) Rechtsprechung präferierte, nämlich Straflosigkeit mangels Tatbestandsmäßigkeit.

Die Berücksichtigungsfähigkeit von Ausgleichsbereitschaft und -fähigkeit anzuerkennen, bereitet den Weg zur Ausnahme vom strafrechtlich sanktionierten Verbot, fremde Gelder treuwidrig zu verwenden.[1215] Es kommt nicht zu der Situation, dass der Mangel einer Begründung erst durch die Behauptung eines neuen Erfordernisses, namentlich der objektiven Zurechnung, gedeckt wird.[1216] Bei der objektiven Zurechnung handelt es sich vielmehr um ein im Tatbestand verankertes (ungeschriebenes) Merkmal. Durch diese Anerkennung der objektiven Zurechnung findet ein dogmatisches Prinzip Anwendung, welches eine Restriktion des Tatbestands ermöglicht und zugleich strafrechtssystematische Geltung beansprucht. Die Prüfung der objektiven Zurechnung bei der Untreue wurde bisher zu wenig beachtet und kann der dogmatischen Erklärungsnot auch in anderen Fallgruppen Abhilfe verschaffen (etwa dem fehlenden Pflichtwidrigkeitszusammenhang im Bereich der Kredituntreue, wenn die den Kredit bearbeitende Person ohne hinreichende Prüfung der Bonität einen später notleidenden Kredit bewilligt, den sie auch bei sorgfältiger Prüfung bewilligt hätte, etwa weil die eingereichten Unterlagen gefälscht waren[1217]).

Es ist jedoch zu erwarten, dass auch dieser Weg, die Ausgleichsfähigkeit und -bereitschaft im Rahmen der objektiven Zurechnung zu berücksichtigen, Kritik ausgesetzt sein wird. Die Kritik könnte etwa lauten, dass es doch überflüssige Genauigkeit sei, mit der technischen Prüfung des Vermögensnachteils zunächst eben diesen zu bejahen, um sodann über das Merkmal der fehlenden objektiven Zurechnung aus der Tatbestandsprüfung auszusteigen. Es steht jedoch viel mehr hinter der hier vertretenen Lösung. Die weitreichenden Vorteile der Verortung von Ausgleichsbereitschaft und -fähigkeit in der objektiven Zurechnung und nicht im Vermögensnachteil stellen sich folgendermaßen dar.

1214 *Saliger,* S/S/W-StGB, § 266 Rn. 80 mit Verweis auf *Matt/Saliger,* Straflosigkeit der versuchten Untreue, 217, 238 ff.

1215 Vgl. dazu die Formulierung bei *Rübenstahl,* HRRS 2004, 43, 59.

1216 Im Gegensatz zur dem unter D.I.3. diskutierten Lösungsansatz.

1217 Dazu *Saliger,* S/S/W-StGB, § 266 Rn. 81; *Martin,* Bankuntreue, 127 ff.; siehe auch *Seier,* HWSt, V 2 Rn. 204.

bb) Vorteile

Das Tatbestandsmerkmal des Vermögensnachteils kann in einer sauberen Parallele zum Vermögensschaden bei § 263 StGB bestimmt werden. So wird ein Bruch in der Bestimmung dieses Merkmals vermieden. Dieser Gleichlauf in der Bestimmung ist aufgrund der systematischen Nähe der beiden Tatbestände von besonderer Bedeutung und für die Vermögensdelikte im 22. Abschnitt des Strafgesetzbuches erstrebenswert. Weiterhin bleibt der Charakter des § 266 StGB als reines Vermögensdelikt unangetastet. Er wird vielmehr gefestigt, da die Ermittlung des Vermögensnachteils im Wege der Gesamtsaldierung den entwickelten Grundsätzen treu bleibt. An dem Dogma der Ungeeignetheit der Ersatzansprüche für die Kompensation kann festgehalten werden. Weiterhin bleibt es dabei, dass bei Vorliegen von Ausgleichsfähigkeit und -bereitschaft bereits der objektive Untreuetatbestand entfällt. Denn diese Umstände können auf der Ebene der objektiven Zurechnung befriedigend in Ansatz gebracht werden. Deutlich zeigt sich, dass mit der Aussage über die Ungeeignetheit für die Kompensation die Berücksichtigung der Wertigkeit im Rahmen des Vermögensnachteils abgeschnitten war. Aber die objektive Zurechnung mit ihren ganz eigenen Anforderungen und Voraussetzungen ist als Standort für die Berücksichtigung prädestiniert. In der Prüfung des Elements der Gefahrschaffung kann dahingehend differenziert werden, dass durch die Ausgleichsfähigkeit und -bereitschaft ein Schild der (Nachteils-)Abwehr für das treugeberische Vermögen bereitsteht. Es handelt sich daher bei dem vorgeschlagenen Lösungsweg nicht um belanglose Genauigkeit, sondern um eine vorzugswürdige Zuordnung, welche Klarheit schafft. Diesem Lösungsvorschlag kann nicht vorgeworfen werden, dass es zu einer Verlagerung der Problematik auf die Ebene der Rechtswidrigkeit oder gar der Schuld kommen würde. Durch die Berücksichtigung der Ausgleichsfähigkeit und -bereitschaft im Rahmen der objektiven Zurechnung wird den Besonderheiten der Untreue, insbesondere ihrer Deliktsstruktur, Rechnung getragen. So kann sowohl der unterschiedlichen Täter-Opfer-Beziehung bei Betrug und Untreue als auch den Besonderheiten der vom jeweiligen Tatbestand umschriebenen Tathandlung und deren Unterschiede in der Präzision der Umschreibung Rechnung getragen werden. Da die objektive Zurechnung mit ihren einzelnen Voraussetzungen passgenau für die Untreue und ihre deliktsspezifischen Eigenarten fruchtbar gemacht werden kann, ist nunmehr auch überzeugend erklärbar, warum Ausgleichsfähigkeit und -bereitschaft nur bei der Untreue und nicht beim Betrug eine solche Wirkung zu entfalten vermögen.

Es ist noch einmal in Erinnerung zu rufen, dass die Liquidität eines Schuldners gepaart mit seiner Zahlungswilligkeit den Wert einer Forderung positiv beeinflussen. Das gilt auch für die Wertigkeit des Ersatzanspruchs des Treugebers gegen seinen Treupflichtigen. Ausgleichsfähigkeit und -bereitschaft sind mithin wichtige wertbildende Faktoren für diesen Anspruch. Die Erfüllung des Ersatzanspruchs selbst gehört aber an sich zum tatbestandlich nicht relevanten, weil bloß nachträglichen, Schadensausgleich. Aber die beim Treupflichtigen vorhandene Ausgleichsfähigkeit und -bereitschaft im Zeitpunkt der Handlung und die Nähe zu seinem Treugeber, welche durch das Band der Vermögensbetreuungspflicht geschaffen wird, begründen eine besondere Situation, die volle Berücksichtigung im Rahmen der objektiven Zurechnung finden soll und auch muss. Dabei liegt die Besonderheit darin, dass diese Umstände unabhängig von eventuellen Schadensersatzansprüchen gegen den Treupflichtigen bei ihm vorhanden sind. Eine Nichtberücksichtigung würde weder dem Deliktstyp noch dem Sinn der Strafnorm des § 266 StGB und dem in ihm vertypten Unrecht gerecht. Ist in dieser Situation ein Ausgleich im relevanten Tathandlungszeitpunkt sicher zu erwarten, kann das im Rahmen der objektiven Zurechnung fruchtbar gemacht werden, denn es ist keine rechtlich relevante Gefahrschaffung für das Vermögen gegeben. Selbst wenn 100%ige Sicherheit bezogen auf den Ausgleich auch bei bestehender Ausgleichsfähigkeit und -bereitschaft nie zu erlangen ist, so ist dennoch der Zurechnungszusammenhang ausgeschlossen. Zudem können die in ihrer Abgrenzung äußerst schwierigen und beim Vermögensnachteil vollkommen unbefriedigend angedockten Sonderfälle der kurzfristigen Rückzahlung besser verortet werden. In dieser Konstellation kann der systematische Bruch bei einer Verortung in der Schadenskompensation schon als offen beschrieben werden (die Rechtsprechung plädierte bisher bei jederzeitiger Ausgleichsbereitschaft, wenn die eigenen Mittel zwar dem Treupflichtigen zur Verfügung stehen, er diese aber nicht sofort, sondern nur kurzfristig mobilisieren kann, für eine qualitative Gleichstellung mit der Schadenskompensation).

d) Zwischenergebnis

Kausalität und objektive Zurechnung ermöglichen eine Berücksichtigung von Ausgleichsfähigkeit und -bereitschaft im Einklang mit der Systematik im Rahmen des objektiven Tatbestands. Sind Ausgleichsfähigkeit und -bereitschaft beim Treupflichtigen gegeben, dann ist der Zurechnungszusammenhang unterbrochen und das Vorliegen des Tatbestands ist zu verneinen.

6. Ergebnis zur Verortung der Ausgleichsfähigkeit und Ausgleichsbereitschaft im Tatbestandsaufbau der Untreue

Es bleibt zunächst festzuhalten, dass die bisher wenigen kritischen Stimmen in der Literatur keinen einheitlichen alternativen Lösungsweg präferieren, sondern es verschiedene, wenn auch zum Teil nur zaghafte Vorschläge gibt. Eine Verortung von Ausgleichsfähigkeit und -bereitschaft in der Pflichtverletzung über das tatbestandsausschließende Einverständnis wird in aller Regel an dessen tatsächlichem Vorliegen scheitern. Eine Berücksichtigung im Rahmen der Nachteilsermittlung mag in besonders gelagerten Einzelfällen möglich sein. Grundsätzlich stehen der dortigen Berücksichtigung jedoch gewichtige systematische und dogmatische Erwägungen entgegen. Auch die mutmaßliche Einwilligung vermag für die Fallgruppe der Ausgleichsfähigkeit und -bereitschaft im Ganzen den Beitrag einer befriedigenden systematischen Verortung aus verschiedenen Gründen nicht zu leisten. Eine sinnvolle Verortung ist jedoch im Rahmen der objektiven Zurechnung möglich. So wird aus dieser untreuespezifischen, bisher nach Meinung des Verfassers systemwidrig im Rahmen des Vermögensnachteils verorteten Fallgruppe ein systemkonformer (und auch generalisierungsfähiger) Rechtssatz.[1218] Über die objektive Zurechnung ließen sich auch weitere Fallgruppen innerhalb der Untreue befriedigend lösen. Die Anerkennung der objektiven Zurechnung bei der Untreue ist daher zu begrüßen. Am Ergebnis der Straflosigkeit für den Treupflichtigen bei vorhandener Ausgleichsfähigkeit und -bereitschaft ändert sich nichts, und der Charakter der Untreue als reines Vermögensdelikt wird nicht nur aufrechterhalten, sondern gestärkt. Mögliche Gründe, warum die Dogmatik sich nicht in der Rechtsprechung vertieft wiederfindet, können an dieser Stelle nur gemutmaßt werden. Das grundlegende Urteil des Bundesgerichtshofs, veröffentlich in *BGHSt 15, 342,* stammt schon aus dem Jahr 1960. In der Folgezeit befasste sich die Rechtsprechung dann soweit ersichtlich nicht mit der Berücksichtigungsfähigkeit an sich, sondern mit einzelnen Modalitäten und Zweifelsfällen, auch in sachlicher Hinsicht, bezüglich des Einzelfalls. Da das rechtspolitische Ziel der Berücksichtigungsfähigkeit aber nicht in Zweifel stand, war eine vertiefte dogmatische Auseinandersetzung in praktischer Hinsicht nicht erforderlich. Zudem war ein Hinwirken aus Verteidigersicht nicht angezeigt.

II. Inhaltliche Anforderungen und Konsequenzen

Es bleibt zu untersuchen, wie die Anforderungen an Ausgleichsfähigkeit und -bereitschaft auszugestalten sind.[1219] Das Bedürfnis nach einem klaren Anforderungskatalog besteht vor dem Hintergrund unterschiedlicher Aspekte. Einer

1218 Beachte zu dieser Bedeutung allgemein *Saliger,* S/S/W-StGB, § 266 Rn. 4.

1219 Die Weite des Tatbestands, der viele denkbare Handlungsvarianten erfasst, macht es insoweit unmöglich vollumfänglich auf die Konsequenzen für die Beratungspraxis einzugehen. Im Hinblick auf die zu Beginn der Arbeit identifizierte typische

der ganz wesentlichen Aspekte liegt in der Schwierigkeit, den Beweis für das Vorliegen der Voraussetzungen zu führen. Insbesondere diese Schwierigkeit gebietet es, einen sauberen Kriterienkatalog herauszuarbeiten, der maximale Rechtssicherheit zum Ziel hat.[1220] Zudem ist zu klären, inwieweit es sich um obligatorische Voraussetzungen oder lediglich um Indizien handeln sollte.

Der Umstand, dass dem Treugeber zu keiner Zeit reelle Selbstschutzmöglichkeiten zur Verfügung stehen,[1221] spricht ebenso wie der Charakter eines Ausnahmefalls dafür, die Anforderungen an Ausgleichsfähigkeit und -bereitschaft insgesamt restriktiv auszugestalten. Allerdings dürfen die Anforderungen nicht so eng ausgestaltet werden, dass sie unerfüllbar sind und die Berücksichtigungsfähigkeit von Ausgleichsfähigkeit und -bereitschaft damit zur leeren Hülle verkommen würde. Leitende Prinzipien der folgenden Untersuchung sin damit auch die Praktikabilität und Konsistenz. Den Ausgangspunkt der folgenden Untersuchung bilden die von der Rechtsprechung bisher zugrunde gelegten Anforderungen. Von besonderer Relevanz ist die Beleuchtung des Verhältnisses der Anforderungen zueinander. Neben der Frage der Notwendigkeit eines tatsächlichen Ausgleichs ist auch die Frage der Notwendigkeit einer Kenntniserlangung seitens des Treugebers zu beantworten.

Daran schließt sich eine Untersuchung der sich ergebenden Konsequenzen für die Ersatzbereitschaft Dritter und die Mittelbeschaffung bei Bedarf an.

Sachverhaltskonstellation des Anwalts / Notars zum Mandanten sei erwähnt, dass die Fallgruppe der sog. Anwaltsuntreue verschiedene Konstellationen erfasst; siehe etwa den Überblick bei *Seier*, HWSt, V 2 Rn. 247 ff.; im Hinblick auf jeglichen Umgang mit Fremdgeldern ist festzuhalten, dass Anwälte und Notare eingehende Mandantengelder stets auf Anderkonten einzahlen und auf diesen verwahren und verwalten sollten, um so Strafbarkeitsrisiken optimal zu minimieren bzw. zu eliminieren, dazu *Rübenstahl*, HRRS 204, 54, 61. Unter allen Umständen ist es zu vermeiden, die Gelder auf ein Konto einzuzahlen, welches starken Schwankungen unterworfen ist.

1220 Das gebietet der verfassungsrechtlich verankerte Bestimmtheitsgrundsatz Art. 103 Abs. 2 GG, § 1 StGB.

1221 Schließlich versagen die üblichen Möglichkeiten in faktischer und juristischer Hinsicht gegenüber einer Person, der ein Zugriff auf das Vermögen von Rechts wegen eingeräumt wird, so *Schünemann*, StraFo 2010, 1, 2.

1. Anforderungen an Ausgleichsfähigkeit und Ausgleichsbereitschaft

a) Ausgleichsfähigkeit

Zunächst werden die Anforderungen konkretisiert, die an die objektive Ausgleichsfähigkeit des Treupflichtigen zu stellen sein sollten.

aa) Grundfall

Das Vorhandensein von eigenen, flüssigen und den Ausgleich auch tatsächlich ermöglichenden Mitteln muss weiterhin den Grundfall der Ausgleichsfähigkeit bilden. Den Ausschlag gibt die allgemeine finanzielle Situation des Treupflichtigen. Sowohl im Hinblick auf den Rechtsgüterschutz als auch aus Gründen der Rechtssicherheit ist unbedingt an diesem objektiven Kriterium festzuhalten, bei dem die Beweisführung evident einfacher als bei der subjektiven Ausgleichsbereitschaft ist. Zudem hat der Handelnde selbst, sollte er zumindest, einen guten Überblick darüber. Vor allem entspricht es dem Deliktscharakter der Untreue als Vermögensdelikt, dass die finanzielle Situation maßgeblich ist.

bb) Kurzfristig zur Verfügung stehende Mittel

Zu überlegen ist, ob es für das Vorhandensein der flüssigen Mittel genügen soll, wenn die Mittel kurzfristig zur Verfügung stehen.[1222] Dagegen könnte einzuwenden

1222 Beachte insbesondere die Berücksichtigungsfähigkeit von Ausgleichsfähigkeit und -bereitschaft für die im Gesellschaftsrecht alltäglichen Konzernverflechtungen (siehe hierzu BGHZ 149, 10, 10 ff.; vorgehend OLG Bremen ZIP 1999, 1671, 1671 ff.; *Ransiek*, ZStW 116 (2004), 634, 669.). Gemäß § 18 Abs. 1 AktG liegt eine Konzern vor, wenn ein herrschendes und ein oder mehrere abhängige Unternehmen (§ 17 AktG) unter der einheitlichen Leitung des herrschendes Unternehmens zusammengefasst werden. Die Fallgruppe der sog. Konzernuntreue (sie ist eng mit dem Fall Bremer Vulkan verbunden BGHSt 49, 147; vorgehend LG Bremen vom 21.10.2011 – 42 KLs 830 Js 7161/96 (unveröffentlicht)) ist durch die Verletzung der Vermögensbetreuungspflicht der Organe des beherrschenden Unternehmens gegenüber dem beherrschten Konzernunternehmen gekennzeichnet. Konkret geht es um Cash-Management-Systeme, bei denen es zum sog. Cash Pooling kommt, deren Errichtung aber an sich nicht pflichtwidrig ist. Das Cash Pooling erfolgt in aller Regel ohne entsprechende Sicherheiten, wie dies bei der Aufnahme eines regulären Kredits jedoch der Fall wäre. Auf Anweisung der Konzernspitze wird also, zumindest potentiell, zum Nachteil eines beherrschten Tochterunternehmens gehandelt, dazu *Ransiek*, FS-Kohlmann, 207, 207 m.w.N. Beim Cash Pooling trifft den Gesellschafter die Pflicht, bei Vermögensdispositionen auf das Eigeninteresse des beherrschten Tochterunternehmens an der Aufrechterhaltung der Fähigkeit, eigene Verbindlichkeiten zu erfüllen, angemessen Rücksicht zu nehmen, dazu *Böttger/Brockhaus*,

sein, dass es sich um eine tatbestandlich irrelevante, weil bloß nachträgliche Schadenswiedergutmachung handelt. Dieser Einwand ließe sich jedoch insoweit entkräften, als dass im Rahmen der objektiven Zurechnung die Lage des „die Gelder alsbald zur Verfügung haben" ebenfalls als eine bloß abgeschirmte Gefahrenlage gewertet werden könnte.[1223] Fraglich ist, ob diese Wertung angebracht ist. Dagegen spricht der praktische Einwand, dass die Führung des Beweises sich in diesen Fällen als offensichtlich problematisch erweisen dürfte. Ein „alsbald zur Verfügung haben" ist schwer zu definieren. Die Festsetzung einer Tagesanzahl scheint willkürlich. Und die von der Rechtsprechung aufgestellte Anforderung einer bloß minimalen Verzögerung ist noch immer schwammig und interpretationsfähig sowie -bedürftig. Das birgt erhebliche Risiken für die Rechtssicherheit, die es zu vermeiden gilt. Zudem besteht die Gefahr, dass der Treupflichtige sich allzu leichtfertig darauf verlässt, die Mittel mobilisieren zu können. Letztlich ist aber der Rechtsgüterschutz entscheidend. Mit Blick auf den Einzelfall und auf die Rechtssicherheit ist jedenfalls ein Regel-Ausnahme-Verhältnis dergestalt zu befürworten, dass grundsätzlich auch kurze Verzögerungen den Anforderungen an die Ausgleichsfähigkeit nicht genügen. Allenfalls ganz geringe, und damit minimalste Verzögerungen sind tolerabel. Diese minimalsten Verzögerungen, beziehungsweise deren Abwendung, muss der Treupflichtige in seinem Machtbereich kontrollieren können. Im Zeitpunkt der Handlung muss in seiner Sphäre sichergestellt sein, dass die Mittel alsbald zur Verfügung stehen. Überdies ist in den skizzierten Fällen kurzfristig zur Verfügung stehender Mittel besonderes Augenmerk auf das Vorliegen der subjektiven Ausgleichsbereitschaft zu legen.

cc) Sicherheiten

Das Vorliegen von eigenen Sicherheiten kann unter bestimmten Voraussetzungen zur Bejahung der Ausgleichsfähigkeit führen. Beispielhaft sei genannt, dass der Treupflichtige vor der relevanten Handlung eine Kaution in ausreichender

---

WiPra, Kapitel 3 Rn. 149. Die Existenz des beherrschten Tochterunternehmens darf nicht gefährdet werden; zum tatbestandsausschließend wirkenden Einverständnis der dispositionsbefugten Gesellschafter und den Grenzen *Böttger/Brockhaus,* WiPra, Kapitel 3 Rn. 150 m.w.N. a.d.Rspr. Der typische Geldfluss im Konzern dient der Überbrückung eines Liquiditätsengpasses, so dass es schon an der Voraussetzung der objektiven Ausgleichsfähigkeit seitens des beherrschenden Unternehmens mangeln wird; siehe dazu auch *Ransiek*, FS-Kohlmann, 207, 214 f.

1223 In diesem Zusammenhang ist daran zu denken, die Einführung einer Vorschrift zur tätigen Reue zu fordern, sofern man die rasche und einfache Schadenswiedergutmachung der Aufrechterhaltung des Strafanspruchs vorzieht.

Höhe beim Treugeber hinterlegt.[1224] Eine solche Sicherheit, aus der sich der Treugeber ohne Schwierigkeiten und ohne weitere Mitwirkung des Treupflichtigen befriedigen kann und die im Zeitpunkt der relevanten Handlung vorliegt, führt zur Annahme einer lediglich abgeschirmten Gefahrenlage.[1225]

b) Ausgleichsbereitschaft

Nunmehr ist zu klären, wie die Anforderungen an die subjektive Ausgleichsbereitschaft des Treupflichtigen präzisiert werden können.

aa) Grundfall

Grundsätzlich muss der Treupflichtige im Zeitpunkt der Handlung willens sein und sein Augenmerk darauf zu richten, die ihm zur Verfügung stehenden Mittel ständig zum Ausgleich nutzen zu können.

bb) Positive und negative Indizien der Ausgleichsbereitschaft

Da die Ausgleichsbereitschaft des Treupflichtigen eine subjektive Voraussetzung ist, liegen die Beweisschwierigkeiten auf der Hand. Daher ist es sinnvoll, einen Indizienkatalog mit sowohl positiven als auch negativen Indizien aufzustellen. Zunächst sind die jeweiligen Indizien herauszuarbeiten, anschließend deren Wirkung zu erläutern. Als positive Indizien dienen etwa:

- die Auszahlung in einem engen zeitlichen Zusammenhang aus eigenem Antrieb auszuführen,
- mangelnde Eigensucht oder besondere verdienstliche Motive
- die Mitteilung des Treupflichtigen an seinen Treugeber oder eine vergleichbare Form des Aktenkundigmachens.

Entscheidend ist, dass der Treupflichtige sein Augenmerk darauf richtet, die Mittel ständig zum Ausgleich nutzen zu können. Das beschreibt eine Prioritätensetzung bezüglich der Mittelverwendung.

Negativ fallen Anhaltspunkte auf, die eine anderweitige Prioritätensetzung erahnen lassen. Auf der negativen Seite kommen neben personenbezogenen auch sachbezogene Indizien in Betracht, wobei die Zuordnung zu einer dieser

1224 Beachte dazu BayOblG JS 1973, 325, 325; als vom Schuldnerwillen unabhängige Sicherheiten seien etwa eine selbstschuldnerische Bürgschaft oder eine Ausfallgarantie genannt, *Rengier*, FS-Gössel, 469, 476 f.

1225 Nachträglich bestellte Sicherheiten sind irrelevant; beachte zu § 263 StGB Konstellation BGH NStZ 2000, 376, 377.

Gruppe nicht immer zweifelsfrei vorzunehmen ist. Als personenbezogene negative Indizien sind zu nennen:

- ein bewusstes Täuschen,
- das bewusste Abstreiten von Zahlungen,
- ein ausdrückliches oder konkludentes Leugnen, Gelder von Seiten Dritter erhalten zu haben,
- ein Hinhalten im Allgemeinen oder eine an den Tag gelegte Verschleierungstaktik,
- die unterbliebene Mitteilungen an den Treugeber, was als ein „Spiel auf Zeit" beschrieben werden kann sowie
- die bloß vage Hoffnung ausgleichsfähig zu sein.

Weiterhin dienen als sachbezogene negative Indizien:

- ein langer Zeitablauf, insbesondere zwischen dem Eingang von Geldern und der geplanten Auszahlung,
- die Auszahlung erst auf Intervention des Treugebers (was sich mit dem bereits angesprochenen Hinhalten und den Verschleierungstaktiken decken kann),
- die Notwendigkeit einer Intervention Dritter,
- und die Zahlungsverweigerung hin bis zu einer erzwungenen gerichtlichen Entscheidung.

cc) Wirkung

Zu überlegen ist, welche Wirkung diese Indizien für die Annahme der Ausgleichsbereitschaft entfalten. Augenscheinlich überwiegen die negativen zahlenmäßig die positiven Indizien. Dabei ist zu beachten, dass die Indizien unterschiedlich stark oder schwach sind und auch ihrer jeweiligen Ausprägung im Einzelfall besondere Bedeutung bei der Gewichtung zukommt. Für die Bejahung der Ausgleichsbereitschaft ist das kumulative Vorliegen aller positiven Indizien nicht zwingend erforderlich. Gerade mit Blick auf die erwähnte Mitteilung des Treupflichtigen an den Treugeber soll schließlich kein formalisiertes Verfahren gefordert werden. Es handelt sich schlicht um Indizien, wobei positive Indizien für die Bejahung der Ausgleichsbereitschaft sprechen. Das Vorliegen von mehreren positiven Indizien wirkt sich naturgemäß vorteilhaft für den Treupflichtigen aus. Zu prüfen sind vielmehr die Auswirkungen des Vorliegens von negativen Indizien beim Treupflichtigen. Schon aus ihrer Kennzeichnung als „negativ" lässt sich ableiten, dass sie gegen die Ausgleichsbereitschaft des Treupflichtigen sprechen. Die Titulierung als Indizienkatalog suggeriert wiederum, dass es sich nicht um starre Voraussetzungen handelt, sondern eben um Anhaltspunkte für die Annahme einer nicht vorhandenen Ausgleichsbereitschaft. Bei dieser Einordnung bleibt zu klären, ob das Vorliegen der negativen Indizien kumulativ oder alternativ zur Entfaltung einer „Sperrwirkung“ führt oder vielmehr eine allgemeine Abwägung aller Indizien vorzunehmen ist. Die Vornahme einer Abwägung verspricht eine erhöhte Chance auf Gerechtigkeit im Einzelfall und ist deshalb vorzuziehen. Dabei ist anzunehmen, dass besonders stark ausgeprägte negative Indizien regelmäßig den Ausschlag in Richtung der Verneinung der Ausgleichsbereitschaft geben dürften. Diese besonders starke Ausprägung bezieht sich dabei sowohl auf einzelne Indizien in extremer Form als auch auf das kumulative Vorliegen mehrerer (auch schwächerer) Indizien. Letzteres dürfte in der Praxis durchaus häufiger zu erwarten sein. In solchen Fällen würde faktisch eine der „Sperrwirkung“ vergleichbare Wirkung seitens der negativen Indizien erzielt. Der Wille zum Ausgleich ist jedenfalls dann widerlegt, wenn der Treupflichtige keinerlei Kenntnis bezüglich seiner Vermögensverhältnisse besitzt, obgleich dazu dringender Anlass besteht. Gerade im Grenzbereich zwischen einem „zur Verfügung haben“ und „nicht haben“ hat der Treupflichtige besonders genau hinzuschauen.

Es bleibt zu klären, ob der zuvor aufgezeigte Katalog abschließend und damit erschöpfend ausgestaltet ist. Im Gegensatz zu in Gesetzesform gegossenen negativen Voraussetzungen[1226] belässt dieser Indizienkatalog, bei dem die einzelnen Anhaltspunkte einer Abwägung zugänglich sind, genügend Freiraum für die Besonderheiten des Einzelfalls und bietet die Möglichkeit zur Weiterentwicklung. Einer sich möglicherweise entwickelnden Tendenz von inflationären Ergänzungen ist jedoch eine strikte Absage zu erteilen. Der Charakter der Berücksichtigung von Ausgleichsfähigkeit und -bereitschaft als einem besonders gelagerten Ausnahmefall ist zu wahren.

dd) Notwendigkeit besonderer Motive oder Absichten

Über die Bereitschaft zum Ausgleich sind aus diversen Gründen keine darüber hinausgehenden besonderen Motive oder Absichten zu verlangen. So ist schon unklar, wie diese Motive zum Ausdruck gebracht werden sollten. Sie würden eine zu große Hürde für die Überprüfbarkeit darstellen, was auf der anderen Seite für den Rechtsgüterschutz keinen Mehrwehrt zu leisten vermag. Zudem wären sie auch nicht nach außen erkennbar, könnten also auch keinerlei weitergehende Präventivwirkung erzielen. Da § 266 StGB den Vermögensschutz bezweckt und das Vertrauen des Treugebers gerade kein geschütztes Rechtsgut ist, kann – als Kehrseite der Medaille – auch nicht gefordert werden, dass der Treupflichtige

1226 Wie etwa die negativen Wirksamkeitsvoraussetzungen des § 371 Abs. 2 AO.

unbedingt etwa das Vertrauen seines Treugebers aufrechterhalten will. Gleichwohl werden verdienstliche Motive regelmäßig bei dem Treupflichtigen vorliegen, welcher in den Genuss der Straflosigkeit aufgrund der Berücksichtigung von Ausgleichsfähigkeit und -bereitschaft kommt. Vorhandener Ausgleichsfähigkeit und -bereitschaft ist immanent, dass der Treupflichtige die Beziehungen zum Treugeber aufrechtzuerhalten beabsichtigt. So bleibt allein zu konstatieren, dass verdienstliche Motive ein starkes positives Indiz für die Annahme der Ausgleichsbereitschaft begründen.

c) Notwendigkeit eines tatsächlichen Ausgleichs

Es ist anzudenken, ob darüber hinaus zu fordern ist, dass der Treupflichtige den Ausgleich auch tatsächlich an seinen Treugeber erbringt. Dafür spricht, dass das Interesse des Treugebers auf den tatsächlichen Ausgleich gerichtet ist. Die Ausgleichsfähigkeit und -bereitschaft des Treupflichtigen kündigen allerdings den Ausgleich als zuverlässige Vorboten an und damit ist das von § 266 StGB erfasste Rechtsgut bereits ausreichend geschützt. Zudem ist die Prüfung der Strafbarkeit strikt dem Tatzeitprinzip unterworfen. Die Frage der Strafbarkeit vom tatsächlichen, zeitlich später erfolgenden Ausgleich abhängig zu machen, ist im deutschen Strafrecht unzulässig. Damit können nur die im Zeitpunkt der Handlung vorliegende objektive Fähigkeit und die subjektive Bereitschaft zum Ausgleich relevant und berücksichtigungsfähig sein. Dem Ruf nach einem tatsächlichen Ausgleich als Erfordernis für die Straflosigkeit ist schon aus diesen Gründen eine Absage zu erteilen.

Würde die Erbringung eines effektiven Ausgleichs als zwingend erachtet, dann käme eine Berücksichtigung allenfalls über die Schaffung einer Vorschrift in Betracht, welche an die tätige Reue des Treupflichtigen ansetzt. In Erwägung zu ziehen ist die Einführung eines solchen Strafaufhebungsgrunds für den Fall des erst nachträglich erfolgenden Ausgleichs, ohne dass die Ausgleichsfähigkeit und -bereitschaft bereits im Zeitpunkt der Handlung beim Treupflichtigen vorhanden gewesen wären. Demnach würde der Treupflichtige, der nachträglich den Schaden wiedergutmacht, in den Genuss eines Strafaufhebungsgrunds kommen können und bekäme nicht bloß eine fakultative Strafmilderung in Aussicht gestellt.[1227]

1227 Diesem, dem deutschen Vermögensstrafrecht so fremden Weg folgt das österreichische Strafgesetzbuch; insoweit sei auf die Vorschrift des § 167 ÖStGB und den Ausführungen unter C.IX.2. verwiesen.

d) Kenntniserlangung des Treugebers

Möglicherweise könnte als zusätzliches positives Merkmal eine alsbaldige Kenntniserlangung seitens des Treugebers erforderlich sein. Dafür könnte sprechen, dass nur im Fall einer tatsächlichen Situationskenntnis der Treugeber von seinen Ansprüchen weiß, und nur dann auf seinen Treupflichtigen einwirken kann. Das Erfordernis einer positiven Kenntniserlangung ist in dieser Form jedoch abzulehnen. Schließlich ist der Treupflichtige unbedingt zum Ausgleich bereit. Ein dahingehendes Hinwirken des Treugebers ist demnach auch für den noch erfolgenden effektiven Mittelausgleich entbehrlich. Zudem müsste andernfalls die Mitteilung an den Treugeber obligatorisch sein. Die Vornahme der Mitteilung ist bereits als ein positives Indiz für die Annahme der Ausgleichsbereitschaft klassifiziert worden. Das Kriterium der Kenntnis des Treugebers kann auch in seiner umgekehrten Variante im Rahmen der Ausgleichsbereitschaft als ein negatives Merkmal zu berücksichtigen sein. Denn verschleiert der Treupflichtige den Sachverhalt beziehungsweise das Vorliegen etwaiger Ansprüche seines Treugebers oder verhindert er die Kenntniserlangung durch den Treugeber, liegen Indizien vor, die gegen die subjektive Ausgleichsbereitschaft sprechen. Zusammenfassend ist demnach eine Kenntniserlangung seitens des Treugebers positiv nicht zwingend erforderlich. Die Verhinderung schon der Möglichkeit einer Kenntniserlangung des Treugebers durch den Treupflichtigen sollte aber der Annahme des subjektiven Merkmals einer Ausgleichsbereitschaft des Treupflichtigen entgegenstehen.

e) Verhältnis der Anforderungen zueinander

Die Ausgleichsfähigkeit und -bereitschaft müssen kumulativ vorliegen. Keines dieser beiden selbstständigen Merkmale darf für die Annahme des Ausnahmefalls fehlen. Somit handelt es sich um absolut erforderliche Anforderungen im Verhältnis zueinander. Zwischen ihnen beiden findet keine Abwägung statt. So kann beispielsweise eine objektiv vorhandene Ausgleichsfähigkeit aufgrund liquider Mittel, die das x fache des Wertes der eingesetzten Fremdgelder betragen, keine fehlende oder nur unter großen Vorbehalten stehende subjektive Ausgleichsbereitschaft aufwiegen.[1228] Andersherum gilt selbstredend das Gleiche. Aus zeitlicher

1228 Ein Beispiel mag das verdeutlichen: Einem Anwalt als Treupflichtigem stehen liquide Barmittel im Wert von 1.000 zur Verfügung. Trotz mehrfacher Nachfrage seines Mandanten leugnet er den Eingang von Zahlungen im Wert von 10, die für den Mandaten bestimmt waren. Mit Blick auf die Höhe der eingesetzten Fremdmittel ist der Treupflichtige im Vergleich mit den vorhandenen eigenen Mitteln (Faktor 100)

Perspektive ist es zwingend, dass sowohl die objektive Ausgleichsfähigkeit als auch die subjektive Ausgleichsbereitschaft im Zeitpunkt der relevanten Handlung beim Treupflichtigen vorliegen. Dieses Kriterium gewährleistet die entscheidende Abgrenzung zur bloß nachträglichen Schadenswiedergutmachung.

2. Besondere Fallgruppen

Als besondere Fallgruppe sollen noch die Ersatzbereitschaft Dritter und deren gestellte Sicherheiten sowie die Mittelbeschaffung bei Bedarf beleuchtet werden.

a) Ersatzbereitschaft Dritter und deren gestellte Sicherheiten

Aus Sicht der Rechtsprechung genügt grundsätzlich die Ersatzbereitschaft Dritter weder durch flüssige Mittel noch in Form von gestellten Sicherheiten den Anforderungen an die jederzeitige Ausgleichsfähigkeit und -bereitschaft des Treupflichtigen.[1229] Das gilt auch für nahe Angehörige des Treupflichtigen, wie beispielsweise seinen Ehepartner.

Ob diese Sicht überzeugt und insbesondere vor dem Hintergrund der vom Verfasser aus systematischen Gründen bevorzugten Verortung der Ausgleichsfähigkeit und -bereitschaft in der objektiven Zurechnung noch Bestand hat, ist zu prüfen. Denn die im Rahmen der Nachteilsbestimmung vorgebrachten Argumente zu Restriktionen auf der Vorteilsseite bei der Kompensation, insbesondere das Erfordernis der Unmittelbarkeit, verfangen insoweit nicht.

Der Ausgangspunkt der Überlegungen ist, dass es sich um eine derartige Ausgleichsquelle handeln muss, die bewirkt, dass keine rechtlich relevante Gefahrschaffung gegeben ist, sondern vielmehr eine abgeschirmte Gefahrenlage für das Vermögen des Treugebers zu bejahen ist. *Saliger* nimmt an, dass für die konkrete Ausgleichsquelle primär ihre Zuverlässigkeit ausschlaggebend sei und nicht ihre Herkunft. Mit anderen Worten, dass es unerheblich sei, ob der eigentliche Ausgleich aus eigenen flüssigen Mitteln des Treupflichtigen fließe oder aus einer anderen Quelle, sofern diese eben zuverlässig sei.[1230] Dafür lässt sich als Argument die Perspektive des Treugebers anführen. Für den Treugeber mache es keinen

---

unbestritten objektiv ausgleichsfähig. Aber auch dieser Umstand vermag eine mangelnde Ausgleichsbereitschaft nicht aufzuwiegen.

1229 BGHSt 15, 372, 376; BGHR § 266 StGB Nachteil 8 = BGH wistra 1988, 191, 192; beachte dann die Erweiterung auf „sonstige Weise“ BGHR § 266 StGB Nachteil 34, 35.

1230 So *Saliger*, S/S/W-StGB, § 266 Rn. 80.

Unterschied, aus welcher Quelle genau der Ausgleich resultiere.[1231] Die Hauptsache ist, dass der Ausgleich sicher zu erwarten ist. Demnach sollen nach Meinung *Saligers* sowohl die zuverlässige Ersatzbereitschaft Dritter als auch eine seriöse Absicherung über eigene oder drittgestellte Sicherheiten (etwa durch eigene Kreditaufnahme oder aber auch die Bürgschaftserklärung der Ehefrau) Berücksichtigung finden.[1232]

aa) Liquide Mittel Dritter

Für die Berücksichtigung der Ausgleichsfähigkeit und -bereitschaft eines Dritten könnte die maßgebliche wirtschaftliche Betrachtungsweise sprechen.[1233] Allerdings ist die Berücksichtigung im Rahmen der Untreue überhaupt, im Gegensatz zum Betrug, wie bereits mehrfach betont, auch der besonderen Beziehung zwischen Treugeber und Treupflichtigem geschuldet. Insoweit stimmen sowohl die Rechtsprechung als auch die Stimmen in der Literatur überein, die für eine alternative systematische Verordnung plädieren. Diese besondere Beziehung besteht ausschließlich zwischen diesen beiden Personen und nicht zwischen dem Treugeber und einem Dritten. Daher fehlt es dem Dritten an der den Treupflichtigen regelmäßig prägenden Motivationslage, den Abbruch der Beziehung zum Treugeber vermeiden zu wollen. Das gilt auch für solche Personen, die zwar dem Treupflichtigen nahe stehen, etwa dessen Ehepartner, die aber eben nicht mit dem Treugeber durch das Band der Vermögensbetreuungspflicht verbunden sind. Für den Treugeber bleiben diese Personen Dritte, gegen die ihm selbst keine Rechtsansprüche zustehen.[1234] Die Leistung des Dritten an den Treugeber wäre gänzlich freiwillig. Sie schulden ihm nichts. Dieser Einwand der Rechtsprechung ist beim Dritten nicht von der Hand zu weisen. Daran ändert auch die Zuverlässigkeit des Dritten in Form einer Zahlungsbereitschaft und -fähigkeit nichts, welche mithin nicht mit derjenigen des Treupflichtigen gleichzusetzen ist.[1235] Weiterhin treffen den Vermögensbetreuungspflichtigen in seiner Position

---

1231 *Saliger*, S/S/W-StGB, § 266 Rn. 80; *Matt/Saliger*, Straflosigkeit der versuchten Untreue, 217, 239.

1232 *Saliger*, S/S/W-StGB, § 266 Rn. 80 mit Verweis auf *Matt/Saliger*, Straflosigkeit der versuchten Untreue, 217, 239; *Rübenstahl*, HRRS 2004, 54, 61 der allerdings bezüglich der Sicherheiten darauf verweist, dass diese in der Praxis äußerst ungebräuchlich seien.

1233 Siehe nur BGHSt 16, 220, 221, BGH NJW 1975, 3235; BGH NStZ 1986, 455.

1234 Mit dieser Argumentation auch *Rübenstahl*, HRRS 2004, 54, 61.

1235 Vgl. *Rübenstahl*, HRRS 2004, 54, 61.

in vielen Fällen standes- und / oder berufsrechtliche Sanktionen, den Dritten hingegen nicht.[1236]

Überdies würde die Anerkennung der Ersatzbereitschaft Dritter durch flüssige Mittel zahlreiche Folgeprobleme nach sich ziehen. So kommt es zu einer Verschiebung des Anforderungsprofils auf eine vom Tatgeschehen unabhängige Person. Für die jederzeitige Ausgleichsfähigkeit hat der Treupflichtige Sorge zu tragen. Diese Aufgabe würde sich dann teilweise auf den Dritten verlagern, wobei der Treupflichtige weiterhin sein Augenmerk darauf legen müsste und nicht in die Gleichgültigkeit bezüglich des Ausgleichs entlassen werden dürfte. Beweisschwierigkeiten im Prozess sind insoweit vorprogrammiert und nachträgliche Schutzbehauptungen, gerade von dem Treupflichtigen nahestehenden Personen, drängen sich auf.[1237] Zudem sei noch die Irrtumsthematik erwähnt. Es ist durchaus vorstellbar, dass der Treupflichtige in dem Bewusstsein und dem Vertrauen darauf handelt, dass ein Dritter für ihn ausgleichsbereit sei. Die Kenntnis, wie es wirklich um das Drittvermögen bestellt ist, ist jedoch durchaus schwer zu erlangen. Glaubt der Treupflichtige im Tatzeitpunkt irrig, dass der Dritte über ausreichende Ersatzmittel verfüge und auch bereit sei, diese für den Ausgleich einzusetzen, so befindet er sich in Unkenntnis eines zum (ungeschriebenen) Tatbestand gehörenden Umstands und er unterläge einem seinen Vorsatz ausschließenden Irrtum. Gemäß § 16 Abs. 1 S. 1 StGB wäre der subjektive Tatbestand zu verneinen. Dass im Zivilrecht der Schuldner den Anspruch des Gläubigers nicht zwangsläufig mit eigenen liquiden Mitteln befriedigen kann und muss, ändert hieran nichts. Vielmehr verdeutlicht es nur, dass ein Ausgleich durch Dritte erfolgen kann, welcher allerdings stets in Bezug auf den Anspruch des Treugebers gegen den Treupflichtigen erfolgen muss und nur diesbezüglich schuldtilgende Wirkung (Erfüllungswirkung) haben soll. Es besteht zudem die Gefahr, dass die Hemmschwelle sinkt. Es bleibt nach wie vor eine pflichtwidrige Handlung des Treupflichtigen. Weiß der Treupflichtige, dass er einen Ausgleichsanspruch auslöst, aber dass ein Dritter, etwa die Ehefrau, ihm schon zur Seite springen werde, um diesen Anspruch zuverlässig auszugleichen, so liegt doch der Verdacht recht nahe, dass die Bereitschaft zur Vornahme einer solchen pflichtwidrigen Handlung steigt. Die Grenzziehung wird schwierig, wenn es darum geht zu klären, was noch zu einer zuverlässigen Quelle gehöre und was mangels Zuverlässigkeit auch nach der Literaturmeinung als hinreichend zuverlässige Quelle abzulehnen

---

1236 Dazu im Rahmen der Untreue durch einen Rechtsanwalt *Rübenstahl,* HRRS 2004, 54, 61; auch BGHSt 15, 372–377.

1237 *Rübenstahl,* HRRS 2004, 54, 61: „Schutzbehauptungen (…) Tür und Tor geöffnet."

sei. Besteht auf Ebene der objektiven Zurechnung die Möglichkeit, Wertungen einfließen zu lassen, sollte hier aus Gründen der Rechtssicherheit eine qualitative Abstufung zwischen der eigenen jederzeitigen Ausgleichsfähigkeit und -bereitschaft und der von Dritten vorgenommen werden. Die bloße Ersatzbereitschaft Dritter mit liquiden Mitteln sollte daher auch bei einer Verortung in der objektiven Zurechnung im Einklang mit der bisherigen Rechtsprechung unberücksichtigt bleiben.[1238]

bb) Sicherheiten Dritter

Das Phänomen einer sinkenden Hemmschwelle wird wohl auch in Fällen der gestellten Sicherheiten durch Dritte zu beobachten sein. Als solche kommen etwa die (selbstschuldnerische) Bürgschaft, der Schuldbeitritt, eine Sicherungsübereignung o.Ä. in Betracht.[1239] Im Gegensatz zu der zwar zuverlässigen, aber ungesicherten Ersatzbereitschaft stellt eine gegebene Sicherheit durch den Dritten darüber hinaus einen gesicherten Ersatz sicher. Auf diesen kann sich sowohl der Treupflichtige als auch der Treugeber im Fall der Fälle verlassen. Hier ist eine Parallele zur Argumentation bei eigenen gestellten Sicherheiten durch den Treupflichtigen zu ziehen. Die Sicherheit, sofern sie adäquat ist,[1240] bewirkt gleichsam eine Kompensation *ex-ante*.[1241] Für das Vermögen des Treugebers ist keine rechtlich relevante Gefahrschaffung gegeben. Als Bespiel dieser Fallgruppe dient die Bürgschaftserklärung der Ehefrau. Diese bedarf gemäß § 766 S. 1 BGB der Schriftform (§ 126 BGB). Primär wird dadurch der Schutz vor einer Übereilung des Bürgen bezweckt, dennoch ist eine Beweiserleichterung und die Verringerung des Irrtumspotentials nicht von der Hand zu weisen. Damit liegt in diesem Fall ebenfalls nur eine abgeschirmte Gefahrenlage vor. Adäquate Sicherheiten sind damit zu berücksichtigen und die objektive Zurechnung ist zu verneinen. Angemerkt sei an dieser Stelle, dass der Gebrauch in der Praxis wohl eher ungewöhnlich ist.

b) Mittelbeschaffung bei Bedarf

Stellvertretend für diese Fallgruppe ist insbesondere die Mittelbeschaffung durch Kreditaufnahme zu nennen. Dagegen wendet die Rechtsprechung ein, dass es sich um keine sichere Form der Ersatzfähigkeit handelt. Dem ist insoweit

1238 So auch *Rübenstahl,* HRRS 2004, 54, 61.
1239 Vgl. *Rübenstahl,* HRRS 2004, 54, 61.
1240 Dazu unter X.
1241 Vgl. *Matt/Saliger,* Straflosigkeit der versuchten Untreue, 217, 239.

zuzustimmen, als dass beim ersten Zugriff der Wortlaut von „Ersatzfähigkeit“ und Drittmittelbeschaffung durch Kreditaufnahme nicht miteinander vereinbar scheinen. In dieser Fallgruppe wird aber die Motivation zum Ausgleich genauso hoch sein wie bei vorhandenen flüssigen Mitteln. Über die Hemmschwelle lässt sich schwerlich eine Prognose treffen, wobei wohl eher von deren Herabsinken auszugehen ist. Zu klären ist aber der Zeitpunkt der Mittelbeschaffung, denn es kommen zwei Zeitpunkte in Betracht. Einmal kann der Treupflichtige die ausreichenden Mittel in Form eines Kredits im Zeitpunkt der Tatbegehung bereits bewilligt bekommen haben. Dabei sind wiederum zwei Varianten zu unterscheiden. Erstens, dass die Mittel dem Treupflichtigen auch schon zur Verfügung stehen, es sich daher faktisch bereits um eigene liquide Mittel handelt. Dann liegt aber auch kein Fall der Mittelbeschaffung bei Bedarf im eigentlichen Sinne vor. Die zweite Variante ist, dass die Mittel zwar dem Treupflichtigen bewilligt, aber noch nicht bereitgestellt wurden. Und als weiterer Zeitpunkt kommt in Betracht, dass er sich die Mittel erst bei Bedarf im eigentlichen Sinne, also zu einem Zeitpunkt, wenn der Ausgleich an den Treugeber tatsächlich erfolgen soll, beschafft.

aa) Mittelbeschaffung vor Tatbegehung

(1) Bewilligt und bereitgestellt

Die Mittelbeschaffung des Treupflichtigen muss seriös und wirtschaftlich gleichwertig sein. Hat der Treupflichtige bereits im Tatzeitpunkt die Mittel von einem Dritten bewilligt und zur Verfügung gestellt bekommen, dann ist bei wirtschaftlicher Betrachtung diese Form der Ersatzbereitschaft durch Mittelbeschaffung genau so werthaltig wie liquide eigene Mittel, denn die beschafften Mittel haben sich zu eigenen flüssigen Mitteln verwandelt. Entscheidend ist damit, dass diese Voraussetzungen im Zeitpunkt der Tatbegehung gegeben sind. Die Voraussetzungen sind zweifelsohne im Sonderfall der Kontoüberziehung und Inanspruchnahme des bereits vor Tatbegehung durch die Bank eingeräumten Dispositionskredits erfüllt.[1242] Hier spricht alles für das Vorliegen einer lediglich abgeschirmten Gefahrenlage. Denn der Treupflichtige kann seinen sofort abrufbaren Dispo, welcher von der Bank zwar gegen Zinsen aber in der Regel ohne Sicherheiten eingeräumt wurde, bis zur Grenze ausreizen und daher frei über eben diese Mittel verfügen. Sein Augenmerk muss dann zusätzlich darauf gerichtet sein, dass er diese Grenze nicht überschreitet, auch nicht durch andere gegen sein Vermögen gerichtete Forderungen und sich so im Zeitpunkt der Tat nicht

1242 Siehe dazu *Rübenstahl,* HRRS 2004, 54, 61.

selbst in die Lage einer Maximalausreizung des Dispositionskredits manövriert. Die Erfüllung der Anforderungen sind daher genau zu prüfen.

Die objektive Zurechnung ist damit in Fällen von bewilligten und sofort abrufbaren Geldern, beschafft von Dritten, zu verneinen.

(2) Bewilligt, aber noch nicht bereitgestellt

Davon zu unterscheiden ist die Variante, dass der Treupflichtige bereits im Zeitpunkt der Tat die Mittel bewilligt, aber eben noch nicht bereitgestellt bekommen hat. Er handelt aber im Bewusstsein, dass die Mittel ihm alsbald zur freien Verfügung gestellt werden. Bis dato besteht lediglich nur ein Anspruch des Treupflichtigen auf Auszahlung der Mittel gegen den Dritten.

Ob das eine Situation der abgeschirmten Gefahr für das Vermögen des Treugebers darstellt, ist durchaus fraglich. So würde der Treugeber das Risiko tragen, dass der Vertrag zwischen Treupflichtigem und Drittem anfechtbar, nichtig etc. ist. Es handelt sich hier, wie unschwer zu erkennen ist, um eine Grauzone. Man könnte denken, wenn zwar Mittel durch den Dritten dem Treugeber bereits bewilligt, aber noch nicht bereitgestellt worden sind, dass die Anforderungen an die objektive Ausgleichsfähigkeit nicht erfüllt wären. Dem ist entgegenzuhalten, dass es sich dabei lediglich um „Pfennigfuchserei" handeln würde. Das muss jedenfalls für den Fall gelten, dass die Überweisung schon angewiesen wurde, die Mittel aufgrund der anfallenden Bearbeitungszeit allerdings noch nicht auf dem Konto verbucht wurden. Denn die schlichte zeitliche Abfolge würde dem Vertrauensverhältnis und der Pflicht der Aufgaben nicht gerecht werden. Überdies sei die Ausgleichsfähigkeit des Treupflichtigen schon durch die Zusage in Form einer Bewilligung der Mittel seitens des Dritten manifestiert. Dem ist zuzustimmen. Der teilweise zufällige Zeitpunkt bereits bewilligter Mittel sollte nicht über die Strafbarkeit entscheiden.

Anzumerken ist zudem, dass auch in der eben behandelten Variante, in der die Mittel dem Treupflichtigen schon zur freien Verfügung gestellt wurden, der Treugeber das Risiko trägt, dass der zwischen Treupflichtigem und Dritten geschlossene Vertrag anfechtbar oder nichtig ist. Zu fordern ist jedoch, dass die Mittel unverzüglich dem Treupflichtigen zur Verfügung stehen.

Die Voraussetzungen an die Ausgleichsfähigkeit würden nicht über alle Maßen weiter aufgeweicht. Es liegt auch in dieser Variante eine abgeschirmte Gefahrenlage vor.

bb) Mittelbeschaffung nach Tatbegehung

Wurden die Mittel im Zeitpunkt der relevanten Handlung dem Treupflichtigem noch nicht einmal durch den Dritten bewilligt, dann liegt regelmäßig eine rechtlich relevante Gefahrenlage vor. Denn die Entscheidung über eine Mittelbewilligung (sowohl über das „Ob" als auch das „Wann") liegt ausschließlich im Entscheidungsbereich eines Dritten. Selbst bei Vorliegen ausreichender Sicherheiten muss der Dritte dem Treupflichtigen keine liquiden Mittel verschaffen. Erst Recht hat der Treugeber keinen Anspruch gegen den Dritten auf Kreditbewilligung an seinen Treupflichtigen. Zudem sprechen das Irrtumsrisiko und das weite Feld für Schutzbehauptungen gegen eine Berücksichtigung. Fraglich ist, ob eine etwaige sichere Erwartung der Bewilligung den Anforderungen der Ausgleichsfähigkeit im Tatzeitpunkt gerecht wird.[1243] Das ist abzulehnen. Die Mittel müssen jedenfalls schon bewilligt worden sein. Das begründet sich mit der relevanten wirtschaftlichen Betrachtungsweise. Wenn der Treupflichtige in seiner Position ausreichend liquide Mittel hätte, bedürfte er schließlich der Hilfe des Dritten nicht. Selbst wenn der Treupflichtige im Tatzeitpunkt die vermeintlich sichere Erwartung pflegt, sich erfolgreich etwaige Mittel beschaffen zu können, begründet dies im maßgeblichen Zeitpunkt der relevanten Handlung keine abgeschirmte Gefahrenlage.

3. Zwischenergebnis

Die Anforderungen an Ausgleichsfähigkeit und -bereitschaft sind als einem besonders gelagerten Ausnahmefalls restriktiv auszugestalten. Ein Indizienkatalog, mit sowohl positiven als auch negativen Merkmalen, verspricht Abhilfe bei der Ausgestaltung der Voraussetzungen, insbesondere im Hinblick auf die subjektive Ausgleichsbereitschaft. Demnach ist zwischen solchen Merkmalen, die positiv gegeben sein müssen, und solchen Merkmalen, die nicht gegeben sein dürfen, zu differenzieren. Ein tatsächlich erfolgter Ausgleich ist ebenso wenig für die Straflosigkeit infolge Ausgleichsfähigkeit und -bereitschaft von Bedeutung wie die tatsächliche Kenntniserlangung seitens des Treugebers. Relevant ist letzteres im Rahmen des Indizienkatalogs. Die Verortung in der objektiven Zurechnung und damit die alternative systematische Verortung von Ausgleichsfähigkeit und -bereitschaft verlangt eine Überprüfung besonders gelagerter Fallgruppen.

1243 Ablehnend *Rübenstahl,* HRRS 2004, 54, 61.

E. Zusammenfassung der wichtigsten Ergebnisse und Fazit

Zunächst wurde in Teil B. der Arbeit die kontinuierliche Verfestigung der Rechtsprechung zur Ausgleichsfähigkeit und -bereitschaft des Treupflichtigen im Rahmen der Untreueprüfung nachvollzogen und analysiert. Hervorzuheben ist neben den weitgehenden Auswirkungen auf die Praxis insbesondere der Umstand, dass sich die Rechtsprechung mehrfach mit dem Verhältnis zwischen Rechtsanwalt / Notar zum Mandanten zu befassen hatte.

Die Untersuchungen in Teil C. haben gezeigt, dass die Berücksichtigung von Ausgleichsfähigkeit und -bereitschaft vor dem Hintergrund des von § 266 StGB geschützten Rechtsguts bei der strafrechtlichen Beurteilung legitim und geboten ist. Bei § 266 StGB ist grundsätzlich aufgrund seiner tatbestandlichen Weite eine restriktive Auslegung geboten. Das Wesen und die Besonderheit der beim Treupflichtigen im Zeitpunkt der ungetreuen Handlung vorhandenen Ausgleichsfähigkeit und -bereitschaft liegt gerade darin, dass der Treupflichtige unabhängig von eventuellen Ersatzansprüchen gegen ihn bereit und gewillt ist, zu jedem Zeitpunkt Ersatz zu leisten. Es erfolgt gerade kein Angriff auf das Vermögen von innen heraus. Es besteht ein elementarer Unterschied zu den Fällen der bloß nachträglichen Schadenswiedergutmachung, die eine fakultative Strafmilderung zur Folge haben. Dieser Wertungsunterschied spricht ebenfalls für eine Berücksichtigung. Die Erwägungen zur Frage des „Ob" einer Berücksichtigung wurden zudem gestützt auf eine vergleichende Untersuchung der rechtlichen Situation in Österreich und der Schweiz.

Von herausragender Bedeutung ist die Frage der Verortung von Ausgleichsfähigkeit und -bereitschaft innerhalb der Untreueprüfung. Zum Teil D., der sich im ersten Abschnitt den verschiedenen Möglichkeiten einer Verortung widmet, ist festzuhalten, dass nach der hier vertretenen Meinung eine Verortung der Ausgleichsfähigkeit und -bereitschaft im Rahmen der objektiven Zurechnung zu befürworten ist. Bei der stets gebotenen Berücksichtigung der jeweiligen Umstände im Einzelfall liegt, mangels rechtlich relevanter Gefahrschaffung, ein Handeln in den Grenzen des erlaubten Risikos vor. Gegen die Verortung der Ausgleichsfähigkeit und -bereitschaft in der Pflichtverletzung und damit gegen die Annahme des Vorliegens eines tatbestandsausschließenden Einverständnisses vom Treugeber sprechen vorbehaltlich der Einzelfallumstände in der Regel tatsächliche Gründe. Die von der Rechtsprechung vorgenommene Berücksichtigung im Rahmen der Prüfung des Vermögensnachteils ist insbesondere aus systematischen Gründen abzulehnen. Eine Lösung über den subjektiven Tatbestand verfängt ebenso wenig wie die Annahme einer mutmaßlichen Einwilligung. Das Ziel der Straflosigkeit bei vorhandener Ausgleichsfähigkeit und -bereitschaft des Treupflichtigen darf nicht zu Lasten der Dogmatik und einer systematischen Präzision gehen. Nach der hier vertretenen Auffassung ist die Anerkennung der objektiven Zurechnung als einem Bestandteil des objektiven Untreuetatbestands geboten. So wurde zunächst aufgezeigt, dass sich die objektive Zurechnung gut dafür eignet, dem weiten Tatbestand der Untreue eine Begrenzung zu verleihen. Zum einen können so schärfere Konturen erreicht werden. Zum anderen bietet die Anerkennung der objektiven Zurechnung auch einen Mehrwert für weitere Fallkonstellationen. Die systematisch vorzugwürdige Konstruktion ist damit eine Lösung über die objektive Zurechnung. Der Schlüssel liegt in der Verneinung der objektiven Zurechnung mangels Schaffung einer rechtlich relevanten Gefahr für das Vermögen als dem von § 266 StGB geschützten Rechtsgut. Damit sind die Voraussetzungen des objektiven Tatbestands nicht erfüllt. Am Ergebnis der Straflosigkeit für den Treupflichtigen ändert sich nichts. Die vorgeschlagene alternative Verortung trägt primär systematischen Erwägungen Rechnung.

Anschließend wurden im Teil D.II. die an Ausgleichsfähigkeit und -bereitschaft zu stellenden Anforderungen konkretisiert. Es bleibt festzuhalten, dass Ausgleichsfähigkeit und -bereitschaft zwingend kumulativ vorliegen müssen. Um die Rechtssicherheit zu maximieren, potentielle Beweisprobleme zu minimieren und nachträglichen Schutzbehauptungen so weit wie möglich den Raum zu entziehen, sind die Anforderungen an die Ausgleichsfähigkeit und -bereitschaft des Treupflichtigen präzise zu formulieren und eng auszugestalten, wobei ein Indizienkatalog Hilfe bei der Bestimmung der subjektiven Ausgleichsbereitschaft verspricht. Neben positiven Merkmalen sind auch negative Merkmale zu berücksichtigen. Einer inflationären Ausweitung des Anwendungsbereichs ist eine Absage zu erteilen. Gerade in der Rechtsberatung ist auf die Risiken einer Untreuestrafbarkeit in diesem Bereich besonders zu achten.

Abschließend ist zusammenzufassen, dass nach der hier vertretenen Auffassung die Ausgleichsfähigkeit und -bereitschaft des Treupflichtigen im Einklang mit der bisherigen Rechtsprechung bei der Prüfung der Untreuestrafbarkeit zu berücksichtigen sind. Dadurch wird dem Treupflichtigen kein „Freifahrtschein" dafür ausgestellt, mit dem anvertrauten Fremdgeld bis zur Grenze der eigenen finanziellen Möglichkeiten beliebig zu verfahren. Das Ergebnis der Straflosigkeit des Treupflichtigen ist in diesen Fällen ausdrücklich zu befürworten. Eine bei Ausgleichsfähigkeit und -bereitschaft vorgenommene Handlung ist – vor dem Hintergrund, dass das Vermögen das einzige von § 266 StGB geschützte Rechtsgut ist – weder strafwürdig noch strafbedürftig. Abzulehnen ist jedoch die von der

Judikatur, und sich dieser in weiten Teilen anschließenden Literatur, vorgenommene Berücksichtigung im Rahmen des untreuerelevanten Vermögensnachteils. Nach hier vertretener Auffassung findet die Prüfung der Ausgleichsfähigkeit und -bereitschaft des Treupflichtigen im Rahmen der objektiven Zurechnung dogmatisch eine vorzugswürdige Verortung.

www.ingramcontent.com/pod-product-compliance
Ingram Content Group UK Ltd.
Pitfield, Milton Keynes, MK11 3LW, UK
UKHW021912290926
8980IPUK00015B/1216

9 783631 660799